大学问

始于问而终于明

守望学术的视界

晚清西南社会
与近代变迁

法国人来华考察笔记研究

1892—1910

LA SOCIÉTÉ DU SUD-OUEST
DE LA CHINE ET SA
PRÉMODERNISATION À LA FIN
DE LA DYNASTIE QING

屈小玲 —— 著

广西师范大学出版社

·桂林·

晚清西南社会与近代变迁：法国人来华考察笔记研究（1892—1910）
WANQING XINAN SHEHUI YU JINDAI BIANQIAN:
FAGUOREN LAIHUA KAOCHA BIJI YANJIU（1892—1910）

图书在版编目（CIP）数据

晚清西南社会与近代变迁：法国人来华考察笔记研究：1892—1910/屈小玲著. -- 桂林：广西师范大学出版社，2023.8
ISBN 978-7-5598-6123-8

Ⅰ.①晚… Ⅱ.①屈… Ⅲ.①社会变迁－研究－中国－1892-1910 Ⅳ.①K252.07

中国国家版本馆 CIP 数据核字（2023）第 110982 号

广西师范大学出版社出版发行
（广西桂林市五里店路9号　邮政编码：541004）
网址：http://www.bbtpress.com
出版人：黄轩庄
全国新华书店经销
广西民族印刷包装集团有限公司印刷
（南宁市高新区高新三路1号　邮政编码：530007）
开本：880 mm ×1 240 mm　1/32
印张：20.25　　字数：425 千
2023 年 8 月第 1 版　　2023 年 8 月第 1 次印刷
定价：89.00 元

如发现印装质量问题，影响阅读，请与出版社发行部门联系调换。

国家社科基金项目结项课题

MM. Riault, Duclos, Rabaud, Grosjean, Vial, Sculfort, Waeles.
MM. Métral, Deblenne, Rocher, Bernier, Antoine

法国里昂商会考察团全体队员合影(取自法国里昂商会考察团笔记)
前排中间为考察团团长弥乐石,前排左二是随团医生德布伦博士

Prince Henri d'Orléans
M. Émile Roux.　　　　M. Briffant.

亨利·奥尔良王子地理探险队
(取自奥尔良王子地理探险队笔记)
中坐者为亨利·奥尔良王子

La mission d'Ollone
Sous-lieutenant de Boyve　　Capitaine Lepage
Commandant d'Ollone　　Capitaine de Fleurelle

多隆地理探险队
(取自多隆少校地理探险队笔记)
前排左为领队多隆少校

云南蔓耗险滩上的中国木船(取自法国里昂商会考察团笔记)

长江上的商船(取自法国里昂商会考察团笔记)

蔓耗村与帆船停泊(取自法国记者莫里埃考察笔记)

横渡云南黑水河的马帮(取自奥尔良王子地理探险队笔记)

蒙自海关托运棉花的马帮等待进关(取自法国里昂商会考察团笔记)

里昂商会考察团马帮商队在行进途中午餐(取自法国里昂商会考察团笔记)

云南昆明塔(取自法国里昂商会考察团笔记)

云南挑夫小憩

（取自 Bruno de Vaulserre[德沃塞]，*A travers le Yun-Nan et du Yun-Nan au Tonkin, par le Kouei-Tchéou et le Kouang-Si*[《穿越云南——从云南、贵州、广西到东京》]）

云南思茅街景（取自奥尔良王子地理探险队笔记）

蒙自市场一侧(取自法国里昂商会考察团笔记)

滇西北茨菇村的基督徒妇女(取自奥尔良王子地理探险队笔记)

四川松潘城周边的藏人妇女(取自多隆少校地理探险队笔记)

La route impériale sur les frontières de Yun-nan et du Koui-tcheou.

云贵边界上的官道(取自法国里昂商会考察团笔记)

重庆郊外的罂粟地和农家(取自法国里昂商会考察团笔记)

云南蒙自哈尼少妇(取自奥尔良王子地理探险队笔记)

云南师宗县土渣村干倮倮戈濮女人身着自制的节日盛装
(取自法国里昂商会考察团笔记)

贵阳河流上的桥梁(取自巴黎外方传教会总会明信片)

贵阳城南道路上的"凯旋门"(妇女节孝坊)
(取自巴黎外方传教会总会明信片)

川南途中某村庄大道旁的纪念牌坊(取自法国记者莫里埃考察笔记)

贵州省贵阳府传教会的法国传教士(取自法国里昂商会考察团笔记)

贵州苗人男女舞蹈(取自多隆少校地理探险队笔记)

云南滇东尼坝倮倮摔跤运动会
(取自 Paul Vial[保禄·维亚尔,即邓明德], *LES GNI ou GNI-PA tribu lolote du Yun-nan*[《尼或尼坝部落——云南的倮倮部落》])

四川带水槽和叶片的水车(取自法国里昂商会考察团笔记)

农家庭院中的家庭纺织(取自法国里昂商会考察团笔记)

川南自流井地区人们运盐上船(取自法国里昂商会考察团笔记)

四川重庆长江边一景(取自法国里昂商会考察团笔记)

与重庆城隔江相望的江北厅(1896年)(取自法国里昂商会考察团笔记)

四川大凉山腹地一个黑罗罗部落的首领夫妇(取自多隆少校地理探险队笔记)

湖北省宜昌府苏格兰传教使团的传教士(取自盖洛著《扬子江上的美国人》)

峨眉山半山寺庙(取自法国里昂商会考察团笔记)

成都一座寺庙的大门(取自法国里昂商会考察团笔记)

四川成都东门一景(取自法国记者莫里埃考察笔记)

成都的城墙上(取自法国里昂商会考察团笔记)

鸟瞰成都贡院(取自法国里昂商会考察团笔记)

四川省官员张纯登(Chang Chuin Teng)(取自盖洛著《扬子江上的美国人》)

中国官府中身着礼服的官太太们(取自法国里昂商会考察团笔记)

四川省灌县索桥(取自法国记者莫里埃考察笔记)

四川大渡河上的泸定铁索桥(取自法国里昂商会考察团笔记)

广西军营操练现场

(取自 Bruno de Vaulserre[德沃塞], *A travers le Yun-Nan et du Yun-Nan au Tonkin, par le Kouei-Tchéou et le Kouang-Si*[《穿越云南——从云南、贵州、广西到东京》])

广西八大河木桥

(取自 Bruno de Vaulserre[德沃塞], *A travers le Yun-Nan et du Yun-Nan au Tonkin, par le Kouei-Tchéou et le Kouang-Si*[《穿越云南——从云南、贵州、广西到东京》])

万县著名的石拱桥(取自盖洛著《扬子江上的美国人》)

云南铁路——五家寨人字桥
(取自法国铁路公司编 *Le Chemin de fer du Yunnan*[《滇越铁路纪要》]一书)

云南禄丰县石拱桥

(取自 Bruno de Vaulserre[德沃塞],*A travers le Yun-Nan et du Yun-Nan au Tonkin, par le Kouei-Tchéou et le Kouang-Si*[《穿越云南——从云南、贵州、广西到东京》])

云南铁路——开远仁者三孔桥

(取自法国铁路公司编 *Le Chemin de fer du Yunnan*[《滇越铁路纪要》]一书)

序

学姐小玲教授是中国社会科学院文学研究所陈毓罴大师的高足,专攻明清小说研究,获文学博士学位。其后又远赴巴黎深造,广泛涉猎历史学、社会学、人类学,再获人类学博士学位。以其丰厚的多学科知识背景,她在诸多领域的研究取得引人瞩目的成就。2008年,她被故乡的四川师范大学特聘为教授,贡献乡梓。在川期间,她获得国家社科基金资助,利用其熟练掌握法文资料和中文资料的综合优势,开始了本专题的研究。小玲教授用功甚勤,广泛搜罗一切可能获得的已刊和未刊法国笔记,搜罗国内西南地区的历史资料,在充分运用中法文献的基础上形成了这本专著。因我算是历史科班出身,学姐嘱我作序。其实我于该书所涉领域并无研究,原是不敢有所评论的。但学姐鼓励有加,又有感于她多年来孜孜不倦于史学研究，遂不自量力地应承下来。这篇文字算不得序，就作为我的一个读后感吧。

中外交往源远流长，对彼此的认识经历了一个从模糊到清晰再到准确的过程。近代中国社会经历了前所未有的转型，中外之间的互相认识也由此进入一个新的阶段。中国人对外部世界的认识，可说是发生了颠覆性的变化；各国对中国的认识，也发生了重要变化，更加贴近真实的中国。

早期的西方人游华笔记，多属个人经历加道听途说性的，曾经向西方社会描绘了一个田园诗般的东方世界。而到欧洲启蒙运动时期，中国的另一面又被凸显出来，呈现出一个僵化的、虚伪的东方专制主义国家形象。近代以来，随着中国打开国门，更多的各类西方人士进入中国，他们较以往更多地深入各个地区，接触各个阶层，从而更为真实地了解到中国社会的各个方面。与早期浮光掠影的记述不同，近代外国人士对中国的考察具有明显的目的性和专业性，记述更加细致，也更趋准确，因而具有较高的可信度。

本书以19世纪末20世纪初的清末20年间法国人在中国西南地区的考察笔记、相关回忆录等为基本史料。作者广泛搜集了这一时期的法国人对西南地区的各种现场观察，既包括专事考察的各种商务考察、地理探险的报告，也包括在华法国外交官的工作手记、书信笔记及回忆录，还包括法国传教士的田野考察报告与研究著述。同时,作者又花大力气发掘了有关西南地区的中文史料,利用这两类史料相互印证相互补充,研究这一时期的西南社会及中法关系。这一时期正是近代中国的一个重要转折期。此时距鸦片战争已有半个世纪,中国传统社会已经无可避免地发生解体,新的经济因素和社会因素正在中国社会内部成长起来,并酝酿着一场比以往更为剧烈的变革。我们从书中看到,西南地区虽然远离政治中枢,远离沿海,但同样迅速发生了巨大的变化,这些变化的广度与深度甚至不亚于一些沿海地区。

游记和考察报告难免带有旅行者的主观色彩。钱锺书先生在评论康有为的《欧洲十一国游记》时曾说,英国有句老话,即所谓旅行者享有凭空编造的特权(the traveller's leave to lie),其言谓"远游归来者会撒谎,原是常事,也不值得大惊小怪的",意思是说游记的夸张与失真是难免的。但本书中的笔记却是相当真实的,甚少夸张和矫情。我们看到,这些观察已经摘下了最初的有色眼镜(无论这眼镜是彩色的还是灰色的)。各类考察报告细致地、务实地描绘了社会的方方面面。这些有关工商业、交通道路、旅馆客栈、各类力夫、绅士阶层、富家生活乃至吸食鸦片等各类状况的细节描述,细致地展现了西南社会的各个方面,使我们对那个时代有了更为清晰的印象。对于社会史的研究来说,这些细节性的描写,其重要性并不亚于统计数据。

笔记呈现了考察者的真实感受,这些考察者对于他们认为美好的事物,不吝赞美;对于他们认为落后的东西,也不惜批评。笔记中不乏对中国民众勤劳品格及劳动成就的赞美。如关于红河哈尼的水稻梯田奇观的描写,"从山脚到三分之二的高处一般都是层层叠叠的稻田,一级一级,一层一层,宛如巨(硕)大无朋的楼梯,水逐级逐级往下流,在山上的水田里铺展开来,形成无数的水幕,在夕阳的照耀下波光粼粼,如同零零碎碎的玻璃","在这里欣赏的是一件名副其实的艺术品",其描绘的美景令人向往。考察者记述大理城关周围的平原时写道,"全都精耕细作,没有一丝闲地","水田方方正正,齐齐整整,生意盎然,就像几何学家着意画出来的图案。广袤的沃野上面,村庄星罗棋布,……我们很少在其他地方看到这样发达的农业种植,除了将田地分割开来的小田坎,根本就没有不出产粮食的闲地"。笔记对劳动场景的描述也充满生气,有关插红旗吹笛子鼓乐助威的热烈的劳动场面,不禁让人回想起这个在20世纪下半叶的中国农村还曾屡屡呈现的场景。

考察者对于成都的繁华景象也有很多描述。如法国记者莫里埃描写成都大街的宽阔时云"如沪上之大马路然",

描述成都街铺林立时云"各铺装饰华丽,有绸缎店、首饰铺、汇兑庄、瓷器及古董等铺,此真意外之大观"。莫里埃甚至发出如此评论:"其殆十八省中,只此一处,露出中国自新之象也。……广东、汉口、重庆、北京皆不能与之比较。"这一评论虽有个人偏好,但亦反映出此时成都的繁华。

另一方面,对于他们并不认同的事物,即使是一些中国人引以为傲的事物,他们也直言不讳地发出批评。在贵阳城郊,他们看到了一条颇为壮观的排列着18座妇女节孝坊的牌坊大道。虽然很具规模,甚至成为一景,但里昂商会考察团的笔记直言:"给人感觉不好受,随便瞥上一眼都觉得使人喘不过气来。"表示出强烈的不认可。当然,外人的观察有时也呈现出差异,对于同一景点,1874年上海英国领事馆随员马嘉理曾这样记载:入城"最后一里,列无数白色大理石及其他材料所建牌坊,向孝顺少女及节烈寡妇恒久致意,这一景致为风光平添鲜活"。可见,同是西方的观察者,在审美观和价值观上也存在差异。

对于中国延续千年的科举制度,法国人也有细致的描述,并给予肯定性的评论,认为"中国人重文凭,但不滥用,这点比法国强"。考察者又由此注意到绅士阶层在社会上的特殊地位,"文人在当地享有很高的威望,构成了一个强势阶层,实实在在地控制着行政、政治大权。在他们面前,官员们都不得有半点怠慢"。

同时考察者也注意到1896年四川省秋季乡试的考题中有了让考生发挥创见的时事考题,鲜明地感知到科举考试这一新的发展趋势。随着清末新政的推行,西南地区兴起了创立新式学堂的热潮。作者结合法国人考察团队的以上记载,引用有关史料论述了此时陆续创办的各类中学堂、高等小学、初等小学、蒙养堂、半日学堂、女子学堂、高等学堂等。其中颇引人注目的是专为贫苦做工子弟开设的一种半日学堂。这类学校的学生不分年龄,不交学费。泸州半日学堂如此用白话刊发广告:"我们讲的与从前学堂不同,不专求背诵,先与他讲些圣训,使知道孝悌,然后讲些字义,讲些算法,讲些为人处世的道理,讲些现在中国的大势,要使这些人,个个都晓得中国的事情。"可见,具有近代意义的平民教育此时已经产生。

当然,作为域外者的观察,虽然有客观之利,但有时难免有隔膜和不得要领之处。比如,对于四川当局抵制法国人建立机器缫丝厂、办理川江航运,他们依然用旧时的眼光来看待,不能体会到这背后的真实想法,而这种想法在我们看来是不难揣测的。里昂商会考察团认为,之所以发生这些抵制是因为四川官员和老百姓对有关机器的一切事物都反感,不仅行会和工人反对,"四川知识界也无动于衷"。他们认为用机器生产改变传统生产方式,是一种"经济革命","尚需数代人坚持不懈地工作,才能最终完成这场经济革命"。

然而,此一时期的四川官民实际上并不反对机器生产,只是希望由四川人自己建立机器棉纺织厂。四川两任总督都在积极推行建立棉纺织厂的计划。而对于机轮航运,四川当局也持积极态度,努力劝导绅商,招商集股,成立川江轮船公司。为消除商人对风险的疑虑,四川当局决定加入官股,且一切纯照商规营运,并给予其"不准另立公司"办理川江航运的特权。在四川当局的积极扶持下,川江轮船公司终于在 1908 年成立,1910 年实现"蜀通"号客运机轮首航。

作者的研究也显示出,此时的西南社会已经跨越了对机器生产的消极阶段。面对西方机器生产的冲击,人们不是一味地消极抵制,而是学会了取其所长。如机器生产的进口洋布不结实不保暖,不受四川农民欢迎,农民需要穿着结实保暖的手工织棉布,四川棉纺织小手工业者便将洋纱与土纱结合使用,创造出混纺布棉织品。它结合了洋纱和土纱各自的优势,获得市场青睐,并远销到沿江沿海一带。

从法国人的笔记中,我们可以看出,这一时期,商战是中外关系的一项重要内容,西南地区的地方官们也在尽职地维护民族工业的发展。如前所述,四川官员积极筹建棉纺织厂,抵制法国在四川建立机器缫丝厂的要求;自办轮船公司,抵制法国人办理川江航务的要求。书中还描写了广西提督苏元春在广西龙州铁路的筹建中,抵制法方不公正报价,拒不让步的事例。这些记述让我们看到,在晚清的中外交往中,列强既具有我们常说的强取豪夺的一面,尤其是在战争和战后时期;也有按商业规则行事的一面,在和平时期,后者更为常见。因此,学会并善于运用规则是对外交往的必备技能。

　　该书还记述了这一时期中法两国在若干方面的合作。广西边疆的"中法边防混合警察制"便是中法合作的一项重要行动,双方在中越边境地区建立合作机制,抑制盗匪,维护边境治安。这种中外之间的联合治安行动,以往人们甚少注意。

　　书中关于广西提督苏元春与广西龙州法国领事方苏雅两人关系的描述颇令人感兴趣。这两位是广西地区中法两方的重要官员,他们在若干事务上不乏交锋,但却建立了相当不错的私谊。书中关于苏元春允许方苏雅参观军事要地小连城的描述令人惊讶。小连城是一个隐藏于山谷中的边防工程和军火库,是龙州的边防指挥部,不仅严禁外国人入内,中国人也不能随便出入。但苏元春居然给了方苏雅进入小连城的特权,方"因此绕遍这神秘的小连城的每个角落,并且将它的道路准确地标到我的地图上"。给予法国领事多次进入中方军事要地的特权,从军事角度看,无疑是不明智的,甚至有违规之嫌。但由此也可以看出,这两位官员之间建立了信任度较高的工作关系和私人情谊。在龙州铁路筹建中,两人对法国铁路公司提出的支付高额的前期工作款项这一不公正要求也有共识。足见两人之间在工作中声气相通,两人的友好关系由此可见一斑。当然,这两位中法官员之间的投契,可能是一个比较特殊的案例。

这些笔记对于我们了解这一时期中法之间人际交往的实况也大有助益。总体而言,这一时期的交往是在中外关系不平等的大背景下展开的,但这并不意味着在日常交往中外国人时时以高高在上的外来者的面目出现,中外之间的关系也并不总是剑拔弩张。这些笔记向我们展现了中法间日常交往或者说正常交往的一面,了解这类交往的独特视角,对全面理解这一时期的中外关系的基本情况无疑是有益的。

考察者在中国旅途中的境况,也反映了这一时期中法关系的状态。总体而言,这些考察都是在平和的状态中进行的。让人印象深刻的是法属印度支那总督杜美的云南考察之行。为修建云南铁路,杜美以旅行者身份到云南昆明—蒙自一线考察。这一考察是如此轻装简从——他只带了一个懂汉语的法国军官随行担任翻译。他们不坐官轿,也不需要云南官方举行任何接待仪式。如有需要,便临时付钱请当地人提供服务。他希望借此更方便地直接与民众接触,"我们与将来要接触的民众有一种情感交流,以便当地人将来在云南铁路建成之后,能与法国人共处"。一位位高权重的总督大员,如此随意地在云南境内行走,无疑从一个侧面反映出这一时期中外关系的状态。

这些笔记还给我们提供了若干我们以往并不熟悉的知识,展现了一些常为我们所忽视的史实。其中有关西南地区鸦片的生产与出口的记载,超出了我们的想象,如在越南边境老街有一名法国商人拥有替法国烟草专卖局购买云南鸦片的垄断权。西南地区的鸦片,不仅销往外省,还远销国外。据重庆英国领事伯恩的考察,通过西江百色输出的云、贵两省的鸦片收益,便足以应付通过这条路线进口的所有外国商品的花销。鸦片走私贸易是英国决定发动对华战争的导火索,鸦片战争敲开了中国的大门。50年后,竟呈现出鸦片从中国倒流国外的现象。

通观全书,作者成功地综合利用中外史料,重现了清末20年的西南社会图景。我们看到,这一时期的西南已是一个相当开放的社会。以四川省为例,我们从作者征引的史料中看到了妇女"天足运动"、戒烟运动、废除科举后的推广新式教育运动等,甚至出现了为贫苦子弟开办"半日学校"、在乡村僻地开设识字班等现象,这些举措很多为后来者所继承。在晚清的留学浪潮中,四川是全国范围内自费留学生最多的省份。留学归来后,他们推动了四川教育的发展,改变了社会风貌。正如作者所言,在晚清的社会改良中,四川在若干方面处于先行者的地位。

清末四川爆发了成为辛亥革命导火索的"保路风潮",民国初年云南成为"护国运动"的发起地,再次表明了西南地区在中国近代史上的引领风气之先的地位。纵观西南地区的开放程度,并未呈现出开放由东部沿海向西部内地辐射而影响随之逐次减弱的现象。

该书收录了大量珍贵的历史照片。如同大家所知的那样,文字的场景表现力是有限的,是难以确定的,而照片则给我们提供了真实的场景,使我们身临其境。晚清照片的珍贵程度不言而喻,书中所展现的山水、人物、帆船、水车、桥梁、寺庙、教堂、街区等等,使我们对那个远去的时代有了切实的现场体验感,有助于在读者的心目中构建起那个时代的整体图景。

利用外国人的考察笔记来研究中国,是一条值得大力提倡的研究路径。一是这些笔记具有重要的史料价值,它提供了一份与我们自己的记载有所不同的历史记录,会丰富我们的记载中所忽略的东西,这种忽略有的是有意为之,有的则是视角的差异造成的。另一方面,这些记载所呈现出的人与事,又反映了这一时期的外国人对中国的认识,反映出外国人心目中的中国形象。关注这些笔记,对于我们了解外国人对中国认识的演变,了解中国形象的演变,都具有重要意义。作者在发掘和利用外国人笔记方面,做了极有意义的努力,值得肯定与提倡。

王建朗

2020 年 6 月 18 日

于王府井东厂胡同近代史所

目　录

前　言　*1*

第一章　西南地区交通路线与商贸运输　*14*
　　第一节　法国人考察团队西南地区考察路线考略　*15*
　　　　一、法国里昂商会考察团的组建与交通路线考察　*15*
　　　　二、法国地理探险队在西南地区考察路线的开拓　*27*
　　　　三、西南地区近代交通道路的形成与清末旅行路线　*33*
　　第二节　陆路交通与省垣贸易　*36*
　　　　一、承担商品运输与商旅的云南马帮商队　*37*
　　　　二、人力挑夫与承运陆路商旅的四川麻乡约商号　*50*
　　　　三、背夫与省垣贸易长途商品贩运　*59*
　　第三节　水路木船与运输状况　*73*
　　　　一、滇南红河上游激流险滩与小木船优势　*73*
　　　　二、四川嘉陵江商运大船与川江客运官船　*75*
　　　　三、黔北松坎樟木小船与乌江小篷船运输　*83*
　　　　四、川湘水道与沅江—洞庭湖流域商业航运　*88*

五、广西西江流域与经济状况　98

第二章　蒙自开埠与云南本土经济　106
　　第一节　越北红河—蒙自"与中国的新商路"　107
　　　　一、1892年蒙自海关进出口商品市场状况　108
　　　　二、1895年蔓耗大锡出口考察与红河商路制约　126
　　第二节　云南本土农业经济及其他　134
　　　　一、农贸集市与城镇商业　135
　　　　二、乡村种植业的繁荣与发达　142
　　　　三、东川府废弃铜矿资源考察　175
　　第三节　昆明拜访：官员、省城首富　187
　　　　一、云南藩台大人的官服　187
　　　　二、省城首富王姓富商　189

第三章　四川都会乡村与本土手工业　200
　　第一节　商埠重庆与都会生活　202
　　　　一、重庆商业都市景象　203
　　　　二、重庆海关进出口商品考释　208
　　　　三、重庆户口丁册以外的人口数量与都市失火的关联　249
　　　　四、重庆欧洲白人圈及巴县县令官宴　261
　　　　五、重庆棉线商杨先生　270
　　第二节　省会成都与成都平原经济　276
　　　　一、成都：清代最美的省会都市　277
　　　　二、成都丝绸小作坊和法国人眼中的丝绸业现状　286
　　　　三、晚清成都的社会问题　294

四、成都平原水利灌溉与大土地经营者富翁标准　297
　第三节　四川手工业现状　306
　　一、家庭养蚕缫丝小手工业的普及　306
　　二、丝业兼营土地：遂宁富翁及其家庭生活　311
　　三、"听民穿井"与自流井手工业盐井大工场私井　316

第四章　四川十年"新政"（1901—1911）　354
　第一节　桑蚕、栏杆辫子丝业及新工业　358
　　一、机器缫丝与桑蚕公社的出现　359
　　二、生丝新产品：栏杆辫子的兴盛与畅销　362
　　三、四川十年"新政"的现代工业和洋行发展　368
　第二节　贡院乡试与"新政"举措　372
　　一、西方人对中国科举的看法　373
　　二、举贡生员及读书人出路新举措　386
　　三、翻印东南"新图新书"与各省报纸引进　392
　第三节　妇女缠足与"天足运动"　403
　　一、法国人眼中的中国西南地区妇女形象　404
　　二、四川"天足会"与"女学堂"的出现　417
　　三、放足之后的蜀都妇女印象　424
　第四节　成都"新政"改良种种　428
　　一、慈善事业诸种举措　429
　　二、省城公共卫生的改进　432
　　三、成都商业夜市的出现与繁荣　433
　　四、川省戒烟与成功禁绝罂粟种植措施　435
　　五、民众生活与财政岁入岁出　444

第五章　西南交通近代化进程及其他　450

第一节　川江客轮开启四川近代航运先声　450
一、川江航运制约与英人试航机轮　451
二、四川高层利用英国技术推动本埠商办川江客轮　454
三、川江商运机轮的缓慢发展与民生　458

第二节　广西中法关系及龙州铁路筹建　461
一、《续议商务专条附章》中的"中法边防混合警察制"　462
二、广西龙州铁路筹备及其搁置原因考释　480
三、苏元春的历史留影暨龙州府"小连城"行台　500

第三节　云南铁路建造契机及云南近代化发展　509
一、修建云南铁路计划的形成　510
二、云南铁路建造工程及红河商道的改变　533
三、洋行、维护矿藏利权及昆明自开商埠　562

结语　578

参考文献　593

后记　601

前　言

一、研究选题缘起

随着中国 20 世纪 80 年代以来改革开放与社会发展的深入进行,从 90 年代末开始,国内陆续翻译出版了一些 19 世纪末 20 世纪初西方人进入中国旅行考察的笔记,其中法国人在中国西南地区的考察笔记占有一定分量,引起了笔者注意。因此笔者根据线索进行搜索,发现在晚清有为数较多的法国人考察团队进入西南地区考察,并出版了一批考察笔记。这批考察笔记对于研究晚清西南区域社会史具有重要学术价值。

"西南地区"这一称谓,肇始自西汉司马迁《史记·西南夷列传》,指的是成都蜀郡南徼及其以南的西南各族聚居地区,地域上已包括后来的四川、云南、贵州,以及广西西部与云贵接壤的地区。明代以来,滇黔陆路驿道连接湘黔水路,与湘西鄂东两湖区域联系紧密,西藏东部在地理上亦与川滇相连,清代雍正朝在西南地区进行的"改土归流",即发生在这一地区。以上即是历史上西南地区形成的涵义,也是今日学术界(民族学、历史学)在广义上定义的区域范围。狭义的"西南地区",则专指云贵川三省。本书涉及的晚清法国人的考察,基本在广义的"西南地区"范围之内,重点在云贵川桂四省。

法国人考察团队出版的笔记从作者到笔记内容都有独特性。有关笔记包括大型商会考察团的考察旅行记,地理探险队的探险笔记,在华法国外交官的回忆录、工作手记及书信笔记,法国传教士对当地居民的田野考察记录与相关研究著述,法国铁路公司关于云南铁路工程的资料辑录,以及法属印度支那总督的回忆录中有关西南地区的记述,等等。为了叙述方便,同时也因其文献特点,笔者将以上出版物统称为"考察笔记"。除了已经翻译出版的法国人在西南地区的上述考察笔记,笔者还查阅了许多法文资料,了解到在这一时期,还有一些有分量的法国人考察团队在西南地区的考察笔记,尚未译成中文,大多见诸法国搜集整理出版的资料汇编 Le Voyage en Chine(《中国之旅》)一书的摘录介绍中。① 以上考察笔记表明:清末的中国西南地区曾经是法国人考察团队考察、地理探险、游历的热土,并有法国传教士在此从事田野考察、外交等与中国打交道的工作。与此同时,笔者从中发现两个现象:一是1892—1910 年是法国人考察团队进入中国西南地区考察的一个重要时段;二是从越南红河登陆中国云南省蛮耗,从蒙自入关,成为那一时段法国人进入西南地区考察的路径。

---

① Ninette Boothroyd, Muriel Détrie, *Le Voyage en Chine*, Ed. Robert Laffont, S. A., Paris, 1992.

二、法国人对西南地区进行考察的历史背景

法国人在 1892 年第一次出现了从越南红河进入中国云南蒙自海关小城,专门考察进口商品市场的活动,并在 1893 年出版了考察笔记。此后在 1895—1910 年间,法国人进入云南或西南地区的考察活动与随之出版的考察笔记较多出现,1910 年以后此类考察活动基本结束。这种现象与西南地区在晚清成为法国和英国的商业利益竞争市场,因而导致清末西南边疆的云南蒙自、广西龙州,以及四川重庆约开商埠,同时法国兴起向外扩张热潮的历史背景有关。因此笔者选取了 1892—1910 年的法国人考察笔记作为考察研究对象。总而言之,法国人考察团队进入中国西南地区考察,有其时代背景。

(一)清末英法两国在中国西南地区竞争商业市场促进了对外开放局面的形成

中国西南地区与缅甸、印度之间自古就有一条"蜀身毒道"(《史记·西南夷列传》)。南诏国时期云南通过陆路、水路与缅甸、印度进行过商业贸易活动。近代英国、法国意欲开启进入云南的商业通道,进而开拓商业市场,两国对西南地区的商业市场进行的利益竞争,从 19 世纪 60 年代后期云南杜文秀回民起义政权时期即已开始。第二次鸦片战争期间,英、法分别与清政府签订不平等条约,在长江流域增开镇江、九江、南京、汉口为商埠。同治三年

(1864)太平天国政权被攻克,长江流域航运恢复。云南杜文秀回民起义政权正处于后期,在迤东一线开展战事。法国、英国在此期间已经先后派出探路队,意欲与杜文秀政权接触,接洽与云南通商事宜,均未果。① 法国湄公河探路队在云南府昆明获知从越南河内红河可直航中国滇南蔓耗进入云南省,因而发现一条从越南红河通往中国蒙自的"与中国的新商路"。探路队继续北上进入川南,考察连接长江上游的通道。1873 年,法国商人堵布益从越南河内经红河航行至中国云南蔓耗往返成功,因此法国运用军事手段最后占领河内,获得河内红河的通航权。② 英国 1874 年因云南杜文秀大理政权被镇压,秘密派出上海领事馆随员马嘉理,从汉口穿越湘黔滇官道,在云南边境接应从缅甸八莫来的英国伯郎上校的云

---

① 同治七年(1868),法国湄公河探路队领队安邺从云南东川府去大理府与杜文秀政权接触,遭遇冷淡对待,见 Marie Joseph Francis Garnier(安邺,或译"加尼埃") "Voyage d'exploration en Indo-Chine 1866-1867-1868"(《印度支那探路记 1866—1867—1868》), Ed. La Découverte, Paris, 1874;稍后英国斯拉登使团进入云南,在边境腾越受到杜文秀政权驻守官员接待,与腾越驻守官员讨论了双方的经贸关系,没能进入大理府,见 Anderson, *Mandalay to Momien: A Narrative of the Two Expeditions to Western China of 1868 and 1875*(《从曼德勒到勐缅:1868 年和 1875 年在中国西部的两次探险》)。
② 探路队 1866 年 6 月从西贡启程,沿湄公河经柬埔寨、缅甸、老挝等国,于 1867 年 10 月进入中国云南思茅,东折经滇南进入昆明,获悉有从法属东京经红河进入云南蒙自的通道。在北上途中探路队领队杜达尔·德·拉格雷中校(隶属法国海军部)在东川府病逝。1868 年安邺去大理府与杜文秀政权接触后,带领探路队北上昭通府进入川南考察,并从叙府下长江,航行至汉口、上海,从海上返回越南西贡,完成了从越南南部海上沿湄公河进入云南,从川南下长江经上海返回西贡的环形交通路线考察。安邺于 1872 年 2 月在法国地理学会会刊《地理》发表了"Des Nouvelles routes de commerce avec la Chine"(《与中国的新商路》)一文,并以"Voyage d'exploration en Indo-Chine 1866-1867-1868"命名,在法国《环游世界》杂志第 24 期(1872)与第 25 期(1873)刊载全文。

南商路考察队,因此有了马嘉理在返回云南边境时被当地土人杀害事件。① 英国借处理马嘉理一案,在1876年中英谈判达成的《烟台条约》中,争取到在长江中游宜昌开埠(1876)的权利。宜昌与四川重庆之间建立了子口贸易关系,英国的商业触角伸展至长江上游地区。

清末西南地区的地缘政治变化,开启了当地的对外开放进程。1885年中法战争结束以后,广西省和云南省成为西南地区边疆省。1885年中法签订《中法会订越南条约十款》,约定在保胜以上、谅山以北两处通商,法国商人可住。因此清政府1889年分别在越南保胜以上的云南蒙自小城、越南谅山以北的广西龙州府开埠设关,并设领事馆,正式向法属印度支那开放通商。英国于1885年占领上缅甸,将其划入英属印度联邦,云南省又成为与英属印度联邦接壤的边疆省。继云南蒙自和广西龙州开埠之后,1890年3月31日英国与清政府订立了中英《烟台条约续增专条》,规定"重庆即准作为通商口岸无异",于1891年3月1日在长江上游重庆开埠。英国、法国在西南地区的商业竞争关系随着英国在重庆开埠变得更加敏感。1892年即有法国人首次从河内进入蒙自海关,考察进出口商品市场及蒙自本土资源,考察者是上海海关总署的法国医生皮

---

① 参见〔英〕马嘉理著,阿礼国编:《马嘉理行纪》,曾嵘译,中国地图出版社,2013。另见《滇督岑毓英奏查核威妥玛所指戕杀马嘉理凶犯据实核奏折(五月十七日)》和《鄂督李瀚章奏赴滇查办英员马嘉理被戕案请饬钞发卷宗折(六月初八日)》,载王彦威、王亮辑编《清季外交史料》(精)卷一,"光绪元年",湖南师范大学出版社,2010。

雄。① 以上反映出清末英法两国交替在中国西南地区争取开埠通商市场的竞争局势。

(二)法国的工业成就和持续发展使其对远东殖民地利益加以重视

1852—1870年的法国处于拿破仑三世建立的第二帝国时期。它奉行自由经济政策,发展金融资本,在工业革命和经济生活方面均取得很大成就,国力强盛。1870年在法德战争中失败后,法国回归共和政体。在工业化以及海外扩张的殖民政策方面,法国依旧沿着第二帝国的道路向前推进。以下方面反映出这一时期法国工业和经济的主要成就。

铁路建设。法国铁路线在1871年已经达到17 700千米,铁路经营权也从多家中小企业集中到6家大型铁路公司之手。

采矿业。法国的钢产量1869年时已经达1 014 000吨。

海上运输。从海上木帆船发展为大吨位的蒸汽商船船队,速度、吨位都有极大增长。

在经济生活领域,完成了巴黎都市改造。改建后的巴黎成为欧洲最著名的现代都市,出现了繁荣的大商场。巴黎博览会进一步促进了法国国内商业发展。

法国在1870年后的第三共和国期间,在交通运输方面继续发

---

① Louis Pichon(皮雄),*Un Voyage au Yunnan*(《云南之旅》), Préface, Librairie Plon, Paris, France, 1893.

展。1895年巴黎出现了以蒸汽机为动力的有轨公共汽车,第一批公共汽车也投入运行,1900年建成了第一条地铁。农业资本主义生产方式开始出现,进入了发展大农场、农业机械化阶段。①

以铁路线为例,英国、德国、法国三国之间可以增长速度和拥有量为指标做一比较。在1891—1911年的20年间,英国铁路线从26 600千米增至32 600千米,增长速度趋缓;德国从43 800千米增至61 200千米,增加近50%,在这一阶段铁路线增长迅速;法国从36 600千米增至44 400千米。② 法国的增长幅度虽然不及德国,但铁路线总量已经超过英国。这反映出法国在第三共和国时期,铁路交通发展速度仍然较快。此处的考察时段1891—1911年,与本书所研究的法国人在中国西南地区考察的1892—1910年的时间段基本一致,借此可以认识这一时期法国的铁路建筑状况。

1885年中法战争结束之后,两国虽于1885年、1886年、1887年相继签订了一系列有关中国与法属越南边界通商细则的条约,但除了1889年落实了在保胜以上与谅山以北开埠设立海关的条约规定,使双方有了进出口商业贸易关系,其他条约规定并未真正实施。1894年法国新任驻北京公使施阿兰(Auguste Gérard,1852—1922)带着清理以前签订条约的落实状况,以及寻求拓展法属印度支那重要商业利益的使命到北京赴任。途中施阿兰专门在罗马停留,拜访了位于梵蒂冈的教宗;在法属印度支那西贡停留拜访总督;在法属河内拜访最高军事负责人。这些均与其赴华使命有关。

---

① Jean-Baptiste Duroselle et Pierre Gerbet, *Histoire*, Collection Jean Monnier, Fernand Nathan, Paris, 1962, pp.101 – 113.

② Jean-Baptiste Duroselle et Pierre Gerbet, *Histoire*, p.43.

施阿兰抵达天津时,特意停留几天拜访了直隶总督李鸿章,并明确表示这次出任驻北京公使,就是要具体落实法国与中国政府1885年以来签订的条约,以及推动法属印度支那同中国建立政治和经济上的联系。①

(三)中日甲午战争之后西南地区的进一步开放

法国公使施阿兰1894年4月抵达北京后,立即与总理衙门展开各项谈判,但此后不久即爆发了中日甲午战争。战后清政府与日本于1895年4月17日签订了中日《马关条约》,约定日本在中国新增四个商埠,其中之一即是重庆,重庆进一步对日开埠通商。因此西南地区对外开放的商业利益,在英法竞争中又增加了日本势力。

法国公使施阿兰与总理衙门就清理以前条约的落实情况开展了一年多的谈判,双方的谈判在清朝忙于与日本交战的甲午战争期间都没有停止。施阿兰谈判的首要任务是,"保全和维护所有的既得利益",这指的是清理和落实从1844年鸦片战争后签署的条约,直到1887年签订的最后一个条约。新增任务是迅速与中国政府继续谈判"划定自红河右岸至湄公河的最后边界,并在这条边界

---

① 〔法〕施阿兰:《使华记:1893—1897》,袁传璋、郑永慧译,商务印书馆,1989(法文版1918年),第5—6、8页。施阿兰在回忆录中记载了他在天津拜访直隶总督李鸿章时,通过交谈得出的以下印象:"他的独特和敏捷的头脑,生动活泼和才气横溢的谈话,坚决果敢的风度,以及他身上无可置疑的能力,确使我深为惊异与钦佩。……是一位能够为重大国策出谋献计并付诸实施的人物。"该回忆录大量涉及其任内在北京的外国公使团与清政府之间的各种交涉。

上开展印度支那与中国间的商务关系"。施阿兰在北京谈判中,参与了俄国、德国干预中日《马关条约》中日本对辽东半岛的侵占。法国公使因此受法国外交部长指令,借此机会敦促清政府于1895年6月20日签订了中法10年换约的《续议界务专条附章》和《续议商务专条附章》两个条约,在落实以往条约的同时,进一步争取到一些新的利益,如在滇南增开思茅、河口为商埠,两地领事受蒙自领事馆管辖;沿边三省广东、广西、云南允许法国企业和工程师优先洽商矿藏开采;同时还争取到"在取得双方同意后,可以将安南境内现有的或已订有建筑计划的铁路,延伸至中国境内"的权益。①

以上历史大事记反映出清末西南地区所具有的地缘政治特点,使之成为一个对外开放的区域社会。中法新签订的条约,对于法属印度支那在中国西南地区的商务渗透产生了一定影响。印度支那与中国西南地区的连接,对于法国来讲是"从印度支那设置了一条深入这个辽阔无际的帝国西南地区最直接的捷径"。②自1892年法国医生皮雄从越南红河进入蒙自对"与中国的新商路"进行考察以后,中法1895年6月20日签订的商务条约,开启了新一轮法国人考察团队从越南红河航道进入西南地区的考察活动。自1895年到1910年,分别有法国贵族、军官组建的地理探险队,法国几大工业地区商会联合考察团,法国矿业和铁道线路勘测队,旅行

---

① 〔法〕施阿兰:《使华记:1893—1897》,第56—58、68页。有关法国公使在中日《马关条约》正式签署前与德、俄三国干预归还辽东半岛的动议,以及之后趁机要求中国予以"感谢"而与清政府签订条约谋求利益的具体过程,参见葛夫平《法国与中日甲午战争》(《中国社会科学》2013年第3期)一文。

② 〔法〕施阿兰:《使华记:1893—1897》,第68页。

家、记者、摄影师、作家等不同身份的考察者和考察团队进入西南地区考察,留下众多考察笔记。同时还有云南法国领事的书信笔记,法国驻北京公使、法属印度支那总督的相关回忆录,以及云南的法国传教士对本堂区本土居民的田野考察研究等文献资料,各自留下了对这一时段的内容丰富的记载。①

这一时段是西南地区从传统向近代转变的交替时期。笔者选取1892—1910年间的法国人考察笔记作为考察研究对象,意在梳理、考察这一时段西南区域社会及其地方性特点,还原历史上的西南社会及其变迁原貌。

三、关于本书的研究

法国人1892—1910年的考察笔记,包括已有的中文译本和尚未翻译的法文原著。1892年以前,法国人也有涉及西南地区的考察笔记,它们并非孤立出现,而是与1892—1910年之间的考察笔记存在一定联系,因此1892年以前的法国人考察笔记也是本书涉及的资料。

1892年以前法国人在西南地区的考察笔记,反映出当时法国

---

① 1895年以后进入西南地区的法国人考察团队的笔记,具有代表性的有法国里昂商会编著、[法]里沃执笔《晚清余晖下的西南一隅——法国里昂商会中国西南考察纪实(1895—1897)》,徐枫、张伟译注,云南美术出版社,2008(法文版1898年);Bruno de Vaulserre(德沃塞),*A travers le Yun-Nan et du Yun-nan au Tonkin, par le Kouei-Tchéou et le Kouang-Si*(《穿越云南——从云南、贵州、广西到东京》),Revue *Le Tour du Monde*, nouvelle série, tome Ⅶ, 1889, pp.1-72。以上两书的考察团队均负有重要的考察使命。

人在西南地区的考察，主要是旅行和探路考察，具有先驱意义。1892年以后进入西南地区的法国人的考察笔记，反映出从1892年开始，法国民间开始关注法属印度支那"与中国的新商路"的进口商业状况。随着1895年中法签订西南商务细则条约，法国考察团队开始陆续进入西南地区考察。与中法条约相关的法国人考察团队均从越南红河商路往返中国西南地区。考察笔记观察和关注的对象，也服从于法国在法属印度支那与中国西南地区的利益需要，主要是考察和了解中国西南地区的商业交通路线和经济、社会诸方面现状。在中国境内的法国外交官和传教士与法国考察团队之间也发生了较多关联。

1892—1910年是西南地区的一个特殊时段。国内对于晚清西方人在中国西南地区的考察有一些研究，但国内外学者均未对清末这批法国人在中国西南地区的考察笔记进行系统梳理和专题研究。

法国人考察团队进入中国西南地区考察的目的非常明确。重视他们亲历亲见的第一手资料的价值，对于重构晚清西南地区的经济与社会历史面貌，认识和研究晚清时期传统的西南社会，研究对外开埠通商后的进出口货物源流状况，以及清末最后10年"新政"改良带来的社会变化及西南地区交通近代化，具有现实意义。研究晚清中法关系，绕不开清末法属印度支那与中国西南地区的关系。对法国人在西南地区考察笔记中有关具体事实的梳理研究，有助于了解近代中法关系的实际状况。同时，也为近代中外关系史研究提供西南地区中法关系史料参考，具有一定的学术价值。

本书研究方法以历史唯物主义为指导，采用历史人类学及历史研究的多重证据法,对研究内容与相关学科进行交叉研究。鉴于法国人考察笔记内容的性质,本书研究突破了一般研究考察笔记侧重于考察活动本身的"文本中心"研究模式,以1892—1910年的时间为经线,通过对法国人纪实性考察笔记及相关资料的梳理研究,反映中国西南社会晚清时期的时代面貌,并联系清末西南地区的中法关系,揭示这一时期的社会现状及其变迁。

1892—1910年是中国西南地区从传统向近代转变的交替时期。西南地区是一个对外开放的区域社会,既与全国大历史相呼应,又具有地方性特点。本书以复原晚清西南区域社会面貌为出发点,充分使用了多种法国人考察笔记(包括用以相互印证或补充的其他国家的外国人笔记),以及相关的其他原始资料,包括同一时期的具有官方实录性质的海关报告、民间调查实录、田野考察报告、外交公文及地方志、契约等,借以考察研究地方经济生活及社会生活,包括汉人社会与非汉族居民社会。具体方法是在整体考察中将历史研究的纵向分析与横向联系相结合,注重整体分析与具体个案剖析,以及注重建立区域史与大历史之间的联系。

全书共分五章。分别从西南地区交通路线与商贸运输、蒙自开埠与云南本土经济、四川都会乡村与本土手工业、四川十年"新政"(1901—1911)、西南交通近代化进程等方面,跟随法国人考察团队的考察足迹及"他者"观察,对清末西南地区的社会现状进行整体考察和论述。

书中涉及晚清西南地区诸多历史人物及大小历史事件,在有关经济活动的考察中,深入富裕家庭生活及官府宴会,进行细微观察。书中同时涉及西南地区不同当地居民的生活,以及外国传教士在西南地区城镇乡村的分布。与之同时,法国人各考察团队行迹遍及西南云贵川桂四省及湘西鄂东的广阔地域,涉及水陆交通、众多城镇及乡村,亦是本书特点之一。本书以现场考察资料和文献史料搜集为主,附录的影像图片,大多取自法文书籍原版。

法国人考察笔记线索清晰,目的明确,语言风趣,我们可以借此触摸与认识西方人的观念、视角及其对中国社会和中国文化诸方面的观点和看法。同时也要注意辨析考察者来自殖民国家,有些看法也不免打上了殖民主义印记。

本书是在笔者主持的国家社科基金项目结项成果《法国人来华考察笔记研究(1892—1910)》基础上,增删部分内容撰写而成的。本研究成果在提交结项申请时,承蒙五位匿名审查教授指正,谨在此致谢!

第一章　西南地区交通路线与商贸运输

　　1892—1910年,先后有各种法国人考察团队经越南红河至云南蒙自的"与中国的新商路"(见"前言")进入中国西南地区考察。其中法国里昂商会考察团就中国西南地区的水陆交通路线和商贸运输,以及各省商贸流转状况,留下了详细的亲历亲见笔记。考察团所经历的行旅交通路线,与晚清法国人、英国人在西南地区的旅行与探路活动存在联系。法国地理探险队也分别提供了这一时期从滇南上溯滇西北,从川西北穿越大草原进入西北地区的重要交通路线考察笔记,记载各自有别。①

---

① 法国里昂商会编著,〔法〕里沃执笔:《晚清余晖下的西南一隅——法国里昂商会中国西南考察纪实(1895—1897)》;〔法〕亨利·奥尔良:《云南游记——从东京湾到印度》,龙云译,云南人民出版社,2001(法文版1898年);〔法〕多隆:《彝藏禁区行》,辛玉、周梦子、叶红译,新疆人民出版社,1999(法文版1911年)。

第一节　法国人考察团队西南地区考察路线考略

综观清末进入西南地区考察的法国人,无论是具有国家使命的考察团队,还是考察特殊地域的地理探险队,其考察目的和考察线路无不具有明确目的,因此记载详尽,提供了现场经历场景。

一、法国里昂商会考察团的组建与交通路线考察

1895年6月20日中法10年换约签订了《续议界务专条附章》《续议商务专条附章》两个条约后,当年9月,法国即派出由12人组成的法国里昂商会考察团进入西南地区考察。考察团从法属印度支那东京进入与之相邻的中国西南地区考察,这与法国发展在远东殖民地的经济利益有直接关联。

(一)里昂商会考察团的组建及其使命

法国驻北京公使施阿兰与法国里昂商会考察团进入中国西南地区考察有密切关联。根据施阿兰回忆录记载,1895年中日《马关条约》于4月17日签订后,施阿兰立即抓紧时间促成清政府签订了两个中法新条约,法国本土也很快组建了里昂商会考察团。施阿兰提到该考察团的组建,"以里昂商会为首的法国各地商会,……明白中国向法国工商业开放的时刻已经来到。里昂商会

决定组织和派遣一个经过郑重考虑和仔细选择的代表团"。考察团考察计划的制订受到施阿兰的直接关照,"我先对代表团的行动纲领提出了看法,尤其叮嘱他们着重研究进入中国的路线和寻找在什么条件下可以尝试矿产经营,首先考虑沿边三省、扬子江流域的四川、两湖和贵州","……调查和研究了水陆两路、煤矿、工农业,以及商业习俗和传统,税率等问题","对我们计划中的各省予以研究和勘察","如果需要的话,就立即创办必要机构和设备,从而揭开一个工商业的新纪元"。① 以上法国公使的说法,表明法国里昂商会考察团肩负着重要考察使命。在考察团出发的同时法国就做好了在中国内地创办机构的准备,反映出法国在中国西南地区开拓商务的迫切性。里昂商会考察团对中国西南地区交通线路的考察还涉及两湖、两广,按法国政府的需要"调查和研究了水陆两路"的情况。里昂商会考察团此行肩负的任务,与法国政府计划从远东殖民地法属东京进入中国西南地区,进而连接长江上、中游内陆省拓展商业贸易有着直接关联。法国公使提供的意见,即与新签中法《续议商务专条附章》的施行相关。在里昂商会考察团笔记前言中,对考察团的组建、国家重视程度及考察目标等项都有明确说明。

里昂商会考察团是一个具有代表性的轻工业纺织品考察团。考察团成员组成如下:

   团长:蒙自法国前领事罗歇(Emile Rocher,中文版译名弥

---

① 〔法〕施阿兰:《使华记:1893—1897》,第167页。

乐石),后因身体原因提前半年结束考察归国,另由考察团成员亨利·布雷尼埃接任团长。

随团医生:海军一等医官德布伦博士,同时负责人种志考察。

团员:

里昂(Lyon)商会:丝绸与蚕丝工程师、丝织品工程师、建筑与桥梁工程师,以及里昂银行总行代表;

马赛(Marseille)商会代表;

波尔多(Bordeaux)商会代表;

里尔(Lille)商会:麻织品工程师、机械工程师;

鲁贝(Roubaix)商会:毛织品工程师;

罗阿纳(Roanne)商会:棉纺织品工程师;

随团考察图案拓印工程师1人,里昂市秘书1人。[1]

从以上考察团中各商会代表的组成可以看出,考察团是以法国里昂(法国中部)商会为主,联合马赛(南部)、波尔多(西南部)、里尔(北部)、鲁贝(北部)、罗阿纳(中部)等六个城市的商会组成,阵容强大。里昂是法国乃至欧洲的重要工商业及金融城市,并以"欧洲丝绸之都"闻名,其他几个城市在法国也都以各类纺织品著称。六个城市的商会分别派出了丝绸、丝织品、麻、棉、毛织品专业的工程师,以及商会代表、银行家、桥梁工程师、机械工程师、图案

---

[1] Chambre de commerce de Lyon, Alexandre Roy, *La Mission Lyonnaise d' exploration Commerciale en Chine (1895－1897)*, Tome Ⅰ, *Récits de voyages*, Introduction, Lyon, France, 1898, pp. 1－11, 14－15.

拓印工程师等人员。考察团团长弥乐石和随团医生兼人种志专家德布伦博士属特别配置。鉴于水陆交通路线考察的重要性,考察团还专门配备了一位桥梁河道工程师杜克洛,此与法国计划将来在中国西南地区修筑铁路需要考察桥梁河道有关。

  法国里昂商会考察团考察的对象主要是西南地区的交通路线、资源与商业贸易。法国与中国在1840年第一次鸦片战争之后开始有重要的商业联系,里昂将近一半的生丝来自上海商埠。其次,里昂商会考察团与法国外交部的安排有直接关联。考察团虽然只由法国六个城市的商会组建,但代表着整个法国轻工业企业界。法国外交部为考察团进入中国考察做了周密安排,考察团团长挑选的是熟悉云南情况的弥乐石。弥乐石1871年从汉口商埠上溯长江,从川南进入滇中到滇南蒙自,参与矿产开采并考察滇南和迤东一带的矿藏及当地倮倮人风俗,1889年担任了蒙自商埠法国首任领事。弥乐石在中国生活多年,汉语流利,了解云南当地风俗。其所担任的领事的级别等同于中国地方官员体系中的道台,与省府官员打交道级别也够。考察团还受到法国外交部在中国的代理,特别是法国驻北京公使、重庆新任法国领事、蒙自法国领事等的帮助和接待,其他如法国商业部、海外殖民部、法属东京均提供了最有效最友好的帮助方式,考察团随团医生德布伦博士是海军部特别为考察团选派的一等医官。

  里昂商会考察团带着明确的使命出发,其总的目的如下:一是考察如何能够从法属东京较容易地进入中国西南地区;二是发现四川的商业价值,按考察团的话来说,"四川是一个拥有3500万—3600万人口的大省"。因此,里昂商会考察团的考察活动是为了法国公众利益和法属东京的商业利益扩张而开展的。考察内容包括交通和运输、进出口码头、水陆交通道路和运输、海关、各种消费及商业产品，以及社会其他诸方面的情况，在此基础上撰写各种专题考察报告。①

以上考察团笔记的"前言"表明，法国政府各部对派出里昂商会考察团的重视及其使命的重要性。考察团的考察任务，直接涉及中国西南地区的经济及社会生活诸方面，其中考察交通路线与商业经济现状是其首要任务。因此考察团对水陆两路交通及商业运输的考察具有重要意义。中国西南地区川滇黔桂及相邻的两湖的交通路线及运输工具，直接与西南地区的经济与商业发展相关联。

(二)里昂商会考察团对 1892 年以前欧洲人旅行路线的覆盖

1895 年 11 月至 1897 年 6 月，法国里昂商会考察团在中国西南地区及周边省份的考察，涉及晚清中国西南四省与两湖的主要交通线路，与其商务考察目的相吻合。

里昂商会考察团考察的交通线路：一是从滇南蔓耗进入云南省城昆明之后的入川入黔陆路路线；二是从重庆涪陵进入湖南洞庭湖、湖北沙市的川湘水路航道；三是从广州北上珠江，再从广西

---

① Chambre de commerce de Lyon, Alexandre Roy, *La Mission Lyonnaise d'exploration Commerciale en Chine (1895-1897)*, Tome I, *Récits de voyages*, Introduction, pp. 1 – 11, 14 – 15.

上溯西江的水路航线；四是以成都为中心的四川境内的旅程，以及从重庆向四川西部川边打箭炉（康定）和川西北安多方向的陆路交通；五是经川南、贵州、云南、两广返回越南河内的线路。因此整个考察呈网络状向各地水陆并进。在里昂商会考察团考察以上行进线路之前的1892年，不同职业、阶层的法国人、英国人的旅行游历和地理探险足迹，几乎已经踏遍里昂商会考察团的各条考察路线。换言之，里昂商会考察团的水陆考察线路，实际上覆盖了1892年以前法国人、英国人在我国西南地区的考察线路，仅在四川境内的州县另有新增线路。将里昂商会考察团考察线路分以下几个片区进行比照，不难发现它们与以前法国人、英国人考察线路间的关联。

1.长江道：川西藏人聚居区—长江道；滇东北—川南叙府（今宜宾）长江道；黔北—渝州（今重庆）航路

里昂商会考察团从云南分三条路线进入四川重庆，设立考察大本营（按：全团立足重庆长租公馆以设立基地，然后分组分道向各处出发进行长短不一的考察），包括一个分队从云南经东川府滇东北昭通北进四川南部，另一小分队从滇中杨林东折向贵阳府行进。进入川南的团队在四川南部水富又兵分两路，一路往东从叙府长江上游航行抵达重庆；一路经嘉定府上行进入成都府，再经川东北顺庆府南充沿嘉陵江航行进入重庆。从滇中杨林进入贵阳的小分队，又经黔北遵义从桐梓赶水下行綦江去重庆。这三条入川入黔后分别进入成都、重庆的行旅路线，与法国、英国的早期旅行者、探路者及重庆英国外交领事的旅行路线基本重合。

1846年1月进入拉萨的法国遣使会古伯察与秦噶哗两位神父

从巴塘被遣送出境,成为最早经行拉萨—察木多—巴塘—打箭炉—成都—川南,然后进入长江航行的欧洲人,因此而认识和体验了"川藏—长江道"的行旅线路。1871年英国人库伯受上海英国商会委托,从上海沿长江航行至重庆,从陆路进入成都而后西去打箭炉、巴塘考察,此一线路即是古伯察的反向游历路线。1868年法国交趾支那殖民政府"湄公河探路队"进入云南后,从滇南东折进入云南府昆明,在领队海军中校杜达尔·德·拉格雷(Doudart de Lagree)于东川府病逝的情况下,从东川府开始,由副领队安邺带领探路队从滇东北进入川南叙府,从扬子江上游航行直达上海。古伯察神父二人从川南叙府下重庆与安邺从云南北上进入叙府长江道上游的行程,即是法国里昂考察团一个小分队进入川南后,其中一组人员从水富航行至重庆的线路。考察团团长弥乐石领事曾在1871年从汉口经长江三峡航行进入川南叙府,从叙府南下云南昭通府至昆明,走的即是安邺1869年从云南省进入扬子江的反向路线。"川藏—长江道"和"云南昆明—昭通—叙府长江道"航线,在弥乐石之前还有法国商人堵布益经行,他沿此航道进入云南经商。因此这条联系长江流域与西南地区的航线,在1846年、1869年、1871年已经有了法国人、英国人的足迹。英国人戴维斯从1894年开始多次在云南境内勘测路线,以备修建连接缅甸的铁路,1897年间也从缅北八莫进入滇西腾越,经大理府抵达云南府昆明,上行进入四川境内的会理州,穿越木里西行至滇西北阿墩子,上行川边巴塘，沿川藏道入川，从川南进入长江道直达上海。①

从19世纪70年代开始，西南边疆云南就逐渐成为法国人、英国人探路考察的重要地域。贵州桐梓县松坎小镇是贵州北部境内的最后一个村庄，从松坎—赶水下綦江—重庆的航行，是从贵州下重庆的一条高山峡谷水道。在里昂商会考察团考察这条水道以前，曾有英国领事通过这条水道从贵州入川，见于法国里昂商会考察团经贵州去重庆小分队的考察笔记中："两位英国领事，派克和布恩曾利用水道进入过四川。他们的描述对我们很有吸引力。"考察团因此也考察了这条从黔北进入重庆府的高山峡谷航路。②

2.川湘道：重庆涪陵—湖南沅江—洞庭湖—湖北汉口—沙市两湖考察路线

里昂商会考察团考察的两湖线路，由两名成员取道"重庆涪陵—酉阳龙潭江—湖南沅江—常德府—洞庭湖—湖北汉口—沙市"的线路，此即由川东南进入汉口的川湘道。③ 与川湘道沅江流

---

① 本节考察资料中涉及法国人游历路线的见〔法〕古伯察《鞑靼西藏旅行记》，耿昇译，中国藏学出版社，2006，第二版。古伯察考察笔记中文版系根据北京西什库遣使会书局1924年包世杰注释本翻译。Emile Rocher(弥乐石)，La Province Chinoise du Yun-nan, Vol. II.（《中国云南省》，第 2 卷），Leroux, Paris, 1879；Francis Garnier(安邺)，De Paris au Tibet, notes de voyage…, Hachette, Paris, 1882.有关法国人、英国人的考察路线，参见西方人13世纪中叶到20世纪初在中国的旅行总集 Ninette Boothroyd, Muriel Détrie, Le Voyage en Chine；并参见〔英〕戴维斯《云南：联结印度和扬子江的链环》，李安泰等译，云南教育出版社，2001。
② 法国里昂商会编著，〔法〕里沃执笔：《晚清余晖下的西南一隅——法国里昂商会中国西南考察纪实(1895—1897)》，第 75 页。
③ 法国里昂商会编著，〔法〕里沃执笔：《晚清余晖下的西南一隅——法国里昂商会中国西南考察纪实(1895—1897)》，第 202—215 页。

域相汇的即是贵州著名的水陆官道湘黔驿道。1873年、1874年川湘道与湘黔驿道已先后有两位著名探路者留下了他们的足迹。一是法国海军军官安邺,他曾因发现从越南红河航行抵达中国云南这条"与中国的新商路",以及连接云南与川南叙府的长江道而闻名。1873年安邺利用春季休假,计划从上海沿长江旅行进入四川的藏人聚居区,践行川边至安南路线的探路考察,选择的即是从汉口进入洞庭湖再从沅江入川的川湘道。安邺在沅江流域考察了两岸平畴溪流的美丽风光,将其视为"小瑞士",认为"将会吸引欧洲人前来"。在行至西阳时,安邺接获越南交趾支那总督电报,召唤其回交趾之南西贡带兵赴河内(东京)为受阻的堵布益解围,其行程止于西阳州。[①] 二是1874年上海英国领事馆随员马嘉理(Augustus Raymond Margary,1846—1875)奉命前往云南,从滇西进入缅甸八莫迎接英国伯郎上校考察使团(Brown Mission)进入云南,也是从上海经汉口选择湘黔滇通道,横穿贵州至云南的陆路官道,从滇西腾越抵达缅甸八莫。[②] 据此可见法国人、英国人在19世纪70年代中期已经穿越两湖,打通了前往四川、贵州、云南三省的水陆通道。湖北沙市是长江流域重要的本土棉花和本土棉纱、棉布集散中心。棉花来自北方的河南、陕西及湖北本省,往西则是供应四川商人的棉花和土布基地。1895年签订的中日《马关条约》辟沙市为日本新开商埠。里昂商会考察团两名成员分别取道川江三峡道和川湘道专程前往沙市,考察"当地的棉纺织技术","从涪州(重庆下游150公里)一直到汉口",他们"几乎是沿着1872年安邺

---

① 参见 Francis Garnier, *De Paris au Tibet, notes de voyage*…。
② 参见〔英〕马嘉理著,阿礼国编:《马嘉理行纪》。

从汉口到重庆旅游时所走的线路"。①

3. 西江道：两广珠江—西江航路

在湖北沙市考察的两名里昂商会考察团成员沿长江考察到达上海，再经海路去广州沙面法国租界里昂丝绸所，在广州接获里昂商会总部通知继续进入广西西江考察。两名考察团成员从广州珠江北上韶关，西折梧州沿西江航行，到南宁府分路行进，一人从右江百色府上行考察沿江流域，一人往左进入广西西北，经中越边境进入云南广南府至蒙自，沿途主要考察了西江两岸的乡村经济与商业现状。②

里昂商会考察团返程考察中国西南区域南部，包括西江河流、云南南部以及对贵州的穿越路线，正是19世纪80年代英国工程师和驻寓重庆的英国代表的热门商务考察线路。英国多有商人建议从云南修筑铁路经广西连接中国南海海路。英国工程师出身的新闻记者科洪（Archibald Ross Colquhoun）1882年从广州珠江上行沿广西西江航行，经梧州、南宁、百色等地，由滇桂交界处剥隘进入云南省东南的广南府，沿着云南南部向西一路考察进入缅甸，③这是一条从西江航道进入滇南通向缅甸的长途考察线路。继1875年因

---

① 法国里昂商会编著，〔法〕里沃执笔：《晚清余晖下的西南一隅——法国里昂商会中国西南考察纪实（1895—1897）》，第202—203页。
② 法国里昂商会编著，〔法〕里沃执笔：《晚清余晖下的西南一隅——法国里昂商会中国西南考察纪实（1895—1897）》，第219—231页。
③ 参见杨梅撰稿、贺圣达审定《晚清至民国西方人在中国西南边疆调研资料的编译与研究》，载国家清史编纂委员会编译组编《清史译丛》（第十辑），齐鲁书社，2011，第291—334页。

马嘉理事件中英签订《烟台条约》以后,英国对西南地区商务的关注愈益加深。四川南部长江流域、贵州、云南南部、广西成为英国外交官员的考察区域,先后有如下考察活动:驻寓重庆的外交官员巴伯(Edward Colborne Baber, 1843—1890)在 1876—1880 年对川南、云南的旅行考察;领事官员霍西(谢立山,Alexander Hosie, 1853—1925)1881—1883 年三入四川、贵州和云南的游历考察。1885 年中法战争结束以后,根据 1885 年《中法会订越南条约十款》的规定,法国获得了将越南铁路与中国西南境内铁路连接的权利,无疑对英国在中国西南的利益形成了威胁。伯恩(班德瑞,Frederick Samuel Augustus Bourne, 1854—1940)奉命于 1885 年 10 月至 1886 年 10 月从四川南下云南南部,下行广西西江航行至南宁,经贵州返回重庆。伯恩沿途考察了西南四省交界地域的商业特征,这是一次具有实用价值的商务考察。① 因此从四川南下云南、广西,或从川南南下贵州、广西之间的交通路线,以及西江航路,无论水陆通道,在里昂商会考察团之前,在 19 世纪 80 年代中期已经由英国新闻记者与英国的几位领事官员进行了多次考察。

4.四川州县交通通道:里昂商会考察团在四川省境内的考察路线

四川都市商业经济、省内小手工业以及各地土产资源,是里昂商会考察团重点考察的对象。考察团的考察线路,一是以成都为中心的四川境内陆路之旅,如对川东北棉花产地与家庭蚕桑及缫

---

① 参见杨梅撰稿、贺圣达审定《晚清至民国西方人在中国西南边疆调研资料的编译与研究》,载国家清史编纂委员会编译组编《清史译丛》(第十辑),第 291—334 页。

丝业的考察;对川北和川西北松潘皮张与药材的考察;对川南自流井盐井的考察。二是从重庆出发西行川边,经"峨眉山—雅州青衣江—泸定桥—打箭炉—成都"的行程,以及经"重庆—川南—贵州毕节",再南下云南省的返程线路。① "川边打箭炉—成都"的路线与1846年法国古伯察神父从巴塘进入重庆的线路相符。考察团"重庆—川南—贵州毕节—云南"的返程线路,与19世纪80年代中期几位英国领事游历考察西南地区穿行的线路重合。以成都为中心对川东北、川北、川西北,以及成都和川南自流井等地的考察,则属于里昂商会考察团在四川境内以重庆、成都为中心扩展的考察线路。

综合上述有关法国里昂商会考察团队经行的交通路线对晚清法国人、英国人在西南地区游历考察路线的覆盖,不难发现以下特点。

一是早期法国人在西南地区的旅行和探路活动的路线对于欧洲人具有开拓意义。其中包括1846年法国古伯察神父的"川藏—长江道"之行;1867—1868—1869年间交趾支那殖民政府海军陆战队军官安邺与湄公河探路队的"湄公河—云南府—川南叙府—长江道"之行,以及1873年安邺的川湘道航行。

二是1885年前后英国人扩展了从云南省出发延伸至西南四省其他地区的密集考察,这起源于1876年中英《烟台条约》中广西北海成为新增通商口岸之一(见中英《烟台条约》第三款"通商事务"第一条)。1885年中法战争之后法国拥有了法属印度支那,英

---

① 法国里昂商会编著,〔法〕里沃执笔:《晚清余晖下的西南一隅——法国里昂商会中国西南考察纪实(1895—1897)》,第78—166、167—179页。

国 1885 年将上缅甸纳入了英属印度联邦,因而英法两国的商业利益都集中在中国云南等西南地区,这是 1885 年后考察活动频繁的主要原因。

三是法属东京(今越南河内)与中国云南、广西两省水陆通道的连接,使西南边疆成为与法国殖民地相接的最前沿地区。

四是西南四省之间及其与西藏、长江中下游水陆交通道路的连接。

法国里昂商会考察团于 1895 年 11 月至 1897 年 6 月在中国西南四省考察的水陆交通线路,总体上覆盖了 1846 年、1867—1885 年法国传教士、法属交趾支那"湄公河探路队"的军官和工程师、英国商务代表、英国工程师、英国领事们先后考察的旅行路线。因而里昂商会考察团的考察路线,是对法国人、英国人在西南地区考察路线的贯通,同时其中还有里昂商会考察团根据考察需要而增加或拓展的四川省境内的路线。里昂商会考察团的交通线路考察,不仅完成了法国政府与法国公使制定交代的交通路线考察任务,同时也提供了一个全面的,有关欧洲人晚清在西南地区,以及相邻的两湖、广东考察的水陆交通通道的基本状况。这种现象反映出法国人、英国人各自在中国西南地区的探路活动及旅行和考察并不是孤立的,它们之间存在相互影响和推动。

二、法国地理探险队在西南地区考察路线的开拓

1892—1910 年,从法属印度支那东京经红河进入中国西南境内的法国地理探险队,考察的主要是本土居民聚居地域,其交通路

线具有开拓意义。

(一)奥尔良王子地理探险队从滇南澜沧江流域北上的考察

地理探险是19世纪中叶以后伴随欧洲殖民扩张,在欧洲风行的一种有目的性的旅行探险活动。非洲、美洲大陆、中亚、南亚、东南亚相继成为西方人地理探险的热门地域。英国印度联邦殖民地、法国殖民地印度支那分别与中国滇西、滇西南、滇南相接,纵贯云南与中南半岛的元江—红河、澜沧江、怒江、独龙江流域也都成了英国人、法国人地理探险考察的目的地。其中始于1895年1月,历时一年的法国奥尔良王子探险队,进行了一次艰苦卓绝的地理探险活动。

奥尔良王子的出身和探险经历,有关记载如下:

> 亨利-菲利普·奥尔良于1867年诞生于里士蒙(英国)附近的罕姆。他是夏特尔大公的公子,也就是路易-菲利普国王的孙子。他很早就对旅行表现出了一种很强烈的兴趣,在22岁时与邦瓦洛在中亚从事了一次长途探险旅行。①

奥尔良王子出身法国贵族,又是王室,22岁就有了那次著名的从中亚到达中国西北再南下中国西南,经越南东京返回法国的中

---

① 奥尔良王子参与的这次探险获得成功,"于1897年成为荣获荣誉勋章的骑士"。奥尔良王子于1901年再次开展亚洲一系列旅行准备工作,但数年之后"因肝炎死于河内",见〔法〕古伯察《鞑靼西藏旅行记》,第216—217页。

亚探险旅行经历。奥尔良王子是古伯察神父的"崇拜者和辩护者"。因为曾有一名俄国中尉质疑古伯察神父是否到达过西藏拉萨,奥尔良王子便写了《古伯察神父及其批评者》(1893)这本小册子,撰写这本小册子与其参加邦瓦洛的那次中亚长途探险旅行所获得的实际经验有关。① 此后,奥尔良王子1892年去了东非旅行,1895年再次来到越南东京单独组织了这支探险队。

对于组建地理探险队,从法属东京进入中国云南境内探险的原因、目的及其线路,奥尔良王子有如下清楚表述:

> 北部中国境内的湄公河(按:澜沧江。笔者在文中将其在中国境内的河段均以"澜沧江"名之)流域还不为人知。拉凯和佛朗西斯-加尔涅(按:安邺)未竟的爱国之举理应由法国人来完成,这确实意义非凡。在我们领土(按:指法属印度支那殖民地)北部的中国境内探险,可以收集有用的资料,有助于我们发展商业,推行和平。我们探险回来时不走原路,一路沿湄公河谷地北上,直到法国传教士标注的中国藏区地界,然后继续西行抵达印度。②

文中提到的拉凯和安邺的"未竟的爱国之举",即指1866年越南南部交趾支那组建的湄公河探路队,从西贡沿湄公河上行至云南思茅,放弃了沿澜沧江继续上行考察的路线,从思茅东折进入云南府(昆明),继后经云南府由陆路北上进入大理府。澜沧江与流

---

① 〔法〕古伯察:《鞑靼西藏旅行记》,第216—217页。
② 〔法〕亨利·奥尔良:《云南游记——从东京湾到印度》,第2页。

经法国殖民地印度支那,在老挝、越南入海的湄公河属于同一条河流,因此云南境内的澜沧江流域成为法国殖民政府垂涎的通商地区。奥尔良王子具有那一时代法国人的殖民热情,认为沿澜沧江探险"可以收集有用的资料,有助于我们发展商业"。除此之外,他的探险目的是从澜沧江北上,"直到法国传教士标注的中国藏区地界,然后继续西行抵达印度"。在1895年以前,欧洲考察者通过滇西北西行印度尚无先例。奥尔良王子探险队从河内经红河进入云南,从滇南红河谷西行进入思茅澜沧江流域,从滇西北往西横穿怒江、独龙江,进入缅北伊洛瓦底江上游,继续西行穿越原始森林,最终抵达印度东北阿萨姆地区的萨地亚。探险队此行行程艰巨,在最终抵达目的地之前奥尔良王子豪情满怀地说:"我们这些法国人成功地实现了多少英国人的梦想啊——开辟一条从中国到达印度的最短的路线。我们完全完成了计划,察(查)勘了中国境内的湄公河,最后来到印度,同时还确定了一条英国的大河伊洛瓦底江的源头。"①奥尔良王子地理探险队的成功,系欧洲人在地理上,从越南红河通过中国云南红河谷—澜沧江流域—滇西北—东北印度开拓的一条西行印度的交通近道。

(二)多隆地理探险队首创穿越川西北诺尔盖大草原的探险之旅

1907—1908年间,多隆少校组建的军官地理探险队进入西南

---

① 〔法〕亨利·奥尔良:《云南游记——从东京湾到印度》,第328—329页。

地区探险,首先成功进入了川西南宁远府腹地。他们是第一支成功穿越大凉山腹地"禁区"黑罗罗部落社会的外国探险队。① 多隆地理探险队从建昌进入大凉山"禁区",从西往东穿越大凉山腹地,了解到黑罗罗有尚武习俗。探险队在昭觉看到一个很大的圆形赛马场,并听说几乎每个村子都有这样的场地,以供年轻人骑马训练。多隆少校记载了在昭觉观看的黑罗罗部落年轻人的骑马表演,惊异于他们超越欧洲人的马术:

> ……只见几名年轻人在赛马场中一边策马疾驰,一边弯腰,直到身体完全倒立,头部几乎就要碰到马的臀部。在欧洲类似的表演中,小腿原位不动,而他们则把小腿也完全提上来了。可以说,把我们所称马术中的弯腰和踢腿两个动作结合到一起了。他们骑在马上,手上什么东西都没抓,只凭着不同寻常的柔韧的动作来支撑身体。其柔韧度竟能达到人马合为一体,在令人目眩的疾步行进中,保持着平衡。②

在大凉山腹地边缘金沙江上面的台地上的村子里,探险队看见一个坐在家门口好像在抄一本旧书的年轻男子,"那是他的家谱,他给我们念了几行",因此意外获知黑罗罗部落社会有写家谱的习惯,"罗罗的贵族以及上层的奴隶们都保存着自己的家谱,那里记载着家族新成员的名字、姻亲关系及发生的重要事情等,识文

---

① 大凉山腹地黑罗罗部落社会系未臣服于清朝的部落,故仍使用明朝时的称谓罗罗,而不是清朝的称谓倮倮,但同时又受到清政府的限制。
② 〔法〕多隆:《彝藏禁区行》,第19—89页。

断字的人也有被记入其中的","很多罗罗都把他们的家谱找出来让我们看"。①

多隆探险队继续北上,决定从川边藏人聚居区松潘北上穿越大草原。这是欧洲人尚未成功穿越的最后一块藏人游牧民草原地区,也是一块清政府管辖不到的"禁区",这里生活着数十个自由的游牧民部落。这条探险路线从川西北松潘以上30千米处进入诺尔盖大草原,北上可直抵甘肃夏河的拉卜楞寺、兰州,往西通往凉州、西域,往北进入西蒙古地区,往东可达山西北境大同、五台山。松潘以北西番大草原是欧洲旅行者"所记载的最强的山贼和各部族的散居地","所以这块地一直是个未知数"。在多隆地理探险队抵达之前不久,有两名德国人接连组建三支商队进行了三次穿越的努力,历经了受袭击负伤、被关进监狱、所携物品全被抢劫,终于通过了这个地方。但是他们选择的是一条较易穿越的通道,"这片广大地域仍有大部分未知土地"。多隆探险队的目的是"通过黄河主流和支流未知的交汇点和拉卜楞寺有名的喇嘛庙"。在此之前,相继有热衷探险活动的欧洲人为穿越这一地区做了很多尝试和努力。在刚进入大草原处的庞尤部落地域,七年前(1901年)有一个英国探险家巴斯与军官瓦特·琼横跨此地进入西藏,"刚离开西藏,巴斯淹死在黄河里,瓦特·琼在青海被土匪杀害了,他们的资料散失了,因此那次探险至今不为人知"。多隆探险队不畏艰险,坚持穿越川西北"禁区",松潘厅官府未能阻挠成功,遂派出八名士兵组成护卫队,另由探险队成员、翻译、马匹和骆驼组成一支商队,

---

① 〔法〕多隆:《彝藏禁区行》,第19—89页。

从松潘历经艰险,成功穿越诺尔盖大草原,抵达甘肃夏河的拉卜楞寺。①

奥尔良王子地理探险队和多隆少校地理探险队从越南红河进入云南,一个从滇西澜沧江流域北上西行抵达印度,一个从四川北上穿越川西北到达甘青大草原,均是1892—1910年间法国人开拓的少数民族地区交通路线。法国探险队因此成为后来欧洲各种考察者及旅行者进入以上交通路线的引领人。

三、西南地区近代交通道路的形成与清末旅行路线

除了奥尔良王子地理探险队完成湄公河探险和开拓连接滇东北和印度的近道、多隆少校地理探险队穿越四川大凉山腹地黑罗罗部落社会"禁地"及川西北藏人"禁地"的旅行线路,法国人、英国人1892年前后在西南地区的行旅考察线路,其实就是西南地区古往今来的交通道路,与元明清三代修筑的官道基本重合。

1254年蒙古骑兵从滇西北南下灭亡大理国,占领云南;1258年攻打四川;1271年忽必烈建立元朝。自此古成都蜀徼以下,汉代原西南夷地域重返中原王朝。元代设云南行省,行土司制。西南地区在军事、经济、行政管理方面均存在与中原联系的交通道路。因此,经营建设官道驿站占据重要地位。元代在全国各地设立站赤:

元制站赤者,驿传之译名也。盖以通达边情,布宣号令,

---

① 〔法〕多隆:《彝藏禁区行》,第167、172—231页。

古人所谓置邮而传命,未有重于此者焉。凡站,陆则以马以牛,或以驴,或以车,而水则以舟。其给驿传玺书,谓之铺马圣旨。遇军务之急,则又以金字圆符为信,银字者次之……于是四方往来之使,止则有馆舍,顿则有供帐,饥渴则有饮食,而梯航毕达,海宇会同,元之天下,视前代所以为极盛也。①

大理国后期断绝了经四川西南建昌北上同内地通商的道路,元经川南入贵州,重开通道。元代名将爱鲁受命,"十三年,思、播二州平,改道从蜀入,命爱鲁开两道,陆出乌蒙,水由马湖江。……自是,水陆邮传皆达叙州"②。

明代贵州修建栈道设立驿站。明军从川南和湘西攻入贵州、云南。替代元朝统治以后,明朝建立了卫所制度,并在元代站赤的基础上,修筑陆路栈道。洪武年间,即修建川南永宁驿道连接黔西北和滇东北官道:"今置邮传通云南,宜率土人,随其疆界远迩,开筑道路,各广十丈,准古法,以六十里为一驿。符至奉行。"连通了黔西北与川南驿站。明代建立湘黔滇水陆驿道,最著名的即是修筑贵州栈道。贵阳驿站栈道始于贵州都指挥使马烨率卫所军屯修建,"……贵州诸卫城堡并驿传、铺舍、桥道,皆烨创建,极其坚固雄伟";后由贵州罗罗宣慰司奢香率领罗罗各土司修筑,"香遂开偏桥、水东,以达乌蒙、乌撒及容山、草塘诸境,立龙场九驿"。③ "龙

---

① (明)宋濂等撰:《元史》卷一百一《兵志四·站赤》,中华书局,1976,第2583页。
② 柯劭忞:《新元史》卷一三一《列传第二十八》,庚午重订本(1930年)。
③ 以上见(清)张廷玉等撰:《明史》卷第三一一《四川土司》,卷三一六《贵州土司》;(明)沈庠修、赵瓒纂:弘治《贵州图经新志》卷三《名宦》。转引自尤中《中国西南民族史》,云南人民出版社,1985,第335、337页。

场九驿"栈道横贯黔东、黔西,连接滇东北。清代雍正年间因在西南地区进行大规模的"改土归流",调整了一些交通路线,同时扩充省道以下交通,形成了西南地区的近代交通道路。①

1874年马嘉理穿越的湘黔滇交通路线,即是沿着元明清开始经营修建的东西水陆驿道行进。清康熙、雍正朝于四川建设的汉藏通道也是一条官修驿道,从泸定桥出关经汉藏通道南路入藏,沿途的打箭炉、理塘、巴塘、察木多均为川藏官道驿站。②

19世纪90年代进入西南地区的英国人、法国人,大多就是从西南上述建立在古代通道基础上的近代驿站交通路线进入西南地区。英国和法国均重视中国西南,因其与东南亚、南亚有水陆交通,同时又与南部沿海和长江流域连接,可以缩短从海上进入长江内陆的路线,是理想的工业产品外销和获取土货资源的市场。

欧洲人进入西南地区顺交通运输通道而行,反映了近代西方列强从南部沿海逐步向中国内陆推进的进程。古伯察神父1844—1846年从西蒙古进入拉萨—川边—长江道,发生于第一次鸦片战争后允许法国传教士在沿海"五口通商"城镇传教期间。1868年湄公河探路队在云南探路发现的滇越红河航道与长江的连接,以及相继发生的欧洲人的探路旅行,均是1858年至1860年第二次鸦片战争期间清政府与西方列强签订条约,从沿海到长江内陆对外开放,允许外国人自由进入内地旅游、经商、传教的直接产物。从

---

① 黄菡薇:《元明清"湘黔滇驿道"建置过程及路线变迁》,《安顺学院学报》2019年第2期;陈庆江:《元代云南通四川、湖广驿路的变迁》,《中国历史地理论丛》2003年第2期;〔美〕James Z Lee(李中清):《元明清时期中国西南地区的交通发展》,林文勋、秦树才译,《思想战线》2008年第2期。
② (清)傅崇矩编:《成都通览》,成都时代出版社,2006,第457—459页。

1892年开始,法国人考察团队选择从法属东京沿红河直接进入中国西南各省及长江流域,更是1885年中法战争之后的结果。从地缘政治与经济商务角度观照,中国西南地区的重要性不言而喻。

第二节　陆路交通与省垣贸易

法国里昂商会考察团一行12人进入中国西南考察,历时一年又六个月(1895年11月30日—1897年6月30日)。他们除了在大都会及具有重要考察价值的城镇居停较长时间,以便多方观察与调查,大多数时间都行进在中国西南四省兼及两湖、广东的考察途中。考察团自述"在中国18个月,其中15个月'马不停蹄'地走过四个省"。[①] 他们走遍了水陆通道,其行程本身就涉及交通工具和行李运输问题,因此对于交通路线、运输工具及途中所见各省商贸状况等的记录,均是亲见亲历。

陆路交通运输在里昂商会考察团笔记中有两种形式:一是以牲口为交通运输工具,典型的即云南马帮;一是交通运载均以人力负载,主要以四川、广西的挑夫、轿夫为主,在丘陵地区还有从事省际商贸长途运输的背夫。这两种交通运输方式,均体现出西南地区高原坝子、盆地丘陵和山地峡谷居多的地理特点。

---

① 法国里昂商会编著,〔法〕里沃执笔:《晚清余晖下的西南一隅——法国里昂商会中国西南考察纪实(1895—1897)》,第252页。原文献数字使用方法不统一,不符合现阶段出版规范。本书引文已做数字用法统一工作,谨在此说明。

一、承担商品运输与商旅的云南马帮商队

云南马帮是晚清发展起来的民间绅商组织的交通运输组织。马帮分区间短程与长途商队,云南马帮是云贵高原陆地的主要交通及运输力量,流行于云南全省。①

(一)蒙自马帮商队

法国里昂商会考察团 1895 年 11 月 30 日从越南红河航行至云南蔓耗登陆。云南商品进出口海关设立在蒙自小城,蔓耗—蒙自或反向蒙自—蔓耗是云南红河商道商品进出口必经线路。考察团在蔓耗看到驮运货物的骡马在道路上络绎不绝,从而获得了云南运送进出口商品的马帮往来数据:每年有 87 000 匹骡马通过,繁忙季节还有牛车。按此推算,"每天大约有 240 匹骡马通行,还包括了 6 月至 9 月这段时间在内"。云南属东南亚热带季风气候,6 月到 9 月是雨季。马帮常年运输繁忙,反映出蔓耗—蒙自全年商品进出口的活跃状况。

根据考察笔记记载,里昂商会考察团从蔓耗租用马帮运输行李,上行蒙自进海关。入关后考察团开始了商业调查等活动,"拜访海关和一些商人,逛集贸市场购买样品。这里每五天赶一次街。街子上各式各样的服装以及附近的土著居民林林总总,蔚为大观。

---

① 参见董孟雄、陈庆德《近代云南马帮初探》,《经济问题探索》1988 年第 6 期。在近代铁路、公路出现之前,马帮驿道是云南商路上主要的交通运输方式。

弥乐石先生与道台及其他军政官员进行了寒暄"。考察团在蒙自组建了进入滇东北昭通府,以及往贵州贵阳府去的两个马帮商队。蒙自马帮属滇南系马帮,马帮价格需要商量,"与新的马帮就运输条件进行了几天的讨价还价"。① 考察团笔记所记载的马帮组建、路途情形、行走里程,以及日程安排等,提供了具体考察晚清云南马帮交通运输状况的翔实资料。

1. 马帮骡马

考察团组建的两个马帮,属于承担旅客交通运输的长途商队。打头阵的一组由弥乐石团长带领的六个考察组成员组成,还包括厨师和勤杂工等仆人,组建了一支有三十多匹牲口的马帮,其中只有五六匹是真正的马。马帮牲口主要由骡子和马匹组成,骡子驮运货物,马匹供考察团成员骑乘,仆人步行。马帮中有一个马锅头,即马帮领队,其余为马夫。考察笔记特别对马帮中运货物的骡子做了描述,认为骡子是云贵高原最好的运输工具:

> 在云南各地,略微比毛驴大一点的骡子要比马好用。这些骡子异常地机敏灵活,吃苦耐劳,迈着小而快的步伐,有时一路小跑地行进在我们刚才描述过的那种朝廷无暇顾及、几乎不可通行的道路上。一路上,它们攀登令绞索铁路都畏惧不前的陡坡,跨越深沟险坎,步伐稳健,几乎从不失蹄,始终与

---

① 法国里昂商会编著,〔法〕里沃执笔:《晚清余晖下的西南一隅——法国里昂商会中国西南考察纪实(1895—1897)》,第21—27页。

骑手或货物保持着平衡和稳定。①

骡子在陆地行进机敏稳健,遇上小河道也胜过马匹。坐骑的马匹需要催促才肯过河,而骡子浮水过河也毫不犹豫,"这些牲口十分的勇敢"。途中马帮休息,临时卸载的骡子表现活泼,"只见它们打着响鼻,抖动全身肌肉,在地上滚作一团,还欢快地蹦来跳去。偶尔停下来的时候,它们啃一啃附近稀少的青草,或树上的嫩叶,一起到附近水塘或河流里喝几口水,再返回到马料袋旁吃几口蚕豆,随后又伴随着一串串马铃声上路了"。②

2.马夫

马夫均是有经验的脚夫。里昂商会考察团记载马队行进时浩浩荡荡,场面壮观。有几匹骡马配有俏丽的马具,大大的绒球,一串串的大小铃铛,再加上迎风飘舞的红纹饰马鬃,很是引人注目,"有时还在货物架上插上几面小旗。在整个旅途中始终灿烂的阳光照耀下,构成了一幅有声有色的美丽图景"。考察团在行进途中的时间安排则完全听命于马帮,日行公里数也有记载。马夫是滇南地区的棒小伙,每天能"赶着骡马走二十五至三十公里路"。行程路途中,一切都由马夫决定,"……提前动身、匆匆赶路或是不按他们预先选定的地点歇息,想都别想"。考察团对马帮商队日间赶

---

① 法国里昂商会编著,〔法〕里沃执笔:《晚清余晖下的西南一隅——法国里昂商会中国西南考察纪实(1895—1897)》,第29、32—33页。
② 法国里昂商会编著,〔法〕里沃执笔:《晚清余晖下的西南一隅——法国里昂商会中国西南考察纪实(1895—1897)》,第33页。

路的时间安排有详细记载：

> 每天早上最迟五点半，所有人就开始做起床准备了。马夫们忙着喂牲口，……早餐吃得很饱。七点钟我们便作为先头部队出发了，紧随其后的是行李。中午时分，休息吃冷餐，驮运午餐的是一匹特别的骡子，……午间的休息持续一个小时左右。随后又匆匆上路，以便在天黑前赶到宿营地。通常我们在下午四点半至五点之间到达。听差稍微比我们早到一点，以便定好床位。①

马帮的行程时间安排有序，早餐吃饱，中午野外冷餐，休息一个多小时，下午五点以前到达客栈休息，这就是马帮交通运输中一般的行程安排。白天的活动时间基本是 10 个小时左右，时间安排固定合理，晚上马夫们在客栈还需要准备牲口的早餐。马帮在客栈的歇息状况，可以借助考察团在蔓耗—蒙自途中对所租用的短途马帮夜宿窑头客栈的描述来了解。骡马晚上在客栈喂食，拴在客栈大院的回廊下，"……两排喂牲口的食槽就立在我们旁边。所有的骡马就拴在那儿，相互之间用木板或者干脆用树干隔开。一匹匹马挨得很近，以防止在喂食时争嘴尥蹶子"。整个夜晚，马夫要准备骡马第二天早上的食料，马夫两人一组，在客栈用大刀片铡"稻草、麦秸和玉米秆"，使用的是一种固定在一块木板上、可以上下活动的大刀片，"有点类似面包师用来切面包的刀具，但要大一

---

① 法国里昂商会编著，〔法〕里沃执笔：《晚清余晖下的西南一隅——法国里昂商会中国西南考察纪实(1895—1897)》，第 33—34 页。

些。铡草时,一人操刀,另一人随时将草送进刀口"。一大早起来,马夫们就要忙着将驮运的行李固定在驮架上,"每边各六十斤左右,然后再把驮架安放到木鞍上。这种装置可以在路上很迅速地装卸货物,而不必将固定好的货物拆开。其他的鞍辔就简单多了"。① 马帮牲口作为运输工具,其早晚食宿及货物装卸均安排有序。

  马帮驮运在云南高原山地与平坝是实用而方便的交通运输方式。法国奥尔良王子地理探险队早于里昂商会考察团10个月(1895年1月)从越南红河进入蔓耗,在蒙自组建马帮往滇西澜沧江从事地理探险,他在考察笔记中提供了一些更具体的马帮情况。在滇南是苗家村寨喂养骡子,一位官员一次性地把市场上现有的骡子全数买走了。奥尔良王子探险队"到苗寨转了三天,买了十五匹骡子回来,……每头骡子的价钱是三十两银子"。探险队组建的长途马帮商队马夫"每月挣七个大洋"。七个大洋按四川的比值是8750枚铜板(按:里昂商会考察团1896年9月在成都的兑换价格是1两银兑1350枚铜板,但不同时间略有高低),按每月平均30天计算,每日收入约300枚铜板。马帮商队的马锅头收入高一些,除了途中赶骡马,他还得负责马夫的一日三餐,以及"给牲口上蹄铁和照料牲口"。马锅头还需要考虑途中骡马生病的情况,马锅头自己精通医术,会给牲口治病。② 长途马帮商队就是一个长途运输队,也需要应对一切骡马会出现的意外。

---

① 法国里昂商会编著,〔法〕里沃执笔:《晚清余晖下的西南一隅——法国里昂商会中国西南考察纪实(1895—1897)》,第21、24页。
② 〔法〕亨利·奥尔良:《云南游记——从东京湾到印度》,第16页。

(二)云南马帮商道路况

清代西南各省陆上交通网络已经形成,省有官道,县有县道,乡有乡道,乡场通小路,清政府对各级交通道路的宽窄尺寸与修建材料等均有明确规定。如四川,各大小路一般采用石板。省道干线宽度标准为两丈,其他大路则为一丈宽。乡场之间小道宽度尺寸有别,"省道干线历来官家修筑,此外各路则概由私人捐修"①。美国旅行家盖洛1903年经重庆往成都所记载的省道大路,"宽七英尺,路面用石头铺成"②。云南马帮交通道路的宽度,不能以四川道路的宽度来衡量。里昂商会考察团在蒙自组建的两个长途旅行马帮,一支北抵滇东北昭通到云南边境,一支往东进入贵阳府。马帮行旅止于云南省境内和贵州省境内,均为大道,重要交通路口有驿站。里昂商会考察团笔记据此提供了滇黔两省官道沿途详细的马帮商道路况,具有交通史料价值。

1. 蔓耗—蒙自"万级台阶"攀登

······在这段不超过35公里的路程上,海拔就从150米上升到2100米。首先要登上一道山脊,然后下到窑头村。从窑头村又到水田村,便到达了云南高原山脉的边缘,这里的山峰

---

① 王笛:《跨出封闭的世界——长江上游区域社会研究(1644—1911)》,中华书局,2001,第44页。
② 〔美〕威廉·埃德加·盖洛:《扬子江上的美国人——从上海经华中到缅甸的旅行记录(1903)》,晏奎、孟凡君、孙继成译,沈弘、李宪堂审校,山东画报出版社,2008,第119页。

到达2200至2300米。随后,又沿着稍微平缓了一些的山坡下到蒙自坝子,这里的海拔仅为1375米。①

这是从红河的登陆码头云南蛮耗小镇,往上攀登进入云南高原的一条山道,"海拔就从150米上升到2100米"。蒙自海关小城在蛮耗北部的蒙自坝子,从蛮耗陆地攀登进入云南高原,再从高原下行进入蒙自坝子入关北进。这条马帮攀登的山道长达35公里,显然是一条重要的运输进出口商品的商道。因其陡立的登山道,从红河进入云南的欧洲人给它取了"万级台阶"这样一个形象的名字。道路按政府规定用石块铺就,"石坎修得还算规范,尤其是在出曼(蛮)耗后的那一段最陡的坡道上"。② "万级台阶"是从滇南红河蛮耗登岸后进入云南高原的一条重要马帮商路。

2. 蒙自—昆明"大路"

从"万级台阶"直下蒙自坝子边缘,往北就进入通往省城的"大路"。从里昂商会考察团笔记所载宽度来看,这一段属于省道干线,也就是官方规定的官道"大路":

说是大路,那是言过其实。其实就是用石块铺就,多少有些维护的稍微宽敞一点的小道。在大一些的城镇附近,这些

---

① 法国里昂商会编著,〔法〕里沃执笔:《晚清余晖下的西南一隅——法国里昂商会中国西南考察纪实(1895—1897)》,第23页。
② 法国里昂商会编著,〔法〕里沃执笔:《晚清余晖下的西南一隅——法国里昂商会中国西南考察纪实(1895—1897)》,第23页。

所谓的大路路宽可达三四米。但由于交通较为频繁,因此也坑坑洼洼,坎坷不平。云南的道路一般不超过两米宽。铺路石并不规整,一块块凸凹不平。有的时候,石块与石块之间就是空洞,甚至会出现铺路石莫名其妙地消失的现象,要走出去数十公里才会重新出现。在没有庄稼的高山上,马帮和牛车队通常也在公路旁挖些小道。①

据以上所载,下了高原的坝子进入的道路属于"大道",照样是用石块铺就,"在大一些的城镇附近,这些所谓的大路路宽可达三四米","云南的道路一般不超过两米宽"。考察团后来也与四川做了比较,"四川的道路则更窄,一般不超过1.5米"。② 云南马帮商道因马帮过往踩踏频繁,不是"坑坑洼洼",就是"凸凹不平",反映出晚清马帮商道的使用情形。

云南的马帮商道,实际上是顺着高原地形起伏连接的高原—坝子交通线路。从蒙自过了阿迷州,穿过西河上游支流,过了竹园之后,便是蒙自以北的弥勒县、大麦地、路南州(今石林)所处的高原山岭。山岭连绵一百余公里,海拔维持在1800—1900米。考察团从进入蒙自开始,就利用气压仪沿途进行观察,对云南高原的海拔进行了科学的数据测量:

---

① 法国里昂商会编著,〔法〕里沃执笔:《晚清余晖下的西南一隅——法国里昂商会中国西南考察纪实(1895—1897)》,第31页。
② 法国里昂商会编著,〔法〕里沃执笔:《晚清余晖下的西南一隅——法国里昂商会中国西南考察纪实(1895—1897)》,第31页、第39页注释(4)。

蒙自海拔1370米,第二天我们便下到了海拔1280米深谷,随后在面甸又恢复到蒙自的海拔高度。上升到1540米后又下到了美丽的临安坝子。真正的攀登是从新坊开始的。通过一个1840米的山口后,道路又重新下到馆驿(1580米)。第二天下到曲江坝(1420米),随后又逐步升到一个高达2000米左右的山口,再重新下降到海拔1600米的通海湖畔。随后的路途中,要通过一个海拔2000米高的小山口,然后到达海拔1820米的海门桥岸边。随后的海拔保持在1850米左右,然后便迅速上升至2200米以上(关岭,本条路线的最高点)。随后道路便一直下到云南府坝子。云南府城市本身的海拔为2000米,坝子最北边为1850米。①

从上面的具体数据及其变化中,就可以读出从蒙自到昆明途中,还要经过好几处这样高原—坝子—高原上下起伏的马帮路段,直观反映了蒙自—昆明省城的云南高原马帮道路的特点及路况。这种上下往返起伏的高原—坝子商道存在着上坡下坎的问题,给马帮行旅带来艰辛劳顿,"道路都笔直向前,丝毫也不偏离(就像旧时法国的道路一样),翻山越岭的道路有时达三四十度的坡道,跨越顶峰时也毫不考虑附近的险景"②。马帮道路基本上沿传统驿道线路建成,考察团从近代道路修建的角度,看到了传统驿道的

---

① 法国里昂商会编著,〔法〕里沃执笔:《晚清余晖下的西南一隅——法国里昂商会中国西南考察纪实(1895—1897)》,第35—36页。
② 法国里昂商会编著,〔法〕里沃执笔:《晚清余晖下的西南一隅——法国里昂商会中国西南考察纪实(1895—1897)》,第32页。

特点。

马帮商道的维修有专门机构负责。道路管理者对商队"原则上要收取一定的厘金。就像北京一样,每一个县都设有公铺负责此项工作"。地方上的商人联合起来一起修护附近的通道,也有富人独立出资维修,"捐资修路的善行可以使捐资人有权在路边树一块纪念碑以提醒行人勿忘其功德"。也会有一些临时性的自发的维护道路者,由路过的马帮出资支付几两银子的劳动报酬。① 出了省城昆明北上杨林的"大道"就铺设得很好,"路面铺上了石板,一直到离省城十公里的道路都维护得很好"。

3.杨林—贵阳府马帮道"忽上忽下"

里昂商会考察团两支马帮在杨林分路。杨林位于一个富庶的坝子里,"是连接西江支流沿岸地区众多市场通道与东川、四川、贵阳公路的重要枢纽"②。考察团一支分队马帮随考察团团长弥乐石北上昭通府入四川,一支小分队马帮东折去贵阳府,"将走云南府—汉口官道一直到达贵州首府",即从汉口穿越贵州到云南的湘黔滇官道的反向通道,路线是从杨林往东穿越云南的松明坝子—易隆—沾益—曲靖坝子,通过滇黔边境进入贵州境内。③ 贵州境内的马帮官道大多是起伏不定的,"一进入贵州,山路开始持续不断

---

① 法国里昂商会编著,〔法〕里沃执笔:《晚清余晖下的西南一隅——法国里昂商会中国西南考察纪实(1895—1897)》,第31—32页。
② 法国里昂商会编著,〔法〕里沃执笔:《晚清余晖下的西南一隅——法国里昂商会中国西南考察纪实(1895—1897)》,第49页。
③ 法国里昂商会编著,〔法〕里沃执笔:《晚清余晖下的西南一隅——法国里昂商会中国西南考察纪实(1895—1897)》,第58页。

忽上忽下地起伏"。贵州虽然属于云贵高原，但贵州地貌与云南的高原—坝子起伏连接的特点不一样。贵州是"石灰岩的山峰"相连，考察团小分队马帮商队从贵州西部进入贵阳府，途中看到峰峦独特的地貌：

> 在这片海拔在1000至1400米之间变化起伏的高原大地上，到处可见形似甜面包的石灰岩山峰，数量众多，千奇百怪，令人不禁想起海防东北部亚龙湾（按：越北境内）那些壮观多姿的礁石。从地质结构来说，这些石峰与亚龙湾的礁石如出一辙，可惜的是却缺乏那种被称为东京"奇景"的增添魅力和秀色的繁茂植被。①

综观云南高原的马帮商道和贵州的马帮官道，均非平坦大路，而较多起伏上下的山道。马帮日行途程25—30公里，贵州小分队马帮1896年1月13日从杨林往贵阳府出发，抵达贵阳城时是"1896年2月5日"②，历时23天。辛苦、费用高、途中经历时间长，这些都是由于受到马帮行旅交通运输工具和路况的制约。

（三）云南省内省外商品贸易以马帮为交通运输方式

马帮是云南省内各地及省垣之间的主要商业贸易运输方式。

---

① 法国里昂商会编著，〔法〕里沃执笔：《晚清余晖下的西南一隅——法国里昂商会中国西南考察纪实（1895—1897）》，第61、63页。
② 法国里昂商会编著，〔法〕里沃执笔：《晚清余晖下的西南一隅——法国里昂商会中国西南考察纪实（1895—1897）》，第66页。

里昂商会考察团小分队在滇东北一线的行进途中,会随时看到一些苦力和小队的马帮在运送木柴,这是省内区间贸易。省际也存在马帮商业运输,小分队在东川府以南的松明坝子"遇到一支运送川烟、红糖到云南府的马帮"。从东川府上行前往会理州的交叉路口,"还遇到几支运棉花到会理州和西部的队伍"。滇东北昭通府小镇老鸦塘是川滇边界重要的商业贸易小镇,也是分别发往川滇黔三省的各种货物的仓储集散地。考察团记载老鸦塘转口贸易十分繁忙,是云南省最挣钱的厘金局,"这里的常住人口估计为一万二千人,几乎全是四川或湖北人。由苦力、马夫构成的流动人口,来来往往,不少于三千人。城里只有一条街,商店里货物琳琅满目,一间接着一间,就像一个大巴扎"。① 这里也是云南马帮与川商交接之处,是云南昭通府—四川叙府之间的川滇省垣贸易点。1895 年昭通府官办各矿场产品亚铅(锌)经重庆海关输往汉口,马帮运输货物在老鸦塘厘金局与四川力夫交接,"用马驮运 110 英里到老鸦塘,再由力夫运 160 英里到扬子江边的叙府。经行道路之崎岖,甚至脚步很稳的贵州马也费力"。② 此处力夫即四川背夫。"云南所产各货贩运来郡(四川叙府宜宾县),水路必经老鸦塘,陆路必经横江。"③云南入川水路即指从老鸦塘至叙府宜宾江边,横江陆路是指货物从云南由南路进入叙府江安县。

滇南滇西马帮交通运输状况,在奥尔良王子探险队的考察笔

---

① 法国里昂商会编著,〔法〕里沃执笔:《晚清余晖下的西南一隅——法国里昂商会中国西南考察纪实(1895—1897)》,第 49—50、56 页。
② 周勇、刘景修译编:《近代重庆经济与社会发展 1876—1949》,四川大学出版社,1987,第 115 页。
③ (清)傅崇矩编:《成都通览》,第 340、344 页。

记中有零星记载。探险队的行程是从滇南红河谷东行进入思茅,然后沿澜沧江上溯滇西北,沿途均看见马帮运输。走出蔓耗的第一个客栈,"一个运锡的马帮早已占据了一半的客栈"。在商业小镇迤萨镇附近,山口处和歇脚处都有石缸,附近的村民给缸里面盛满水,"让来往的马帮饮用"。在红河谷的浪堵土司地界,陆上行人来来往往,"有运茶和棉花的马帮,……马帮结队而行,人多势众,可以威慑强盗"。在滇南思茅,以及"马帮客栈在澜沧江上行途中的云州",白天看到来来往往的一些小骡队,有运铁锭或棉花包的,奥尔良王子一一计数,"白天共有一百五十头骡子"。离大雅口附近的僳僳人村寨不远,探险队"又遇到一个运棉花的马帮"。澜沧江大理以上的六库土司地"是一个干净的汉式村庄",六库土司是汉人与僳僳人的后裔,经营着一个马帮商队,"拥有三十头骡子,雇了六个人赶骡子做盐生意,从云龙往永昌和腾冲贩盐"。① 云龙盐井距大理府不远,始于明代"五井盐课司"之一的"诺邓井盐课司","五井之盐,专行永昌"。② 六库土司组建的马帮商队即是将云龙井盐贩往滇西永昌和腾冲,属于当地一项传统运输业。

以上记载表明云南马帮在滇南红河谷、滇西澜沧江一线的商贸运输中均很活跃,大大小小的马帮运输是清末云南民间的一种普遍方式。

西南地区的畜力交通运输方式除了云南马帮,还有贵州马队和川边藏人马队。云南马帮以骡子驮运货物,马供骑乘。贵州商

---

① 〔法〕亨利·奥尔良:《云南游记——从东京湾到印度》,第二章"从蒙自到思茅"、第三章"从思茅到大理",以及第 146 页。
② (明)李元阳纂修:《大理府志》卷五《兵食志》,嘉靖四十二年刊本。

队由马匹组成,骑乘和驮运均用马匹,"一匹驮马运载的货物至少抵得上一个半挑夫"。川边藏人聚居地的商队在打箭炉由马匹组成,马匹负责运载货物及供人骑乘,里昂商会考察团的两名队员在打箭炉考察时曾经组建马队。① 多隆探险队在松潘厅组建的商队,则由马匹与牦牛组成,"雇了26头牦牛","24个人骑马,8个人步行",牦牛用来驮载行李。②

  以上里昂商会考察团考察笔记对云南马帮及其有关事项的记叙如此详尽,与其考察西南地区交通路线,以及法属东京出于商业贸易需要,考虑在越南和云南境内修筑铁路有关,因此考察团在行旅途中对交通道路和马帮运输进行了认真的观察。考察团的记载反映出云南马帮长途运输虽然原始,但组织有序。另一方面也不难看出,法国人对云南高原马帮这种传统农业社会运输方式的适应性。

二、人力挑夫与承运陆路商旅的四川麻乡约商号

  有关晚清中国力夫的研究,主要以都市力夫为主。《近代中国都市苦力研究:以沪、宁、汉、渝为中心》一书指出,都市苦力作为近代中国城市化过程中形成的一个下层社会群体,主要包括人力车夫、码头夫、粪夫和清道夫等。这类人群缺乏知识技能,是"依持筋

---

① 法国里昂商会编著,〔法〕里沃执笔:《晚清余晖下的西南一隅——法国里昂商会中国西南考察纪实(1895—1897)》,第177、119页。
② 〔法〕多隆:《彝藏禁区行》,第173页。

肉劳动"的体力劳动者。① 以上所举力夫基本属于都市中的固定职业。法国人来华考察笔记中所记载的力夫，主要指晚清中国西南地区乡村社会的苦力，包括挑夫、轿夫、背夫。这类苦力又称脚夫，与这一时代的商业贸易及交通运输业直接相关，覆盖地域包括西南地区的村镇乡野及都市。

在近代西方人来中国考察的传统交通运输时代，无论是长途旅行，还是随身行李搬运，西方人与苦力阶层的接触最多最直接，同时也能在旅途中亲见运输各种长途货物的苦力。因此从法国人的考察笔记中，能够捕捉到有关西南地区力夫的种类、收入及精神状态的信息。

(一)从麻乡约商行雇用行旅挑夫商队

1.四川挑夫

由弥乐石团长率领的法国里昂商会考察团第一支小分队，在云南昭通府边境水富县就看到了四川挑夫，"在四川所有运输都靠船运或苦力挑"，说明四川陆路运输由挑夫承担。考察团小分队在水富就组建了挑夫队伍，为了减少开销，也为了压缩后勤商队规模，"将挑夫数量严格控制在所需范围"。考察团规定每个代表"随身只携带一口小箱和卧具，其余行李包则由水富天主教团的神父负责寄往重庆"，"但最低限度还是需要有40个苦力才行"。② 这

---

① 参见刘秋阳《近代中国都市苦力研究：以沪、宁、汉、渝为中心》，武汉出版社，2014。
② 法国里昂商会编著，〔法〕里沃执笔：《晚清余晖下的西南一隅——法国里昂商会中国西南考察纪实(1895—1897)》，第78页。

支小分队从蒙自出发时"组建了一支三十多匹牲口的马帮",负责团队中六位考察团成员的骑乘和所有的行李运输,说明挑夫的数量多于马帮骡马的数量,但运载能力不及马帮。四川陆路由人力承载的交通运输不如云南马帮容易,陆路长途旅行也不及马帮方便。考察笔记中记载的水富挑夫和轿夫,以及托运行李到重庆的,均属于负责川南陆路交通运输的麻乡约大帮信轿行商号组织。

四川麻乡约大帮信轿行是西南民间晚清以来相继兴起的陆运组织中规模最大的一家,咸丰三年(1853)成立于重庆,其业务包括短途与长途的客运轿行与货物托运业务。随着长江流域的对外开放及西南地区商贸与中国南部商埠的连接,晚清麻乡约大帮信轿行业务迅速向西南各省发展,并在成都、昆明、贵阳等处设立分行,同时在水运发达的川南及川滇边界建有转运站。其路线有重庆—昆明线、重庆—贵阳线、重庆—成都线,以及贵阳—昆明线。[①] 因此在重庆与成都、重庆与贵州和云南、贵州与云南之间,以及川南与川滇边界,均有麻乡约大帮信轿行的分行或转运站负责联系组建长途行旅的挑夫商队。麻乡约大帮信轿行挑夫分布在西南地区各省,无疑与西南地区多丘陵山地的地理环境有关。

有关麻乡约大帮信轿行组建运输队伍的雇用价格及支付方式也有记载。1896 年 11 月里昂商会考察团中的部分成员离开重庆,计划经贵州北部毕节去云南昆明。他们在重庆通过麻乡约大帮信轿行组建了运输商队,雇用了 25 名挑夫,合同规定每人所担重量

[①] 参见王笛《跨出封闭的世界——长江上游区域社会研究(1644—1911)》,第 49 页、第 50 页表 1-12。

不能超过 80 市斤（40 公斤），支付的价格为每人每天 400 铜板。① 这条线路的运输组织属于麻乡约大帮信轿行重庆—贵阳—昆明线路，长途运输价格支付按日计算。

2.贵州挑夫

里昂商会考察团对雇用挑夫的方式只记载了大概。麻乡约大帮信轿行在贵州、云南都有代理商行，挑夫在贵州和广西的情形，在法国领事方苏雅（Auguste François）的笔记中有详细记载。1899年方苏雅赴任云南府昆明名誉总领事，经广西水路上行至贵州省庆远府。走陆路经贵阳府去云南府，属于庆远府—贵阳府—云南府线路。方苏雅总领事在庆远府的代理商行雇用了一个挑夫商队。日记中确切记录的时间地点为"1899 年 5 月 25 日，庆远府"。日记中详细记载了雇用贵州挑夫及挑夫与运输代理行的关系，兹录如下：

> ……这些悲惨的挑夫负责着贵州的运输，在特别代理行的精心挑选下，他们在庆远府受雇。付给代理行的一般费用，每人每天为 500 个铜钱左右，约合 5000 皮阿斯特（按：法属印度支那安南货币），或一法郎 20 生丁。此外，还应该派监工陪同这些挑夫前往。监工仍由同一家代理行派出，工钱与苦力大体相同。就价格而言，苦力的收入将近 5000（钱），代理行每

---

① 法国里昂商会编著，〔法〕里沃执笔：《晚清余晖下的西南一隅——法国里昂商会中国西南考察纪实（1895—1897）》，第 168 页。

人提取1000(钱),作为挑夫的备用款和代理行的花销与利润。

担子的一般重量不超过64斤,分成两捆,每捆32斤,用竹扁担挑着,总重量为38.4公斤。有些商品或行李因体积庞大而不能分装,这就需要几个挑夫。即使如此,每个人的价格仍旧不变,但是重量基本不能超过110斤,即两人共抬66.7公斤。苦力们并不愿意干两个共抬的活儿,这让他们的步幅受到限制,在艰难的行走中,要求更小心更注意。在这种条件下,在广西那险峻的山道上,日常的行程一般为50至55里。有些商品也可交给那些速度快的挑夫,那时便以承包的方式进行商谈。有些挑夫挑100多斤的担子,一天内能走80来里,或者更远。①

以上所记载在贵州庆远府雇用挑夫的信息:一是受雇挑夫的费用支付与代理行的提取。客户支付给挑夫每人每天500个铜钱左右,另外还有一个需要付费的监工。苦力的总收入将近5000个铜钱(按:10天路程),代理行每人提取1000个铜钱,即实际收入为4000个铜钱,每天400个铜钱,"担子的一般重量不超过64斤"。这份1899年的合同约定的价格与里昂商会考察团1896年10月在重庆雇用挑夫的价格一样,庆远府挑担的重量(64斤)少于重庆府、云南府的重量(80斤),可能是因为广西、贵州的山路多。两地挑夫均属于麻乡约大帮信轿行,表明西南地区民间运输业价格规范。笔记中介绍了代理行提取每个挑夫1000个铜钱(20%)作为

---

① 〔法〕奥古斯特·弗朗索瓦(方苏雅):《晚清纪事——一个法国外交官的手记(1886—1904)》,罗顺江、胡宗荣译,云南美术出版社,2001,第181、190—191页。

代理行的收入,包括支付一名随行监工的工资(收入同挑夫),即挑夫直接收取了顾客支付价格的80%。二是挑夫运输形式。根据货物的不同,有单独挑担的挑夫,也有多人合抬或者两人合抬的挑夫。三是除了按规定重量付费的日薪支付方式,另有一种计件承包形式,适合那些力气大、速度快的挑夫,即可以多劳多得。以上反映出麻乡约大帮信轿行运输行业行规成熟,在雇主与挑夫、挑夫与代理行之间有明确的合约规定,并有适合不同挑夫的灵活措施。

关于麻乡约商号合约的规范,可举1903年美国旅行家盖洛(William Edgar Geil)在重庆麻乡约商号雇佣一个挑夫商队的合约为例。盖洛认为在中国陆路旅行"最重要的事情之一,便是与抬轿和搬运行李的苦力签约。一个明智的做法似乎是去找'麻乡约商号',那是中国西部最大的'苦力行'"。盖洛介绍麻乡约商号的契约阔气醒目:"用来写契约的红纸,长两英尺,宽一英尺半,看上去非常令人敬畏。"在盖洛出示的契约里,一切非常明确:"盖先生将自渝启程,需送至泸州。"属于省内行程。工钱及其他待遇也有明确规定:"价目已定,每人价钱为二吊二百(2200个铜钱),空口无凭,立字为据。所雇脚夫,无论多寡,人均半斤猪肉。论功行赏,多劳多得。""途中所花茶钱之多寡,但凭盖先生慷慨裁定。"担负货物重量确切,"单人肩挑货物,每担八十斤,二人合担,最大毛重,一百二十斤,过磅为准。"脚夫中有领头人,"脚夫众人,举一人为首,若出差错,此契备察(查)"。行程和抵达时间需明确无误,"行程期限一并约定,腊月十九日夜里三更之前,进入泸州","立据日期:光绪二十八年(1903)腊月十六日"。① 从重庆赴泸州为四日行程,入城时间具体。合约写得清楚明白,有些气派,还不乏雅趣。挑担重量,与1896年11月里昂商会考察团雇用挑夫时的重量一样。

据重庆海关报告《1892—1911年概述》记载,重庆市内的运输和交通也均依靠力夫:

> 重庆的轿夫、挑夫、搬运夫等……每条街和每个码头都有一个负责的夫头,如果你的货物放在他的范围内,你就请他替你搬运;无论你要搬往何处,他承担一切风险,保证给你安全运到。……一条街的力夫绝不容许另一条街的力夫来搬动本街的货物,所以当需要力夫时只有货物所在地段的市区所属的力夫才能受雇。轿夫也有一定的规矩:轿夫都属于轿行,城内共有35家轿行,执事人管理轿夫异常精明,因而很少发生事故。②

重庆的轿行及挑夫也应属于麻乡约商号。商号运作组织有序,是这一时期欧美人士对麻乡约大帮信轿行的评价。

(二)长途挑夫普遍吸食鸦片现象

相比于马夫,挑夫和轿夫实际上是脚夫与苦力二者合一,既要

---

① 〔美〕威廉·埃德加·盖洛:《扬子江上的美国人——从上海经华中到缅甸的旅行记录(1903)》,第115页。
② 周勇、刘景修译编:《近代重庆经济与社会发展1876—1949》,第143—144页。

行路跋涉,还要挑担负重。这些苦力夜晚和白天休息时多为鸦片"烟鬼",这是几乎所有的法国考察团队、地理探险队及外交官对他们的印象。其中途休息或晚上睡觉时,或是钻进鸦片烟馆,或是在客栈里聚在一起吸食鸦片。里昂商会考察团描绘了他们在离开四川返程途中,从重庆府雇用的麻乡约商队挑夫夜宿贵州客栈,挑夫、轿夫、马夫及护送的两位大兵一块抽鸦片聊天的情景:

> 他们拿出抽鸦片的所有用具——一管笛子状的烟枪、一个小托盘、几根针,专用来把烟膏放到烟锅之前将烟膏团成小球,还只放三分之二管,然后把装着这稀罕毒品的盒子底部靠近小烟灯。他们越聊越起劲,抽鸦片的人最能侃,因为他们全都是老烟鬼,对于长期吸食鸦片的人来说,劲儿上来就很慢。几乎直到凌晨一两点,这些脚夫、轿夫、马夫……才终于昏昏沉睡。……我们在中国十八个月,其中十五个月"马不停蹄"地走过四个省,诸如此类的场景,倒是司空见惯的。①

以上是里昂商会考察团在西南四省考察途中亲眼所见,负责交通运输的苦力休息时以吸食鸦片消遣取乐是常见之事。

在云南府名誉总领事方苏雅的笔下,1898年他在贵州庆远府麻乡约代理行雇用的贵州挑夫,也无一例外地吸鸦片。他对这些苦力鸦片烟鬼的描绘有些夸张又略带悲悯:"当他们受雇前来挑担子时,他们个人的全部行李不外乎是鸦片烟枪与绿色的油灯。"他

---

① 法国里昂商会编著,〔法〕里沃执笔:《晚清余晖下的西南一隅——法国里昂商会中国西南考察纪实(1895—1897)》,第251—252页。

认为挑夫们之所以能够承受挑运货物这种重活儿，表现出如此之韧劲，与鸦片烟的支撑有关：

> 这就是鸦片的神秘之处，这类毒品在毒杀他们的同时，也成为他们唯一的支撑。他们进食不多。每当喘息休息时，他们便放下挑子。大约每隔10里就有一个休息站。我们经常见到他们喝下一杯紫米粥，那粥花三个铜钱就能买得一杯。一般说来，他们赶忙躺到席子上，躺到客栈的木床上，急忙饱饱地吸上几口鸦片，以恢复体力。①

以上两个考察笔记所分别描述的挑夫在行经的客栈中吸食鸦片的情形，说明挑夫吸食鸦片与他们从事苦力活儿有关联。抽鸦片、讲笑话给客栈单调的夜晚带来了生气，鸦片又使人在昏昏沉沉中入眠，使疲乏的身体得到彻底放松，这是苦力们消除疲劳的一种有效方式。方领事的记述就提到挑夫吸鸦片烟与支撑体力之间的关系，"这就是鸦片的神秘之处，这类毒品在毒杀他们的同时，也成为他们唯一的支撑"。国外进口鸦片在当时被称为"洋药"，被当作药片使用。1874年马嘉理从汉口租船走湘黔水道去云南，在常德府沅江航道上行途中犯了痢疾，发热腹泻不止，就服用了鸦片丸治疗，"所幸鸦片及吐根制剂令我快速痊愈。痢疾初患时，此类药物异常有效"。船夫也染上痢疾，"我用鸦片丸为其治愈"。② 服用鸦

---

① 〔法〕奥古斯特·弗朗索瓦（方苏雅）：《晚清纪事——一个法国外交官的手记（1886—1904）》，第191页。
② 〔英〕马嘉理著，阿礼国编：《马嘉理行纪》，第91页。

片丸治病与用烟枪烟灯吸食鸦片固然有区别,但苦力在行旅途中劳累后大多吸食鸦片,与鸦片能够令人兴奋以支撑疲乏身体不无关系。

重庆海关《开埠时期(1876—1891)概述》中有鸦片贸易"零售(每两)"价格,"南土 0.16—0.18 两,贵州土 0.14 两,川土 0.13 两"。① 云贵川三省鸦片价格存在差异,但都不算昂贵,以挑夫每天 400 个铜板的收入计算,鸦片是这类苦力消费得起的商品。疲劳工作需要鸦片解乏支撑,吸烟聊天也是旅途中的消遣,这两点也许是我们考察那个时代长途挑夫及轿夫这一苦力阶层为何以吸鸦片为乐的出发点。

三、背夫与省垣贸易长途商品贩运

四川陆路货物运输方式,除了挑夫就是背夫。挑夫和背夫在川东俗语中分别有"挑二哥""背二哥"之称。里昂商会考察团不仅在四川麻乡约商行组建过不同的挑夫苦力商队,在路途中也见过各种四川背夫。考察团的笔记中就记有"背布匹的苦力"和"背盐锅的人们",②说明人力背运在四川的交通运输中也是常见方式。考察团分别在四川、云南、贵州的考察旅途中,亲眼看到并观察了在省垣商品贸易贩运中承担长途商品贩运的人力背夫状况。分别

---

① 周勇、刘景修译编:《近代重庆经济与社会发展 1876—1949》,第 52 页。
② 法国里昂商会编著,〔法〕里沃执笔:《晚清余晖下的西南一隅——法国里昂商会中国西南考察纪实(1895—1897)》,分别见第 175 页图片"背布匹的苦力"和第 177 页图片"背盐锅的人们"。

有滇东北川滇边界老鸦塘的棉包背夫、四川雅州—打箭炉的雅茶背夫、川黔驿道上的川盐入黔毕节运盐背夫,考察笔记提供了关于各省民间省垣和藏汉通道长途商贸状况及长途运输背夫苦力工价的资料。

(一)川滇边界老鸦塘棉包背夫

四川汉地陆路运输有麻乡约大帮信轿行的挑夫和轿夫承接长途旅行及运输,在云南东北川滇边境贸易通道的山地商品运输,则是四川背夫的谋生方式。前面提到,在滇东北边境转口贸易重镇老鸦塘大街上,"由苦力、马夫构成的流动人口,来来往往,不少于三千人"。显然马帮是运输货物的商队,马帮商队卸货后,由川商组织的苦力再将货物背负至川南叙府各县镇交货。里昂商会考察团笔记记载从云南边境老鸦塘到四川红江场一带,沿途山路狭窄,"驮运行李的马匹因道路难行不能再往下走",所以雇用苦力背运,"这项十分艰难的职业主要是由四川人独揽"。说明从老鸦塘运至川南的这条山路上的商品系由四川背夫承揽。在这段路上:

> 经常可以看到有的脚夫一人能背四包棉包,重达144公斤,而一匹马最多也只能驮两三包……背着货物时,脚夫们便结队而行……每走100至200米左右便休息一下……用一根带托盘的木仗在背后支撑着货物休息。①

---

① 法国里昂商会编著,〔法〕里沃执笔:《晚清余晖下的西南一隅——法国里昂商会中国西南考察纪实(1895—1897)》,第56页。

背运棉包的工价按里程和重量计算,"从红江场到老鸦塘约105公里的距离,他们每运送100市斤货物可得600枚铜板,也就是说每公斤10枚"。①按里昂商会考察团在四川了解的用铜钱兑换银两的价格,1350枚铜钱=1两银,600枚铜钱约等于0.5两银。但按里程计算,"105公里的距离"约需4天,平均每天150个铜钱。

由蒙自海关进口外国棉花经滇南马帮从老鸦塘运进川南叙府,成为清末两省之间的重要贸易。四川农家有纺纱织布传统,晚清受洋纱进口影响,棉花种植面积减少,因此棉花主要靠从湖北输入。重庆海关报告《1892—1901年概述》就曾说道:"生棉是这个其他物产都很丰富的四川省的最大需求之一。……人民继续从本国中部各省输入棉花。"②1889年中法边境蒙自开关,云南的进出口商品必经蒙自海关小城进出。因此云南的商业贸易中心从传统的滇西转移至滇南滇中一线,蒙自进口棉包从蒙自—昆明—昭通府一线进入川南叙府,与川南的商贸也发展起来。

背棉包是川滇边界四川山民的一个"专利",也是当地的一种谋生方式。但在法国考察者眼里,背夫们是在与马匹争利,背负重,山道艰辛,报酬又低廉,因此生出无限感慨:"全世界没有哪个国家会让人背着如此沉重的负荷在如此狭窄困难的高山小道上行走。"③这无疑也反映出西南山地商业交通运输方式之原始。

---

① 法国里昂商会编著,〔法〕里沃执笔:《晚清余晖下的西南一隅——法国里昂商会中国西南考察纪实(1895—1897)》,第56页。
② 周勇、刘景修译编:《近代重庆经济与社会发展1876—1949》,第118页。
③ 法国里昂商会编著,〔法〕里沃执笔:《晚清余晖下的西南一隅——法国里昂商会中国西南考察纪实(1895—1897)》,第56页。

(二)四川雅州—打箭炉雅茶背夫

清代四川东西南北很多州县产茶,分别供应川西北、川边、新疆等地。运往藏人聚居区的雅茶由四川西南雅州等地供应,称"南路边茶",发往川西打箭炉,"南路邛、雅、天、名、荥五州县每年额领边引七万三千三百四十张,每张配茶五包,共重一百斤,由天全禁门关、荥经小山关、泸定桥巡检验收,至打箭炉发卖,由茶关委员征收银两,每年按四季解道上纳"。① 这是四川与西藏之间的一项重要商贸。法国里昂商会考察团在对川边交通路线及商贸的考察中,记载了途中对所见西藏运茶商队的观察。

里昂商会考察团的两名代表从重庆经峨眉山、雅州往川边打箭炉考察。考察团记载"从雅州开始,道路突然拐向西南方,路况变得十分糟糕"。就是在那里"首次路遇了几个贩运茶叶的西藏商队"②。这里指的是从雅州出城往"雅泸大路"的三溪口。三溪口是上从雅州、下从黎州汉源往泸城的汇合之地:"三溪口,……右手山坡上即雅泸大路,由此处至雅二百四十里,雅茶背包者至此合路入泸城矣。"③里昂商会考察团队员得以从三溪口与西藏商队同行,并就近观察途中川西雅茶背夫的运输状况。在其中一个大约有两百人的商队里:

---

① (清)傅崇矩编:《成都通览》,第378页。
② 法国里昂商会编著,〔法〕里沃执笔:《晚清余晖下的西南一隅——法国里昂商会中国西南考察纪实(1895—1897)》,第116页。
③ (清)傅崇矩编:《成都通览》,第462页。

> 各个年龄层次的搬运夫背驮不同重量的茶叶,由专人武装护送。茶叶一律包裹成长圆柱形,每坨重15到25中国市斤(9—15千克)。……一般说来他们背负的重量大约是10坨(90—150千克,前一个数字更接近)。包装成圆柱形的茶叶整齐地固定在木质框架里,框架底部有一"丁"字撑脚,有点类似法国换玻璃人背的那种框架。①

考察团队员一路随行,观察到雅茶背夫艰难行走和攀登山路的情形:

> 搬运夫把框架紧紧地贴在背上,步履艰难,只得频繁地把重担立起来,靠撑脚支起,以求歇息片刻。每当这个时候,他们都大口喘着粗气,胸部起伏剧烈,竭力想要恢复自由、顺畅的呼吸。背负着如此沉重的担子,搬运夫们从雅州到打箭炉要走20天的路程(大约600里,也就是250公里),要从海拔2000米的地方向上攀登到海拔3000米的高原,而所有辛劳困苦背负每100市斤茶叶换取的仅仅只有2500到3000个铜板,也就是十来个法郎。……而从事这种职业的那些孩子们怎么能够得以生长、发育、长大成人呢?……这些小孩身高最多只

---

① 法国里昂商会编著,〔法〕里沃执笔:《晚清余晖下的西南一隅——法国里昂商会中国西南考察纪实(1895—1897)》,第116页。

有一米二,可背负的货物竟重达 50 公斤。①

以上观察提供的信息:一是商队规模大,"大约有两百人","各个年龄层次的搬运夫背驮不同重量的茶叶",其中的孩子"有几个只有 10 岁到 14 岁";二是背夫们尽量地多背;三是茶叶包装规范;四是背夫很辛苦,行程中还要攀登高地;五是背夫工价"每 100 市斤茶叶换取的仅仅只有 2500 到 3000 个铜板"。按雅茶背夫的价格计算,既给出了背夫的价格,也反映了商品中的运输价格比例。

半个世纪以前的 1846 年,法国遣使会古伯察和秦噶哗两位神父从拉萨被遣送出西藏进入川边。途中经过打箭炉去成都,就看到过这种"有很多人的"背茶夫:

> 很多背茶的妇女、孩子和老人排成队安静地往前走,他们行走时用木棍撑地,眼睛盯着地上。到了快爬坡的时候,最前面的用手杖敲击地上两下,跟着一个一个地传下去,所有的人就都停下来喘喘气,用支撑架调整一下背上的茶包,大约一分钟,又重新往前走……②

古伯察神父的观察反映出背茶队伍中有妇女、老人、小孩,行进中有集体一致的行动,说明那时的雅茶入藏已经是雅州乡村农

---

① 法国里昂商会编著,〔法〕里沃执笔:《晚清余晖下的西南一隅——法国里昂商会中国西南考察纪实(1895—1897)》,第 116 页。
② Évariste Huc(古伯察), *L'empire Chinois—Suite aux souvenirs d'un voyage dans la Tartarie et le Thibet*(《中华帝国——鞑靼西藏旅行续集》), Gaume Frères, Paris, pp.36 - 37.

家的一项群体性运输业务,从事者包括了不同年龄层次和性别的人,印证了1896年里昂商会考察团路遇的雅茶背夫是大型的、有组织的长途运输群体。唯一不同的是半个世纪以后,在"各个年龄层次的搬运夫"中没有提到妇女。

据《嘉庆重修一统志》记载,从成都进入打箭炉系官道,同时也是商道,沿途建有驿站。如"烹坝驿":

> 在打箭炉东南一百里,由沈村驿西行二十五里为大坝。二十五里为安乐村。五里过泸定桥,有巡司及把总守之。又十五里经明正土千户界内古六七立地至咱哩……五里至日地。十五里至大藏,为榷税之所。十里至柳杨。二十里至沈坑。十五里至打箭炉。①

以上反映出商路站点相隔大多在五里至二十里之间。清末傅崇矩《成都通览》一书中采用了朱曾三撰写的《由峨眉县到巴塘之路程》日记:"朱君名达,金陵人,在成都同英总领事谢立山赴藏游历,此其日记,可见朱君之留心实学云。"朱的日记中对道途及沿途铺户记载较详,雅茶背夫从三溪口到打箭炉,共分四大段途程:第一大段"以上统行四十五里,无甚险苦";第二大段"以上统行七十五里,无甚艰险。虽过飞越岭,高,不陡峻";第三大段行抵泸定桥,"以上统行七十五里,路极险苦";第四大段从泸定桥到打箭炉分两段,一段"计行五十一里,路无险",一段"计行六十里,路无险"。即

---

① 《嘉庆重修一统志》卷四百二《雅州府》,民国二十三年涵芬楼影印本。

从三溪口抵打箭炉,四大段道路共计306里。其中"路极险峻"的就是第三大段的"七十五里"。据其对整个途程的记载,沿途三五里,至多十余里就有人户、铺户或街市。① 这一交通线路系官道,沿途有驿站。同时又因雅茶入藏,成为汉地商品运往打箭炉的商道,因此沿途三三两两发展出铺户人家,成为一条与商品运输有关的小商业、小客栈之路。两名考察团成员由重庆去打箭炉,走的就是以上由峨眉县到巴塘的路程。进入泸定桥之前,看见"道路沿着大渡河左岸修建,河水在峡口奔腾而过,流速之快,令人惊叹,显然这段河道是决不能通航的"。这一段路属于第三大段,道途险峻。考察团成员沿途对大渡河水道进行了观察记载,也对雅茶入藏采用背夫的原因做了说明:

> 大渡河的流速快,弯道又多又急,航运十分危险。不过这里没有航运,甚至连萌芽状态的航运也不存在,原因有两个:一是河道滩多弯急;二是从打箭炉用船运输货物几乎毫无意义,因为涨水不应视为利好因素,而且河道弯急,不得不依靠众多苦力纤夫拉船,这种运输方式的造价肯定要比靠人工肩挑背扛从雅州到打箭炉更昂贵。另外不容忽视的还有江中的巨石以及大量卵石阻塞河床,使得河面宛如大海一样波涛汹涌。②

---

① (清)傅崇矩编:《成都通览》,第459—463页。谢立山1876年进入英国驻华领事界,著有《华西三年:三入四川、贵州与云南行记》,韩华译,中华书局,2019。
② 法国里昂商会编著,〔法〕里沃执笔:《晚清余晖下的西南一隅——法国里昂商会中国西南考察纪实(1895—1897)》,第117页。

里昂商会考察团的观察记载与《嘉庆重修一统志》记载的泸定桥大渡河情形相同:"其地旧无桥梁,河水迅激,不可施舟楫。"①川藏路大渡河至泸定桥河流段条件险恶,不利航行,因此不存在藏汉通商利用大渡河航道运载商品的可能性。雅茶背夫运送茶叶过泸定桥进关,仍需继续背至打箭炉交货。里昂商会考察团对雅茶背夫的观察和记载,证明不仅雅茶是入藏长途贩运的主要货物,雅茶背夫也是这一贸易中主要的民间运输群体。雅茶背夫的工价以里昂商会考察团记载的"背负每100市斤茶叶换取的仅仅只有2500到3000个铜板","走20天的路程"计算,平均125—150个铜板一天,与川滇老鸦塘运送棉花包到红江场的四川棉包背夫每天挣的工钱相同。另一方面,连接川康道路的商品运输和商贸,印证了连接汉藏农耕文明与畜牧文明商贸通道的意义,也反映了农业与长途贩运商业相辅相成的乡村经济状况。

(三)川黔驿道与川盐入黔毕节运盐背夫

里昂商会考察团成员分头结束在四川的考察,于1896年11月离开重庆。在从川南经黔北返回法属东京途中,遇上了经川黔驿道运输川盐入黔的毕节运盐背夫。

从贵州北入重庆,在重庆东西两端,从乾隆初年开辟川盐入黔通道之后,依次有四条河流是连接贵州北部的盐运通道:重庆以东

---

① 《嘉庆重修一统志》卷四百二《雅州府》。

"涪岸"(从涪州溯乌江进入贵州东北);重庆以西"綦岸"(从綦江河口连接桐梓松坎赶水);合江、仁怀"仁岸"(从合江上溯接长江南部支流赤水河至贵州西北的仁怀茅台通道);位于川南叙永的"永岸"(上溯永宁县永宁河进入贵州西北毕节)。这四条运盐"边岸"大多系激流险滩,乾隆初期开始整治险滩开辟川盐运黔通道。同治朝末期贵州、云南战乱结束之后,川南富荣盐井之盐滞销不振,丁宝桢任四川总督后重振川南盐业。丁宝桢,字稚璜,贵州平远人,咸丰三年(1853)进士。光绪二年(1876),丁宝桢代吴棠署四川总督,"又改盐法,官运商销,置总局泸州,其井灶分置厂局,盐岸分置岸局,岁增帑金百余万"。① 丁宝桢"改盐法"得力于领导商民对原有的"边岸"险滩又进行了一次整治,计有仁岸 30 余滩,永岸 20 余滩,綦岸 4 滩,涪岸 50 余滩。② 里昂商会考察团于 1896 年 11 月结束了在四川的考察,穿越滇黔返法属东京。从川南沿永宁大道进入贵州西北毕节运盐通道,即是川盐入黔"边岸"之一的"永岸"。船运食盐从川南叙宁水路进入贵州起岸后,运至毕节,再将食盐分装,由人背马驮运往其他各县。因此背盐成了当地一项重要生计,沿途郊区住户也发展出与背夫运盐工具相关的小手工业。里昂商会考察团在经过川南云岭进入贵州毕节途中的"庄栈",即看到当地种植有大量的棕树(纤维棕榈),"郊区的家家户户都出售用纤维做成的绳子,或是各种各样的背带",这是供给背盐夫用于装盐背

---

① (清)赵尔巽等撰:《清史稿》卷四四七《丁宝桢列传》,中华书局,1977,第 12491、12493 页;(清)丁宝桢总纂,罗文彬编纂:《四川盐法志》卷十《转运五·贵州边岸》,光绪八年刻本。
② 邹晓辛:《丁宝桢与清末贵州盐政》,转引自王笛《跨出封闭的世界——长江上游区域社会研究(1644—1911)》,第 39 页。

篓的工具。贵州成千上万的人"靠它来养家糊口,维持生计"。"每一年在这条路上源源不断从四川运送出的食盐可达2万到2.5万市斤。"

考察团白天在途中"曾赶上超过180位背盐力夫,132头运载食盐的马匹",路上还与"返空的背盐夫交错而过,他们有的也从毕节背回蚕豆、豌豆什么的"。考察团夜宿客栈,从当地打听了从云岭到毕节的运盐价格详情。虽然有些力夫可以背负重达100斤的食盐,个别人甚至可背160斤的食盐,"不过平均背负的重量是80斤"(按:这也是挑夫规定的重量)。"从云岭背运140到150斤盐到毕节的固定价钱是2400到2500个铜板,路途要走10天;用马运输的价格是每匹马每天0.23或0.24两银,每匹马可承载120到130斤盐,路途要走6天。"说明运输食盐的既有背夫,也有马匹。将人力背夫价格与马匹驮载比较,是出于考察团了解贵州人力运输工价的需要,得出的结论是背夫价格高于马匹驮载的价格。① 按背夫10天行程的固定价格2400到2500个铜板计算,日均240—250个铜板,但背运140—150斤盐较平均背负的重量80斤多出80%,这是按多劳多得计算的价格,因此一般情况下的价格只能按老鸦塘棉包背夫、雅茶背夫的日均125—150个铜板计算。晚清以来"川盐入黔"通道上络绎不绝的马队和背盐夫,创造了活跃的商业气氛,也促进了黔北的小手工业发展及本地特产外运。

---

① 法国里昂商会编著,〔法〕里沃执笔:《晚清余晖下的西南一隅——法国里昂商会中国西南考察纪实(1895—1897)》,第178、179页。

(四)对清末外国人笔记中有关西南地区苦力工价记载的考释

对以上里昂商会考察团笔记中,有关四川省省垣长途商品贩运背夫记载的考察,呈现了以下意义。

一是关于承载长途商品贩运的背夫的工价。里昂商会考察团进驻重庆考察期间,曾对所考察的西南地区的工人工价做过说明:"一个中国工人平均每天可挣100到150个铜板(等于30到35个生丁),多数行业还包吃。我们考察过的3个省份情况基本如此。"①通过当时里昂商会考察团在行旅途中及在重庆的见闻可了解到,川滇棉包背夫、汉藏途中的雅茶背夫、川盐入黔的毕节运盐背夫这三种长途背夫,还有下面将要涉及的重庆挑水夫等,均属没有技术性的苦力,其工价与当时一般工人(苦力)的工价相等。参考清末《成都通览·成都之百工价目》所载成都工匠价目,"木工每日工钱九十六文(铜板),三天食肉一次","石工每日工钱一百零六文。拉石有口号唱歌",背夫的工价并不低廉。背夫是负重行路,基本上是长至数天在外。用1874年、1896年、1903年外国人在中国西南地区行旅所记载的用费,重庆海关报告中的银钱兑换比例和米价,可与当时的物价和苦力工钱的价值相互参照。

1874年马嘉理西行经贵州郎岱下一站马口时,提到当地的消费,"绅士通常支付100(文)钱(铜板)即能在客栈吃饭、过夜,仅相

---

① 法国里昂商会编著,〔法〕里沃执笔:《晚清余晖下的西南一隅——法国里昂商会中国西南考察纪实(1895—1897)》,第97页。

当于4便士",即1便士等同于25个铜板。又说"苦力及脚夫花3便士就能吃饱喝足"①,即75文铜钱,应是指一天的消费。如按方苏雅领事所观察的,吃饭时挑夫用3个铜板买一杯紫米粥喝就了事,则挑夫每日吃喝花费甚少。美国旅行家盖洛1903年初从重庆往省城成都途中,记载在一个马氏客栈吃午餐,"三个人的一顿午饭共计132文铜钱"②,表明1903年四川食物消费价格与英国人马嘉理1874年记载的在贵州西部的客栈消费相差不多。用银两兑换铜钱,重庆海关1898年记载"目前重庆一两银子值1200文"。到1902—1911年"新政"十年的较早时期,"米价1斗(40市斤)约值钱1000文"。③

据此考察,1896年里昂商会考察团记载的西南三省工人除包吃之外,每日平均工价"可挣100到150个铜板"。雅茶背夫平均"走20天的路程"(按:不包括空手回程)收入2500—3000个铜板,按考察团1896年9月考察成都平原时记载"1350个铜板为一两银子","成都地区10年来一'石'米(一'石'米相当于32市斤)的平均价格为500个铜板",④老鸦塘棉包背夫和毕节运盐背夫的工价与购买大米的比值也相同。对于乡村农民而言,做背夫无疑是比生产农产品收入更高、更直接的一种经济收入,也是农家获取副业收入的一种方式。所以里昂商会考察团得出当时苦力运输比马帮

---

① 〔英〕马嘉理著,阿礼国编:《马嘉理行纪》,第120页。
② 〔美〕威廉·埃德加·盖洛:《扬子江上的美国人——从上海经华中到缅甸的旅行记录(1903)》,第120—121页。
③ 周勇、刘景修译编:《近代重庆经济与社会发展1876—1949》,第278、161页。
④ 法国里昂商会编著,〔法〕里沃执笔:《晚清余晖下的西南一隅——法国里昂商会中国西南考察纪实(1895—1897)》,第145页注释(10)。

工价更贵的结论。如老鸦塘棉包背夫、毕节运盐背夫,均是所谓"与马匹争利"。

二是农家背夫为运送商品所在地的商业繁荣做出的贡献。以上所记叙的滇川、川藏、川黔靠背夫搬运的棉花、茶、盐等均是与日常生活息息相关的商品。从清前期(雅茶入藏)到光绪初年(川盐入黔)及清末(滇南进口棉花)发展出省际相互交易调剂的长途贩运贸易,棉纱、雅茶、川盐成为固定的运输货物。雅茶入藏历史最早,汉藏商品交易运输队伍已经大众化。雅茶背夫这种长途人力运输方式从泸定铁索桥修建以来能够产生并存在下去,不能排除其存在的合理性。里昂商会考察团对途中雅茶背夫的观察,注重的是川康道上的交通运输状况,因而反映出川藏之间交通运输的原始性。

川盐入黔与滇川老鸦塘边界贸易,都是在近代相邻省区之间发展出来的省际商贸。人力背运是适应山区自然环境的一种因地制宜的运输方式。用这种密集的人力背运方式完成山地的商业运输,虽然方式原始,但却繁荣了西南三省省垣之间的商业贸易,同时也催生了一些相应的小商业和小手工业。如"雅茶入藏"通道沿途出现的数量不等的铺户,"川盐入黔"沿途种植用来编制背绳的棕榈树,还有编制背筐的小手工业等。

里昂商会考察团来自铁路交通运输已经非常发达的法国。1890年法国铁道线路已经达到36 600公里(见本书"前言"),铁路交通运输已基本普及。面对承担长途运输的山地背夫,考察团自然由衷地产生了悲悯之情。其折算工价的方式,也是用法国人的收入衡量,但两国之间并不存在可比性。

第三节　水路木船与运输状况

中国西南地区云南、贵州、四川及广西的陆路交通运输有畜力与人力承载的区别，但城镇地区的传统交通运输是以河流航运为主。西南地区河流水系发达，江河溪流遍布。法国里昂商会考察团笔记中涉及的航道，主要有从越南进入滇南小镇蔓耗的红河、四川长江水系、湘西沅江及广西西江水系。里昂商会考察团在考察期间采取分散考察方式，分别乘船航行于上述各条江流。这一时期正是长江上游四川航运面临近代化变革的前夜，也是里昂商会考察团对于进入西南地区拓展商业路线特别关注的方面。考察团对各重要线路的险滩航运、江河航行的船只、航运状况以及沿途各省商贸，均予以细致的观察和记载，提供了有关晚清西南地区水路交通和传统木船运输状况的现场资料。

一、滇南红河上游激流险滩与小木船优势

里昂商会考察团在从法属东京经红河航行进入云南蔓耗的笔记中，对蔓耗木船的规模、载重量、航道状况、船夫以及木船航行存在的问题均有记载，提供了认识和了解西南境内木船航运的参照系数。对于认识小木船在中国西南地区进出口货物运输中的重要性，具有重要意义。

考察团在河内乘单轮汽船"云南"号进入红河上游，到达越南

边境城老街的安沛河段,因"航道水深只有 0.80 米",三天前有一艘小汽艇在一处激流触礁沉没。因此在老街换乘从蔓耗(云南省边境登陆第一站)调来的 5 艘木船。木船"两头尖尖的,长 24 米—25 米,船中心位置宽 3 米左右,吃水 0.50 米,可载重 200 担(约 12 吨)"。帆船建造取材于当地,"这种帆船是用整棵的 lim 树做成的,……那是一种木质坚硬的树木,以前在老街和蛮(蔓)耗一带大量存在",船夫包括一名舵手与六个船夫。根据重庆海关资料记载,"最大的商船可以装载 91 吨,在重庆国家海关总署登记在册的中等吨位商船可装载将近 30 吨"。蔓耗木船的尺寸和载重量只是小船规模,"从老街到曼(蔓)耗有 14 处急流险滩",具有水浅和存在礁石的特点。只有本地这种"吃水 0.50 米"的小木船,才适合在 11 月枯水季节的激流险滩航行。考察团因此得出结论:"在红河上游,帆船要比汽船更为有利。"笔记中对船夫们在航行中下水拉纤和救险也有记载。遇逢险滩时,船夫们跳下水去用纤绳拖着船只航行,他们"赤裸着上身,挥舞着双臂,几乎着地的身体前倾,在岩石间艰难地走着,爬着,汗流浃背地拖着沉重的船只前行"。有时也需要用撑竿绕过岩石避险,"长长的撑竿都被撑得弯曲欲断"。或某一船夫偶然失脚绊倒,"船只就会被急流带走"。考察团因此对船夫们的勇敢精神肃然起敬,谓正是这些险滩,使他们"有机会见证了船夫们的英勇顽强的精神"。①

以上记载说明了红河上游航道交通条件的险峻,同时也给人

---

① 法国里昂商会编著,〔法〕里沃执笔:《晚清余晖下的西南一隅——法国里昂商会中国西南考察纪实(1895—1897)》,第 11、14—15 页,第 218 页注释第(12),第 17—18 页。

们提供了两个重要认识:一是激流险滩的河流不适合机轮,只适合"吃水浅"的本地小木帆船航运,小木船的尺寸大小和载重量也有一定之规;二是激流险滩航运需要纤夫拉运和船夫高超的撑船技术。

二、四川嘉陵江商运大船与川江客运官船

里昂商会考察团对四川的交通运输了解得很清楚,提到"四川所有运输都靠船运或苦力挑"。虽然人夫苦力承载了陆路运输,但四川交通与运输的主力是航运。四川江河运输便捷,形成了一个天然而完整的水道交通网。①

里昂商会考察团笔记中涉及的四川江河航运依次有岷江、嘉陵江、长江川江段,这些江河的航道条件及木船运输状况,里昂商会考察均有考察记载。其重点记载的是川东北嘉陵江流域的商业运输与长江川江段的官运客船,其他考察的航道略微提及。最早的是关于川西岷江航行的记载,考察团团长弥乐石的小分队从云南昭通老鸦塘过滇川边界进入四川水富,溯岷江至上游30公里处的王家场,然后航行至嘉定府。正值春节期间,岷江河道冷清,弥乐石等人在水富看到"放空的帆船逆流而上,驶往高处的盐井装运货物"②,反映出食盐是岷江流域嘉定府主要商品之一,也说明枯水季节不存在航运困难。

---

① 王笛:《跨出封闭的世界——长江上游区域社会研究(1644—1911)》,第33页。
② 法国里昂商会编著,〔法〕里沃执笔:《晚清余晖下的西南一隅——法国里昂商会中国西南考察纪实(1895—1897)》,第79页。

(一)川东北嘉陵江商船运输及其制约

嘉陵江是北连陕甘,从川北、川东北南下重庆的长江重要支流:

> 以长江之支流而言:其水道之繁复、航线之辽阔者,当以嘉陵江为巨擘;益以渠、涪之支流。凡川东北繁华城镇,悉被网罗,以贯通甘陕。载重四十吨之民船,由涪可以上溯太和镇,由渠可以上溯三汇,由嘉陵可以上溯南充;北道之货,胥由是出。①

嘉陵江这一航道的干流与支流,上接陕甘,下连重庆。涪州、渠江为支流,嘉陵江流域沿途各州县货物均由嘉陵江干流与支流上下运输。嘉陵江作为甘陕、川北、川东北商业运输航道,具有十分重要的地位。

里昂商会考察团团长弥乐石率领的考察小分队,从嘉定府上行成都,居停数日后,准备从川东北顺庆府(南充)乘船下重庆。因此,从成都"朝潼川(今梓潼)进发,又从那里坐船驶往重庆"②。潼川通往顺庆府南充,南充是嘉陵江沿岸的商业都市,距重庆有200千米水路。南充繁盛于清末,"迄清末世,渐臻繁盛,工商勃兴,人

---

① 张肖梅编著:《四川经济参考资料》,中国国民经济研究所,1939,H 第 4 页。
② 法国里昂商会编著,〔法〕里沃执笔:《晚清余晖下的西南一隅——法国里昂商会中国西南考察纪实(1895—1897)》,第 86 页。

物萃集,华屋栉比,珍货云屯,内外城间已无隙地"①,成为嘉陵江往来货物运输的重要港口。弥乐石团长带领的小分队亲历见证,提供了1896年初顺庆府港口商业航运状况。

顺庆府港口大吨位商船密集。港口泊满了大吨位船只(按:考察团笔记中第90—91页注[12]说明,"承载1500到2000石的帆船算得上那条江上的大船,买进时价值500到600两银子,即2000到2400法郎"),却没有一艘愿意载客。船老板宁可再等几天,运些大米或鸦片去下游。因为运输商品不但价格更高,也不似搭载客人那样拥堵不堪。最后考察团小分队"找到了两艘吨位为1000石的帆船",船主曾经在重庆与宜昌这段河道与欧洲人有过生意往来,所以他接受以9万个铜板的价格送弥乐石一行下重庆,"对他而言,这价钱大有赚头"。②"吨位为1000石"即载重量50吨,这类帆船属中等吨位以上船只。

顺庆港多是大吨位和中等以上吨位的商船,说明当地虽然商业航运发达,但并无固定的客运船只。船老板"运些大米或鸦片去下游",这是川东北嘉陵江沿岸输出的货物。尤其是大米的运出,与清中叶以来四川粮食丰足,由长江贩运至湖广、东南各省的历史事实相符,"川省产米素称饶富,向由湖广一带贩运而下,东南各省均赖其利"③。弥乐石团长租用的中等木船,"船主曾经在重庆与

---

① 李良俊、王荃善等纂修:《新修南充县志》卷一《舆地·城市》,民国十八年刻本。
② 法国里昂商会编著,〔法〕里沃执笔:《晚清余晖下的西南一隅——法国里昂商会中国西南考察纪实(1895—1897)》,第86—87页。
③ "乾隆四十年(1775)四川总督上谕",见(清)常明等纂修嘉庆《四川通志》卷七二《食货·仓储》,嘉庆二十一年刻本。

宜昌这段河道与欧洲人有过生意往来",指1891年3月重庆开埠以后,在长江上游川江段运输进出口货物。

嘉陵江顺庆府港口停泊大吨位商船船只,反映出顺庆府港口是附近州县货物聚散之处,也是重庆海关进口货物或本地货物运往川东北和川北支流航道的分发之处,考察团行进中看到对面船只"缓缓逆流而上,20来个纤夫在岸边艰难地拉着纤"。

考察团在嘉陵江航行时也记载了途中上岸亲历观察,以及通过船工打听到的乡镇集市情形,对通过集市认识清末乡村生活具有重要意义:

> 与东西部各省情况一致,四川这里各中心村落每五六天就有一次"集市"。周边居民纷纷前来赶集,做点小买卖,偶尔也有大宗生意成交。倘若有卖地的,或是要拜堂的,人们都喜欢等到赶集日。赶集日也是安民告示,课税纳捐的约定日;同样,地保长,或称乡长、镇长自己也喜欢选定赶集日决议、定夺与民众生计、辖区关联的事宜。当地物产均可在集市摊位上觅其踪影。许多没有固定铺面,经常往返于各集市之间的流动的工匠也不约而同前来赶集寻揽活计,像剃头的、打铁的、补锅的、卖艺的、看相的。人、牲畜、农副产品挤得街子水泄不通,在这股人与物涌动的潮水中,人们很难大步流星,快速向前。①

---

① 法国里昂商会编著,〔法〕里沃执笔:《晚清余晖下的西南一隅——法国里昂商会中国西南考察纪实(1895—1897)》,第89页。

在乡村生活中,有乡村中心场镇举办的定期集市,四周居民都纷纷前来赶集。集市的功能涉及乡村居民生活的诸多方面,因此集市上挤得"水泄不通",反映出川东北乡村小镇集市的繁荣状况。

(二)重庆—万县川江客运官船

1.川江上的官船客运

考察重庆川江的航运交通,也是里昂商会考察团的重要任务之一,"在重庆有大小不一的各种官船从事长江航运",这是指固定的官运木制客船。里昂商会考察团3名成员于1896年8月租了一艘从重庆去万县的官船。夏季在重庆见到的长江,"有将近500米的宽度"。在低水位时,"某些峡谷间水面就缩小到只有200米"。考察团代表留意观察记载了他们乘坐的这艘官船的技术构造与航行状况。官船是四川经营的客运交通工具,其记载具有交通史的史料价值:

>……去万县的船有25米长,3.5米宽,吃水深度达到2米。整个船头部分都被船员满满地占据着,一共有16个划桨手,另外还要算上一个总舵手,一个给船员做饭的厨师。船员的厨房位于船舱底部一个专设的小隔间里,……厨房占据船上将近5(平方)米的空间,另外四个房间占地不到15(平方)米。船尾部有一块空地是留给乘客的仆役们使用的,最后才是留给船老板的一个小舱,有5(平方)米多一点。船舱天花板最高处大约为2.5米。第一个船舱有八扇大舷窗,一年四季都可以

打开,另外还有一些只在冬天关闭的内窗。其余的船舱也有窗户,但是只有两扇而且没有舷窗。只要一到达宿营地,或者是白天停船休息的时候,船员们就以一种令人惊叹的速度用苇席在船头甲板搭成一个简易的小窝棚。

....

  相对于制作动力装置的原始材质,客轮的动力装置算得上很完备了。每艘船上有两根足足有12米长的橹放在船的侧面,由12个人划桨,每边6个,负责每根橹的舵手斜靠在船的外侧,也就是从船舷上搭出去的一块木板的末端上。他高亢地吼出一声号子,所有的水手都以另一种调子来回应他。他们吼唱的语调和速度都随着划船动作的快慢而改变,一律是用一前一后的双向动作来推、拉船橹,一种相对于船前进方向为横向的一推、一拉的动作。……不过,他们中大部分人有时也要承担纤夫的工作。在某些难走的河段,还需要到附近河边村庄去请求外援。而冬天起风的时候,则可充分利用风力。……在江水丰盈的河道,船速也可达到每小时4到5海里。①

  考察笔记对川江(重庆—湖北宜昌段)官船航行的描述非常详尽。这艘"去万县的船有25米长,3.5米宽",即与考察团从法属东京在红河老街换乘的云南蔓耗"两头尖尖的,长24—25米,船中心位置宽3米左右,吃水0.50米,可载重200担(约12吨)"的小帆船

---

① 法国里昂商会编著,〔法〕里沃执笔:《晚清余晖下的西南一隅——法国里昂商会中国西南考察纪实(1895—1897)》,第212—215页。

尺寸一样,表明这是一只小型官运木船。长江是大江河,所以枯水季节"吃水深度达到 2 米","一共有 16 个划桨手,另外还要算上一个总舵手"(红河小船是 6 名船夫外加一个舵手)。行船时由掌舵的舵手用高亢的号子发号施令,"他们吼唱的语调和速度都随着划船动作的快慢而改变,一律是用一前一后的双向动作来推、拉船橹",这就是著名的川江号子,它可用来协调摇橹的节奏。川江官船与红河激流险滩同等规模的蔓耗小船相比,无论是船只结构还是船工,都显得更有排场和生气,船上的空间也配置得当。但是川江行船也存在问题,一是需要大量人工划桨手,二是官船逆流而上的时候,"他们中大部分人有时也要承担纤夫的工作。在某些难走的河段,还需要到附近河边村庄去请求外援"。说明木船航行在川江航道的某些航段,同样存在需要较多的人力协助的问题。

万县上接重庆,下连宜昌、汉口,运输通畅,是川东、川北水陆两路货物集散地。《成都通览·成都之土产及各属之土产》所载万县本地出产中有"土药、纸张、牛羊皮、猪毛、桐油"等物,"贩运往来处"谓"纸张、土药、牛羊皮均由梁(山)、大(足)、新(宁)、开(县)陆运而来。糖、酒、烟、茶、药材由渝(州)、涪(州)、忠(州)、丰(都)舟运而至。洋纱、洋油、花布、海菜、瓮器等物则来自宜昌、汉口"。里昂商会考察团代表乘客运官船航行至万县,即有考察当地经济商务的目的。1903 年美国旅行家盖洛在扬子江流域航行中对万县考察的记载,认为万县是"宜昌和重庆"之间最富裕的城市,有直通省城的东大路,"人口已达 20 万之多","也是川东和川北两地的贸易枢纽",分别带来丝绸和食盐。①

2.川江航行中的纤夫

川江航段也存在险滩和乱石,因此有专门从事纤夫苦力的劳工。据重庆海关1896年的年度报告,夏季在重庆与宜昌之间发生了一次山体滑坡事故,"9月30日,长约300码宽约700码的一片山头整个滑入长江","这堆土石使长江航道变窄到80码",因此形成一个险滩,所有上行船只都被滞留,"险滩下方聚集着几百只木船"。为了疏通道路,绕行山体滑坡形成的江中大石堆,要搬运货物下船再从另一地装船,就在当地动用了约"一万多挑夫和纤夫,他们居住在蒲席棚里"。② 长江流域船运雇用纤夫,在乾隆《巴县志》卷三《盐法志》中有记载:"沿江上下数千里无业者募充水手,大艘四五十人,小亦不下二三十人。"重庆1891年开埠之后,货运进出口运输发达,宜昌—重庆川江航道的运输商船逐年增加,因此在川江沿途形成了一个纤夫苦力大军。1909年法国海军军医谢阁兰(Victor Segalen)与法国作家德瓦冉(De Voisins)经成都—重庆乘船过长江三峡,谢阁兰在描写川江夔州府两岸的风光时,就提到枯水季节的纤夫,"江流的两岸有村庄、佛塔以及一些较大的城镇,小路上有在冬季枯水季节拉纤的纤夫"。作者仔细地"观察和了解了他

---

① 〔美〕威廉·埃德加·盖洛:《扬子江上的美国人——从上海经华中到缅甸的旅行记录(1903)》,第92、93页。
② 周勇、刘景修译编:《近代重庆经济与社会发展1876—1949》,第240页。

们拉纤的规则、习惯和风俗"。① 两人乘坐的也是重庆木制客运官船,体验了中国木船过长江三峡险路的感觉。

三、黔北松坎樟木小船与乌江小篷船运输

里昂商会考察团关于贵州省境内水运航道的考察记载,包括黔北桐梓激流险滩和黔东北乌江段航运。

(一)黔北松坎航行与"綦岸"

里昂商会考察团另一小分队从云南杨林东折进入贵州,从贵州北部下重庆的险滩航行,经行的是重庆府以西"川盐入黔"另一边岸"綦岸"航道,"綦岸"在黔北桐梓县松坎起岸。桐梓属遵义府,在"府北百二十里","松坎河,即綦江上源"。② 从松坎则可下行赶水—綦江抵重庆。据《桐梓县志》记载,川盐入黔由綦江运至松坎,再分运到桐梓、遵义府属各县发售。川渝商人多在松坎设有盐号,因此松坎是一热闹处所。遵义府不仅是黔北川盐入黔区域,也是西南山蚕丝的著名产区。小分队从贵阳府上行遵义府,从"綦岸"松坎下重庆。途中观察记载初春的遵义府,"遵义附近树木较多。橘红的小橡树树叶与漂亮的松叶和山杨叶交相辉映。在当地,小

---

① Victor Segalen(谢阁兰),*Lettres de Chine*(《中国通信》),"Dans les Gorges du Yangtseu", Pa-tong-hien-Yangtseu, 14 janvier, 1910(《在扬子江中》,1910年1月14日扬子江巴东县),Plon, Paris, 1967.

② (清)赵尔巽等撰:《清史稿》卷七五《地理二十二·贵州》"遵义府",第2362页。

橡树的叶片可用来喂养土蚕"①。"土蚕"即山蚕。考察黔北遵义府的山蚕丝绸状况和桐梓县松坎—綦岸交通运输航道,也是里昂商会考察团小分队的目的。桐梓县松坎是"贵—渝路上贵州境内的最后一个村庄"。②

1.松坎樟木平底小船与激流险滩航行

考察团记载从松坎下綦江航行的小船用料华丽,是用本地产香樟木制造的平底小船。这种樟木是贵州北部与川南的一种特产香木,生长在从纳溪沿江到马岭一带,系樟科楠属,它的树干漂亮、颀长。松坎江上的船只就是用这种"散发着樟木味的特殊木材制作的,那气味一上船便可闻到"。这种平底樟木小船适宜于当地激流险滩航行,有弹性,"当船只擦到礁石与石头时,舱底的木板就会收缩翘起,随后又恢复原状"。樟木小船"又长又窄,由三名成年人和一名少年水手驾驶"。有关黔北桐梓松坎下"綦岸"航道的惊险,考察团笔记谓:"在那里,我们第一次见证了中国船工英勇无畏的精神与举动。"③

---

① 法国里昂商会编著,〔法〕里沃执笔:《晚清余晖下的西南一隅——法国里昂商会中国西南考察纪实(1895—1897)》,第74页。
② 法国里昂商会编著,〔法〕里沃执笔:《晚清余晖下的西南一隅——法国里昂商会中国西南考察纪实(1895—1897)》,第75页。有关贵州松坎—赶水制作的小木船与航行的惊险和高山峡谷风景,见第75—76页。
③ 法国里昂商会编著,〔法〕里沃执笔:《晚清余晖下的西南一隅——法国里昂商会中国西南考察纪实(1895—1897)》,第75页。

2.松坎—赶水航路水位落差的变化

为了认识黔北—川南山峡航行条件的险峻,考察团小分队采用气压表,在航行中对水位落差做了测量记录,航道状况记载如下:

> 从松坎到赶水约100—120公里的航程上,我们穿过了24个急流险滩,其中的12个落差明显。而且这些险滩都集中在头40公里的航线上。最大的落差在龙川子,我和维亚尔认为高达1米左右。随后我看到,布恩先生(此前航行过这条水道的重庆英国领事)曾经测量的数字也与此相仿,为4英尺(1.22米)。如果我们采纳布恩先生利用气压表测量出的数据的话,松坎(503米)到龙川子(317米)40公里距离之间的落差应为186米,也就是说,每英里(1609米)20英尺(5.5米)的落差,或者说,每200米近1米的坡度。从龙川子到赶水15—20公里的距离内坡度几乎看不出来。①

以上说明川盐从"綦岸"进入松坎起岸,光绪初年整治的"綦岸四滩"是在四川境内。而在贵州境内,依然有"24个急流险滩,其中的12个落差明显。而且这些险滩都集中在头40公里的航线上"。这一段河流的峡谷内充满急流大礁,完全依靠船夫的撑船技术掌控。在头半段航程中,考察团队员们"不知疲倦地欣赏到了前

---

① 法国里昂商会编著,〔法〕里沃执笔:《晚清余晖下的西南一隅——法国里昂商会中国西南考察纪实(1895—1897)》,第75—76页。

甲板上舵手镇定自若的神情和敏捷的身手。大约三十来米宽的河流在峡谷间左突右进,简直就是在暗礁险滩间盘旋翻滚"。无论是从礁石中用长篙撑出船只,还是遇上水流急转,用绳子将船只拖至激流中央,然后再放开绳索,"让人头晕目眩地顺流直下",船夫在激流中撑船的精湛技术都令乘船者由衷赞叹。激流之后则是平缓的水流,这条山峡中也有幽深的河流风光,"碧水幽幽,有时又穿过狭窄而优美的峡谷,举首只见一线天,两侧的石灰岩峭壁似乎要在头顶几百米处合拢相聚"。就是在这样一条惊险而又幽美的山峡航道间,考察团小分队"穿越了贵州—四川边境"。①

以上记载反映出从四川进入贵州的盐运航道的急流险阻。考察团对这样的急流险滩的兴趣及其用气压表细致测量水位落差的行为,虽反映了那一时代欧洲人热衷于地理探险的风气,但主要还是与考察团观察研究中国西南地区的水路交通航线的目的有关。

(二)黔东北乌江小篷船

乌江发源于黔西北威宁县乌蒙山,流经黔东北,从四川东南酉阳州龚滩汇入涪州长江。龚滩至涪州305公里,"全年通航"②。里昂考察团三名成员在从涪州下酉阳州的陆路途中,观察到乌江上船篷用茅草编织的小木船的奇异形状:

---

① 法国里昂商会编著,〔法〕里沃执笔:《晚清余晖下的西南一隅——法国里昂商会中国西南考察纪实(1895—1897)》,第76页。
② 王笛:《跨出封闭的世界——长江上游区域社会研究(1644—1911)》,第37页。

船壳板歪歪扭扭使船头右舷要比左舷高,船尾正好相反,而且高差还很明显。船头下倾时,船尾则向上翘得老高。……所有这些奇异结构都是为了更好地使船壳板自如转向,以应对突如其来的漩涡与汹涌的江水。①

乌江草篷船的奇异形制是为防范"突如其来的漩涡和汹涌的江水","这些帆船不能确保重要物资的运输,……像鸦片那些昂贵的商品都是通过陆路运入内地,运费虽贵,但保险系数要更大些",令人感到乌江上的"破旧茅草船篷"显示出"一种漂浮水上的贫困"。②

考察团的记载印证了乌江航道冷清这个事实,但其看法也并非客观。贵州的昂贵商品是鸦片,与云南一样,贵州丘陵山地是西南地区质量上乘的鸦片产地。据重庆海关报告介绍,贵州鸦片(人称"贵土")主要产地在贵定府和黄草坝,"次于南土(云南鸦片),但有许多人珍之过于川土"。当时的零售价为每两值银"南土0.16—0.18两,贵土0.14两,川土0.13两"。③ 1874年上海英国领事馆随员马嘉理穿越贵州时曾有记载:10月28日,镇远至贵阳官道,"路遇轿夫及马队由省城来,大多空手而归,未载货物。……数官员曾告之大量滇黔鸦片及矿产均由此路入湘,但运费极

---

① 法国里昂商会编著,〔法〕里沃执笔:《晚清余晖下的西南一隅——法国里昂商会中国西南考察纪实(1895—1897)》,第203页。
② 法国里昂商会编著,〔法〕里沃执笔:《晚清余晖下的西南一隅——法国里昂商会中国西南考察纪实(1895—1897)》,第203页。
③ 周勇、刘景修译编:《近代重庆经济与社会发展1876—1949》,第52页。

高"。① 此与里昂商会考察团的说法一致,滇黔贵重商品经贵州陆路官道入湘运出。

川、黔、滇重要物资均不经乌江运出。乌江在贵州中部,其所处位置既不在贵阳府—汉口官道近旁,也与滇黔鸦片产地和矿产地相去较远,所以没有地理位置优势。乌江承担的是与四川涪州的"涪岸"省垣贸易中的运输,贵州东北的土产如煤、药材、铁、山货等货物运入"涪岸",从"涪岸"运进川盐及糖、百货等四川产品。②

四、川湘水道与沅江—洞庭湖流域商业航运

1895年中日《马关条约》约定湖北沙市为中日通商的四个口岸之一,来华考察西南地区交通路线和商业贸易的法国里昂商会考察团,于1896年12月分别派出两个小组赴沙市考察。一组从川江道重庆顺江东下抵达沙市,另一组走著名的川湘水道进入汉口再转往沙市。

川湘道是四川东南州县货物的重要输出通道。1891年重庆开埠设立海关以前,川湘道由重庆以东225千米处的涪州启程,经酉阳州龙潭江进入湘西沅江通往洞庭湖,是四川货物通过两湖进入长江流域及两广的重要传统商路,也是四川鸦片销往外省的重要通道之一,"由此陆路起始,经酉阳州入湖南,去江西、广东和广西"。③ 在宜昌开埠以前,"五口通商"都市广州的洋货从湖南常德

---

① 〔英〕马嘉理著,阿礼国编:《马嘉理行纪》,第104页。
② 王笛:《跨出封闭的世界——长江上游区域社会研究(1644—1911)》,第38页。
③ 周勇、刘景修译编:《近代重庆经济与社会发展1876—1949》,第53页。

经川湘水路运入四川。重庆开埠通商以后,进出口货物大多改由川江运出,唯清末川东南数县货物进出仍走川湘水路。《成都通览·成都之土产及各属之土产》有载,渝东南酉阳州为川湘通道入口,其商品运销往来处即湖南常德、湖北汉口,该州秀山县"各货均由涪州成庄,运销湖北、汉口"。彭水县货物销运往来处是"湖南辰州、常德,湖北汉口、宜昌"。黔江县"各货均由龙镇下船到湖南常德销售"。① 足见川东南与川湘水道的交通地理与货物运销之间的联系十分密切。里昂商会考察团从川湘路赴沙市考察组员,经历了川湘路的两段河流,即酉阳州龙潭江与湘西沅江及洞庭湖。其亲历和观察见证了晚清时期川湘道的航运状况与航道商业运输的繁荣。

(一)四川酉阳州龙潭江急流航行

酉阳州龙潭江是四川东南通往湘西沅江—常德府洞庭湖的通道。里昂商会考察团笔记对这条充满急流险滩的航道的航行状态做了详细描述。航行时间是在冬季12月下旬的枯水季节,在龙潭江行船,"水位很低,石块、卵石在柔韧木料制成的小船底部清晰可见,船漂流、穿行在迷宫一样错综复杂、险象丛生的岩石堆中"。河流底部的石块卵石能"在柔韧木料制成的小船底部清晰可见",险滩航行的小船木质材料特殊,如同黔北松坎—赶水用樟木制作的小船,遇上礁石小木船底部"柔软"可收缩,禁得起激流险滩中的碰

---

① (清)傅崇矩编:《成都通览·成都之土产及各属之土产》,有关川东南数县与湖南湖北商路,见第352页。

撞。划船不是用橹,而是用长长的竹篙撑船,船夫们的撑船技巧,如同所有急流险滩的船夫一样,令人惊叹:

> 艄公们技艺精湛,非常熟练地划着小船,用力地撑起细长而轻巧的竹篙,重力下竹篙弯曲成弓形。船头,一只长桨起到舵的作用,要巧妙地左右开弓才能避免危险的碰撞、触礁。一连串的急流险滩,犹如险峻的阶梯。①

以上描写反映出西南地区的急流险滩河道都有同样的特点,即枯水季节险滩水浅,只有用具有柔韧性的木材制作的小船才适合航行,同时需要船夫有熟练精湛的撑船技术。

(二)沅江流域与商业运输

沅江流域既是四川从涪州南下的入湘航道,也是滇黔两省经贵州官道东行的入湘水道,以及两广从北部进入湘西的水运通道。湘西水道交通发达,里昂商会考察团对湘西沅江流域沿途小城镇的商业和地区经济作物种植均有观察记载。在贵州境内经过泗觇,"一个大约有三四千人口的小城",这里能够"吞吐吨位稍大的船只,保证了与常德府之间货物的运输往来"。进入沅江流域,途经一个"五六千人口的小城"保靖,保靖位于湘西武陵山脉中段,"盛产桐油和茶,……另外还产绢和丝,……也大量种植槐蓝,范围

---

① 法国里昂商会编著,〔法〕里沃执笔:《晚清余晖下的西南一隅——法国里昂商会中国西南考察纪实(1895—1897)》,第 205 页。

从这里一直延伸到常德府"。经过位于北河和沅江交汇处的湘南郴州,"树木繁茂,经济富裕,河流宽阔"。进入常德府,"从商业角度讲常德是仅次于湘潭的湖南省最重要的城市"。① 以上反映出经川湘水路航行沿途所见小城和常德府均是从事商业贸易的市镇,河流也适合各种船只航行。

沅江流域左边上接酉阳州龙潭江川湘道,右边上接贵州舞阳河镇远湘黔道。因此沅江流域—常德府一带,川湘水道与湘黔水道在沅江合流,往东通湘西常德府汇入洞庭湖,经武昌流向汉口。1874年马嘉理从汉口出发穿越云南,汉口英国领事为此携总理衙门信函拜访湖广总督,"总督力荐湘黔路线,因大多中国政要均循此路线,最近云南巡抚也经此路线返滇",马嘉理穿越湘黔道在沅江流域走的是里昂商会考察团川湘道的反向行程。在结束湘黔水道行旅时,马嘉理在给父母的家信中对沅江流域做了一个概括性描述:

> 河流蜿蜒穿过壮丽的峡谷,到处充斥着激流。到现在(按:距船上旅程结束前一天给父母的信)为止,我们已经上溯了200多个大激流和数不清的小激流。……丰富的植被依然蓬勃地生长,遮掩着自然的粗暴。高耸的山峰上覆盖着冷杉林,河流经过绵延数英里,沿岸一直能看见伐木站。②

---

① 法国里昂商会编著,〔法〕里沃执笔:《晚清余晖下的西南一隅——法国里昂商会中国西南考察纪实(1895—1897)》,第205—208页。
② 〔英〕马嘉理著,阿礼国编:《马嘉理行纪》,第73、101页。

其中提到沿岸树木很多,"高耸的山峰上覆盖着冷杉林,河流经过绵延数英里",证实沿江树木是整齐的冷杉林。以下对其航程中经过府县的记载略取两例。

常德城

到达常德,……见城墙离河很近,河边未留任何外延空间以作城下街区,但从贸易功能而言,城下街区乃绝对必要。当地人沿泥泞之河岸斜坡打桩建造木屋,稍能克服此等不便。然此等建筑如长歪斜长腿,东倒西斜,甚碍观瞻。

这些建筑沿城墙而建,延续3里,而沿河约10里,均断续建有房屋。每户门前均泊数小舢板,等待装货。

桃源县

此城规模颇大,非常繁荣。桃源县无城墙,据说从未有过,甚异。此乃我首次所见之无墙县城。……此城前到处码放陶制水罐及釉面花瓶,为陶器集散地,大量陶器从桃源县运往辰州府,远至贵州镇远府。据说桃源县令相当难做,因此地是省内最无法纪、不受约束之区。当地人一旦发现县令施政不公或滥行苛政,会将其亲自押往巡抚处,要求换人。①

里昂商会考察团笔记中提到常德府商业的重要性时,仅用一语做了概括,对晚清川湘水道、湘黔水道的沅水—常德府商业运输

---

① 〔英〕马嘉理著,阿礼国编:《马嘉理行纪》,第87页。

记载不详。实际上位于沅江尽头连接洞庭湖的常德府颇具地理优势。常德府于清末光绪三十二年(1906)奏请自开商埠,成为沅水流域产品与长江中下游货物的重要转运站。①

(三)常德—洞庭湖木排漂流

考察团记载了在沅水常德府进入洞庭湖之前看见的木排漂流奇观,"江水在注入洞庭湖之前形成一公里宽的江面,江面随即被切分成众多支流"而出现一个大三角洲,宽阔的江面上有从沅江运出的漂流木排,场面甚是壮观:

> 木排由大小木梁堆砌、组合而成,横看过去,一组组木排竟长达 100 米。
> 六七间木板搭成的小屋规规矩矩地建在木排上,局部盖住木排。这简直就是一座漂浮水面的村庄。这些小木屋里居住着四五十个人。他们每天的工作就是慢腾腾地推动绞盘,

---

① 20 世纪 40 年代沈从文《常德的船》,见袁鹰编《华夏二十世纪散文精编·山川风物卷》,华夏出版社,1995,第 130—137 页。常德光绪末年奏请自开商埠,作为川黔湘三省货物转运站的地位愈加重要。该文描述了 20 世纪 40 年代常德土货与洋货及工业产品交易的繁荣景象:
> 湘西一个大码头,是交换出口货与入口货的地方。桐油、木料、牛皮、猪肠子和猪鬃毛、烟草和水银、五倍子和鸦片烟,由川东、黔东、湘西各地用各式各样的船只,装载到来,这些东西是全得由这里转口,再运往长沙、武汉的。子盐、花纱、布匹、洋货、煤油、药品、面粉、白糖,以及各种轻工业日用消耗品和必需品,又由下江轮驳运到,也得从这里改装,再用那些大小不一的船只,分别运往沅水各支流上游大小码头去卸货的。市上多的是各种庄号。

绞盘里缠绕着一条长长的缆绳,另一端系着一个船锚,不时会有船捞起锚,然后又把它抛进远处的水中。就这样他们每天才走10里路,即4到5公里。真想不到在已有电气化的时代,这里的人们却是如此落后!因此从常德到汉口,这些木排往往要花上足足四五个月甚至半年的时间!

(洞庭湖)湖岸上分布着大量村庄,湖水被土石夯筑成的大坝拦住,……满眼的船帆斑斑点点,好似游动在跑马场上一般。①

考察团在洞庭湖上所见到的大型木排,反映的是贵州东南山林地区经沅江运出漂流木排的情形。据一篇当地人写的《沅江路形记》中有关沅江木排漂流的歌谣记载,沅江木排漂流始于沅水洪江。贵州东南部苗人、侗人卖出木材,随溪涧漂流至清水江汇入沅水,清水江是沅水上游来自黔东南的支流。洪江因水面宽阔兴起众多木行,成为黔东南木材外销的聚散之地。洪江与常德两地相距500公里航程,木材在洪江捆扎放排。其捆扎规矩、漂流组织、输送至常德洞庭湖再至汉口的行程等均有详细记述。② 1874年马嘉理航行进入洞庭湖螺山,也记载了所见沅江木排的漂流情形,还有关于一艘5人小舟随行担负联络服务的生动描绘:

---

① 有关龙潭江、沅江流域交通航行及其考察记载,见法国里昂商会编著,〔法〕里沃执笔《晚清余晖下的西南一隅——法国里昂商会中国西南考察纪实(1895—1897)》,第208—209页。
② 嵩云樵子:《洪江船排工人的"沅江路形记"》,2011年7月9日于洪江,天涯社区,www.cndygsc.com,2011-07-10。

新堤由州同管辖,岸边另设有提台,专门负责征收木筏木材交易税。每日有大量木筏从上游漂下,这些木筏外形奇特,远观似浮动村庄,人丁兴旺;近看则使人惊叹其建造之精巧:木筏依长度紧紧绑缚,成方正牢固之筏,中央建起许多整洁小屋,供筏上人员居住。木筏头部紧缩,成(呈)尖锐状,船尾则搭建一个舵台,以供掌舵之用。扬子江水流湍急,赋予木筏相当速度,此外木筏亦装备巨大船桨,需10—12人方能掌控。……木筏常三四成群,前后一线,为方便联络,一艘5人小舟随行,回应大筏之需。小舟像长有长翅,时或俯冲,掠过水面。①

所记木筏为在洞庭湖中螺山所见,"每日有大量木筏从上游漂下",指来自沅江流域。所载"扬子江水流湍急,赋予木筏相当速度,此外木筏亦装备巨大船桨,需10—12人方能掌控",描述了木筏航行状况。所记载木筏与里昂商会考察团代表记载所见从沅江漂入洞庭湖宽阔水面的木筏,同样来自洪江。马嘉理后来在到达木筏扎排之处洪江墟后,还记载了一笔:"洪江墟有大量木材交易。起义军(按:指1850年进入湘西的广西太平军)摧毁了原来的木材汇集地浦墟(Pu Ssu),因此交易才移到了洪江墟。……群山环绕城镇。河流汇聚将贸易带到津市。"②

在宽阔的大江上使用大型木筏生活乃至从事经济活动,在南宋陆游的《入蜀记》"八月"中曾有记载:

---

① 〔英〕马嘉理著,阿礼国编:《马嘉理行纪》,第77页。
② 〔英〕马嘉理著,阿礼国编:《马嘉理行纪》,第95页。

十四日,晓,雨。过一小石山,自顶直削去半,与余姚江滨之蜀山绝相类。抛大江,遇一木筏,广十余丈,长五十余丈。上有三四十家,妻子鸡犬臼碓皆具,中为阡陌相往来,亦有神祠,素所未睹也。舟人云:"此尚其小者耳,大者于筏上铺土作蔬圃,或作酒肆,皆不复能入夹,但行大江而已。"是日逆风挽船,自平旦至日昳才行十五六里。泊刘官矶,旁蕲州界也。①

陆游所见居住人家的大木筏是在长江中游湖北境内北邻蕲州的大江所见。"三四十家"以木筏为生活居住之所,俨然小村庄。舟人所云还有更大者"于筏上铺土作蔬圃,或作酒肆",反映出当时在长江中游水上的木筏生活已经具有相当规模。

南宋时期因为北方受阻,在东南及南部海上发展经济,航运十分发达。据史料记载,以黔东南山林木材作为商品在本地交易,出现于南宋时期的本地山民,源出沅江上游清水江。宋代有分布于湘、黔、桂交界处的苗、徭(瑶)、峒(侗)人,其中分散在山区的徭人生产方式较落后。由王江通道上行安口,"控扼诸峒,⋯⋯然由王江而上,⋯⋯皆生蛮徭团族,唯以略峒民板木为生"。宋代湘西南—黔东南峒人的林木特产,在当地已经被生蛮徭团族劫为商品进行交易。② 明代即已开始由朝廷派员"征买皇木"运往北京,出现了运往北京皇城的木排漂流。明末耶稣会士利玛窦从江西南昌

---

① (宋)陆游:《入蜀记》卷二。见(清)鲍廷博《知不足斋丛书》刻本第三集;(宋)陆游著,蒋方校注《入蜀记校注》,湖北人民出版社,2004年。
② 参见尤中《中国西南民族史》,第290—292页。

到北京,曾描述过沿途所见运河木排运输的状况,"神父们一路看到把梁木捆在一起的巨大木排和满载木材的船,由数以千计的人们非常吃力地拉着沿岸跋涉。其中有些一天只能走五六英里。……有些木排长达两英里"①。木筏漂流成为西南地区运输大型木材的传统方式,明代当地出产的木料是楠木,清初黔东南原木已经砍伐殆尽,代之而起的是人工种植的冷杉林,马嘉理所见沅江沿岸数英里长的冷杉即是证明。里昂商会考察团所载沅江漂流木筏规模与马嘉理对湘黔通道林木经济的描述,说明晚清湘西木材集散市场的繁荣及市场需求状况。

以上考察团记载川东酉阳州龙潭江激流的险急,沅水流域各地物产货物,还有特地记载的洞庭湖上所见洪江漂流木筏的壮观景象,以及洞庭湖宽阔湖面的湖堤、村庄和帆船,基本描绘了川湘水路航运以及湘黔水运状况和商业繁荣现状。其繁荣的条件,一是河流航运方便,二是沿途各地农林及矿产产品丰富。川湘水道与湘黔水道均是历史古道,先秦时期即设置黔中郡开发建设。以木筏漂流为例,明中叶开始的朝廷征买皇木,直至清前期人工造林保持林木可持续性发展,到晚清已历经数百年依然繁荣,证明了川湘道和湘黔道汇流而成的沅江航线是一条具有重要运输价值和商业价值的传统商业航道。

考察团从沅江县取道进入洞庭湖南部,在一处名为马王滩的"延绵几里的河面上",遭遇了大小帆船林立、水道浅而有淤泥,船

---

① 〔意〕利玛窦、金尼阁:《利玛窦中国札记》,何高济、王遵仲、李申译,何兆武校,中华书局,1983,1997年重印,第326页。

只拥堵淤塞,需要人们卸载货物肩扛木船通过的麻烦,①反映出在川湘道这条著名航道上冬季枯水季节航行的困境。以上大小木船遭遇的问题,即使机轮也不可避免,显示出水路交通近代化与航道的自然条件之间存在的矛盾。

五、广西西江流域与经济状况

广西西江流域是里昂商会考察团的两名成员从上海抵达广州,准备结束考察返回法属东京时,临时"得到里昂商会要求他们由西江去云南考察的指令。为了更全面、更精细地研究考察这条与东京(河内)线路相对应的线路"②。里昂商会之所以指示两名考察团成员进入西江流域考察,有两个背景:一是法国于1896年9月获准在广西西南部龙州府商埠修建一条至中越边境镇南关的短程铁路,借以连接越南计划修建的谅山至睦南关铁路,以便与广西腹地西江流域进行土货贸易③;二是获悉英国正谋求在广西西江流域东部梧州增开商埠,"唯西江通商一节,允至梧州而止。……时二十三年正月也"。④ 因此里昂商会需要有关西江流域经济状况的

---

① 法国里昂商会编著,〔法〕里沃执笔:《晚清余晖下的西南一隅——法国里昂商会中国西南考察纪实(1895—1897)》,第210页。
② 法国里昂商会编著,〔法〕里沃执笔:《晚清余晖下的西南一隅——法国里昂商会中国西南考察纪实(1895—1897)》,第219页。
③ 〔法〕奥古斯特·弗朗索瓦(方苏雅):《晚清纪事——一个法国外交官的手记(1886—1904)》,第142页。
④ 1897年初,英国与清政府签订了《中英缅甸通商条约》,获准在西江东部梧州增开商埠(1897年6月正式开埠)。

详细资料。

为了更全面、更精细地研究考察这条与越南边境平行的线路,考察团两名成员决定各自选择一条线路,分头行动。一条线路从珠江北上西折沿横贯东西的西江流域直至右江百色考察,另一线路从北海陆路北上龙州府经中越边境抵达云南蒙自,见考察团拉博沿途记写的《拉博日记》。本处梳理从1896年11月5日开始的广州珠江—西江航程笔记,借以反映广西腹地西江流域的本地居民农业经济与商业贸易状况。

拉博从广州珠江上行,经广东肇庆三角洲进入广西河流西江东部的梧州,两省农业种植作物就出现了明显不同。肇庆种植有"桑树、甘蔗、红薯",前两种是经济作物。进入梧州"就只见得到红薯、荞麦、花生和少量晚稻,这里漫山遍野都生长着广州人用于编制草席的野草"。这一带属于半山区,"在西江上遇到大量漂流的木材","装载着家庭生火、取暖专用,劈成小段的木柴筏子在江中漂流而下"。西江流域农业和林业均是供应生活所需产品。以下是在西江流域两岸和右江百色观察所见城镇乡村的一般经济状况。

梧州府—南宁府:

> 从梧州府一直到南宁,只有两个人口在四到五万之间的大城市:浔州和贵县,以及两个次要城市:横县(一万二千人)和人口只有九千的榕县。沿江边可以看见这几个城镇和一些集市所处的平原都被精耕细作,但一律是黏土质的贫瘠土壤,除雨季滴水不降。水稻、红薯、甘蔗、花生、南瓜、蔬菜是这个

> 地区农产品的基础结构,这些产品能够让当地人自给自足。我们还遇到几艘装载着豆、米或是糖的帆船。
>
> 这里很少见到从欧洲进口来的商品,只在城里商店和集市上见到过踪影,其中以煤油和棉纱见多。这些商品要么来自广州,要么从南湾或南宁从北海运抵。①

拉博从广西东部梧州府进入广西腹地南宁府沿江地带,这里是农业发达之处。虽然农产品种类丰富,但其中仅甘蔗是经济作物。与广东和滇、黔、川各省相比,没有种植桑树、鸦片、烟草一类经济作物。欧洲商品则仅在城里商店和集市上有煤油与棉纱,这是西南地区进口的普通商品。以上观察反映出西江沿岸仍然是传统中国城镇与乡村景象。

南宁—百色:

> 从南宁到百色,沿途平原更加荒芜、狭窄,被高耸入云的山地切割。……我们在距离西江好几公里的一条支流上所见到的城镇梧源、隆安、凤西还不到几千人,都是用黏土砌筑房屋,外面有土墙环绕,没有商业贸易,江上帆船屈指可数,唯有几艘小船搭载着农民前去附近赶集。集市上只见得到蔬菜和各类食品,还有少之又少的小玩意儿,几乎连针线、布头也没有。
>
> ……每个家庭都纺棉织布,自己染色,缝制衣物。布料一

---

① 法国里昂商会编著,〔法〕里沃执笔:《晚清余晖下的西南一隅——法国里昂商会中国西南考察纪实(1895—1897)》,第221—222页。

律都是深蓝色,他们自给自足,根本见不到市场上有土布出售。当地居民与正宗汉人在服饰上有所区别,他们生活在这个单调、干旱、出产贫瘠的地方,清心寡欲。几张牛皮、几颗水晶、几种药材就是那坡人唯一能向南宁输送的商品。①

西江在南宁分为左右两江,往左前行即左江,进入广西边疆龙州府,并有陆路通往云南蒙自,边境有中越畜牧贸易。右方上行即广西右江,进入百色府。右江陆上有滇桂黔三省省垣贸易关卡坡脚。拉博所记载的百色以及好儿公里外的一条支流边的本地人,过着淳朴的传统农家生活,自给自足,反映出虽然西江航运方便,但传统农业仍是当地的主要经济形式,没有受到外来商品的影响。因此考察团认为"似乎可以得出这样的结论:除短小的三角洲以外,西江整个流域情形如此"。对于广西全省的情况,考察笔记最后总结说:

> 广西这部分地区确实贫穷,富饶地区在东南部的玉林直隶州。省会桂林周边地区也算富裕,西江上游支流沿岸地带,即柳州府附近得益于良好的自然条件,也挺富裕。当德布伦博士和我在西江上游河道行驶时,看到了大量满载着稻米的船只驶往广州。②

---

① 法国里昂商会编著,〔法〕里沃执笔:《晚清余晖下的西南一隅——法国里昂商会中国西南考察纪实(1895—1897)》,第 222—223 页。
② 法国里昂商会编著,〔法〕里沃执笔:《晚清余晖下的西南一隅——法国里昂商会中国西南考察纪实(1895—1897)》,第 221、223 页。

这一结论清楚明白地回应了考察队员此行考察的两个背景。总之,考察团考察的西江流域在晚清时期河道宽阔航运通畅,航运使用木船。小木船也是西江两岸城镇乡村普遍的交通工具,但当地仍保持着传统的农业经济方式,商业没有开发。其原因一是西江流域,尤其是西江腹地是本土居民聚居地域,包括侗人、壮人、瑶人、苗人,还有倮倮,并非汉人进入开发经济地区;二是西江下游广西东部与广东珠江连接的地区,是自然地理条件更好的富庶区域。根据考察团的记载,西江流域不是自然资源丰富地区,也不是适合西方商品倾销之地,但却具有重要的地理交通优势。西江上接滇黔,下连广东珠江流域的广州和香港,在龙州边境与安南边境有陆路交通线路。考察团所看到的西江流域的贫瘠荒凉,说明当地存在经济和商业开发潜力。

以上法国人考察团队有关西南地区陆路、水路交通与商品流转运输状况的纪实考察记载,反映出如下特点:

第一,西南各省省内外水陆交通路线四通八达,各省有不同特点。陆路方面,云南马帮运输繁荣,四川麻乡约大帮信轿行也以代理商行的方式,在四川以及西南各省组织挑夫与轿夫商队,因此,在西南各省形成了方便有效的交通运输网络。水路方面,四川境内嘉陵江、川江、涪江等航道,黔北水路、川湘水道,以及广西西江水路,交通与运载均发达方便。

第二,各省商品贩运流转繁荣发达。西南省垣之间的贸易往来和藏汉通商贩运由长途背夫承运,发展出一种群体性长短途商业运输形式,沿途形成了小手工业和小铺户商业。

第三,水陆传统交通运输存在制约。陆上交通运输长途旅行都存在运载量小、队伍庞大、行旅时间长、费用高及住宿客栈卫生条件差的困扰制约。水路除了急流险滩,江河航行也存在枯水期受限及上行需用纤夫推助的问题。

下附开埠时期(1876—1891)重庆货运使用的民船情况。

重庆货运使用的民船情况

船舶类别	载重(海关担)	原发地	用途	平时船夫数	上滩纤夫数
厂口麻秧子	500	涪州、万县	百货	9—11	31—39
辰州麻秧子	600	湖南	木料	7	25
辰边子	400	湖南	百货	7	29
辰驳子	300	宜昌	百货	16	61[注]
辰条子	1200	辰州	百货	7	29
桥眼船	1400	竹根滩	盐	6	27
千担哥	800	遂宁小河	百货	6	28
金银锭	100	内江	糖、百货	2	4
秋秋船	100	内江	糖、百货	2	4
秋子船	30	内江	百货	2	3
冲盐棒	400	内江	百货	5	16
厚板	800	涪州小河	盐、百货	5	22
小辰驳子	400	巫山	百货	5	19
桡拐子	300	湘溪	百货	5	19
牯牛船	400	云南	盐	3	10

续表

船舶类别	载重(海关担)	原发地	用途	平时船夫数	上滩纤夫数
瓜皮船	300	邓井关	米、盐	2	8
贯牛舵	2000	合州	盐	6	28
贵州麻秧子	800	贵州	百货	9	34
锅铲头	1600	泸州	盐、百货	6	24
老鸦秋	1200	遂宁	百货	5	22
柳叶帮	100	内江	糖、百货	2	4
橹板	300	开县	盐	3	8
马耳朵	300	重庆小河	百货	5	18
毛板	300	合州	百货	2	3
毛鱼秋	1200	泸州小河	盐	5	22
南河船	800	嘉定竹根滩	盐、糖、药材	6	23
南板麻雀尾	1200	重庆宜昌	百货	18	73
鹅儿子	300	归州	百货	5	21
扒杆船(竹筏)	20	嘉定府	百货	3	—
扒窝子	200	落楼	百货	5	12
百甲头	200—300	小河	米	5	18
白板麻雀尾	1000	重庆宜昌	百货	12	50
半头船	70	眉州	木料、客运	2	3
三板船	1800	綦江	百货	5	21
收口麻秧子	400	万县	百货	6	20
大河船	600	叙府	百货	5	17

注:查宜昌海关报告文"辰驳子"为载重 25 吨的较大民船,此表记其载重仅为海关担 300 担,与船夫人数不侔,显系有误。——译者注。

资料来源:周勇、刘景修译编《近代重庆经济与社会发展 1876—1949》,第 64—65 页。

(按:此一资料当取自宜昌海关档案,参见该书译者在"年度报告 1882—1890"的说明,第 73 页。)

第二章　蒙自开埠与云南本土经济

滇南蒙自小城是云南于1889年开埠的通商都市,越南东京(河内)红河—蒙自成为"与中国的新商路",蒙自即是这条新商路中国境内的第一站。蒙自开埠以后,滇南的进出口市场逐渐活跃。自1892年开始,就有法国人从法属东京进入云南蒙自进行有关进口商品的市场考察。1895年6月20日中法有关边界和商务的两个10年换约新条约签订以后,各种法国人考察团队陆续从法属东京经红河进入云南,从云南开始进入西南地区考察。法国人考察团队在云南境内的观察提供了较多有关蒙自海关的欧洲进出口商品市场状况、本土集市和商业、农业种植,以及云南当局正在东川府准备恢复开采废弃铜矿矿井等本土经济现状的资料。晚清出现的杜文秀大理回民起义政权(1856—1874)在滇中昆明一线,与清政府有过激烈的拉锯战。战后虽然农业经济恢复很快,村庄密集,但在1895年法国人考察团队进入云南期间,仍然存在城镇人口大量减少、鼠疫横行等现象,以及坟堆、遗弃的矿井等战争留下的遗迹。①

第一节　越北红河—蒙自"与中国的新商路"

滇南蒙自小城 1889 年开埠,次年法国探险家邦瓦洛特与奥尔良王子从中亚进入西藏东部。经川边巴塘、川西南宁远府建昌(今西昌)南下穿越云南,从滇南蛮耗乘船经红河进入法属印度支那东京返国。邦瓦洛特进入红河三角洲的东京时,观赏两岸的美丽风光、富庶原野,欢呼法属东京是适合法国人从事垦殖的好地方。②

记载云南蒙自开埠小城进口商品市场的法国人考察笔记,始于法国医生皮雄的 Un Voyage au Yunnan(《云南之旅》)。皮雄是上海海关税务司府上医生,热衷于法国殖民事业。此前他已经两次去过越南东京:第一次是 1872 年,法国获得越南北部保护国权力之前;第二次是 1888 年,越南河内成为法属东京之后。1892 年 4 月是皮雄首次从越南通过红河航行进入中国边疆省云南南部开埠小城蒙自,专门在蒙自商埠对云南进出口商品及本地经济做了为期一个月的考察。皮雄于 1893 年出版了有关这次商业考察的旅行笔记。他在书中"前言"说明了自己从法属东京进入云南蒙自进行商

---

① 法国里昂商会编著,〔法〕里沃执笔:《晚清余晖下的西南一隅——法国里昂商会中国西南考察纪实(1895—1897)》,第一卷第二章、第三章、第五章,在从云南海关蒙自小城上行昭通府途中均有零星记载。
② Gabriel Bonvalot(邦瓦洛特), *De Paris au Tonkin—A Travers le Tibet Inconnu 1889 – 1890*(《从巴黎到东京——穿越未知的西藏》), ed. Hachette, Paris, 1891, pp. 519 – 520.

业考察,就是为了使法国能更好地利用越南东京湾红河与云南连接的地理优势,要就开展法属东京与云南的商业贸易尽一己之力。① 法国人早期为地理探险或者私人考察进入云南,考察中国与法属东京的进出口商品市场,反映出法国民间对法国远东殖民地向中国西南地区拓展商业贸易的兴趣。皮雄熟悉上海商埠的进出口状况,上海是晚清中国最繁荣的中外贸易中心,但上海通商口岸的法国企业甚少。据载,"1891年底,上海共有外籍企业280家,英商占了175家,德商40家,日商21家,法商15家,美商12家"②。中国西南地区的广西龙州与云南蒙自是1889年正式向法属东京开埠的通商小城,也是法国重点经营的地区。因此云南蒙自小城的进出口状况及发展前景,开始受到法国民间的关注。

一、1892年蒙自海关进出口商品市场状况

1892年的云南蒙自海关税务司是美国人M. Happer,上海海关高级专员M. Glover的内弟。皮雄进入云南蒙自考察,就下榻于蒙自海关税务司官邸。

皮雄对蒙自进出口商品的调查,首先从了解蒙自海关的人员组成开始,"蒙自海关共5人:海关税务司,两个办公室职员(一个

---

① Louis Pichon（皮雄）, *Un Voyage au Yunnan*（《云南之旅》）, Préface, pp. V - VII. 书中引用内容均系笔者翻译。
② 李必樟编译、张仲礼校订:《上海近代贸易经济发展概况:1854—1898年英国驻上海领事贸易报告汇编》,上海社会科学院出版社,1993,第180页。

法国人,一个瑞典人),两个英国籍的检验员"。一般情况下人手够用,"但在10月到次年3月的两个季节里,进出口货物增加,人手将加倍"。①蒙自海关人员分属四个国籍,反映了海关人员聘任特点。蒙自海关税务司是哪国人并不重要,但蒙自海关有一名法国职员非常必要。

  清政府海关税务司雇用洋员始于1855年的上海商埠。1842年第一次鸦片战争结束后开放"五口通商",上海成为位于长江入海口的重要通商口岸之一。1853年上海小刀会起义期间,为了确保商业贸易不受影响,咸丰五年(1855),上海道吴健彰与英、法、美领事签订协定,组织海关税务委员会,三国各委派一人为税务司征收关税。1858年税务司改为正、副各一人,由英美人士担任。1858年第二次鸦片战争中,根据中英《天津条约》在长江沿岸和南部、东部沿海增开11个通商口岸。在随之签订的《通商章程善后条约》所附《海关税则》中,议定"任凭总理大臣邀请英人帮办税务并严查漏税"。清政府1859年雇用英人李泰国为总税务司,负责海关收税。同治三年(1864)由英国人赫德替代李泰国为总税务司,海关总署设于北京。赫德用考试的方法招聘洋人担任海关税务司及各种高级雇员,并采用英国近代海关经营方式以及高薪制。因此中国海关主要部门由洋人雇员组成,各地海关税务司也基本以英美

---

① Louis Pichon(皮雄), *Un Voyage au Yunnan*(《云南之旅》), pp.96-97.

人士居多。① 皮雄医生进入蒙自实地考察云南进出口商品,作为法国人,他既熟悉上海海关进出口商品市场,又与云南蒙自海关美国人税务司相识,无疑具备了有利条件。

(一)蒙自市场进口产品考

1.东南亚棉纺织品种类

皮雄调查的蒙自市场上进口的棉纺织品分为两种。一种是来自英属印度联邦缅甸和法属印度支那联邦东京的棉布,较粗。一种是来自四川、湖北和广东的用曼彻斯特尤其是孟买的纱线织的棉布,较细,"色彩有红、黑、蓝、绿或烟灰色,门幅从 31—37 厘米不等","棉布供应量很大",皮雄在市场上买了所有"看见的棉布样品"。②

以上两种棉布都是洋布。前者是来自英国和法国各自殖民地的机器产品,它们通过红河进口云南蒙自,反映了缅甸棉布和越南棉布从越南河内—红河商路进入蒙自的状况。后者是来自中国国

---

① 参见周勇、刘景修译编《近代重庆经济与社会发展 1876—1949》,第 480—493 页。《重庆海关职官年表》中记载了 1891—1926 年中各任期内税务司和帮办两级职官。参见程镇芳、黄国盛《赫德与总税务司制度的建立》,《福建师范大学学报(哲学社会科学版)》1985 年第 4 期;张雪峰《洋人赫德奠基中国近代海关》,《大经贸》2010 年第 10 期。赫德(1835—1911),字鹭宾,英国北爱尔兰人,出身于普通家庭,1853 年毕业于贝尔法斯特女王大学。《清史稿》卷四三五《赫德列传》载其咸丰四年(1854)来中国,先服务于英国外交领域,后改任税务司。同治三年(1864),接替海关总税务司一职,"赫德久总税务,兼司邮政,颇与闻交涉,号曰'客卿',皆能不负所事"。

② Louis Pichon(皮雄), *Un Voyage au Yunnan*(《云南之旅》), pp. 106 - 107.

内"用曼彻斯特尤其是孟买的纱线织的棉布",手工织洋布数量大、色彩丰富,棉布也较细。

英国本土及其殖民地印度的机纺棉纱出口中国,经香港进入广东以及长江流域,因此云南也成了四川、湖北、广东洋纱手工织洋布的销售市场。蒙自市场的棉布进口反映出:一、英国殖民地缅甸棉布在西南地区有了一个出口市场,在重庆海关进口的纺织品有印度棉纱但无缅甸棉布;二、法国殖民地越南东京生产的棉布在中国西南地区有了出口渠道。

这些棉纺织品均与法国本土产品无关。皮雄在考察笔记中为法国纺织品厂商打气,认为"这个重要的现象"不应该令法国的工厂主"吓掉眼球"。因为"这些棉布引进给本地人其实徒劳无益,虽然价格更便宜质量也很好,但土著居民并未被征服"。① 这里指的是缅甸和越南的洋布,而不是洋纱手工织布。根据后来1895年1月法国奥尔良王子探险队在蒙自市场的观察记载,蒙自及其周边的少数民族"主要是倮倮(彝族人)"。云南倮倮属于自有种麻纺绩织布传统习俗的本地居民,但洋纱进口后已在一定程度被接受用于男子衣料的棉纱织布。② 本地少数民族地区已经出现价格较低

---

① Louis Pichon(皮雄), *Un Voyage au Yunnan*(《云南之旅》), p. 108.
② 〔法〕亨利·奥尔良:《云南游记——从东京湾到印度》,第18页。种麻纺织分别见1897年里昂考察团德布伦博士对滇东师宗县土渣村干倮倮女子麻织盛装的描述,见法国里昂商会编著,〔法〕里沃执笔《晚清余晖下的西南一隅——法国里昂商会中国西南考察纪实(1895—1897)》,第196—197页;1904—1908年间滇西宾川县朱苦拉倮倮泼村寨本堂区李埃达神父有关朱苦拉白倮倮种植苎麻织麻的田野考察,"女孩子从四岁起就学习抽丝,这是她们人生的第一份职业"。这种用麻织布的习俗在晚清最后几年正在慢慢被用棉纱织布替代。〔法〕保禄·维亚尔(Paul Vial)、阿尔弗雷德·李埃达(Alfred Liétard):《倮倮·云南倮倮泼——法国早期对云南彝族的研究》,郭丽娜、丘淑鸣、郭兰芳编译,学苑出版社,2014,第202—203页。

廉的机器产洋纱,中国尤其是四川大部分地区放弃棉花种植,购买洋纱织布售卖,这是从19世纪70年代以来,中国棉纺织品市场遭受英国洋纱冲击的基本情形。① 洋布有价格便宜、色彩漂亮的优点,皮雄却记载了洋布在蒙自海关小城受到当地居民冷遇的现象。

2.蒙自商店欧洲商品类别

蒙自市场不仅洋纱及洋布种类多,在城里还有一些专售欧洲产品的商店:

> 在一些商店里,人们可以找到欧洲所有种类的商品:红色或蓝色的羊毛与棉花混纺的薄毯、法兰绒、丝绸饰带,各种各色的圆的或扁的鞋带、玻璃、针、毛线、线、纽扣等,其中还有刻有英国女王头像、有50个法国生丁大小的金属扣,小白铁盒,配有小镜片的化妆品盒,等等,大多数产品产自德国。②

以上反映出蒙自海关进口的欧洲产品种类繁多,各种各样的小商品非常丰富。在集市附近另有一家更多是出售法国产品的分店,皮雄在那儿发现来自法国的著名的布里亚尔(Briare)瓷器,还有纽扣和珍珠。③

皮雄在蒙自海关小城集市和商店看到的林林总总的外国产

---

① 四川用洋纱手工织成洋布的现象,见彭泽益编《中国近代手工业史资料(1840—1949)》第2卷,中华书局,1962,第247页。
② Louis Pichon(皮雄), *Un Voyage au Yunnan*(《云南之旅》), pp.105, 107.
③ Louis Pichon(皮雄), *Un Voyage au Yunnan*(《云南之旅》), pp.105, 107. 布里亚尔位于法国巴黎以南的罗亚尔河畔,在运河开通之前就以瓷器、纽扣和彩珠项链闻名。

品,从不同原料的纺织品到各种小商品,反映出欧洲产品在1892年春天的云南开埠小城蒙自的深入程度。与之同时,英属缅甸的洋布与中国人用英国棉纱手工织的洋布,占据了云南省蒙自海关小城的棉纺织品市场,河内的棉纺织品则微不足道。商店里欧洲用品又大多产自英国、德国,法国商品寥寥无几,折射出法国产品在云南市场的弱势状况。

  英国近代工业化产品以毛纺织品和兰开夏布棉纺织品最为著名,大量运销海外市场。近代工业革命推动法国生活日用品的发展,因此法国以生产奢侈品著称。1823年法国政府在巴黎举办工业展览会,参展商品"主要集中在钟表、瓷器、水晶饰品、青铜器、珠宝、丝绸、毛纺织品等"。① 法国本土也有以生产各种纺织品原料著称的地区,产品以棉、麻为主。里昂商会考察团由六个城市商会代表组成,就集中了法国全国各类纺织品的代表性城市。② 但英国以高端的毛纺织品和大众化的棉纺织品为主要出口产品,法国生产的纺织品主要满足本国需要。③ 在出口产品中,法国既不能与英国大众化的棉纺织品和高端的毛纺织品竞争,也不能与德国强大制造业的小商品争雄。蒙自海关城的欧洲产品中较少法国商品的现状,正好反映了法国纺织品与制造业的状况,但这并不表明法国在云南省就没有发展商业的前途。

  皮雄认为,以前香港的英国产品和德国产品通过广东、广西西

---

① 黄辉:《19世纪中叶巴黎改造的原因探析》,《中国城市研究》(电子期刊) 2007年第2卷第2期。

② Chambre de commerce de Lyon, Alexandre Roy, *La Mission Lyonnaise d'exploration Commerciale en Chine (1895—1897)*, Tome I, *Récits de voyages*, Introduction.

③ Jean-Baptiste Duroselle et Pierre Gerbet, *Histoire*, pp. 188 - 198.

江运进云南,路途遥远。滇南蒙自开埠,使得法国拥有了越南海上与云南蔓耗红河航运的直接商道。法属东京应该考虑如何利用越南红河—蒙自商埠这一便捷通道,增加进出口商品种类,以便从商业贸易中获利。

(二)"与中国的新商路"进出口 8 种商品交易前景

皮雄医生在蒙自的一个月考察期间进行了详细的市场调查与研究,并参考了蒙自海关提供的进出口商品报告中所列各类商品。经过观察与分析,皮雄提炼出一份含 8 种潜力商品的商品贸易报告。

首先,皮雄用数据说明自蒙自开关后,从红河进出口的商品种类增加很快。在蒙自中国海关报告里,1889 年蒙自开关当年进出口物品只有 78 种,1890 年就跃升至 212 种,1891 年达到了 265 种。皮雄认为其中有 8 种法国商人经营的货物具有重要价值:

> 通过观察与分析,我们的商人比其他国家的更成功。在这些商品中,有 8 种特别值得提到,原因是它们目前的重要性,或者是稍晚些会带来的利益。当人们知道这 8 种商品现在正在转向,朝向东京领航的通道,就知道它们的意义所在了。这 8 种商品如下:棉花、纱线、棉织品、鸦片、大锡、铜、盐和麝香,最后我用提醒我们的商人们注意西藏的产品作为结

来,它们也能纳入我们行动的范围。①

皮雄所提出的在蒙自海关登记的 8 种进出口重要商品中,棉花、纱线、棉织品、盐属于进口商品,鸦片、大锡、铜、麝香是云南本地出口产品。仅从货物名称上就反映出进口商品中最重要的是棉花和棉织品,出口产品均是云南本地贵重货物。皮雄对这 8 种商品逐一做了以下分析。

1.英法殖民地棉花与棉纺织品出口新通道

棉花。进口棉花在云南有很大市场。蒙自开关以前从缅甸和广东进口的棉花各占云南市场的一半,但它们的运费在不断增加,成本较高。现在从东京经红河运进云南,就是最经济的航运通道。从蒙自海关进口数字可以看出这一项商品成本每年的增长:"1890 年 187 066 担棉花,在香港每担棉花价值 111.61 法郎;1891 年进口 386 054 担棉花,在香港每担棉花价值 117.44 法郎。"②说明一是棉花需求量有所增加,二是每担棉花的价格涨了约 6 法郎。如果法国商人在香港购买棉花,从越南东京运进云南省蒙自过海关,每担成本价和运费算下来是 21 美元,但可以卖至 28 美元。因此利用法国红河—蒙自海关通道从事商业贸易,"每担棉花可以获利 7 美元"。法国在蒙自开埠,从货物集散中心香港运进的路程缩短,法国商人可以通过商品运输流转赚取差价。

棉纱。从 1890 年开始,运进蒙自的棉纱主要来自印度,少量来

---

① Louis Pichon(皮雄), *Un Voyage au Yunnan*(《云南之旅》), pp.197–198.
② Louis Pichon(皮雄), *Un Voyage au Yunnan*(《云南之旅》), pp.199–202.

自英国。1891年来自印度的棉纱增加了1/3,英国棉纱则完全不进口了。但英国人从印度—中国香港—广东—广西的贸易通道进入云南省,同样会增加运费。如果法国商人从香港—法属东京—红河—蒙自进入云南,路途更短,因此运费经济,成本减少,售价降低,就会占领云南市场。①

以上是从法国商人如何经营越南红河—云南蒙自这条"与中国的新商路"的价值角度提出的报告。在皮雄对棉花和棉纱的进口贸易分析中,值得注意的是蒙自1889年开埠,经蒙自进口的棉纱从1890年开始"大量来自印度"。1891年后,"英国棉纱则完全不进口了",即云南成了南亚东南亚英法殖民地棉纱的销售市场。说明在云南进口棉纺织品市场上的一个现象:进口的棉纺织品主要来自印度,以及前面提到的法属东京和缅甸。另外,从英属印度联邦和法属印度支那东京进口棉纱的同时,1890年蒙自开关以后的两年间,进口的棉花不但量大,而且每年增长很快。棉花主要来自英属印度联邦,表明越南红河—蒙自这条新商路是距离越南、缅甸、印度最近的商品运输流转通道,为东南亚英法两国殖民地国家出口棉花、棉纺织品进入云南省及与其相邻的西南各省,提供了新的运输通道与出口市场。

2.云南本土重要出口商品之一:鸦片

云南鸦片俗称"云土"或"南土",是中国西南地区质量最好、卖价最高的鸦片,主要销往外省。1886年重庆英国领事伯恩在西江

---

① Louis Pichon, *Un Voyage au Yunnan*, pp.203-204.

南宁考察,就了解到云南、贵州两省的鸦片通过西江百色输出,每年价值就有140万—150万两白银,相当于通过这条路线进口的所有外国商品价值。① 皮雄医生征引了1889年7月法属东京的《海丰通讯》中关于大锡和鸦片出口数量的记载。根据正式数据,1888年英国从广西百色经广东港口市镇Pakhoide(帕霍伊)出口越南东京湾的货物,有鸦片和200万公斤大锡,另外还有300万公斤其他产品,价值总共1900万法郎,用来交换云南进口同样价值的洋纱、棉花、法兰绒,以及小摆设、小装饰品等。云南鸦片也经滇东北昭通府销售到川南,并从叙府用民船运往重庆,"重庆真正南土的市价约为100两值银16两,比川土市价约高出50%以上"。② 经贵阳—汉口官道运出两湖,也是云南鸦片外销的重要通道之一。在蒙自—红河进出口商道上,法属东京食盐进口被云南拒绝,云南鸦片出口也因此遭到了安南人的抵制。据1895年11月通过越南老街的里昂考察团记载,老街有一名法国商人是法国购买云南鸦片的代理商,"拥有替法国烟草专卖局购买云南鸦片的垄断权"③。皮雄认为云南鸦片和安南食盐这两种商品可以通过政府之间的谈判,允许二者自由进出口,那样双方均可获利。但这个建议在后来1895年法国公使施阿兰与清政府的谈判中未获通过。

云南鸦片种植面积广。在滇西澜沧江两岸,"土司或土司指派

---

① 参见杨梅撰稿、贺圣达审定《晚清至民国西方人在中国西南边疆调研资料的编译与研究》,载国家清史编纂委员会编译组编《清史译丛》(第十辑),第291—334页,其中介绍了伯恩对云南鸦片在广西出口的考察。
② 周勇、刘景修译编:《近代重庆经济与社会发展1876—1949》,第52页。
③ 法国里昂商会编著,〔法〕里沃执笔:《晚清余晖下的西南一隅——法国里昂商会中国西南考察纪实(1895—1897)》,第16页。

的一个亲戚每年都要到下属村子里巡视一圈,每个家庭都上交五钱银子或五两鸦片"①,足见鸦片种植之普遍。里昂商会考察团对滇南滇中一线11月冬季田野中的鸦片种植有观察记载。从蒙自往昆明途中,途经通海县城,"那是优良鸦片种植区的中心"。杨林坝子也是大面积鸦片种植区,"一块块鸦片地色彩艳丽,星星点点"。滇东师宗县土渣村的倮倮村寨,在并不算多的庄稼种植中,"以鸦片、小麦、油菜居多"。在滇西宾川县的朱苦拉村的倮倮泼,也种植鸦片。② 反映出晚清云南农家鸦片种植之盛,鸦片是当地重要的外销产品。

3.云南外销特产商品:麝香

麝香是云南珍贵特产,也是贵重出口货物,其产地遍及云南多地。麝香作为商品,历史上在滇西有记载,麝香"出永昌及南诏诸山,土人皆以交易货币"③。日本是清末民初进口云南麝香的主要国家之一,谓"中国麝香以云南产为第一,其品质亦为世界第一,云南麝香主要产地,是大理与丽江二府及其与西藏接壤之地方"④。滇西北是云南麝香重要来源地。

滇藏接壤地藏东是麝香的重要产地,见之于1846年法国古伯

---

① 〔法〕亨利·奥尔良:《云南游记——从东京湾到印度》,第170页。
② 法国里昂商会编著,〔法〕里沃执笔:《晚清余晖下的西南一隅——法国里昂商会中国西南考察纪实(1895—1897)》,第36、49、199页;〔法〕保禄·维亚尔(Paul Vial)、阿尔弗雷德·李埃达(Alfred Liétard):《倮倮·云南倮倮泼——法国早期对云南彝族的研究》,181页。
③ (唐)樊绰:《蛮书》卷七,咸丰三年琳琅秘室丛书本。
④ 〔日〕日本东亚实进社:《支那物产》,东亚实进社,1918,第165—166页。

察神父被遣返,经拉萨—察木多遣送至巴塘出境途中所记。察木多往东连接川边巴塘,途中经察雅城、阿足塘驿继续前行不远,有一个叫"石板沟"的地方。石板沟不仅产砂金,而且"盛产麝香"。古伯察神父记叙了有关石板沟香獐及麝香产地的情形:

> 虽然这种动物喜欢寒冷的气候,但却几乎出现在西藏的所有山上,不过大家在任何地方都没有见过它们在石板沟附近那样多。冷杉、雪松、冬青和柏树植被覆盖了这片地区,无疑特别有助于将这些喜欢具有强烈气味和芳香树根的类似动物吸引到此处来。
>
> 香獐有一头獐子那样高大,头小而脸部尖窄并装饰以长长的灰白色胡须。其四肢很细,臀部宽大而肥厚。两根长而弯的牙齿出自下颚,用来帮助它从土中挖掘出作为其食物的香树根,……其毛下部的颜色为黑色,中部为白色,上部略显灰色。在腹下脐带附近悬垂一麝囊,内储珍贵的麝香。
>
> 石板沟的居民能猎狩数量很多的香獐子,以至大家在他们家中到处都能看到这种动物的皮,挂在钉于墙壁的楔子上。他们用香獐毛装填白天蹲在上面的厚垫子和夜间作为床使用的床垫,并把麝香作为一种与中原人从事非常有利可图的贸易的商品。①

以上记叙不论是否完全确实,都说明这种具有独特香气的香

---

① 〔法〕古伯察:《鞑靼西藏旅行记》,第 553—554、572—573 页。

獐子在石板沟很多,同时石板沟居民已在与中原人(指汉商)用麝香进行贸易。

晚清滇西北阿墩子汇集藏东察木多藏区的货物,丽江府及大理城下关是藏汉商品交易之处。"云南省际贸易之途径,……迤西一带与康、藏发生交易,而以下关、丽江为货物聚散之中心。"①法国人对麝香在市场上的价格和海关出口情况均有记载。奥尔良王子1895年记载滇西北阿墩子的市场价格:"麝香(每年有八到十托子),要卖七倍于银子的价钱。"②滇西宾川县俫俫泼地区也是麝香产地,李埃达神父记载在他曾经传教的本堂区宾川朱苦拉村,闲暇时上山捕捉香獐获取麝香售卖,是村寨里俫俫泼男子的专利,"纯麝香以每盎司5—7两银的价格卖给汉人"。③晚清云南麝香作为贵重出口物资,如同云土,在重庆开埠之前,经滇黔陆路汉口官道入湘西沅江水道下汉口是重要出口通道,有云贵帮在汉口经营麝香出口。在云南、四川、陕西三地的麝香中,云南麝香"品质上等","四川中等","陕西下等"。④皮雄医生摘录蒙自海关麝香的出口状况和价格记录,云南麝香年出口300万法郎,其中2/3来自西藏。麝香出口渠道为从四川重庆经汉口运至上海,另外也有从广西百色西江运至广东。蒙自开关后的1890年卖出636盎司麝香,1891

---

① 牛鸿斌等点校:《新纂云南通志》(七),云南人民出版社,2007,第108页。
② 〔法〕亨利·奥尔良:《云南游记——从东京湾到印度》,第219页。
③ 〔法〕保禄·维亚尔(Paul Vial)、阿尔弗雷德·李埃达(Alfred Liétard):《俫俫·云南俫俫泼——法国早期对云南彝族的研究》,第201页。
④ 〔日〕日本农商务省商工局:《清国出张复命书》,日本农商务省,1899,第48页。参见王琦《清末民初云南麝香对日贸易口岸与输出线路的变迁》,《文山学院学报》2017年第5期。

年就从红河出口1134盎司,增加了将近一倍。蒙自海关出口价是"一盎司麝香10两银"①,当是正式记录在册的价格。云南麝香从蒙自海关出口,表明云南麝香出口出现了一个新的贸易通道,数量上升迅速。

锡和铜的出口,也缘于云南是重要的矿产地。在下面1895年奥尔良王子的考察笔记中,对大锡出口有详细记载(见后)。

(三)蒙自开埠对法属印度支那开拓西南商贸的重要价值

1.蒙自开埠对法属东京具有重要意义

皮雄从蒙自海关署税务司 M. Happer 的海关报告"序言"中,读到他对蒙自的商业地理优势的盛赞:"蒙自的位置从商业角度来说是完美的,蒙自是通往全省的商品分发中心","以前欧洲产品进入云南有很多困难,需要从中国中部的长江航运水道运至川南进入云南北部。现在,蒙自的地理优势使得外国商品可以覆盖云南全省"。②

开设蒙自海关,不但可以让从越南红河—云南蒙自进口的外国商品直接进入云南全省,皮雄医生更强调蒙自开埠可以吸引外国商人进入,开创一个法国的工商业生产基地。皮雄认为通商都市蒙自已经拥有法国领事馆和海关人员这样一个外国人核心圈,如果法国认识到蒙自有如此优越的条件,在蒙自发展工业和商业,外国人很快就会如同滚雪球一样迅速增加。蒙自人口远较老挝黑

---

① Louis Pichon(皮雄), *Un Voyage au Yunnan*(《云南之旅》), p. 235.
② Louis Pichon(皮雄), *Un Voyage au Yunnan*(《云南之旅》), pp. 108 – 110.

河流域多,在此地容易创造财富。蒙自社会安全,就连当地的鼠疫都不用害怕,法国人在蒙自发展工商业的各种条件都适合。① 1885年签订的《中法会订越南条约十款》具体确立的法国在中国西南地区的权益,均与通商贸易有关,因此云南省会逐渐被纳入法属印度支那的商贸势力范围。

蒙自商埠是连接越南红河与云南省的商道,法国人在云南商务的地理位置上较之英国人占了上风。1868年在杜文秀回民起义政权期间,英法两国先后都意欲与大理府政权接洽通商事宜。法国湄公河探路队进入云南东部省城昆明,在云南东部得悉"他们渡过的一条河就是流贯东京的那条河的上游,因此他们预感到这便是他们孜孜以求的进入中国的通道",这就是法国东京探路队副领队安邺在书中所欢呼的发现越南红河—蒙自"与中国的新商路"。② 法国商人堵布益1873年成功地实现了从河内经红河上游航行进入云南蛮耗,再从蛮耗红河航行返回河内,其意义非凡:

> 他发现红河云南的蛮耗(蔓耗)直至东京湾,约有400哩(186古法里)可以通航……
>
> ……通往南中国的道路找到了……东京的这条河道就是唯一可以进入中国南方省份的通道,……这是法国人的重大

---

① Louis Pichon(皮雄), *Un Voyage au Yunnan*(《云南之旅》), pp. 108 – 110.
② Marie Joseph Francis Garnier(安邺), "Des nouvelles routes de commerce avec la Chine"(《与中国的新商路》), *Bulletin de la Société de Géographie (Paris)*, 1868, pp. 158 – 159.

发现,其经济后果和政治影响会使法国人得到利益,赢得荣誉。①

法国立即注意到获得越南北部河内,对法国人所拥有的远东殖民地非常重要,"这是一个关系到我们今后在远东地区争霸的生死问题"②。此即导致1873年法国从南部交趾支那侵略河内,获得红河通航特权。1874年上海英国领事馆随员马嘉理受命从上海往缅甸迎接英国布朗商务使团,从贵州进入云南途中看见当地在杜文秀政权被镇压后的荒芜与贫瘠,认为云南是英国商品的重要市场。③以上已表明英法两国将争夺杜文秀政权被镇压后的云南商贸市场。"斯时已令英人注意于云南,故彼迅速进取缅甸,即为经营云南之基础。"④1885年英国和法国分别建立了英属印度联邦和法属印度支那,中法战争结束使得法国有了与中国政府签订条约的机会,实现了在法属东京与西南边疆省开埠开展边境贸易的意图。法国人后来居上,两国的商业竞争因此而变得日益明显。

2.英法两国在西南地区的商业市场竞争

蒙自开埠开辟了一条外国商品进入云南的新商道。在1889年

---

① 《为东京事务给海军及殖民地部追加经费的报告》(紧急)(1873年1月6日),载张振鹍主编《中法战争》(4),中华书局,2002,第90、66页。
② 转引自徐恭生《试论中法战争时期的反洋教运动》,载《近代中国教案研究》,四川省社会科学院出版社,1987,第268页。
③ 〔英〕马嘉理著,阿礼国编:《马嘉理行纪》,第138页。
④ 志复(杨振鸿)译自印度官书节略《法人探险及图谋云南之早时期》,载《滇越铁路史料汇编》,云南人民出版社,2014,第125页。

蒙自海关建立之前,英国货物从香港—广东道进入长江沿岸诸省,进入云南的商品经广西北海—钦州—西江南宁—百色进入云南,途中需水陆转运。云南蒙自1889年建立海关,并在蒙自南部红河登陆点蛮耗设立分卡,经红河运进的外国商品就能直接进入云南,在蒙自入关。因此开辟了外国商品经中国香港—越南海防—河内,再经红河直接进入云南省的新航线,即是开辟了一条新的航运商道。法国驻东京总特派员曾预言红河航路对法国商务发展的意义:

> 从将来的贸易观点来看,……红河是海洋和中国南方各省——云南、贵州和广西之间的一条天然通道。仅这几个省就拥有5000多万居民。云南省富有铜和锡,广西省出产中华帝国最好的丝绸。我们的商业必然会在这些地区获得一个巨大的交易市场。自本世纪以来,英国人费尽心机,一再人为地通过缅甸来打开一条通道,以进行征服。①

英国驻寓重庆代表伯恩(F. S. A. Bourne)于1885年10月—1886年10月奉英国政府之命去云南、广西调查"法国是否构成威胁时",从贵州西南下行广西,从西江航行至南宁,那是英国货物经香港—北海—钦州—南宁—百色进入云南省的通道,看见南宁有大船运送外国商品到百色,再经由百色用小船运送至各条支流,经

---

① 《巴黎商会致外交部长》,载张振鹍主编《中法战争》(4),第54、128页,并见刘鼎寅、韩军学《云南天主教史》"中法战争与云南天主教"一节,云南大学出版社,2005,第121—131页。

云南东南部广南府进入云南省。① 蒙自开关以后,这条英国货物的运输通道被越南海防—蒙自经红河的商道替代。里昂商会考察团的两名成员1896年10月专程考察西江流域,发现这条香港—云南的运输航道已经萧条。

皮雄1892年进入蒙自市场考察,不仅看到了蒙自海关进口的商品可以覆盖云南,而且以法国人的眼光进一步看到了云南省连接四川的地理优势,"法国将会有可能拥有整个云南,以及四川总共3500万或者4000万买主的1/3"。②

皮雄医生对于蒙自海关地理优势所具有的战略眼光,3年以后,在1895年6月20日签订的中法《续议商务专条附章》里得到了印证。代表法国签订条约的法国公使施阿兰如是说:

> 不管在云南或者四川也好,然而法国与英国仍在争取优越的地位,争先恐后地想先发制人,达到占有最好席位的目的。毫无疑问,当时在通道和从南部进入中国之间的竞争中,法属印度支那处于最有利的地位。因为从老街到蒙自的铁路是比较容易敷设的,而且要比连接云南和缅甸之间的铁路直接得多。……越来越不可否认,通过红河和河内—老街—蒙自的铁路线,是保证我们进入云南最便利和获利最丰富的途

---

① F. S. A. Bourne, "Report by Mr. F. S. A. Bourne of a Journey in South-Western China"(《伯恩先生在中国西南部的考察报告》);杨梅撰稿、贺圣达审定:《晚清至民国西方人在中国西南边疆调研资料的编译与研究》,载国家清史编纂委员会编《清史译丛》(第十辑),第291—334页。

② Louis Pichon(皮雄), *Un Voyage au Yunnan*(《云南之旅》), p. 195.

径。这个成果足以证明法国自杜达·德·拉格莱、加尼埃（按：即安邺）和堵布益探险时即开始采用的政策的正确性。这个政策是1885年6月9日的《天津条约》及1886年、1887年和1895年《中法商务专条》所承认的。①

1889年云南蒙自开关,使法国在中国西南与英国的竞争中,占有了更有利的地理优势。1895年签订的中法《续议商务专条附章》,则开启了法国从越南向中国西南地区开拓商业的一个新时代。

二、1895年蔓耗大锡出口考察与红河商路制约

云南大锡产地是滇南个旧,大锡是云南从蒙自海关出口的重要矿产品。法国奥尔良王子地理探险队有关云南大锡出口的实地调查,提供了晚清云南大锡出口的详细资料。

(一)蔓耗大锡出口情况

1895年1月,从法属东京经红河进入云南省的法国奥尔良王子地理探险队,在云南蔓耗海关分卡和蒙自海关,对云南大锡出口情况做了专门调查。

奥尔良王子对蔓耗海关分卡港口做了描述。探险队乘坐的小

---

① 〔法〕施阿兰:《使华记:1893—1897》,第150—151页。

木船从老街开始在红河航行四天后进入蔓耗:

> 来到一个小镇,竹楼轻盈,还有白色的房子,簇拥在红花烂漫的大树丛中,这就是蔓耗镇。河边舟船密织,桅杆林立,顶上旗帜飘飘,有的灿若红霞,有的白红相间,有的蓝白辉映,有的还插着鸡尾巴毛做装饰。对岸山坡上,土墙茅顶,村落宛然,石梯路上浓荫如盖。①

"河边舟船密织,桅杆林立",呈现出蔓耗红河登陆港进出口船只的繁荣景象及小镇的优美风光。从云南省蒙自海关出口的货物,均经蒙自海关陆路运送到分卡蔓耗河港,从红河航运出境,进口则为反向。因此蒙自—蔓耗成了马帮商队运输之路,沿途往来络绎不绝。奥尔良王子探险队进入蔓耗之后,对沿途所见的运输锡板的牛队和马帮骡队做了记载:

> 牛队慢慢悠悠从蒙自过来,要走十来天时间。一头牛能驮一百公斤,能驮着两块锡板。……我数了数,一上午有一百三十头骡子经过,……蒙自的商人把它们包了下来,驮着锡来到蔓耗,再把布、纱和抽水烟用的烟草运回去。……骡子所驮重量一般为六十到七十公斤,每边三十到三十五公斤。②

大锡是云南主要的出口产品。奥尔良王子探险队在蔓耗小镇

---

① 〔法〕亨利·奥尔良:《云南游记——从东京湾到印度》,第9页。
② 〔法〕亨利·奥尔良:《云南游记——从东京湾到印度》,第11页。

停留了几天,对云南通过蔓耗运出大锡到越南边境城老街,再转运至香港,以及从香港运回外国的货物的进出口运输状况,通过当地电报员做了详细调查,搜集了有关云南省的锡板贸易及进出口信息。

蔓耗有专门的锡板仓储。"蔓耗镇大约有两百栋房子,七个锡业老板,每人每年收两三百堆锡板,每堆五十块(每块重约三十六公斤)。"蔓耗商业航运发达,奥尔良王子发现蔓耗的商业活动很让他"吃惊","1894年船舶的吨位数是5886吨。现在,我数了数,岸边有53艘船"。从蔓耗出口运至香港的锡板采取的是转运方式,个旧锡板运至香港的出售价格包括出厂价和运输价:

> 个旧矿区每担锡(重六十公斤)售价二十两银子,一匹骡子从蒙自到蔓耗的运费是六钱到一两白银。从蔓耗用船运五十张锡板到老街的价钱是三两白银。另外有老板专门负责从老街到河内的运输。锡运抵香港后,每担的售价是三十五到四十皮亚斯特(按:皮亚斯特是越南钱币,在奥尔良王子考察笔记中有"六十五两银子换一百皮亚斯特"的记载,见该书第17页)。[①]

大锡出口由蔓耗用小木船运至越南老街交货,这段河流有激流险滩,适合小木船运输。蔓耗的大商人从香港运回的一两万包货物中"有纱线、棉花、布匹、法兰绒和广东出产的烟草"。除了广

[①] 〔法〕亨利·奥尔良:《云南游记——从东京湾到印度》,第11页。

东的烟草,其他商品在1892年法国人皮雄医生对蒙自的外国商品的调查中均已提到。进口纱线、棉花来自缅甸和法属东京,布匹是用英国的洋纱在中国手工织成的洋布,法兰绒来自英国。外国货从香港组织进货,国内手工织洋布从广州进货。运输采取的也应是出口锡板的转运方式,即分段组织运输。这样的转运方式避免了长途贩运,也活跃了两国各自的商业运输。

云南的锡板出口,在1889—1910年开始呈现逐渐增加的趋势:

1889—1910年云南锡板出口情况表①

年份	出口量
1889	4233担(每吨16.54担,约250吨),自蒙自海关出口80%
1890	22 121担(约1337吨)
1892	34 666担(约2096吨)
1908	76 572担(约4630吨)
1910	102 446担(约6194吨)

上表缺"1895年"锡板出口记载。奥尔良王子是1895年1月通过蔓耗的电报员了解到蔓耗七个从事锡板贸易的老板收购锡板的仓储数据,对出口锡板的数据做了详细记载,正好弥补了这一缺失。若从上表1889年蒙自开关那一年的锡板出口量看次年即大量增加的趋势,奥尔良王子估算的数字略显保守。1908年和1910年锡板出口数量相继猛增,与云南铁路修筑通车有关(详见第五章)。

---

① 参见张增祺《滇萃:云南少数民族对华夏文明的贡献》,云南美术出版社,2010,第206页。

云南通过蒙自海关出口锡板的数量逐年递增,既反映了贸易额的增长,也折射了个旧大锡产量的丰富。

云南是中国重要的产锡之地。云南锡矿在明人宋应星《天工开物·五金》中有记载:"凡锡,中国偏出西南郡邑,东北寡生,……大理、楚雄即产锡甚盛,道远难致也。"①滇南个旧锡矿是明代中叶从小山村个旧发展而来,明正德《云南志》记曰:"锡,蒙自个旧村出。"②个旧村锡矿在明清迅速发展,质量上乘。谢肇淛《滇略》卷三载:"锡,临安府最佳,上者如芭蕉叶,叩之声如铜铁,其白如银,作器殊良。"③个旧是滇南临安府锡矿最重要的产地,明清以来跃居云南锡矿之首。个旧锡矿发展与汉人进入开采有关。康熙《蒙自县志》卷一载:"个旧为蒙自一乡,户皆编甲,居皆瓦舍,商贾贸易者十有八九,土著无几,……四方来采者不下数万,楚人居七,江右居其三,山陕次之,别省又次之。"④个旧锡矿最早是中国内地汉人进入开采的。到清代后期,个旧锡矿产量增长为全国之最,位居世界第四。⑤

(二)蒙自海关法国贸易额处于劣势及其原因分析

法国医生皮雄1892年春从上海到河内通过红河进入蒙自,对

---

① (明)宋应星:《天工开物》下卷《五金》,崇祯十年明刊初刻本(涂本)。
② (明)周季凤纂修:正德《云南志》卷四《临安府》"土产",嘉靖三十二年刻本。
③ (明)谢肇淛:《滇略》卷三《产略》,薛承教序,明刻本。
④ (清)韩三异纂修:康熙《蒙自县志》卷一,北京图书馆藏,康熙五十一年刻本。
⑤ 参见黄著勋《中国矿产》,商务印书馆,1926。关于晚清云南大锡出口,参见杨斌、杨伟兵《近代云南个旧锡矿的对外运销(1884—1943年)》,《历史地理》2008年第1期。

云南省的商贸市场进行考察,见证了法国产品进口与英国、德国比较处于劣势的现象。奥尔良王子1895年1月进入云南蔓耗考察云南大锡出口,又在蒙自从海关关长那里了解了蒙自海关的商品进出口状况。1895年的蒙自海关税务司卡尔先生是美国人,奥尔良王子从他那里获得了"很多有关商业的有趣信息",主要是关于英法两国的贸易数字,"贸易额为2 185 200两银,在这笔数字中,东京湾可惜只占了313 983两银子"。① 换言之,从法属印度支那河内—蒙自海关进入云南的英国货物比法国货物多出将近6倍,此其一。其二,"这里的绝大部分货物都是英国出产,从广州过来的",表明进入云南蒙自海关的商品依然是英国货占大部分,那就是棉纺织品。这个现象反映出法国开辟的经过红河的这条"与中国的新商路",还没有发挥出优势。英国棉纺织品经由香港—广州—百色进入蒙自,销往云南市场。因此从蒙自海关进出口的交通运输与产品都面临急需开拓的问题。奥尔良王子在考察笔记中,分析了法国贸易额在蒙自进出口市场上增长缓慢的以下三个原因。②

第一,蒙自新商路没有提供适合当地居民口味和经济实力的法国商品。蔓耗商人运出锡板到香港出售,从香港回运纱线、棉花、布匹、法兰绒和广东出产的烟草。这些运进云南市场的货物,除了广东出产的烟草,基本上都是来自英联邦属地或英国本土的

---

① 〔法〕亨利·奥尔良:《云南游记——从东京湾到印度》,第21—22页。蒙自海关进口商品贸易在1899年法国第一家洋行出现以前,由滇南临安府贸易中心代理商直接向香港进口商订货,经越南河内红河、老街,进入中国云南蔓耗。
② 〔法〕亨利·奥尔良:《云南游记——从东京湾到印度》,第22—24页。

货物。如：纱线，运进中国的主要是印度纱线；棉花，运进云南的棉花主要产自缅甸；布匹，英国曼彻斯特的兰开夏布大量运销中国；法兰绒，英国法兰绒最佳。这一方面是因为棉纺织品是英国及其殖民地印度联邦的出口强项，另一方面也正如奥尔良王子所说，外洋进口的棉纺织品，是"适合当地土著居民口味和经济实力的商品"。据《蒙自县外贸志》载，"开关初期几乎全是印度纱，1886年开始有8担东京（安南）纱进口，但质量低劣。1890年进口12 060担，值银261 672关平两，占当年进口总值的56.14%，每担纱值银21.7关平两"[①]，即反映出印度纱大量进入云南市场的状况。

英国本土的棉纺织品，以及英国在其殖民地印度、缅甸生产的大量棉纺织品，需要开拓更大的销售市场，英国对中国西南地区这一广阔地域垂涎已久。清政府镇压大理府回民起义政权战争结束之后的1874年，英国就急于开拓云南市场。马嘉理受命从上海—汉口穿越湘黔滇通道去缅甸给进入云南的英国布朗上校商务使团带路，其目的就是考察战后的云南市场。马嘉理在从云南府往大理府途中看到战后的萧条与贫困时，就认为如果有从缅甸北部八莫进入的通道，英国货物就可占据西南三省的市场：

> 只要云南府与八莫间有便利通道，英国货物就能源源不断立刻输入川黔市场。此二省商人自然愿意从云南购货，然后将货物顺扬子江运输，不必负担从汉口经宜昌峡谷逆流运输之风险及成本（按：指从广州至汉口上溯长江三峡入川）。

[①] 蒙自县外贸公司编：《蒙自县外贸志》，油印本，第123页。

本地织物在滇黔均很昂贵,人们大多无力负担,衣衫褴褛不仅因为贫困,也因棉布价格高过预期。如果曼彻斯特的货物能便宜运入,定有极大销路。此地人们从未见过火柴,看见我拿的火柴均流露出嫉妒神情。①

马嘉理特别提到了"本地织物在滇黔均很昂贵",因为成本过高。他在1874年提到,英国的棉布较云南本地便宜,乃因英国棉织物是大机器生产,工业产品成本低。滇黔均非棉花产区,所以本地棉织品价格昂贵。马嘉理考虑的是将英国货物运进云南,川黔"二省商人自然愿意从云南购货,然后将货物顺扬子江运输"。因此从缅甸八莫连接云南,是英国占领西南地区和长江流域市场的理想商道,那时输入的是英国本地棉纺织品。1889年云南蒙自开关以后,进口的棉花、棉纱主要来自缅甸、印度,因以上两地与云南省距离近,运输价格并不高昂。这是法国在印度支那殖民地所不具备的商品条件,尽管法属东京开始有少量质量较劣的棉纱进口。来自英国的机器织布和印度、缅甸的棉纱、棉花,适应了云南本地居民的需要和口味。

第二,红河运费高昂,这一点与1892年皮雄医生的乐观预测有抵牾。皮雄认为红河新商道较香港商品从广东经西江运入云南路途缩短,成本更低,商业运输更有利润可赚。奥尔良王子考虑的是红河传统的木船运输量小,费时长,因此运费高,"红河上运费十分高昂。比如说,一把价值五十皮亚斯特的藤椅,从香港到蔓耗就要

---

① 〔英〕马嘉理著,阿礼国编:《马嘉理行纪》,第138页。

付三十皮亚斯特的运费",运费是商品价格的60%。从蒙自进关的货物来自香港,红河航道逆流上行,并非理想商道。从香港进口商品通过红河运进云南,也受到制约。

第三,越南与云南之间基本没有可以交易的大宗商品。食盐和鸦片因两国相互抵制而被禁运。安南食盐在1885年的《天津中法新约》中被清政府取消进口,云南鸦片被越南禁止输入。因此越南红河—云南新商道缺乏大宗本地商品交易。云南大锡从红河航道出口,运回的产品大多是从香港运进的英属印度联邦棉纱,没有对等的商品。

因种种原因,奥尔良王子对蒙自通商市场法国没有占据更大优势而心存忧虑,认为与英国在西南地区的商业竞争如同龟兔赛跑,法国"扮演了兔子的角色,而英国却犹如乌龟"。①

第二节 云南本土农业经济及其他

从1892—1895年相继进入云南的法国人的考察笔记中,可以看出其对城镇集市与乡村种植业经济现状的关注,法国人在这方面留下了较多记载。

云南在元明时期均行土司制,其府州县在明清两朝基本完成"改土归流"。滇南以及澜沧江下游以东,均在清代顺治、康熙朝改为流官统治,雍正朝又在西南地区大规模实行"改土归流"。到晚

---

① 〔法〕亨利·奥尔良:《云南游记——从东京湾到印度》,第24页。

清云南仅存"土府一,土州三,土司十八"①。土府、土州及土司,仅在边远地区。"改土归流"后的府州县,土人村寨仍由村寨土司管理。

一、农贸集市与城镇商业

农贸集市是1895年进入云南的法国人考察团队的关注对象之一,呈现出云南本土商业市镇的特点。

(一)滇南集市

1.蔓耗小镇与哈尼村寨集市

蔓耗小镇是从越南红河航行登陆云南的第一个小镇。奥尔良王子探险队在蔓耗停留期间,刚好赶上蔓耗小镇"六天一次"的逢场天。"四乡八里的居民都来赶集,热热闹闹,异常繁华。"奥尔良王子在集市上观察来自周边各地的"形形色色的山民","他们穿着各种不同的衣服,操着彼此相异的语言"。他从头饰和服饰上对不同种群的妇女进行了观察,有服饰红红蓝蓝点缀有各种装饰的穿汉式袍子的妇女,也有同样装饰的游牧藏人,有头上戴着草帽、发饰奇特的瑶人(Yaos)妇女,有胸前挂着一面银制圆盘的哈尼(Hounis)妇女,等等。滇南蔓耗周边山地是不同种群居民聚居地,

---

① (清)魏源:《圣武记·雍正西南改土归流记》,韩锡铎、孙文良点校,中华书局,1984。清代云南境内改土归流,参见尤中《中国西南民族史》,第385—391页;(清)赵尔巽等撰《清史稿》卷七四《地理二十一·云南》,第2322页。

大家分头来蔓耗赶集,相互交换各自的产品。

滇南红河谷出现了哈尼村寨集市。哈尼人是滇南红河谷的主要居民。奥尔良王子探险队在途中观察了一个热闹的村寨集市的货物交换,"当地居民用铁、蔬菜、装在竹筒里的油来换取汉人出售的欧洲商品、糖、丝绸、药和盐",反映出哈尼人村寨集市的特点:一是商人是几个汉人;二是商品中有欧洲商品;三是其他商品有的来自汉区,如丝绸、糖,有的来自云南省其他地区,如烟、药之类。当地哈尼人用本地土产品交换云南本省、汉区及欧洲产品的现象,表明滇南红河谷的商业贸易已经深入哈尼人的村寨生活。①

哈尼人是唐时南诏的"窝泥"。辑录于明代前期的《南诏野史》中有《南诏各种蛮夷》,记载窝泥"有和泥、(干)〔斡〕泥、哈泥、路弼等名。黑白两种,风俗略同"。清乾隆二十六年(1761)成书的《皇清职贡图》"元江等府窝泥蛮"条载:

窝泥,本和泥蛮之裔,……明置元江府。东至元江,南至车里,西至威远,北至思陀,皆和泥种。今云南、临安、景东、镇沅、元江五府皆有之。……纳粮赋,常入市贸易……②

哈尼人是历史久远的少数民族,在滇南分布广泛。滇南在清初顺治朝已将明代土府元江改为汉人流官治理,哈尼人缴纳赋税,贸易活跃。

---

① 〔法〕亨利·奥尔良:《云南游记——从东京湾到印度》,第11—12、40页。
② (清)傅恒等编纂:《皇清职贡图》"元江等府窝泥蛮"条,乾隆五十四年殿版白描本。

2.蒙自集市倮倮农产品丰富

蒙自属康熙四年(1665)改土府由流官统治的滇南东部开化府。蒙自商埠小城虽然具有进出口货物通关口的重要属性,但属倮倮居住地域。法国人在考察进出口商品市场时,对当地农业集市经济也十分关注。

1892年即有法国人皮雄医生对海关小城蒙自集市农产品进行考察和记录,发现基本是倮倮人用农产品在交换欧洲小商品。倮倮人从云南府(昆明)方向带来各种自种的农产品,包括"红米、白米、荞麦、玉米、小米、芝麻、花生,以及大量的不同种类的四季豆。他们用这些产品交换棉花、棉织品和各种小商品。小商品包括各种各样的纽扣、小镜子,还有用于服饰和头饰的银饰"。除了粮食类,农产品中蔬菜类品种也多,"市场上能看到几乎所有的与法国同样的蔬菜:四季豆、豌豆荚、芹菜等等,尤其是甘蓝,5文钱一个,曾经在法国的农业博览会获奖"。同时还提到了蒙自集市的水果品种,"欧洲同类的水果也在市场上同样见到,小而新鲜。有苹果、梨、杏,……桃儿如同上海的一样,味道鲜美,品种多样。黄色的桑葚是味道绝佳的餐后甜点,欧洲人和土著都非常喜欢"。①

1895年初奥尔良王子地理探险队从蔓耗进入蒙自城,也描述了蒙自小城的街市与集市。海关"在城门入口处",蒙自"有11 000人左右,城市宁静安谧",居民"对来来往往的白种人早已司空见惯"。蒙自也是六天一开市,"城里面,四乡八里的土著居民都来

---

① Louis Pichon(皮雄), *Un Voyage au Yunnan*(《云南之旅》), pp. 104, 105 – 106.

了,人头攒动。主要是倮倮"。从奥尔良王子拍摄的街景照片看,蒙自集市中有成群的头上缠着布帕的年轻倮倮妇女和戴着小帽的倮倮男子。赶集的哈尼人也多,年老年轻的男女均有。在集市上也看见与皮雄描述过的一样的倮倮农产品,"当地食物资源十分丰富"。还有回民在出售牛、羊肉,"找到穆斯林就可以找到牛、羊肉。当地蔬菜品种繁多,欧洲的蔬菜也应有尽有"。果物中的"草莓、桃子、杏子、核桃都十分可口"。另外就是当地的银匠手工艺人,城里有"银匠铺子","银匠借助钳子和锤子,在板子上面切割、雕琢首饰"。银匠熔造银锭的量大,奥尔良王子将携带的越南钱币皮亚斯特交给首饰制造商换成中国境内使用的银锭,"他们三个人每天只能熔造一千两银子"。①

上述考察提及蒙自海关小城集市上来赶集的以倮倮人为最多,蒙自周边居民主要是倮倮。法国里昂商会考察团也有记载蒙自的本地居民,"这里所提到的土著是彝族(倮倮)"②。蒙自的本地居民是倮倮,有史籍与田野考察可证。

倮倮在云南各地甚多,全省东南西北各有倮倮分支,分地域和阶层,各有不同习俗。法国传教士李埃达对云南各地的倮倮有多年考察和研究,认为云南东部(按:迤东)"几乎都是三个部落的天下",即黑倮倮、白倮倮和干倮倮。③ 蒙自一带的倮倮部落,与南诏国倮倮的"火把节"风俗有联系。见《南诏野史·南诏各种蛮夷》之

---

① 〔法〕亨利·奥尔良:《云南游记——从东京湾到印度》,第 18、29 页。
② 法国里昂商会编著,〔法〕里沃执笔:《晚清余晖下的西南一隅——法国里昂商会中国西南考察纪实(1895—1897)》,第 31 页。
③ 〔法〕保禄·维亚尔(Paul Vial)、阿尔弗雷德·李埃达(Alfred Liétard):《倮倮·云南倮倮泼——法国早期对云南彝族的研究》,第 136—137 页。

四"猓猡"载:

> 猓猡,爨蛮卢鹿之裔,猓猡其讹音也。以五月为春。信鬼尚巫,……其部长妻曰耐得,勇士曰苴可。每岁六月廿四日,名火把节,燃松炬,照村寨田庐。男椎髻镊须,耳环佩刀;妇披发短衣,桶裙,披羊皮。①

法国人考察笔记中所记载蒙自集市的倮倮,即南诏时云南东部的"东爨乌蛮"倮倮族群。"每岁六月廿四日,名火把节,燃松炬,照村寨田庐"风俗,也是蒙自倮倮每年的节日。"蒙自有个火把节,四乡是在阴历六月二十四晚上,城里是二十五晚上。"四乡是夷人(倮倮),"四乡地方空阔,都用一棵棵小树烧"。② 证明了蒙自倮倮居民历史久远以及小城居民生活的变化。

对于蒙自小城倮倮居民的变化,里昂商会考察团团长弥乐石解释说与云南大理回民杜文秀起义政权(1856—1874)时期的战乱有关。弥乐石于1871年进入滇南时,杜文秀政权大军与清军正在蒙自、昆明一线交战,双方争夺激烈,直到1873年战争结束。当地居民经历了逃亡、死伤以及瘟疫等,人数大减。弥乐石估计,在回民起义之前,蒙自坝子"拥有八万人口。现在人口已大减,城里最

---

① 本书所引《南诏各种蛮夷》,见(明)杨慎编辑,(清)胡蔚增订《南诏野史》,云南书局光绪六年刻本,《南诏各种蛮夷》系最末第十一节。今有木芹会证《南诏野史会证》,云南人民出版社,1990。关于倮倮火把节的记载,并见朱自清《蒙自杂记》,时在抗战期间:"四乡"居住的是举办传统"火把节"的倮倮居民,城里前一天也举办"火把节"的则是迁入的汉人,包括汉商以及少数倮倮居民。
② 朱自清:《蒙自杂记》,载《朱自清散文集》,南京出版社,2018,第168页。

多有一万多人,而城周围也没多少村庄"。蒙自小城的居民组成结构也发生了很大变化,"从四川来的流民慢慢取代了当地人和土著民族,尤其是原先占城中居民很大比例的彝族。城里也有几个广东商人"。1889年蒙自开埠给这座通商小城带来了商机,蒙自城有云南会馆和四川会馆,"广州和蒙自的四川会馆都不甚兴旺,据说只有临时馆址,系分租民房"。① 广州、蒙自均是通商口岸,所以有广东商人和四川商人进入。蒙自的四川商人与四川内地联系商品运销蒙自及其周边,更有广东商人联系广州商品进入云南。

(二)滇中云南府昆明农贸集市

根据里昂商会考察团1895年12月初对昆明的考察记载,"云南府及其周围城镇共拥有八到十万人"。昆明集市也以农产品最多。南门附近的城墙脚下有一个集市,农民每天把各种食品挑到这里出售,"大米(品种比华南地区少,但质量很不一样)、小麦、玉米、黄米和高粱,还有各种各样的蔬菜:白菜、青菜、芹菜、萝卜、山药、很长的胡萝卜以及白薯、花生等","露天肉摊上出售着猪肉","不远处是卖面点的","街道上堵满了一堆堆烧柴、木炭,健壮的彝族男女在一旁守候着"。在巨大的油纸伞下,"一些在全省各地都可见到的广东商贩兜售着各种各样的劣质小商品"。"占绝对地位的是饭馆,供贩夫走卒光顾的民间饭馆和大众化的农家小店。在

---

① 法国里昂商会编著,〔法〕里沃执笔:《晚清余晖下的西南一隅——法国里昂商会中国西南考察纪实(1895—1897)》,第25页;周勇、刘景修译编:《近代重庆经济与社会发展1876—1949》,第72页。

这些饭馆里,只卖米饭、辣椒、咸菜和粗茶薄酒。"集市上人群众多,"街面上各色人等熙熙攘攘,轿夫、挑夫、马帮、吱吱呀呀的牛车、刨蹄子的小马挤成一团",还有过路的秀才、军官以及"赶街"的小脚女人。① 以上描述可见昆明城南的传统集市特点:农民出售农产品多,街市上小饭馆多,反映出本土农业经济发达,倮倮人是云南府昆明周边的主要本土居民。

滇中晋宁州在明前期集市已颇具规模,十天一市:

> 逢七为市。土人每逢初七、十七、二十七,无问远迩,来集于州治之西平原上相与贸易,每集不下三四千人。②

法国人考察笔记中记载的晚清蔓耗小镇集市、蒙自小城集市均为"六天一市",哈尼村寨存在集市,云南府昆明城南存在日常农贸集市,均呈现出滇南滇中一线集市经济的活跃。蔓耗、蒙自以倮倮为主的本土居民,以及哈尼人村寨的集市,在产品交易中均采用以物易物的方式进行,包括用农产品或特产交换欧洲产品、小商品及外省商品。呈现出云南本土居民在19世纪末的商业贸易现状,以及滇南本地集市中外商品的贸易特点。

奥尔良王子探险队记载了途经红河谷所见的两个汉人商业市镇,如"有一千居民"的萨迆小镇,仅有来自附近产地的盐、糖、烟叶等。另一个汉人商业小镇勐烈,则经营有多种充满地域特色的产

---

① 法国里昂商会编著,〔法〕里沃执笔:《晚清余晖下的西南一隅——法国里昂商会中国西南考察纪实(1895—1897)》,第40—41页。
② 景泰《云南图经志书·晋宁州风俗》,转引自尤中《中国西南民族史》,第438页。

品,"有不少豹子皮出售(一两银一张),还有野猫子和穿山甲","双角犀牛头"。当地自种甘蔗,"盛产一种圆糖"可供出售。也有从"云南省府销过来的织锦,欧洲商品——如英国的针和从广东、云南省府运过来的纽扣"。"来自上东京湾的斜纹土布","雪茄烟来自蒙自","大量鸦片都来自景洪和缅宁"。①

法国人考察团队观察到的最具特色的云南本土经济是农业种植业。

二、乡村种植业的繁荣与发达

云南省的农业乡村经济是法国人考察团队十分关注的方面。奥尔良王子探险队进入云南考察进出口市场,同时留意观察沿途乡村的种植业,因而有机会实地了解了各个本土居民聚落的水稻种植状况。农业经济也是里昂商会考察团重点考察的内容,考察笔记也记载了滇南滇中一线战后乡村经济的恢复与繁荣景象。

(一)滇南红河谷、滇西澜沧江流域的水稻种植

奥尔良王子探险队从滇南红河谷进入澜沧江东部思茅城,沿着澜沧江中游上行探险直至滇西北维西厅,沿途特别记载了各地的水稻种植。时间从冬到夏,经历了水稻种植冬季蓄水、春季插秧及夏季稻谷抽穗各个阶段,因此反映了云南本土居民在水稻种植

---

① 〔法〕亨利·奥尔良:《云南游记——从东京湾到印度》,第47、66页。

业方面的繁荣景象。

1.红河谷哈尼人水稻梯田奇观与高山梯田种稻技术

红河谷哈尼人属滇南元阳直隶州管辖。奥尔良王子记载红河谷"哈尼人村庄星罗棋布",并描述了冬季1月底在红河谷所见元阳山麓层层蓄水稻田的奇观:

> 位于红河谷的一条支流河谷,山丘光秃秃的,从山脚到三分之二的高处一般都是层层叠叠的稻田,一级一级,一层一层,宛如巨(硕)大无朋的楼梯,水逐级逐级往下流,在山上的水田里铺展开来,形成无数的水幕,在夕阳的照耀下波光粼粼,如同零零碎碎的玻璃。水在灌渠里流淌着,连绵好几公里,山丘周围是水平的田塍。田坎先用手垒起来,再用脚夯实,所有的田坎都绝对水平,随着山形的轮廓时凸时凹。①

笔记记载探险队所观赏的元阳梯田画面,盛赞"在这里欣赏的是一件名副其实的艺术品",并将元阳梯田与法国非洲殖民地马达加斯加的稻田进行了比较,"马达加斯加的稻田全在山谷里面;这儿恰恰相反,山坡上也稻田密布",认为只有中国才有这样的土地改造,赞叹这是中国人取得的一项成就。②

红河谷元阳梯田在嘉庆《临安府志》中有记载:"依山麓平旷

---

① 〔法〕亨利·奥尔良:《云南游记——从东京湾到印度》,第35页。元阳哈尼梯田2013年成功入选世界文化遗产名录。
② 〔法〕亨利·奥尔良:《云南游记——从东京湾到印度》,第35页。

处,开作田园,层层相间,远望如画,至山势险峻,蹑坎而登,有石梯蹬。水源高者,通以略杓字,数里不绝。"①这是清中叶对滇南红河谷元阳梯田的具体描述。

哈尼梯田壮观而独特。在哈尼人的古歌谣中,描述了哈尼人改造高山山地环境,进行烧荒、找田、挖田、挖水路,辟荒坡为台地,利用平缓而下的山势建造出山地梯田的过程。② 元阳哈尼人的水稻梯田是在山丘与半山中因地制宜,开发出的一项独特的水稻种植技术。梯田充分利用了山地林木带来的水资源,创造了相应的水利灌溉,故出现奥尔良王子所记载的"层层叠叠的稻田,……水逐级逐级往下流,……水在灌渠里流淌着,连绵好几公里"的奇观,与《临安府志》中描述的"数里不绝"相符,是一项富有创造性的山地水稻梯田耕种灌溉技术。

红河谷哈尼人的外貌和服饰均有明显特征。奥尔良王子记载了在滇南红河谷所经过的村寨所见哈尼人,血统纯正,特征明显:

> 他们的特征十分明显。男人高大结实,皮肤黝黑,鼻子很直,下巴细小,满脸精力;穿着粗蓝色的紧身长襟衣服,银子纽扣,几乎人人左臂上都戴着个汉族地区出产的铜镯子;头发都编成辫子,通常塞在一个毛质的帽子里面。哈尼妇女围着黑色头巾,从后面垂下一段来,有的在前面卷起来做成两个发角;她们额头上缠着一段头巾,缀着银质的钉子;有时候可以

---

① (清)江浚源纂修:嘉庆《临安府志》,光绪八年补刻嘉庆四年刻本。
② 侯甬坚:《红河哈尼梯田形成史调查和推测》,《南开学报(哲学社会科学版)》2007年第3期。

见到中间绘着十字架图案;有的妇人胸前戴着金属的圆盘;也有些妇女穿着裤子和罗伯斯庇尔式的紧身分叉衣服。……这些着清一色蓝黑衣服的土著居民远远看去神情严肃。①

2.摆夷与摆夷稻田

据奥尔良王子的笔记记载,摆夷在红河谷与澜沧江下游河谷从事农稼。所见以稻田为主,村寨众多。红河谷居住的摆夷按居住地域、服饰和社会等级,有水摆夷、干摆夷、白摆夷和黑摆夷之分。邻近思茅界,"水稻田随处可见",思茅城的大坝子"山顶上,大树团团簇簇,掩映着互不相连的宝塔","坝子上面,稻田交错,田埂纵横,阡陌交通"。纵横交错的稻田、绿荫大树、佛塔,构成了摆夷人居住地域的特征。

摆夷人有人种志特征,妇女的服饰也有特色:

> 他们眼睛很直,皮肤有点黝黑,前额稍微突出,脸庞下部细长,鼻梁很突出,嘴巴小巧,有人留着胡子,嘴唇很厚,牙齿都漆成了黑色,嘴里咀嚼的东西把唾液都染红了,……
> 我们还未曾见过她们(妇女)这样的衣着:腰间缠着一块横条的布,便成了一条裙子,上身穿一件侧面扣扣子的短摆小上衣,头上缠着宽宽的头巾,前面交叉起来,让人想起阿尔萨斯妇女额头上的头结,头巾的两头从背后垂了下来,她们耳朵上戴着一个大大的木质圆环,身材矮小的摆夷妇女皮肤

---

① 〔法〕亨利·奥尔良:《云南游记——从东京湾到印度》,第37页。

白皙……①

摆夷人信奉小乘佛教,他们的村子里都建有佛塔。在一个摆夷村里,奥尔良王子探险队亲眼见证了一次佛教仪式,"这天是每月拜佛陀的日子,有妇女双手合十,跪在一尊向后倾倒的大佛像前面","祭坛上香烟缭绕,小碗里摆着供品,有米和其他土产"。②

位于澜沧江西岸的缅宁是摆夷人聚居区域。奥尔良王子探险队进入缅宁已是公历5月初,在缅宁城周围看见摆夷在田间种稻插秧的情景,"人们正忙着在稻田里插秧,一些妇女站在水田里面,水淹了大腿处,……有些农民正在翻土,弯着腰,分着腿,像车夫一样驾着牛拉的犁耙"。女插秧、男子驾驭耕牛犁田,是乡村稻作农业的春季景象。5月中旬探险队在云州的田野也看到摆夷男女同样的劳作情形:周围种满了玉米、甘蔗和水稻,"田野上劳作的人们穿着浅蓝色的衣服",穿着白色裙子的妇女把裙子挽到了膝盖之上,"这些颜色跟水稻无垠的绿色形成鲜明的对比",③呈现出摆夷人种稻之盛,同时显示出摆夷妇女也是水稻种植的主要田野劳动力。

摆夷是滇南澜沧江流域的主要群体之一。据《南诏野史·南诏各种蛮夷》之三"僰人"记载,摆夷是唐时南诏的"僰人"。"一名百夷,又名摆夷。性耐暑热,居多在棘下。本澜沧江外夷人。……其俗贱女贵男,头目妻数百人,庶民亦数十,耕织贸易,皆妇人任

---

① 〔法〕亨利·奥尔良:《云南游记——从东京湾到印度》,第83、84页。
② 〔法〕亨利·奥尔良:《云南游记——从东京湾到印度》,第83、84页。
③ 〔法〕亨利·奥尔良:《云南游记——从东京湾到印度》,第104、112页。

之。"摆夷妇女在水稻种植中的角色,乃其风俗所致。

3.濮曼人梯田

濮曼人也是种稻的本土居民。村寨梯田位于澜沧江沿岸山脊尽头小山村,村子坐落在一个好像圆形剧场、四面闭合的小盆地里,"层层稻田一级一级延伸到了半山腰"。①《南诏野史·南诏各种蛮夷》载:

> 蒲人,即古百濮。《周书》所谓微卢彭濮也,后讹为蒲。质黑,鸟音。男子青布裹头,衣套头衣,膝系黑藤;妇人挽发为髻,脑后戴青绿磁珠,花布围腰,短裙,系海(贝巴)十数围。……婚娶长幼跳蹈,吹芦笙为孔雀舞……②

濮曼人属澜沧江中游顺宁府管辖。元代设立顺宁土府,明代万历二十五年(1597)改为流官管理。顺宁府以"蒲蛮"(濮曼人)为主,清代《顺宁府志》有载:

> 蒲蛮一种,男女色黑……耳带大环,赤足,……好渔,刀耕火种,言语涡咳,不晓汉语,四时庆吊,大小男女皆聚,吹芦笙,作孔雀舞,踏歌顿足之声震地,尽欢而罢。茔多在屋之前后,记死不记生。住山寨茅屋,信畏法,输纳及时。③

---

① 〔法〕亨利·奥尔良:《云南游记——从东京湾到印度》,第99页。
② (明)杨慎编辑,(清)胡蔚增订:《南诏野史·南诏各种蛮夷》之二"蒲人"。
③ (清)董永艾纂修:康熙《顺宁府志·风俗》,北京图书馆藏康熙三十九年钞本。

南诏时所记"蒲人""质黑、鸟音"与清康熙时记"蒲蛮一种""男女色黑,……言语涡咳"同。乾隆《皇清职贡图》中载濮曼人"常负米入市,贡赋税",此又与康熙朝所记"信畏法,输纳及时"一致。濮曼人明中叶归汉人流官管理,清康熙朝记载尚是"好渔,刀耕火种"未改习俗的村寨居民,到乾隆时已在半山种植层层梯田水稻,"常负米入市"贸易,表明其水稻梯田开垦在乾隆前期已经形成。

4.民家种植与富饶的洱海之滨

奥尔良王子探险队沿途所观察记载的澜沧江流域的农业种植,以大理府下关、洱海之滨、上关及其附近的田野最为富庶。在进入大理城下关时所见的田野,"一会儿村庄密集,一会儿田野庄稼,绿的是水稻,黄的是小麦,白的是荞麦"。探险队在大理城从大理传教点法国传教士处了解到大理洱海之滨农业种植状况:

> ……肥沃富庶难以形容,平原上有375个村庄,全都精耕细作,没有一丝闲地,当地一般是一年两熟。只有改种作物的时候,土地才有一点空闲。主要农作物有小麦、玉米、鸦片、稻谷、荞麦。农民根本不会觉得土地税收沉重,传教会的一小块土地每年都可以收入50两银子。①

---

① 〔法〕亨利·奥尔良:《云南游记——从东京湾到印度》,第129页。

洱海种植作物中的"玉米""鸦片"是传统种植物之外的近代外来作物。大理府洱海农业经济繁荣与其自然条件分不开。大理府为"迤西道治所。……东南距省治八百九十里。广九百六十里,袤二百二十里"。点苍山、洱海环抱大理古城,有自然灌溉水源:

> 点苍山,高六十里,山椒悬瀑,注为十八溪,绵亘百余里,府之镇山也,西拱县城如抱弓然。西洱河,亦名洱海,形如月抱珥,亦曰珥河。县东五里,即古叶榆泽,源出浪穹北,境内诸水入焉。长百三十里,阔三十九里,下流会样备江,径赵州入蒙化。……海周四十余里,灌田利溥。①

大理城坐落于洱海与苍山连接处的十来里宽的呈带状的坝子之中,奥尔良王子记载了本地有些趣味的商品。大理府本地产品主要是大理石、兽皮等,"从苍山开采下来或圆或方的大理石板,那是当地的商业活动"。市面上也有各种各样的动物毛皮交易,"很多虎皮、豹子皮、猞猁皮、白灰狼皮、小熊猫皮出售,小熊猫粗壮的尾巴一环一环的图案,一把一把地捆着挂在柜台里面","……城里面有很多西藏的布匹,呢绒又结实又暖和"。遇见的一个藏人商队,"从产茶区过来的三百匹藏马和骡子,朝阿墩子方向而去"。大理府是交通要冲,"店铺里的欧洲商品绝大部分都是英国商品",分别来自西部缅甸、东部珠江—百色及滇南三个方向:

---

① (清)赵尔巽等撰:《清史稿》卷七四《地理二十一·云南》"大理府",第 2325—2326 页。

街道两边是清一色的小铺子,就是在所有中国城市里已经见惯不惊的那种店铺。店铺里的欧洲商品绝大部分都是英国商品,来自缅甸或珠江上的百色。东边的货物要到达大理,就通过红河这条进入中国的最短通道进入。四川也有一些丝织品过来。①

大理城各种商品丰富多样,来自本地、本省、外省、英国等广阔地域,反映出晚清国内外商品流转繁荣发达的商业特征。

水稻种植仍然是奥尔良王子地理探险队的关注所在,走出大理城上关北大门,探险队还看见田野插有红旗,有人吹笛给正在插秧的妇女助威的热烈劳动场面:

　　盆地下面是低平的沃土,几乎跟湖水一样低平,绿油油的稻田中间,点缀着很多树木簇拥的小村庄,活像一座座孤岛。看到这些景象,就想起了诺曼底的某些角落。田野里插着一面红旗,旁边有人正在吹笛子,原来是给插秧的妇女们鼓劲加油。②

再往前登上一个 2780 米高的山口,下面是一个精耕细作的宽大山谷,利用纵贯山谷的一条河流灌溉种植稻谷,农业种植的发达令人惊异:

---

① 〔法〕亨利·奥尔良:《云南游记——从东京湾到印度》,第 127 页。
② 〔法〕亨利·奥尔良:《云南游记——从东京湾到印度》,第 136 页。

> 水田方方正正,齐齐整整,生意盎然,就像几何学家着意画出来的图案。广袤的沃野上面,村庄星罗棋布,……我们很少在其他地方看到这样发达的农业种植,除了将田地分割开来的小田坎,根本就没有不出产粮食的闲地,……在田地中间,农夫聚集在红旗周围,正在鼓乐声中忙着干活。……垂柳成行,水清流急。灌溉方式十分高明,河中小堤坝截住河水,恰到好处地灌溉上面的平野。①

以上描述的洱海之滨村庄密集,农业种植繁荣,是大理民家聚居之地。民家在《南诏野史·南诏各种蛮夷》中有记载:

> 白民,有阿白、白儿子、民家子等名。僰人之后,即滇中之土著。妇女出门,携伞障面,谓之避嫌。宴客,切肉拌蒜,名曰食生。余同汉人。女镶边衣,以银花银吊为饰。②

民家"女镶边衣,以银花银吊为饰"的特征,在奥尔良王子笔记中所记载的民家小村庄凤羽镇女子的帽饰中得到印证:

> 一顶黑色无边帽子紧紧地盖在头上,帽子前面配有银饰,……她们戴着帽子,穿着紧身上衣,做农活时挽裙子,露出小短裤,还误以为她们是男孩子。③

---

① 〔法〕亨利·奥尔良:《云南游记——从东京湾到印度》,第136—137页。
② (明)杨慎编辑,(清)胡蔚增订:《南诏野史·南诏各种蛮夷》之一"白民"。
③ 〔法〕亨利·奥尔良:《云南游记——从东京湾到印度》,第137页。

151

民家渊源久远。西汉时蜀南"僰道"有农耕民僰人,李京《云南志略》载:"白人,有姓氏,汉武帝开僰道,通西南夷道,今叙州属县是也。"唐代南诏国时僰人一部分迁徙至洱海,"白人"即"西爨白蛮",是民家之先民。《新唐书·南蛮传》载洱海周边部落"有稻、麦、粟、豆、丝、麻、薤、蒜、桃、李。……布幅广七寸。正月蚕生,二月熟"。南诏时民家多为上层贵族,在奴隶制大庄园生产中,使用两牛耕田的种稻技术:

> 每耕田用三尺犁,格长丈余,两牛相去七八尺。一佃人前牵牛,一佃人持按犁辕,一佃人秉耒。蛮治山田,殊为精好,……收刈已毕,官蛮据佃人家口数目,支给禾稻,其余悉输官。①

用犁头耕田的种稻技术,在前面所记载的摆夷居民中常见,表明种植水稻是澜沧江流域的农业传统,耕种技术久已流传并影响澜沧江流域居民。

5.滇西北稻田与么些人

奥尔良王子探险队从大理府上行兰坪土司,继续北上即是维西厅叶枝土司地界,主要居民有么些人、藏人、傈僳人。在滇西北澜沧江右岸维西厅的康普,附近有么些村,坐落于小平原之上,"周

---

① (唐)樊绰:《蛮书》卷七。

围种着水稻,村民们见缝插针,连狭窄的田埂上也种满了四季豆"。继续往上即是叶枝村,笔记描述叶枝村位于澜沧江一个开阔的河谷,"宽广的土地上种植着水稻。叶枝村坐落在一个种满庄稼的平原上,村里居民是么些人,还住着一个远近闻名的土司"。土司即是叶枝土司,他的土司辖区内有维西厅的一部分。在他的辖区内,"凡是出产稻米的村子,每年都必须通过土司给朝廷纳税,每个村子四十到五十两银子不等"。① 反映出滇西北么些人普遍种植水稻。

么些人历史久远,历史上有"摩沙夷""摩些蛮"之称。东晋《华阳国志》载:"县(按:定莋县)在郡(按:越嶲郡)西,渡泸水(按:今雅砻江),宾刚徼,曰摩沙夷……"②唐《蛮书》载:"磨蛮,……土多牛羊,一家即有羊群,……男女皆披羊皮,俗好饮酒歌舞。"③

东汉末年时,摩沙夷的分布地区"从四川盐源、盐边一带延伸至其西北今云南省宁蒗、永胜、丽江一带'刚徼'之地",与么些人分布地区相同。么些人本属藏缅种群,大致在唐代从游牧部落"摩些蛮"发展成农耕种群。④ 维西厅么些人原属丽江府,清人余庆远《维西见闻纪》载:"么些,元籍丽江,明土知府木氏攻取吐蕃六村、康普、叶枝、其宗、喇普地,徙么些戍之。"⑤可知维西叶枝原属吐蕃铁桥十六城之地,当地么些人明代从丽江迁徙戍守而来。维西厅始于乾隆中期,隶属丽江府,乾隆《丽江府志略》上卷载:"么些,安

---

① 〔法〕亨利·奥尔良:《云南游记——从东京湾到印度》,第 136—196 页。
② (晋)常璩:《华阳国志》卷三《蜀志》,嘉靖四十二年刻本。
③ (唐)樊绰:《蛮书》卷四。
④ 参见尤中《中国西南民族史》,第 61—62、557—562 页。
⑤ (清)余庆远纂修:《维西见闻纪·夷人》,乾隆三十五年刊本。

分畏法,务耕种,畜牛羊……勤俭治生……今则渐染华风,服食渐同汉制。"①

奥尔良王子笔记也记载维西叶枝土司的么些人"一律汉式打扮",么些妇女的衣服跟汉族妇女的服装差不多,但妇女头饰自有特点。已婚妇女头上有银扣子、银钉子,还有两个银球,少女也有银钉子,但没有银球。叶枝土司夫人的服饰却是例外,她的衣着显示了么些人上层妇女服饰的特点:

> 她有一件宽大漂亮的衣服:背上一张黑羊皮,装饰秀美;腰间有一两斤白银首饰:铃铛、梳子和牌子。她的头饰跟普通妇女一样,但是纯金做成的;颈项上套着个金扣子;丝质的上衣,珊瑚尖上镶嵌银子的纽扣,绿色的裙子。②

奥尔良王子探险队沿途记载的滇南红河谷、滇西澜沧江流域以东的稻谷种植,包括红河谷哈尼人的山地梯田、澜沧江流域的摆夷稻田、山地濮曼人的梯田、洱海民家稻田,以及滇西北维西厅叶枝土司地域么些人的种稻村庄,反映出滇南、滇西几大种群聚落农业经济的繁荣。一个原因是南诏以来的水稻种植传统,也有自然地理环境的关系,如利用山地水源、澜沧江流域的自然优势,以及气候等。另一个主要原因就是奥尔良王子探险笔记记载的地域,如红河谷、从思茅沿澜沧江中游至滇西北丽江府维西厅沿途,均属于"改土归流"的村寨社会。

---

① (清)管学宣、万咸燕纂修:《丽江府志略》,乾隆八年刊本。
② 〔法〕亨利·奥尔良:《云南游记——从东京湾到印度》,第194—195页。

晚清在澜沧江流域滇西、滇西北少数地区仍然保留土司旧制。奥尔良王子记载了沿途所经过的土司地域行政管理和收税的总体状况：

> 沿途村庄有的直接隶属于朝廷管辖，有的受土司管辖。土司的管理范围由朝廷划定，他们的领地相互交错，从来不会是连续一大片（按：丽江木氏土知府明末改流，到清代雍正朝被进一步削弱）。朝廷经常更换汉族地区的地方官，土司和酋长的职位却可以世袭。中国在边缘地区的管理很松懈，集权体制影响很小，对边境上的一切都睁只眼闭只眼，只要能征收那微薄的税收就行了。当地的土司觉得朝廷授予了自己权利，得到了朝廷认可，倍觉脸上有光。在湄公河（按：澜沧江）两岸的土著人眼里，汉族是一个高级的种族。土司或土司指派的一个亲戚每年都要到下属村子里巡视一圈，每个家庭都用两种钱币方式缴税，五钱银子或五两鸦片。在朝廷直接管理的村庄里，村长平均每年要给上级交纳十五至二十两银子。①

由此可以了解在澜沧江右岸的收税方式与交税额度，收税方式有两种，一种是土司自己领地村寨里，土司或土司指派的一个亲戚每年都要到下属村子里巡视一圈，每个家庭"都交五钱银子或五两鸦片"，这是定例；另一种是在朝廷直接管理的村寨，"村长平均

---

① 〔法〕亨利·奥尔良：《云南游记——从东京湾到印度》，第170页。

每年要给上级交纳十五至二十两银子",由本地居民的村长代收上缴。滇南与澜沧江中游流域本地居民以耕稼为生,实际治理村寨的仍然是下层土司,汉人流官基本住在城里,说明汉人流官并没介入本地居民的村寨生活。因此奥尔良王子探险队记载的滇南、澜沧江中下游各村寨,在生活习俗诸方面均保留着自己的习俗和宗教信仰,仅是归属发生了变化。除了交税,完全自在。奥尔良王子探险队考察的本地居民所在地域主要行郡县制,土司制在云南只存在于少数几个边远地区。

(二)滇中农业种植业与人口繁荣现状

云南经历了1856—1874年杜文秀起义和清政府镇压的战争破坏。1895年11月底,进入云南的法国里昂商会考察团记载了20年以后滇中一线的战争遗迹和农业经济的繁荣。

1.滇中一线留下的战争影响和遗迹

杜文秀回民起义政权在同治六年(1867)六月派出五路大军十万将士东征,与清军在云南东部、南部和滇中云南府、滇西等地,数年间经历过多次激战：

> 七年(五月)庚子,滇军复元谋、武定、禄劝、罗次。(九月)癸巳,滇军复晋宁、呈贡。……八年(春正月)戊寅,滇军克富民。……迤西回犯昆明,岑毓英等击退之。……夏四月癸卯朔,迤西回陷杨林营,刘岳昭退守曲靖,严责之。……(五月)

申诫岑毓英任用通贼练目,苛敛民捐。以马如龙为云南提督。……(七月)甲戌,滇军复嵩明,克白盐井。……(十月)甲寅,滇军复楚雄、南安、定远。刘岳昭移军昆明……九年(春正月)癸酉,滇军复禄丰。……(三月)乙酉,滇军复弥渡、宾川、丽川、缅宁。……六月(丁未),滇军复威远。……闰十月(乙亥),滇军复永北、鹤庆、镇南、楚雄。……(十二月)援滇川军克鲁甸。辛未,滇军复邓川、浪穹。……十年(三月)己丑,滇军复澂江,克江那土城。……五月(己未),滇军复云龙。……十一年(五月)乙巳,滇军克永平及云南。……九月癸未,滇军克赵州、蒙化并大理上下关。①

杜文秀回民起义政权东征大军经昭通府富民县南下东川府,在东川府南边的嵩明、杨林、昆明及其周边滇中一线与清军经历过长期的激烈争夺战。

法国里昂商会考察团经过的蒙自、弥勒、昆明、嵩明、杨林、东川府、昭通府滇中及滇东北上行一线,均是当年被围或激战之地。安邺湄公河探路队从滇南进入云南期间(1867—1869),正值杜文秀回民起义政权东征军和清政府军在滇中一线交战,战事前线也是其北上昭通府的路线。法商堵布益在战争后期到达滇南,参与了云南清政府的军火制造。弥乐石也于1871年进入云南府,两人走的均是经昭通府南下滇中一线。云南中部一线战后人口大减,处处还能看见战争遗迹,见于里昂商会考察团的考察笔记。

---

① (清)赵尔巽等撰:《清史稿》卷二二《穆宗本纪》,第826—840页。

考察团弥乐石团长对蒙自城居民数量的估计,从战前的"蒙自坝子拥有八万人口",到二十余年后1895年考察团进入蒙自时,"城里最多有一万多人"。鼠疫仍然几乎每年都会发生:

> 每年从4月(有时从9月)起,几乎都要爆发腺鼠疫。据一名法国同胞海关署的米疏博士研究,造成鼠疫的原因在于疫气。而疫气则是下大雨时,雨水经过坟墓带进城里的。蒙自坝子西向省城,山坡上埋有大量的坟墓。……这种可怕的疾病在云南全省都会零星地发生,但似乎主要集中在从大理府到蒙自之外的西南一线。究其原因,可能主要是意外因素所致,尤其应该归于起义死难者尸体堆积地的传染。①

雨水经过坟墓,将疫气带进城里,从而引发鼠疫,但疫情"似乎主要集中在从大理府到蒙自之外的西南一线",这与20余年前杜文秀大军战斗失败后尸体堆积有关,"尤其应该归于起义死难者尸体堆积地的传染"。考察团在从蒙自前往省城的路上看到坟茔连绵:

> 在前往云南府(昆明)的道路所经过的坝子里,座座坟茔连绵数十公里,直到省城。而在省城附近,坟堆也异常的多。

---

① 法国里昂商会编著,〔法〕里沃执笔:《晚清余晖下的西南一隅——法国里昂商会中国西南考察纪实(1895—1897)》,第25—26页。1895年初进入蒙自的奥尔良王子探险队的笔记也提到了蒙自鼠疫的流行。见〔法〕亨利·奥尔良《云南游记——从东京湾到印度》,第28页。

除了免于战乱的通海之外,所到之处,没有一天遇不到实实在在的大坟场。许多的坟地都得到了较好的保护,特别是在新坊和馆驿一带。有的坟头上有圆顶方形的装饰,有的是一头蹲在柱头的怪异的狮子。几乎所有的村庄里都还可以见到沦为废墟的房屋,尽管新房也不少。在馆驿,尽管有(又)重新出现了富裕的景象,灾难所留下的痕迹依然特别的惊心动魄。①

云南府战后增加的人口,大部分是外来移民。1874年11月马嘉理途经昆明时,给父母的家信中写到战后移民情形:

> 这里大部分人是移民,一切都从去年算起。……从他人口中得知,此城内物价昂贵,因其新近才被平定,商人重新开张需额外开支。此情形并不意外。因运输成本高,食物也极昂贵。②

蒙自城居民以战后四川流民为主,昆明移民情形也可参照蒙自小城。战后云南府商业需要重新开张振兴,进入的移民多从事商业和小手工艺。

昆明城周边当年的激战,在1895年还留有遗迹。里昂商会考察团从昆明城东门出城,"离开城市不远就是一个个乡镇了。回民起义之前,这里还有一座带城墙的外城,目前却只是一片布满城东

---

① 法国里昂商会编著,〔法〕里沃执笔:《晚清余晖下的西南一隅——法国里昂商会中国西南考察纪实(1895—1897)》,第37页。
② 〔英〕马嘉理著,阿礼国编:《马嘉理行纪》,第132页。

北山冈的荒冢地了"。虽然如此,但1895年12月里昂商会考察团途经云南时,战争已结束20余年,云南也已从内战和战后的饥荒与瘟疫中得到了恢复,出现了新的繁荣。在云南府高原上的山冈,"山腰上坐落着几个村庄。一幢幢乡间农舍见证着昔日的辉煌和重新的繁荣"。交通要道杨林,曾经是当年两军激战的地方:"自回民起义平息以来,杨林的人口翻了三番,达到6000人。"①

2.战后复苏的农业繁荣与村庄密集

滇南—滇中一线的乡村种植业考察资料来自里昂商会考察团笔记。云南东部乡村经济呈繁荣状态,蒙自集市和昆明集市的粮食、蔬菜、水果及肉类的丰盛就是证明。奥尔良王子探险队从滇南红河谷进入澜沧江流域直到滇西北的西线一途,记载的是冬季、春季、入夏三个时节沿途所见乡村水稻种植的繁荣。里昂商会考察团从滇南蒙自进入云南省府昆明所在滇中一线,看到的则是冬季沿途乡村原野庄稼种植和村庄分布状况。

从蒙自北边小路北上,"从阿迷州(按:开元府)开始,土地就耕作得很好,除了通常的稻谷、蚕豆和小麦之外,还种有大量的甘蔗、花生、烟叶以及少量木蓝和棉花,但棉花的种植数量很少,竹园附近地区尤其富庶"。阿迷州冬季作物种植丰富,除了粮食作物,还种植有多种多样的经济作物,均是可以在市场出售的产品,反映了当地居民旱地作物种植的多样性。

蒙自上行,沿途原野空旷,"然而,所有的农作物在这里,甚至

---

① 法国里昂商会编著,〔法〕里沃执笔:《晚清余晖下的西南一隅——法国里昂商会中国西南考察纪实(1895—1897)》,第48—49页。

在深山里,都有所种植。既有核桃树、橡树,也有小麦、玉米、番薯和鸦片。田野里,无人放牧的猪羊在吃草"。

从通海到海门桥之间,则以稻谷和玉米农产品为主,"所有的谷地都耕种得很好","在海拔高达2000米的高地上都可看到稻田,然而更常见的还是玉米地",通海"是优良鸦片种植区的中心",临安坝"甘蔗田一望无际","田里种得最多的是蚕豆,其间还夹杂着一些麦田和鸦片地"。沿途村舍众多,例如在曲江坝,十到十二里的距离内每一刻钟"都会路过一座村庄","这些村庄每个都有三四百户人家,有的村庄还要更大一些"。过了通海之后,整个行程中"没有一个小时见不到村庄"。"通海的人口比蒙自的多,大概有一万五至两万人。"考察团沿途都看到了"无可置疑的繁荣景象"。以上反映出从蒙自经阿迷州、临安坝、曲江坝、通海坝、晋宁州直到省城云南府昆明的坝子,沿途坝子农业发达,除了冬季谷地里种植的小麦、玉米、蚕豆等,在高地上也有稻田。但云南东部不是以稻田为主,而是以旱地作物种植为主,因此沿途所见冬季的经济作物种植广泛,其中还出现了优质鸦片、甘蔗专属种植区。村庄大而密集,人口众多,均是经济发达繁荣富饶景象。考察团在笔记中由衷赞叹道:"临安坝、曲江坝、通海湖畔以及晋宁州与省城之间的坝子(省城面积大约五十公里长,五六公里宽)的确十分富庶肥沃。"①

云南农业种植的发达,与西南地区从元朝开始开展军民屯田开荒有关。明朝占领西南地区后,继续实行屯田制度,在本土居民聚居地域建立卫所制度。明初朱元璋军队占领云南后,留下镇守

---

① 法国里昂商会编著,〔法〕里沃执笔:《晚清余晖下的西南一隅——法国里昂商会中国西南考察纪实(1895—1897)》,第29—30、36页。

云南的统领沐英,建立了明代卫所的军屯和民屯。明代卫所采用"军屯"方式,开垦了很多荒地,并进行了水利建设。如奥尔良王子探险队经过的澜沧江流域以东的思茅厅,据道光《普洱府志》统计,"思茅厅,土著1016户;屯民2556户;客籍3015户",即迁入的汉人数量已经大大超过本土居民。又如奥尔良王子记载的澜沧江流域大理、洱海农业的富饶繁荣,也与明代建立"大理卫"的"军屯"有关。据载,"大理卫,在府治南,洪武十五年建。军官职田一万二千二百一十一亩;士兵屯田九万五千八百八十亩六分。附近少数民族有白族、'罗罗'(按:彝族)、么些(按:纳西)";"洱海卫,在云南县(按:今祥云)东,永乐间建。军官职田八千七百八十亩;士兵屯田四万八千一百六十一亩七分九厘。附近少数民族有白族、罗罗(按:彝族)"。① 又如里昂商会考察团记载的农业种植业发达、村庄繁荣的滇南、滇中一线,沿线也均是明代卫所"军屯"之地。如考察团记载的杨林、通海等地,明初洪武年间均设立过卫所,各有大量的军官职田和士兵屯田。本地居民有"罗罗"与民家(通海)。据正德《云南志》卷一记载,到明正德五年(1510),云南卫所屯田地亩达到"一百二十七万六千六百三十亩九分四厘"②。法国人考察笔记记载的红河谷、澜沧江流域,以及滇中一线,均在明代卫所军屯土地垦殖范围内,先进的汉人农业生产技术对当地人的农业种植无疑有很大影响。明代军屯重视水利建设,清代在康熙后期以来尤其是雍正年间先后对明代的堤堰进行了恢复和增修,水利灌溉

---

① (清)郑绍谦原纂,李熙龄重修:道光《普洱府志》,咸丰元年刻本,参见尤中《中国西南民族史》,第406、413—433页。
② (明)周季凤纂修:正德《云南志》卷一,参见尤中《中国西南民族史》,第435页。

促进了滇西、滇东各地农业的发展。① 晚清法国人考察团队见证了云南战后和平年代滇南红河谷、澜沧江中游流域水稻种植业的发达。从滇南蒙自坝子直到滇中云南省城坝子乡村也出现"无可置疑的繁荣景象",考察团看到的是冬季旱地农作物的多样性种植、村庄密集、人口复兴。

(三)受汉文明影响的半山区倮倮稼穑

在蒙自小城集市和昆明城南门的集市,法国人考察团队均看到了各种各样丰富的农产品,包括粮食和水果。云南农业繁荣,不仅是在滇南红河谷、滇西澜沧江流域及滇中的坝子等地理条件好的地区,半山区倮倮地域也有发达的种植业。在法国人考察笔记中,可以看到里昂商会考察团医官德布伦博士记载的滇东半山区师宗县土渣村的倮倮,以及法国传教士李埃达神甫对滇西宾川县朱苦拉和古底倮倮泼的田野考察。

清政府在乾隆初推动了滇东半山区倮倮的农业种植发展。康熙、雍正时期在清政府的主持下,滇中坝子地区修复和建设水利工程,取得了农业繁荣发展。乾隆元年(1736)鼓励居住半山区的本土居民开发山区荒地,采用了优惠政策,"云南夷户,除耕官屯民田仍按亩起科外,其所种夷地,皆计户纳粮,免其查丈"。② 对半山区、

---

① 参见尤中《中国西南民族史》所引清代云南史志及鄂尔泰《兴修水利疏》,第447—448页。
② (清)岑毓英修,陈灿、罗瑞图等纂:光绪《云南通志》卷三十九《田赋·事例》乾隆元年条,光绪二十年刻本。

山区的本地居民开荒的土地,不按照地亩丈量规定税收,不查丈土地,而"皆计户纳粮",就是固定每户缴纳的土地税,以此鼓励半山区倮倮开荒垦殖。后来在滇东南一带进入汉人,有"湖广、四川、贵州、苗疆一带流民"进入云南省开化、广南两府,"每日或数十人,或百余人,结群前往该处,租夷人山地,耕种为业"。到了道光初年,"约计不下数万人"。①

1.滇东师宗土渣村戈濮倮倮的土地归属与农作物种植

在滇东山地海拔 2000 米左右的师宗县,居住着戈濮(葛濮),属于倮倮种群最古老支系的干倮倮。《南诏野史·南诏各种蛮夷》记载干倮倮:

> 干猓猡。以山居得名。每食插箸饭中,仰天跪拜为报本。好勇喜斗,杀人偿以财。服饰同黑猓猡,妇人项挂一羊毛筐,行住纽毛为绵,以织毯。②

乾隆《皇清职贡图》"云南等府干倮㑩"条(第 436—437 页)记载:

> 干倮㑩,唐时隶属东爨部落,今与黑、白二种散开处云南、曲靖、东川三郡,无专设土司。居尚楼屋,食贵盐、蒜,人貌皆

---

① 尹佩芬:《条陈滇省事宜四条疏》,王延熙、王树敏辑《皇朝道咸同光奏议》,第 1 册,光绪二十八年石印本。
② (明)杨慎编辑,(清)胡蔚增订:《南诏野史·南诏各种蛮夷》之七。

黑。……其婚嫁以奢侈相夸。每食插箸饭中,擎拳默祝,以为报本。性勇好斗,不通华言,颇勤耕织、采樵。岁输赋税。①

干猓猓"以山居得名",习俗古老,"与黑、白二种散开处云南、曲靖、东川三郡,无专设土司","岁输赋税",可见干猓猓、黑猓猓、白猓猓三种部落各不相属。在这三种部落中,明景泰《云南图经志书》卷二"曲靖府沾益州"载:"罗罗以黑、白分贵贱。"干猓猓既不同于黑猓猓上层贵族,也不同于云南白猓猓,是唐代南诏国"东爨乌蛮""东方三十七部"中一支保留古老习俗的猓猓分支。

里昂商会考察团医生德布伦博士负责人种志考察,在离开重庆返回云南去河内途中,专程去师宗县考察土渣村寨的戈濮猓猓,记载"土渣村寨(海拔 2200 米)有 20 户汉族家庭和 35 户土著家庭,他们属于一个被汉人叫作'干彝'的彝族部落,自称'戈濮'"。②"戈濮"是云南干猓猓中颇有特色的支系,见《南诏野史·南诏各种蛮夷》:

> 一名大头猡㺒。男以青布丈许裹发为大头,女戴布花线箍。婚嫁步行,妇避伯,不避翁。亦有顶盔擐甲,乘马佩刀,以劫抢为生者。然居家尊卑有序,会食以跪为敬。③

---

① (清)傅恒等编纂:《皇清职贡图》"云南等府干猓㑩"条。
② 法国里昂商会编著,〔法〕里沃执笔:《晚清余晖下的西南一隅——法国里昂商会中国西南考察纪实(1895—1897)》,第 193 页。
③ (明)杨慎编辑,(清)胡蔚增订:《南诏野史·南诏各种蛮夷》之十"葛猡㺒"条。

戈濮倮倮最具特色的是男女头饰,"男以青布丈许裹发为大头,女戴布花线箍"。"居家尊卑有序,会食以跪为敬"即是干倮倮风俗。戈濮女子布花线箍的头饰曾引起法国考察者的极大兴趣,1867年安邺湄公河考察队随团医生多莱尔(Dr. Thorel)在其撰写的《印度支那人类学笔记》中有文字记载。① 因此1895年法国里昂商会考察团随团医生德布伦博士在返程途中,专程去师宗县土渣村寨考察了他们的农业种植与服饰风俗。

笔记中对这一古老倮倮部族的经济现状做了报道:

> 他们都是一个姓李的汉族家庭的佃农。李家分成许多支系,住在村中一个很大的宅院,房屋一律盖着青瓦。……由戈濮种植的田地佃租权最初可能是以36吊的价钱出让给某一位汉人的,这位汉人又以90两的价格转卖给现在这些受益人。②

因此土渣村的戈濮最终成了李姓汉人的佃户,其支系还发展出20户汉族家庭。"戈濮人多住在锥形茅草屋顶的土坯房,房屋舒适度还有待改善。"德布伦博士向一位老人问询,了解到土渣村的种植业在汉人进入之后发生了很大变化,"过去森林覆盖着整个

---

① Henri Cordier, *Les Lolos: État actuel de la question*, Second Series, Vol. 8, No. 5 (1907), Toung Pao, pp. 597–686.
② 法国里昂商会编著,〔法〕里沃执笔:《晚清余晖下的西南一隅——法国里昂商会中国西南考察纪实(1895—1897)》,第193—194页。

地区,戈濮人在汉人来到之前根本不知稻米、玉米为何物"。① 在种植业方面,据德布伦博士笔记记载,土渣村戈濮倮倮扩大了农业种植种类,除了传统的牧羊、种植麻,还种植了小麦、稻谷、玉米、鸦片等。其中稻谷、玉米、鸦片的种植都与村子里进入汉人有关,这也是云南坝子的农作物在山区的推广。尤其鸦片,是云南最重要的经济作物,说明了师宗县半山区的种植业状况。道光年间"不下万人"的四川流民进入滇东"改土归流"后的广西府,师宗县隶属广西府,因此也在汉人流民进入当地人村寨租地耕种之列。戈濮村寨的李姓汉人家族,有可能最初是租地,后来有机会在他人倒卖时购买了土地而成为土渣村戈濮倮倮的地主。

师宗县山地占大宗的农作物是玉米,在靠近峨羊场一带有少量黑倮倮,是当地最富裕的居民。德布伦博士记载了一例:

> 阿旺村(峨羊场周边,距曲靖东南有三天的路程)黑彝头人年收入可能有600担(当地一担为600斤,也就是300公斤)玉米,鸦片不计算在内,这在一个每家每户只有60担收入的地方来说算很不错了,理应认为是很富裕的。②

关于黑倮倮,《南诏野史·南诏各种蛮夷》之六记载:

---

① 法国里昂商会编著,〔法〕里沃执笔:《晚清余晖下的西南一隅——法国里昂商会中国西南考察纪实(1895—1897)》,第197—199页。
② 法国里昂商会编著,〔法〕里沃执笔:《晚清余晖下的西南一隅——法国里昂商会中国西南考察纪实(1895—1897)》,第194页。

> 黑猓猡,即东爨乌蛮。其祝以铃,其占以草。男挽发贯耳,披毡佩刀;妇人贵者衣套头衣,方领如井字,无襟带,自头罩下,长曳地尺许,披黑羊皮,饰以铃索。①

黑倮倮妇人贵者服饰有特点,其套头衣"长曳地尺许,披黑羊皮"。

乾隆《皇清职贡图》"云南等府黑倮倮"条载:

> 黑倮倮为滇夷贵种,凡土官营长皆其族类,散居云南(昆明)、曲靖、临安、澄江、武定、广西、东川、昭通、楚雄、顺宁、蒙化等府……②

滇东的半山区黑倮倮每年的玉米收入为600担,还有鸦片收入,算得上富裕。其他每家每户也能够达到每年60担玉米的收入,计为60担×600斤=36 000斤,除了向汉人地主交的地租,向国家缴纳的税赋,余下就是各户居民的玉米收入量。德布伦博士的调查,反映了半山区倮倮收入的实际情形。普通家庭则指的是白倮倮,《南诏野史·南诏各种蛮夷》记载白倮倮风俗,"见尊长披羊皮,故嫁女授羊皮一张"。③ 乾隆《镇雄州志》载:"罗罗以黑白二种分贵贱,其黑种陇氏(土司)之支派,白种乃其异姓臣庶也。"④道光

---

① (明)杨慎编辑,(清)胡蔚增订:《南诏野史·南诏各种蛮夷》之六。
② (清)傅恒等编纂:《皇清职贡图》"云南等府干倮倮"条。
③ (明)杨慎编辑,(清)胡蔚增订:《南诏野史·南诏各种蛮夷》之五。
④ 乾隆《镇雄州志》卷五,参见(清)周埰修、李绶等纂乾隆《广西府志》,乾隆四年刻本;(清)屠述濂纂修:《镇雄州志》,徐家汇藏书楼藏乾隆四十九年刊本。

《云南通志稿》中说:"白罗罗,性朴直,裹头跣足,披羊皮如蓑。"①"披羊皮"是倮倮种群的风俗特征,倮倮都披羊皮。黑倮倮妇女披黑羊皮穿曳地长裙,白倮倮妇女披白羊皮穿短裙。白倮倮是臣服于黑倮倮的社会阶层,干倮倮是倮倮中的古老部族。康熙《平彝县志》卷三说:"干罗罗,彝中之流氓也,多贫。"②《罗平州志·种人》中有"黑干倮倮",说明干倮倮中也有黑、白倮倮之分。对西南地区及云南倮倮种群进行过专门考察的法国传教士李埃达神父将黑倮倮定义为"黑倮倮就是贵族等级,白倮倮则是其他部落"③。

据李埃达神父对黑倮倮考察的描述:"他们自以为优越于其他倮倮,缺钱时就卖地,宁可以优惠价卖给汉人而不愿意卖给其他倮倮。他们只在内部通婚,可偶尔还是会娶 Ko p'ou(干倮倮)部落的女子。"故干倮倮与黑倮倮接近,属于古老部落。师宗县的"Ko p'ou(戈濮)部落"分成白(Ko te)和黑(Ko na)。"Ko na 住在 Tou-dza(汉语是'土渣')",④说明土渣村"戈濮"倮倮是黑倮倮。

2.滇西宾川朱苦拉村倮倮泼的耕稼种植

云南倮倮善于种植各种农作物。前面提到李埃达神父对云南的倮倮做过专门研究。他本人于1904—1908年担任朱苦拉村教堂

---

① (清)阮元修,王崧、李诚纂:道光《云南通志稿》卷三,道光十五年刻本。
② (清)任中宜纂修:康熙《平彝县志》卷三,康熙四十四年刻本。
③ 〔法〕保禄·维亚尔(Paul Vial)、阿尔弗雷德·李埃达(Alfred Liétard):《倮倮·云南倮倮泼——法国早期对云南彝族的研究》,第114页。
④ 〔法〕保禄·维亚尔(Paul Vial)、阿尔弗雷德·李埃达(Alfred Liétard):《倮倮·云南倮倮泼——法国早期对云南彝族的研究》,第141—142页。

的本堂神父,对朱苦拉村及与其相邻的古底倮倮泼的历史与现状做了田野考察,以下即是其考察中的部分内容。

李埃达神父考察的宾川倮倮泼居住村寨位于半山区,"朱苦拉的海拔1440米"。朱苦拉北部是傈僳部落,他们之间经常有往来,"相互影响甚深"。古底地区位于朱苦拉西偏西南方,"中间隔着一条高约2900米的山脉。那里的倮倮或多或少与民家、本地人(民家和汉人联姻的后裔)杂居"。显然朱苦拉的倮倮泼是居住在半山区的倮倮,"倮倮泼"意即"倮倮人"或"倮倮部落"。朱苦拉倮倮泼并非本地原始居民,最早源于大约700年前(按:指元代),两个纪姓家庭从白盐井到朱苦拉村拓荒,慢慢地就有其他家庭加入,后来周边又有倮倮家庭加入,均以拓荒谋生,当土地够全家生活时,就不再为增加土地而拓荒,倮倮泼就这样形成了朱苦拉村。白盐井离铁桥不远,"即大姚县和姚州之间",到明万历年间(1573—1620),因为当地施行土司制,朱苦拉村已经附属于住在古底的高土司,"村庄每年向高土司纳税1两银"。后来高土司因为银根短缺,"使用手中仅有的权力把朱苦拉稻田抵押给姓陶的汉人,获得30两银。于是一夜之间,朱苦拉的倮倮泼都从原先的地主变成了佃户",地租是每年上交22担米给陶氏汉人。后来陶氏把22担地租土地"以400两银的价格倒卖给Lo-si tchai的张氏","现在,张氏后代在此开枝散叶,总计15个家庭。他们每年向朱苦拉农民征收72担租,还提出各种劳役"。①

田野考察证实朱苦拉倮倮泼既不是贵族黑倮倮,也不是守住

---

① 〔法〕保禄·维亚尔(Paul Vial)、阿尔弗雷德·李埃达(Alfred Liétard):《倮倮·云南倮倮泼——法国早期对云南彝族的研究》,第151—152、300、302—303页。

古老习俗的干猓猓,而是陆续从外地来此开荒聚居形成村寨的白猓猓。朱苦拉猓猓泼后来成为汉人地主的佃户,与滇东师宗县土渣村干猓猓"戈濮"相似。土渣村黑猓猓部落是村寨自己因缺钱将村里的土地出售给汉人,因此而成为汉人佃户。村中购买土地的那一家汉人发展出后代支系,户数在土渣村中占有一定的比例,说明在猓猓村寨中,租种或购买猓猓土地的汉人成为猓猓居民的地主。汉人地主因其后代繁衍,其分支的家庭户数不断增加,也会继续繁衍扩大,当地种植的农作物自然受到汉人家庭的影响。

据李埃达神父对各地猓猓生计方式的考察,"猓偡基本上从事农业,饲养许多牲畜。……平原地区最重要的庄稼是稻米和玉米。山区最常见的庄稼是玉米和荞麦","不过在山上,只要土壤条件合适和有充足的水源,人们就会耕种梯田"。

李埃达神父在对本堂区朱苦拉猓猓泼的长期田野考察中,撰写了一份朱苦拉猓猓泼一年四季从事农业的作息时间表,其中反映出滇西朱苦拉猓猓泼科学的农业种植方式及农家生活情形。兹录如下:

时间分配和工作安排

猓猓的一天很忙。以下是他们一年中每个月的大体工作情况(中国阴历):

一月——上山翻荞麦地。

二月——播荞麦种、谷种,摘蚕豆,挑厩肥,收鸦片。

三月——灌溉稻田,耕地,耙地,移稻秧。

四月——耕地和播玉米种子,播蜀黍和黍,种四季豆、西葫芦,播烟草种。

　　五月——给玉米除草等。

　　六月——收获。

　　七月——割稻,打稻米。收获四季豆,重新翻地。

　　八月——种蚕豆,播大麦种和小麦种,种鸦片,种豌豆。

　　九月——收获烟草、玉米、蜀黍。

　　十月——砍柴造屋,割草盖房,储备一年的柴火。

　　十一月和十二月——储备火把,把之前在山上砍的木柴运回家,造房子。①

　　从以上农活时间的安排看出,二月至六月是播种与收获时节;七月是收割稻谷时节;八月是播种越冬旱地作物时节;九月是收获旱地粮食时节;十月、十一月、十二月是筹备冬季的柴火、盖屋、搬运木材的时节;一年之中略闲暇的是一月和六月。从其种植的作物考察,旱地作物与稻田作物并举,尤以旱地种植的作物种类为多,有玉米、荞麦、四季豆、蜀黍和黍,冬季作物中还有大麦、小麦、蚕豆、豌豆,也种植烟草与鸦片。反映出倮倮泼农业种植种类丰富多样,农家生活忙碌欢快。根据李埃达神父田野考察记载,朱苦拉村寨倮倮泼的旱地农作物大多具有特色。如玉米,包括红玉米、黑玉米、白玉米、黄玉米和蓝玉米。黍有三种:米黍、黏黍和一种不知名的黍。荞麦有甜荞麦和苦荞麦。四季豆有三种:红白相间或开花品种、白品种和短品种,"四季豆和西葫芦一般种在玉米地的犁

---

① 〔法〕保禄·维亚尔(Paul Vial)、阿尔弗雷德·李埃达(Alfred Liétard):《倮倮·云南倮倮泼——法国早期对云南彝族的研究》,第180—181页。

沟中"。各有几种颜色的玉米和四季豆在蒙自集市已经出现。至于四季豆和西葫芦在玉米地里套种,则显示出倮倮泼的土地利用与耕稼经验已经相当成熟。在倮倮泼的种植物中,荞麦是其传统种植物,稻谷及冬季作物均是汉人种植物种。玉米传自外洋,鸦片、烟草是经济作物,也是晚清汉人传入的作物。倮倮泼的农具"与汉、民家的大致相同"。①

朱苦拉村倮倮泼在掌握农业四时节令、农业种植及农业工具方面均受汉人农业文明的影响。朱苦拉倮倮泼在明代中叶因为土地被租佃给汉人,开始受到汉人耕稼种植的影响,到清末已经300多年,学习和积累了丰富的农业种植经验,所以在农作物种植中品种更加多样,稼穑生活也更为活跃。

滇东师宗县半山区土渣村的干倮倮"戈濮"保留自己习俗的时间较长,直到乾隆初提倡半山区倮倮开垦荒地,把村里的土地卖给汉人之后,才开始在山地种植玉米、稻谷及小麦和鸦片。到晚清德布伦博士去考察时,农业发展也已有一百多年历史。朱苦拉村则始于明代万历年间,农业发展的历史更为久远。滇东师宗县土渣村的戈濮倮倮和滇西宾川县的倮倮泼均已经历长时间的汉族农业文明影响,但各自依然保留着自己部族的习俗。如服饰方面,德布伦博士1897年初考察所见滇东土渣村的"戈濮"黑倮倮妇女服饰,以麻质为材料,衣裙和头饰均很有特色,"衣物一律由年轻女孩们自己手工缝制并染色",头饰也"一律亲手打造"。李埃达神父在1904—1908年间的考察大约与此相隔十年,记载的滇西朱苦拉村

---

① 〔法〕保禄·维亚尔(Paul Vial)、阿尔弗雷德·李埃达(Alfred Liétard):《倮倮·云南倮倮泼——法国早期对云南彝族的研究》,第185页。

倮倮泼的服饰原料起了变化,麻质慢慢被"汉式布料"取代。但倮倮泼披羊皮的习俗并没改变,倮倮泼是白倮倮,"无论男女,都有一顶汉式大帽子(汉语是蒐帽)和一块山羊皮,羊皮上方有两个窟窿,可以让胳膊穿过去"。①

以上有关云南本土农业种植物的考察中,稻谷和玉米均是当地居民的主要种植作物,其中倮倮的种植作物尤以半山区玉米为主。云南半山区倮倮大量种植玉米,而玉米是由美洲传入的农作物,因此涉及玉米传入时间问题。

中国种植的玉米是经由葡萄牙传教士从西南路线经滇缅大道传入,云南是进入西南地区的第一站。清代分三个阶段推广玉米种植。顺治至雍正年间是种植初期,乾隆到同治年间完成种植推广,光绪时期到民国是大规模种植时期。玉米产量高,耐寒,用途广泛,适宜于山地栽种。云南方志中记载的玉米栽种时间均在清初,滇东师宗县隶属的罗平州是1718年,滇西朱苦拉隶属的宾川县是1728年。② 云南玉米完成推广的时间,与乾隆初在半山区推广开垦政策的时间相契合,显然与这一政策相关联。在集市农产品中,各种颜色的玉米也是主要农产品。

法国人考察团在云南考察途中对云南乡村农业种植经济非常重视,进行了仔细观察。因为农业经济发达才可能有商品经济的

---

① 法国里昂商会编著,〔法〕里沃执笔:《晚清余晖下的西南一隅——法国里昂商会中国西南考察纪实(1895—1897)》,第196—197页,另见附录图片"土渣村倮倮妇女服饰";〔法〕保禄·维亚尔(Paul Vial)、阿尔弗雷德·李埃达(Alfred Liétard):《倮倮·云南倮倮泼——法国早期对云南彝族的研究》,第200页。
② 李昕升:《玉米在云南的引种和推广》,《中国农史》2017年第3期;参见蒋彦士译《中国几种农作物之来历》,《农报》1937年第12期。

繁荣,而商品经济的繁荣是支撑法国人在云南开发商业市场的前提。法国政府的目的是在云南修建铁路、开矿及发展商务,农业经济富庶发达就能为日常生活提供保障。

三、东川府废弃铜矿资源考察

在1895年6月20日中法两国签订的《续议商务专条附章》中,法国工程师勘测中国南部和西南地区矿藏的优先权被重新提了出来。因此在法国里昂商会考察团第一分队北上途中,东川府铜矿废弃现状成了考察的重要内容之一。

(一)战后云南重振铜矿举措

云南东川府、昭通府都是著名的铜产地。元明两朝,东川、昭通(原名乌蒙)均隶属四川,清前期始划属云南。

雍正四年(1726)春,"以鄂尔泰巡抚云南,兼总督事"。鄂尔泰遂奏言,"即如东川、乌蒙、镇雄,皆四川土府",然至滇省城更近于四川省府,"若东川、乌蒙、镇雄改隶云南,俾臣得相机改土归流,可设三府一镇,永靖边氛"。清廷采取了这一建议,"即诏以东川、乌蒙、镇雄三土府改隶云南"。雍正六年(1728)春平乱后,"屯田东川,岁收二万余石,课矿岁万金,资兵饷"。雍正九年(1731),清廷镇压了滇东北叛乱的㑩㑩后,招抚逃离和房屋烧毁无存的当地居民,按户发银,令其建草房,并贷给其耕牛种籽以恢复生产。东川

175

府、昭通府(乌蒙府改名)、镇雄府改隶流官治理。① 滇东北农业、矿业进入新的发展时期,东川府和昭通府的铜矿开采也因此而繁荣。

东川府"广五百里,袤四百二十里"②,矿藏丰富。乾隆时期东川府已成为云南产铜最多的铜矿区,"发现矿苗八十二属,开办者三百余厂,岁供铸钱及八路采办之需"。③ 以东川府为中心的滇东北地区的铜矿,成为清代前期政府铸币及生产铜器的最重要的原料来源地之一。乾隆、嘉庆年间是东川铜矿开采盛世,大小铜矿有三四十处,"大厂动辄十数万人,小厂亦不下数万"。④ 乾隆时人吴大勋记其闻见:"东川一郡产铜甚广,不独诸大厂也。一切山箐之间,随处开挖可以获铜。……故东、昭、曲靖之间为私铸之薮。"⑤足可反映乾隆时期东川府、昭通府等地铜矿及其开采之盛。咸丰六年,大理杜文秀率领回民起义,东川铜矿及其他矿井遭受战事的极大破坏,"滇省矿厂,均皆停歇,东川亦被其祸"。⑥ 矿工或参与战争,或逃生离开,"滇省素产五金,而铜为最盛,军兴废弛二十余

---

① (清)魏源:《圣武记·雍正西南改土归流记》,第284—286页。中国第一历史档案馆编:《雍正朝汉文朱批奏折汇编》第20册,"雍正九年四月初三日",江苏古籍出版社,1989,第261—263页。
② (清)赵尔巽等撰:《清史稿》卷七四《地理二十一·云南》"东川府",第2338页。
③ 周钟岳等纂修:《新纂云南通志》卷144《商业考·进出口贸易》,1948,铅印本。
④ (清)岑毓英:《奏陈整顿滇省铜政事宜疏》,载(清)盛康辑,盛宣怀编《皇朝经世文续编》卷49,光绪二十三年刻本。
⑤ (清)吴大勋:《滇南闻见录》上卷"私铸"条,载方国瑜主编,徐文德、木芹、郑志惠纂录校订《云南史料丛刊》第12卷,第25页,云南大学出版社,2001。
⑥ 丁文江:《游记二种·漫游散记》,辽宁教育出版社,1998,第126页。

年"。① 时任云贵总督刘长佑上奏重办云南矿业折中谓:"军兴二十余年,人民凋敝,厂地荆榛,欲办而无资,遂生计之日窘,而滇民之疾苦愈不堪矣。"②大理杜文秀回民起义政权被平定时,正值19世纪70年代国内开启近代化运动。从1874年开始,清政府与云南地方政府均欲重振东川府铜矿,采取了一系列鼓励开采铜矿的政策,先后"经历了一个由'听民开采'向'官治铜政'制度转变及'放本收铜'经营方式的确立过程";也曾在上海试行招商集股采购机器,未达效果。③ 奥尔良王子探险队1895年1月在蔓耗考察云南出口产品时只提到锡板,而没有提到铜,也证明了东川府铜矿尚未恢复开采。

(二)里昂商会考察团对东川府废弃矿井资源的报告

1.法国人对云南矿藏的历史记载

法国人对云南的认识,源于1862年法国占领越南,签订《西贡条约》以后,"同治初年(1862)法人大商豪塞氏并张得比氏,得循红河(云南境内称元江)潜游云南,探悉山川之形胜,矿产之丰饶,以及种种之宝贵生殖,归以详语其国人。一时云南之价值,盛传于巴

---

① (清)唐炯:《奏为厂困民穷开采不广亟筹变通补救折》,载中国第一历史档案馆编《光绪朝朱批奏折》第101—102辑,中华书局,1996。
② 《准滇省开矿练军第1866号》,载"中研院"近代史研究所编《中国近代史资料汇编·矿务档》,1960。
③ 陈征平:《清代云南铜矿开发的制度演化及"官治铜政"的特征》,《思想战线》2003年第5期;凌永忠:《论晚清东川铜业的近代化尝试》,《中国矿业大学学报(社会科学版)》2015年第2期。

黎市街,举众惊奇赞叹,视云南为其目的"。① 法国人了解云南有丰富矿藏,始于1868年的法国安南交趾支那湄公河探路队。探路队从湄公河进入云南境内后,对滇南从思茅经红河谷到滇中昆明府,北上进入东川府、昭通府沿途所看到的矿井生产均做了记载。② 1871年弥乐石从汉口上溯扬子江,从川南进入云南府昆明,在当地与矿产主合作参与过锡矿的开采,因此熟悉云南矿藏。在其后来出版的考察笔记《中国云南省》一书中,第二卷就列有专章"云南矿藏"介绍。③ 1886年法国学者德维利亚(Gabriel Deveria)在《中国—安南边境》(La Frontière Sino-Annamite)一书的第一卷《地理笔记》("notes géographiques")中,就记载有一份"云南省矿藏"清单,其中就有东川铜矿,④表明法国人对云南省的矿藏资源非常了解。就因为1868年法国交趾支那联邦(西贡)湄公河探路队在昆明发现了"与中国的新商路",法国才有了占领越南北部河内的殖民要求,其原因就是垂涎云南省的矿藏资源。

云南的矿藏出现在以上法国人的考察笔记或研究著述中,产生了影响。因此法国里昂商会考察团1896年初北上四川途经云南

---

① 志复(杨振鸿):《法人窥伺云南之渐》,载中国社会科学院近代史研究所《近代史资料》编译室主编《云南杂志选辑》,知识产权出版社,2013,第392页。转引自刘鼎寅、韩军学著《云南天主教史》,第122—123页。
② 见湄公河探路队成员卡尔内考察笔记 Voyage en Indo-Chine et dans l'Empire Chinois (《从印度支那到清帝国的旅行》),1872。
③ Emile Rocher(弥乐石), La Province Chinoise du Yun-nan, Vol. II. (《中国云南省》,第2卷), pp. 218–249.
④ Gabriel Devéria(德维利亚), La Frontière Sino-Annamite, Première partie: notes géographiques (《中国—安南边境·第一卷:地理解说》), Ernest Leroux, Paris, 1886. 内容系本书作者翻译。

东川府及昭通府,对沿途自1856年以来矿业废弃凋敝状况提供的实地考察见证,甚为重要。

2.里昂商会考察团有关东川府废弃矿井的报告

里昂商会考察团团长弥乐石率领的小分队从杨林小镇上行,进入了云南省富庶的矿藏地区东川府。东川府是川滇交通要津之一,"东川是建昌、大理公路的交汇口,其间还可通过会理州"。考察团在进入东川府之前,"遇到一支运送川烟、红糖到云南府的马帮","在回民起义以前,云南在这一地区有很多正在开采的矿山。现如今,马帮只走这条道的北段,也就是从四川到东川府的那一段了"。① 即东川府西通大理府、上接四川西南建昌道的马帮运输道均已萧条,只有北段通会理州的马帮道仍有四川商品输入。"弥乐石领事给里昂商会的报告从东川开始",即指对东川府矿藏资源的考察。考察笔记对东川府矿藏资源及其废弃矿井做了如下描述:

> 东川府位于坝子东边,人口约达二万左右,是矿藏极为丰富的中心地区。如今这些矿产却很少开采。东行三天,就有云南最丰富的铜矿。离城五十里左右,河床下就埋着一大堆自然铜,当地人竭尽全力开采,但始终未果。一百五十里开外还有一座含银铅矿,每天可提炼一块银锭运往东川。
>
> 所有这些在回民起义之前大力开采并成为东川和省城之间重要商贸内容的矿藏现在都已停止开采。任何一名中国人

---

① 法国里昂商会编著,〔法〕里沃执笔:《晚清余晖下的西南一隅——法国里昂商会中国西南考察纪实(1895—1897)》,第50页。

都有权找矿。①

矿井在回民起义政权建立以后,因战争被破坏或被清政府封闭。将近40年过去了,云南地方政府鼓励私人开采,但东川府的矿井生产并没有恢复。

从东川府坝子上行途中,则看见漂亮的煤矿及其他种类矿藏的废弃矿井:

> 在这片迷宫般的高原上蕴藏着众多的煤层,当地居民都就地开采以供日常生活使用。我参观了一座位于路边的小煤窑,无烟煤层高6米,宽8米,是我迄今为止看到过的最漂亮的煤层。……
> 一直到桃源的这片地区都是巨大的煤层。在稍远的地方,我们就看到了两座自回民起义以来被废弃的铜矿锌矿。另外在村庄的上面,一堆堆的铜矿渣也表明这里曾经是矿产开发中心。②

以上记载反映出东川府不仅是铜矿、银矿丰富的地区,煤矿亦蕴藏丰富,而且采集极为方便,当地居民就可以就地开采,以供家庭生活之需。还有被废弃的铅矿、锌矿,并有曾经开采铜矿的迹

---

① 法国里昂商会编著,〔法〕里沃执笔:《晚清余晖下的西南一隅——法国里昂商会中国西南考察纪实(1895—1897)》,第51页。
② 法国里昂商会编著,〔法〕里沃执笔:《晚清余晖下的西南一隅——法国里昂商会中国西南考察纪实(1895—1897)》,第53页。

象。弥乐石领事是汉语通,他与几个当地老人进行了交谈,了解这一地区当年繁华景象的老人说,"以前这里矿厂众多,富庶而繁荣。到如今这里已成了穷乡僻壤"。①

当地政府正在鼓励民间参与恢复开采废弃矿井。考察团弥乐石分队在东川府考察矿井时,驻扎在东川府的一位将军还专门前去看望了弥乐石团长,同他"谈了很长一段时间有关矿厂的情况",并一再恳求弥乐石"同他一起去观看两座废弃了几年的银矿","他建议重新开发这两座矿厂"。

昭通府是考察团北上四川的必经之地,考察团在昭通府同样看到一些废弃矿井。在一座红土高岗两侧,"可以看到很多废弃的巷道,稍加休整即可恢复,……稍低一点的地方,蕴藏着银矿的矿脉",旁边还有"无烟煤的矿道"。②

里昂商会考察团有关矿藏的考察报告,一方面反映了云南东川府、昭通府战后铜矿及其他矿藏矿井被废弃的状况及丰富的矿藏资源;另一方面也反映了1895年6月《中法会订越南条约十款》换约刚好半年之后,云南地方政府积极配合,成立了矿务局。官方正在致力于开启民间与外商投资开采,借以恢复被战争破坏的废弃矿井,希望重振矿业与当地经济,这一时期正是云南进一步开放的前夜。

有关云南遭受战乱的损毁严重程度,里昂商会考察团记载了蒙自—昭通府沿途乡村座座坟茔和废弃矿井的状况。事实上,省

---

① 法国里昂商会编著,〔法〕里沃执笔:《晚清余晖下的西南一隅——法国里昂商会中国西南考察纪实(1895—1897)》,第53页。
② 法国里昂商会编著,〔法〕里沃执笔:《晚清余晖下的西南一隅——法国里昂商会中国西南考察纪实(1895—1897)》,第54页。

府昆明—滇西大理府沿途州县也经历了战争,其毁损程度在1874年底战争结束不久,经滇黔通道穿越云南省的马嘉理的日志中有具体记载,为人们提供了更详细的参照。

(三)1874年马嘉理对贵州云南驿道州县战争毁损的纪实

咸丰五年(1855),贵州台拱苗民佣工张秀眉发动起义,涉及黔东南及黔东汉口官道沿途镇远、施秉、思州(今岑巩)等大部分城镇。贵阳府以西苗人、仲家也响应起事,"(咸丰)五年,苗乱蔓延,超驰援台拱,解黄平、平越围;转战至施秉、镇远"。① 南京太平天国政权被镇压以后,贵州官军联合相邻各省会剿苗人武装。同治"八年(1869)……丁丑,川、湘、黔、桂各军会剿苗匪"。② 直至同治十一年(1872),贵州全省方才结束延续17年(1855—1872)的战乱。1874年马嘉理穿越湘黔滇官道,从湘西水路登陆贵州镇远府,对沿途观察所见汉口官道州府县遭遇的战争破坏,有较详细的记载:

11月1日。"行至清平县(Ching-ping Hsien),同其他城镇,此地也曾尸骨遍野,目前已恢复良好,其民居逾倍于途经市镇。……途经村落均有苗人破坏之伤痕,四处可见结实石屋残骸,……目前仅余几处贫寒草棚,零落相聚,住川、赣移民。此处之村、镇、城均在建或已建新房,似一夜繁华忽现,甚异。"

11月2日。"沿途富饶美丽,却完全荒芜。大片耕地,今杂草

---

① (清)赵尔巽等撰:《清史稿》卷四二〇《韩超列传》,第12140页。
② (清)赵尔巽等撰:《清史稿》卷二二《穆宗本纪》,第828页。

丛生,见证广阔无边荒凉。"

11月3日。"临近省城,途径市镇规模渐增,……至贵定县(Kwe-ting Hsien),如其他地方一样,县城之复兴较其临(临)近地区稍快。我直赴衙门,受到县令礼遇。他曾至津沪,不停赞美一切外国事物。……我发现此地与沿途所经地界一样,民众均能听懂北京话,甚为惊奇。此地方言比湖南话更易理解。"

11月4日。"整个贵州省都令人悲哀地遭到毁坏,所有城市都仅剩村庄大小,村庄则只剩下草棚而已。到处是精良的石头盖成的房屋废墟,诉说着曾经的繁荣。"①

进入贵州省府后,贵阳府的居民、街市和风景给马嘉理留下了美好印象:

> 11月5日。终于走完全程,至省城贵阳。我甚爱此地,人群彬彬有礼,毫不生厌。街上熙熙攘攘,却无人尾随或盯视,时有惊异表情,但仅此即止,几番闻其雅言"有客自远方来"。沿主街行至仆从预定客栈,一路光景如画,无数招牌及印染布匹沿街摆卖,红、蓝、绿各色雨伞闪闪发光,伸出店外,似诱雨来。来时,从隘口首次望此城,即感其美。其坐落于起伏平川,树木幽深,四周高山环绕。……因地势不平,少数雄伟建筑高耸,城墙难以遮掩。而在中国其他地方,市内景象均妥善藏于墙内,城外旅人不得而知。
>
> ……

---

① 〔英〕马嘉理著,阿礼国编:《马嘉理行纪》,第105—108页。

此处店铺所售均来自四川,尤其食盐、丝绸、伞及陶制品。①

安顺府位于贵州中西部,安顺城坐落于贵阳以西90千米处。1874年马嘉理在日志中曾记载了离开贵阳府后进入清溪县(Ching-chi Hsien)后所见:"这边乡野相对于贵阳东边之人丁更旺,耕地更多,但大片可耕田地依旧荒芜,能见耕种旧痕,此刻完全废弃,野草苍苍……"从清溪县进入安顺府,"平坝全长80里":"(安顺府)东部入城方向是一片起伏地带,为面积超过二三千亩之巨大坝场。……城里民居确实繁多,进城即感受勃勃生机。整个城市建于山谷,从城门即能尽揽(览)全城。……此地居民与贵阳人一样举止良好。该城应足以抵御苗族人袭击,据说他们洗劫时曾攻至城门。"②

数日之后,马嘉理经汉口湘黔官道进入云南境内。1873年云南清军与大理杜文秀回民政权在滇东结束了激烈战事,1874年大理杜文秀回民政权在滇西及大理府数次抵抗后被镇压。马嘉理沿途所见均是战后一片毁损景象。

11月25日、26日,马嘉理首先经过杨林镇。杨林镇是云南境内滇黔通道著名的交通驿站。马嘉理记载杨林广阔平原"散布新建村落,大量毁坏旧村遗迹也随处可见。……离杨林镇后,战争毁损痕迹越加明显,令人遗憾。房屋遗迹占地颇大,从规模及恢复速

---

① 〔英〕马嘉理著,阿礼国编:《马嘉理行纪》,第109、114页。
② 〔英〕马嘉理著,阿礼国编:《马嘉理行纪》,第115—116页。

度看,我推测此地曾为重镇"。① 此即20年以后,1895年12月初里昂商会考察团途经杨林镇时依然能看到的战争毁坏遗迹。

11月28日,马嘉理进入云南府昆明。昆明战后人口减少,马嘉理给父母家信中写到昆明战后移民进入:"这里大部分人是移民。"在11月29日的日记中,他写道:"无数休耕土地等待着人们的劳作,村庄被毁,不计其数。"②

马嘉理日记提供的从昆明沿驿道西行大理府途程记载,是1892年以来法国人考察团队在云南境内未曾经过的地带,也是云南境内经历过残酷战争的地区。

12月3日,停安宁州。"战争几乎摧毁沿途所有城镇,尚无时间完整重建。……一路乡野似曾有耕作痕迹,目前却为一片焦土。……此城墙全部被毁,未有丝毫重修,城内约有几百座民居。"

12月5日过禄丰。路段状况很糟,马嘉理说:"我推断回民战败撤退时故意破坏道路以阻断清兵追击","此城市依然处于破坏状态,仅有少量民居"。

12月7日至广通县。当地战后被毁,县令在"衙门中甚至没有自己安身之所"。③

12月8日至楚雄。该城全城被毁,战后官府衙门临时安置在寺庙中:

城墙之内为几乎空无一人之废墟,仅旁边上街及少量房

---

① 〔英〕马嘉理著,阿礼国编:《马嘉理行纪》,第127页。
② 〔英〕马嘉理著,阿礼国编:《马嘉理行纪》,第132页。
③ 〔英〕马嘉理著,阿礼国编:《马嘉理行纪》,第134—138页。

屋似自灰烬中拔地而起。楚雄知府住在由寺庙临时改建之衙门中,县令也住于此,占据四分之一。①

12月10日到镇南州。

看着美丽山谷变成离离野草,村落废墟及依稀可辨的田地沉默低伏,诉说着曾经的繁华,真令人忧伤。这几天,我每天都身处一向忙碌,现在城墙内却只剩几所新居的城市,城墙外一片断壁残垣,曾经的数百户民居已夷为空地。不过逐渐开始有人返回。②

马嘉理有关迤西沿途遭受的战乱破坏景象的记录到此为止。此后他经姚州、赵州,抵达大理府,并不顾官员劝阻,成功进入战后尚未完全恢复平静的大理城。

马嘉理日志呈现了当年清政府与大理杜文秀回民起义政权双方最后的激烈交战对云南省府昆明以西的府州县城镇造成的重大毁损。城内房屋几成废墟,一些州、县衙门暂存于寺庙。一切需要重新开始,这是法国人考察团队进入云南考察以前20年的情形。

---

① 〔英〕马嘉理著,阿礼国编:《马嘉理行纪》,第140页。
② 〔英〕马嘉理著,阿礼国编:《马嘉理行纪》,第141页。

第三节　昆明拜访:官员、省城首富

1892—1910年进入云南的数支法国人考察团队中,里昂商会考察团人员多,使命特殊。考察团团长弥乐石在云南府熟人又多,因此在昆明分别对高层官员和云南首富做了拜访,这既是私人性质,同时也与考察团的考察目的有关。

一、云南藩台大人的官服

里昂商会考察团进入云南省府昆明时,首先是按惯例去拜访了云南代理"唐姓"藩台大人,递交通关文书,顺带还特别描述了一番云南藩台的官服。在北京的欧洲使团中,早已流行关于中国官员服饰的评说,"中国官员的官服确实不乏某种略显僵硬的高贵之处以及含蓄的富贵之气。这些宽大的服饰足以令我们那些狭窄的服装丢人现眼"。因此考察团笔记着意描述了身着官服的藩台"唐大人"的服饰。12月初的昆明天气并不太冷:

> 这位唐大人却依然在他那件长及脚面的漂亮双层皮袍下穿了好几层内衣。……帽顶上的顶珠——一颗蓝宝石闪闪发光,显示着他的身份,缝在长袍前襟上的补子上面绣着孔雀,

颈上挂着两道朝珠挂链,一串有一百零八颗贵重的珠子。①

考察笔记所描绘"唐大人"的官服是三品官的标志,"三品:蓝宝石顶,孔雀补"②。顶戴与补子色彩上相呼应,三品的蓝宝石顶配宝蓝色孔雀补。如二品的珊瑚顶配锦鸡补,均色彩艳丽。除了宝石顶戴和鸟禽补子装饰有规定,中国的官服用料也很讲究。云南藩台"唐大人"衣料用绸缎和獭皮,足蹬高底黑色白底皂鞋,宽袍大袖,胸前还有两串贵重的朝珠挂链。在欧洲人的眼里,中国的官服自然就有了一种高贵与含蓄的富贵之气。

1903年春美国旅行家盖洛在汉口乘坐驶往宜昌的"江河号"客轮,记载船上的乘客有传教士、商人和官员。甲板上大家可以自由交谈,盖洛提到中国的官员时如此评价:"清朝的命官人人能言善辩、吃喝讲究和衣着华贵。一般而言,那些官员精明能干,绝非蠢材。"③盖洛的评价反映了西洋人对清政府官员的基本看法。

前蒙自领事弥乐石团长是云南官府的老相识,里昂商会考察团在昆明受到云南省提督马将军邀请,在他的花园里专门款待了

---

① 法国里昂商会编著,〔法〕里沃执笔:《晚清余晖下的西南一隅——法国里昂商会中国西南考察纪实(1895—1897)》,第44—45页。
② (清)昆岗等编纂:《钦定大清会典事例(光绪朝)》卷867、887,光绪二十五年刻本。见(清)赵尔巽等撰《清史稿》卷九《世宗本纪》,第329页:
　　(八年)冬十月庚子,再定百官帽顶,一品官珊瑚顶,二品官起花珊瑚顶,三品官蓝色明玻璃顶,四品官青金石顶,五品官水晶顶,六品官砗磲顶,七品官素金顶,八品官起花金顶,九品、未入流起花银顶。
③ 〔美〕威廉·埃德加·盖洛:《扬子江上的美国人——从上海经华中到缅甸的旅行记录(1903)》,第61—62页。

考察团一行。①

二、省城首富王姓富商

法国人考察笔记记载的滇南、滇西、滇中集市与乡村的繁荣景象,无疑是云南战后农业经济与商业经济复苏与富庶的见证。里昂商会考察团记载了在云南府昆明拜访的一位省城首富王姓商人,有关这位省城首富的个案记载,即反映了晚清第一次鸦片战争以来及至中法战争之后,云南民间小商贩成为金融巨商的发家史及产业状况。

(一)省城首富王姓富商:兼营多种业务的金融巨头

云南省商业繁荣的传统地域是在滇西大理、腾越。因其北接西藏、西及西南通缅甸并远接印度,与境外的商业贸易历史久远。②1889年滇南蒙自对相邻的法属印度支那开埠通商,进出口市场带动了云南商业经济东移。1892—1910年间法国人考察团队从越南红河进入云南,专注于滇中云南府、滇东北连接四川的红河—蒙自"与中国的新商路",以及在滇南红河谷流域和澜沧江流

---

① 参见法国里昂商会编著,〔法〕里沃执笔《晚清余晖下的西南一隅——法国里昂商会中国西南考察纪实(1895—1897)》,第46页图片"考察团与两名法国传教士在马将军花园中"。
② 屈小玲:《南方丝绸之路沿线古国文明与文明传播》,人民出版社,2016,第190—216页。

域的考察及探险。里昂商会考察团没有涉足滇西,故对民间商业的个案考察涉及的是一位昆明省城富商。

考察团团长弥乐石与领队几人拜访云南省藩台衙门之后,便前往"弥乐石领事的私交,省城首富的家中去了"。弥乐石因早年在云南参加过当地矿产开采,又是蒙自商埠法国领事馆首任领事,在云南交游甚广。这位省城首富就是奥尔良王子探险队在蒙自兑换到大理的银票时,所提到的给他"结换了两张面值为四千和两千的银票"的那位"昆明的一个银行家"。据里昂商会考察团笔记记载,这位省城首富是一位"家产估计高达五六百万银两",兼营多种业务的金融巨商:

> 此人确实是个人物,既当商人也开银庄,既从事鸦片、麝香贸易,也借钱给省里,并负责向北京交付税赋和存储自回民起义以来其他省向云南省调拨的救济款,此外,为满足省里之需,他还拥有出口大锡的垄断权,在好几座矿山有股份并自己拥有一座铜矿。他在四个省份以及上海、香港都开设有分号……①

根据以上描述,分析这位省城富商所从事的业务,总计有以下两项。

一是从事出口贸易。"既从事鸦片、麝香贸易","还拥有出口大锡的垄断权","拥有一座铜矿",以上鸦片、麝香、锡、铜四种出口

---

① 法国里昂商会编著,〔法〕里沃执笔:《晚清余晖下的西南一隅——法国里昂商会中国西南考察纪实(1895—1897)》,第46页。

商品,就是1892年进入云南蒙自考察进出口贸易产品的法国医生皮雄从众多的中国出口商品中筛选出的8种云南本地重要出口商品中的4种,反映出这位昆明首富经营的出口商品,均是本地价值高昂的贵重货物。大锡在滇南个旧,受杜文秀回民起义战争影响较小。其"拥有一座铜矿",则是在同治十三年(1874)云南战乱结束之后,自光绪初年云南政府重启矿业,允许民间开采期间投入的矿业经营。

二是开钱庄和票号。按奥尔良王子所记载兑换银票一事,王姓富商在从事票号业务。钱庄是随着商业的繁荣,兴起于19世纪70—90年代的西南地区的金融机构,主要业务是放款,业务限于本地,票号则是近代银行的先声。在清代晚期,中国的票号业务以山西票号为领头羊。山西票号在全国诸多省份都有分号,在西南地区的贵阳、云南、重庆、成都等地都设有汇兑代办处。山西票号业务覆盖了中国官府几乎所有重要的财政金融领域,"票号同官府有较密切的联系,包揽做地方的赋税、丁银的收解和军费、军饷费、赔款的汇拨,担任汇兑捐纳官职的款项,太平天国时期四川救济邻省和京沪的款项,都归票号承汇"①。昆明这位省城首富开钱庄的同时也在做票号汇兑,才可能承揽有关"向北京交付税赋"和存储"其他省向云南省调拨的救济款"的业务。其所承揽的云南省官方的种种业务,表明其业务规模的巨大。1874年马嘉理在汉口提到了山西票号与云南票号的兑换业务。云南东部迤东昆明战争,1873年以血腥战斗平定,迤西大理府杜文秀政权于1874年刚被摧毁。

---

① Imperial Maritime Customs: *Decennial Reports*, 1891, Chungking.

马嘉理记载在汉口"最终拿到山西票号在云南新设分号的一张银票,票号分号之设立,标志着这一长期混乱的省份即将回归秩序与繁荣"。马嘉理同时记载了票号汇兑的方式:"……随同银票,他还配给我一个刻有数量的铜符,待到达云南府后,将二者一并出示给当地分号,即可领取现钱。共计收取4%的费用。"①表明此时正是云南省城战后重振商业和金融时期。这家山西票号在云南新设分号开展银票汇兑,即是这位省城富商所经营的钱庄和票号。

省城首富的业务覆盖地域广,在"四个省份以及上海、香港都开设有分号"。四个省份的业务指西南地区滇黔川以及湖北汉口,涉及云南蒙自、湖北汉口和四川重庆三个通商都市。汉口、重庆商埠是长江流域贸易,蒙自商埠连接香港贸易,因此省城首富在上海、香港开设的金融分号与进出口贸易直接相关。既从事出口贸易,又开钱庄,并总揽云南省的票号业务,显然省城首富是昆明实力最雄厚的商人兼金融家。

(二)省城"同庆丰"票号与"黄花苑"公馆主人

省城首富"王姓富商"就是云南近代以"钱王"之名著称的王炽(1836—1903)。王炽出生于滇东弥勒县一户汉人农家,幼时父亡家贫。青年时期在滇南等地从事挑担贩运,渐有积累,后来开设钱庄,包销盐岸,开采铜矿,生意兴隆。②

---

① 〔英〕马嘉理著,阿礼国编:《马嘉理行纪》,第73页。
② 周钟岳等纂修:《新纂云南通志》卷一四四《商业考二》。

1. 省城"同庆丰"票号

云南地方志对王炽的金融业规模均有记载,《新纂云南通志》记载:"本省钱庄,大都规模简单,惟昆明为发达。""惟昆明为发达"指昆明不仅有山西帮的百川通、宝丰隆,以及浙江帮的乾盛亨、盈泰兴等,更主要的是还有本省人兴办的票号。本省人中最著名的就是王炽(王兴斋)兴办的同庆丰和天顺祥票号:

> 两号为虹溪王炽所创办,同治十一二年间(1872—1873),先在省垣设立同庆丰,日渐发达,乃亲赴重庆,仿山西票帮规例,改组天顺祥,营汇兑存放事业,以同庆丰为总号、天顺祥为分号……逐渐推广,京都、上海、广东、江西、汉口、常德、重庆、成都、叙府、贵阳均有天顺祥票号。总号有资本十万两,京都分号三万两,其余各一万两,并包销四川盐岸。咸、同滇乱与中法谅山之役,均筹垫饷粁,获利甚巨,故资金充裕,款项灵通。①

《云南省志》亦载同庆丰主要经营存、放、汇兑款业务:

> 以各省调济云南协饷及省宪解缴朝廷款为大宗,年在数百万两以上。也承办各商行或私人往来汇兑和公差或上京应试者的汇款。上自督府司道及藩库、盐粮、各署、各机关、善

---

① 云南省地方志编纂委员会总纂,云南省人大常委会办公厅编撰:《云南省志》卷十三《金融志》,云南人民出版社,2003,第95页。

堂、书院,下至省会商行铺都在同庆丰存款,出入息差在5厘以上。……同庆丰各分支机构还因地制宜开展各项业务,如重庆分号以包销盐岸为大宗,获利丰厚。光绪十三年至宣统三年(1887—1911)的24年间,同庆丰全号盈利达389.9万余两白银。①

此即里昂商会考察团所载省城首富王炽的金融业务。王炽的民间票号负责官方汇兑业务,这是清朝实行官办银行之前的情形,西南地区均如此。其"重庆分号以包销岸盐为大宗,获利丰厚",即是在咸同年间"川盐济楚"中收获重利。

里昂商会考察团1896年1月有关这位"省城首富"金融家业务范围的记载,除了国内省内官府私营,还有在越南红河—云南商道从事的进出口贸易,从一个侧面反映了云南商人在近代金融业及进出口业务方面的发展状况。

2.黄花苑公馆主人

里昂商会考察团记载的这位省城首富王炽,来到昆明的法国显要人物多与其打过交道。印度支那总督保罗·杜美1899年6月因修建云南铁路,到昆明、蒙自作短暂旅游。在他的《法属印度支那的回忆》一书中,附有一帧昆明首富王炽的照片,下面题词"1899

---

① 云南省地方志编纂委员会总纂,云南省人大常委会办公厅编撰:《云南省志》卷十三《金融志》,第95页。

年印度支那总督在昆明下榻的'同庆丰'公馆主人",①表明杜美总督临时在昆明居留时,就下榻在王炽的"同庆丰"公馆,该公馆即是省城昆明的一座接待官方重要人物的高级馆舍。

云南府"同庆丰"公馆在方苏雅口中被称为"黄花苑"。方苏雅作为云南名誉总领事,于1899年9月抵达省府,因为官府无人接待安排住处,就占用了"黄花苑"公馆。方苏雅解释所谓"公馆",是在中国的每一个城市,都有一个用来接待出巡官员的正规宿营地,"专门用来接待、留宿在外的稍有身份的人物"。② 1874年马嘉理进入云南,在前往大理府途中的一个小镇"舍资"(she-tzu)有一所公馆,即官方驿站,说去年曾住过巡抚,③此即"公馆"用途。方苏雅领事也提到省府"黄花苑"公馆主人是王姓商人。在其1900年底重返云南时,方苏雅向法国外交部汇报打算要将公馆"黄花苑"长期租用,作为昆明名誉总领事兼云南铁路代表驻地,足见这座"公馆"的规模。他同时提到了王炽对法国政府的重要性,"这个有影响的人物是一个精明、强势、受人尊敬的商人"。"这个银行家是唯一可以给我们提供有益帮助的人,我要说他对我们要建立的开发矿业的金融公司是必不可少的人物。"④这种看法反映出作为省城首富的王炽财力雄厚,法国人要在云南参与开发矿业,在金融方

---

① Paul Doumer(保罗·杜美), *L'Indo-Chine française*, (Souvenirs)(《法属印度支那的回忆》), Vuibert et Nony, Editeurs, Paris, France, 1905, p. 342.
② 参见〔法〕奥古斯特·弗朗索瓦(方苏雅)《晚清纪事——一个法国外交官的手记(1886—1904)》,第211页。
③ 〔英〕马嘉理著,阿礼国编:《马嘉理行纪》,第137页。
④ 〔法〕德西雷·勒努瓦(希望):《领事方苏雅——滇越铁路与云南往事》,许涛、张蕊子译,译林出版社,2019,第197—199页。

面不能忽略与王炽打交道。

(三)省城首富的住宅及生活方式

里昂商会考察团上门拜访王炽,有机会看到了他的宅院,提供了对其家居生活的认识,"他不拘礼节地接待了我们。因此,我得以目睹了一名家产估计高达五六百万银两的中国人的内宅"。"五六百万银两"属于巨富之列,王炽的宅院却是一座简朴的住宅,"像大部分中国住宅一样大门斜开"。第一层院子里栽种了很多盆景,第三层院子是女眷的住房。考察笔记只对第二层院子做了详细描述:

> 第二层院子的正面堂屋是客厅。房主人就在堂屋右首的一间屋内接待我们。屋里没有任何奢华之物。只有一张带简单天盖的雕花大木床。木床白天可以当作抽大烟的大沙发。还有几把扶手椅,从木料到式样都很笨重。几何窗格的木窗上糊着薄薄一层白纸,以替代窗玻璃。窗旁安放着一张桌子。唯一两件吸引人目光的物件是一架美式座钟和一张由主人的儿子拍摄的房主人的肖像照片,……房主人的儿子是位大"秀才",长着一张娃娃脸,肥头大耳的,会见时也在场。①

王炽业务范围广泛,饶有财产,但其三层院落的住宅,摆设并

---

① 法国里昂商会编著,〔法〕里沃执笔:《晚清余晖下的西南一隅——法国里昂商会中国西南考察纪实(1895—1897)》,第46—47页。

不富丽堂皇。客厅里可作吸鸦片烟沙发的雕花大床、扶手椅、糊上白纸的几何窗格,都是一般稍有资产家庭的基本家具。一座美式挂钟,属进口高档商品。墙上挂着一幅主人的儿子给他拍的照片,照相机也是进口奢侈品,这两样是西方文化进入主人家庭的标志。墙上没有字画,厅堂没有屏风,表明主人不爱附庸风雅,也不讲排场。王炽家居简朴,应是与其出身贫苦靠个人努力成功创业有关。

考察富商财富和生活方式,显然从属于里昂商会考察团在西南地区的经济商务考察目的:

> 为此我们在想,像我们这位房主人一样富裕的中国富人究竟是怎样花销他们巨大的财富的。妻妾成群,儿女众多,亲戚无数,奴婢如影随形,似乎还不足以解释其庞大的开销。几天后,房主人在他的山庄设宴款待我们时,我们才从中找到了部分答案。①

主人那次宴请,是在里昂商会考察团抵达四川旅居重庆期间,参加巴县县令为重庆海关署长举行的饯行官宴时提到:

> ……先前在云南,主要是在那位开钱庄的富商家做客时,应该说我们是欣赏那些佳肴的,也正是在那里我们算是见识了中国人餐桌上那套怪异可笑而又灾难性的吃法:刚刚咽下了一道油淋淋的烤猪肉,随即又端来甜腻腻的蜜饯;更有甚

---

① 法国里昂商会编著,〔法〕里沃执笔:《晚清余晖下的西南一隅——法国里昂商会中国西南考察纪实(1895—1897)》,第47页。

者,逼着你灌进一大杯甜腻腻的"柑香酒",同时又叫你咽下刚才说到的那种油水流淌的烤猪肉。……他们认为一席人一顿饭吃上十盘猪肉是很自然的事,这个数据是我们在王家得来的。①

考察笔记回忆了在云南府的那天晚上里昂商会考察团受王炽邀请参加晚宴的情景,有嘲讽王炽不懂得如何高雅生活的意味,因此认为找到了部分答案:大吃大喝也是富商消费财富的一个重要方面。

据《王公兴斋府君行状》介绍,省城首富王炽虽未为官,但在中法战争期间,在云南地方政府急难时"垫军需,乐输捐款",资助官军抗击法国侵略者。中法战争之后,清光绪十三年(1887)唐炯调任云南矿务督办大臣,王炽曾被委任为云南矿务公司总办。因其筹划振兴云南铜、锡矿业出力甚多,"叠蒙大府褒奖",王炽获朝廷先后赐四品道职衔,恩赏荣禄大夫二品顶戴,诰封"三代一品"封典荣誉。同时也在地方从事捐资修桥建寺,资助贫苦读书人的公益事业。王炽卒于光绪二十八年(1903)十二月二十五日,享年68岁,归葬家乡滇东弥勒。② 作为富商,其一方面要回报国家乡梓,另一方面要为个人及家族荣誉付出。商人为国家出力获得朝廷"诰封"恩赏,这种中国富商的传统,法国人未必能够理解。

---

① 法国里昂商会编著,〔法〕里沃执笔:《晚清余晖下的西南一隅——法国里昂商会中国西南考察纪实(1895—1897)》,第100页。
② 云南省城首富金融巨商王炽经历,见《王公兴斋府君行状》,新浪博客,http://blog.sina.com.cn/u/1798553340,2010-12-07。

1892年、1895年各种法国人考察团队进入云南时,已经历了20年左右战后重建和经济振兴。省城首富王炽发迹于19世纪60年代长江流域开放,并得力于云南本土经济战后重建,以及1885年中法战争结束之后蒙自向法属印度支那开放。可以说,是时代造就了这位省城首富。或者说,是这位贫苦人出身的省城首富把握住了时代机遇。

第三章　四川都会乡村与本土手工业

四川是中国西南大省。《清史稿》载:"顺治二年(1645),置四川省,设巡抚,治成都。十四年(1657),增设四川总督。"清初四川因战乱频仍,政区多有变易。直至雍正朝,"十四年(1736),复专设四川总督,裁巡抚,以总督兼理巡抚事,治成都"。① 四川地域广阔,远离京师,距东西南北各省及西藏拉萨均路途遥远。

(四川)东至湖北巴东县,一千七百六十里。西至甘肃西宁番界,一千二百四十里。南至云南元谋县,二千三十里。北至陕西宁羌州,一千一百八十里。广三千里,袤三千二百里。由康定府至前藏拉萨,驻藏办事大臣驻。四千七百一十里……②

---

① (清)赵尔巽等撰:《清史稿》卷六九《地理十六·四川》,第 2207—2208 页。
② (清)赵尔巽等撰:《清史稿》卷六九《地理十六·四川》,第 2208 页。

第三章　四川都会乡村与本土手工业

清代四川省具有以下几个特点:一是移民大省。明末清初四川因战乱受到极大破坏,人口寥寥。康熙初年四川巡抚张德地赴任经川北入蜀,沿水路从嘉陵江顺庆府下重庆溯流泸州、叙府,经岷江抵达成都,沿途州县所见城镇乡野,一片战后破败荒芜景象。乡镇市集,"昔之棋布星落(罗)者,今为鹿豕之场"。抵达省府成都,则"城尽为瓦砾,藩司公署久已鞠为茂草矣"。[①] 清代康雍乾三朝实行移民政策,吸引外省移民进入四川乡村插占田土,农业经济逐步得到恢复。四川移民增长迅速,经济活跃繁荣。二是新筑省城。康熙初年和乾隆后期先后重建和完善省会成都新城,吸引了众多外省商人移民。三是开通汉藏商路。康熙中叶在四川西部泸定县大渡河上修建泸定铁索桥西通川边,雍正朝在川西边藏打箭炉设厅筑城,建立成都—泸定桥—打箭炉进藏官道驿站,开通了汉藏商路。四是川东重庆府川江航路。重庆位居长江上游,具有上接川南、川西岷江水路,下达长江中下游的航运优势,商业贸易繁荣。1891年3月重庆开埠,进一步促进了四川与国外市场,以及国内长江中下游和南部沿海城镇的商业贸易。

里昂商会考察团从越南红河—云南"与中国的新商路"进入西南地区。在云南、贵州境内的考察只是顺道,其重心在四川。四川地域广大,具有重要的经济和商业价值。考察团于1896年3月进驻重庆,在四川境内的实地考察持续八个月,通过观察及各种调查,记载描述了晚清四川乡村都会面貌与商业、农业、手工业现状。

[①] (清)蔡毓荣等纂修:康熙《四川总志》卷十《贡赋》、卷首张德地序,康熙十二年刻本。

晚清西南社会与近代变迁:法国人来华考察笔记研究(1892—1910)

第一节　商埠重庆与都会生活

里昂商会考察团在四川考察,选定在重庆建立固定驻地(1896年3月28日—11月10日),与重庆作为新开商埠在四川乃至西南地区的重要性有关。"重庆府:川东道治所。……西北距省治九百六十里。广五百六十里,袤五百九十里。""领厅一、州二、县十一。"①重庆不仅是四川的商业都会,而且也是陕甘青藏以及云贵货物运入长江流域的枢纽。四川作为移民大省,经过经济复苏与发展,物产丰富,人口大增,因此就出口资源和进口商品的消费来说,都是英国极为青睐的市场。从1860年第二次鸦片战争之后,到同治四年(1865)三月"允英、法在江宁通商"②,长江流域中下游此前已开放镇江、汉口、九江。随着1876年湖北宜昌开埠,进口产品从宜昌进入重庆,属于子口市场,进口与出口商品均受限制。1891年3月根据中英《烟台条约续增专条》,重庆开埠,③长江流域下游、中游及上游重要港口城市至此全部开放。重庆海关负责宜昌—重庆川江段进出口货物运输市场,中外货物均直接经由重庆海关贸易。

1896年是外国人进入重庆最活跃的一年。日、法、英各国的商业考察团以及法、日、美各国新设领事馆,纷纷进入重庆。④ 反映出

---

① (清)赵尔巽等撰:《清史稿》卷六九《地理十六·四川》"重庆府",第2211、2212页。
② (清)赵尔巽等撰:《清史稿》卷二一《穆宗本纪》,第806页。
③ 参见周勇《重庆开埠与英国侵华势力的扩张》,载周勇、刘景修译编《近代重庆经济与社会发展1876—1949》,第14页。
④ 周勇、刘景修译编《近代重庆经济与社会发展1876—1949》,第99—100页。

重庆自1891年开埠后,随着1895年4月中日《马关条约》的签订,以及中法1895年6月签订两个新条约,重庆对外开放程度日益加深,其地位变得日益重要。

一、重庆商业都市景象

重庆是长江上游连接长江中下游的重镇,交通便捷。重庆府署所在地巴县,货物"贩运往来处"有"贵州、云南、成都、湖南、湖北、山东、广东、上海、陕甘、外洋"。① 此指重庆府的水陆两路商业运输货物范围所及。

(一)重庆移民商业都会的形成

《重庆母城老地图》上标记,重庆在明代有"九开八闭"城门9座。重庆海关报告也注明"重庆9个城门,每门驻巡丁1名"②。中国城市一般有4—6个城门,重庆城门多与沿江码头多的特点有关。表明自明代开始,重庆已具有以航运商业为主的都市格局。明末清初重庆遭受严重战乱,此后成为移民城市。"自明献(按:张献忠)乱,而土著为之一空,外来者什九皆湖广人。"③移民主要来自湖广,与重庆的航运交通有关。重庆具有商业贸易与货物集散市场的自然优势,见《巴县志》记载:

---

① (清)傅崇矩编:《成都通览》,第346页。
② 周勇、刘景修译编《近代重庆经济与社会发展(1876—1949)》,第57页。
③ 罗国钧等纂修:民国《巴县志》卷十,民国二十八年刻本。

> 渝州……三江总汇,水陆要冲,商贾云集,百物萃聚。……或贩至剑南、川西、藏卫之地,或运自滇、黔、秦、楚、吴、越、闽、豫、两粤间,水牵云转,万里贸迁,有舟航转运之利。蜀西南北,旁及康藏,以致滇黔之一隅,商货出入输会必于重庆。故重庆者,蜀物所荟萃,亦四方商贾辐辏地也。①

长江上游重庆连接上下河流,水陆方便,故"商贾云集,百物萃聚",因此而成为西南、西北、长江中游以及南方诸省重要的货物集散之都。嘉庆年间清查重庆共有各省商家109行,计有江西40行,湖广43行,福建11行,江南5行,陕西6行,广东2行,四川本籍(保宁府)丝业2行,反映出重庆的商业基本为长江中游江西、湖广商行垄断,其中棉花12行独为湖广商户经营。② 重庆商业从乾隆朝复兴至嘉庆一朝,移民商业繁荣,发展成川东商业大都会。1896年3月,里昂商会考察团进驻重庆,在重庆观察记载了以下诸多大街小巷的商业景象。

---

① 罗国钧等纂修:民国《巴县志》卷十三《商业》。
② 嘉庆六年六月二十四日《具禀八省客民何康远等为据实陈明事》附清单,巴县档案,四川省档案馆藏,参见王笛《跨出封闭的世界——长江上游区域社会研究(1644—1911)》,第255—256页。

(二)重庆商业都市景象[①]

重庆街头清晨就出现众多人流,"重庆居民天明即起"。时辰越晚,大街上就越聚集各式各样的人流:上班的职员"将一把扇子插在后脑勺领口处";挑水夫在"人群中穿梭前进";"还有肩上扛着一大叠粗布的搬运夫";有背着小男孩或牵着小女孩溜达的贫民女人和裹脚的有点社会地位的妇人;有时大街上有小孩牵引的拉胡琴的盲人;有衣着破烂在商铺前踟蹰的穷人;也有一些头戴缀着丝质流苏帽子的官府小喽啰,还有两人抬的寒碜小轿子掺杂其中。人群推搡让道时,则是知县出巡:

> 走在前面的衙役手执阳伞,鸣锣开道,紧随其后的是几个穿戴整齐的差人,然后才是"大老爷"的座轿。每当这一队人马疾驶而过大街时,所有行人都立刻闪到一边,你踩我挤,任凭推搡,却都心平气和,毫无怨言。待那一阵风暴扬尘而去后,人流才又归于自然。

笔记记载所观察的大街上的商业,"清晨约 7 点钟,商铺就开门迎市。门由细木板材并列黏合制成,油光可鉴"。最醒目的是各家商店悬挂的油漆镶金的金字招牌:

[①] 参见法国里昂商会编著,〔法〕里沃执笔《晚清余晖下的西南一隅——法国里昂商会中国西南考察纪实(1895—1897)》,第二卷第二章《旅居重庆》,第 95—100 页。本节所有引文均出自此,下不另注。

在最繁华的商业大街,木板通常都用上等的清漆处理过。这种漆在四川各地广泛使用。和外地一样,商铺的招牌竖体垂挂,而不是横向面世。招牌上的题字要由上而下念,而不能从左至右读。招牌常常镶有金字,或上过油漆,或带包有金属镶嵌的文字,这些文字在宽大、亮泽、油漆成黑色、悬垂着的木匾上颇具立体感,也使街道平添了一份雅致,甚至高贵的外表。

清晨的街巷中有小贩挑担叫卖。卖猪肉的"挑着流动案板——一律是竹竿上悬挂着大块大块一颤一抖的新鲜猪肉,走家串户,吆喝叫卖";卖菜的"扁担两端挂着沉甸甸的箩筐"。

重庆清晨挑水夫出现在街头巷尾也是一道特别景观。重庆居民用水取自长江,因此有专门的挑水夫取水挑水。全城有约5000名挑水夫,从江里担水登上陡峭的石阶进城,送往城区大街小巷。考察团描述在重庆大街上看到的挑水夫一路走过,因街上狭窄处不可避免的拥挤,桶里的水四处溅洒,"街道被搅得湿漉漉的,不像样子"。挑水夫一般赤膊露胸,"他们肩挑一根竹扁担,两头各悬吊一只木桶"。伴随挑水夫出现了一种"租桶赏饭"小店,挑水夫脱下衣服,"寄放在某家'租桶赏饭'小店,用衣服作抵押,店主就把水桶借给他们,还供饭。挑水夫每天给店主缴纳两个铜板作为租金"。挑一担水的价格,根据住户距离长江的远近,在4个和6个铜板之间波动,"农忙季节(收割稻子和鸦片等)挑水夫数量骤减,价格可上涨至10个铜板"。

农贸市场设在大马路中。"马路最宽处有五六米,所有买卖都在马路中间进行。箩筐、孩子、鸡笼子、卖甘蔗的摊子等塞了一马路",农贸摊贩天天都有,从街道一边到另一边有蓝色遮阳布或是支撑起来的围席,无论下雨还是烈日,重庆大街小巷,"芸芸众生,一派忙碌"。

重庆枯水季节有临时的窝棚商品交易,以及从事内河航运的流动人口。枯水季节人们拥挤在用竹子、茅草搭建的窝棚里,"棚屋一律建在近郊城脚下的河滩"。

重庆作为商业大都会而存在,"大街上的买卖、喧腾一直要持续到夜晚"。到了夜晚,"天黑了,所有人都关门闭户,店铺打烊(多少可以说中国人全民皆商)。此时大街上行人稀少,只有烛光,或菜油灯(怕引发火灾,当局禁止使用煤油)的光影从粘连不严的门板缝隙透洒出来"。

重庆商城白天大街小巷、店铺、集市,以至于川江河滩上枯水季节的窝棚,都呈现出繁荣而喧闹的商业都市氛围。重庆白日繁荣热闹,夜晚则是一座没有灯光的安静城市。这一现象也反映了那一时期的重庆没有夜市,重庆真正的繁荣时期还没有到来。其中也提到当局因为怕引发火灾而全城禁止用煤油,这是一个重要现象,与重庆都市自开埠以后连续几年发生火灾有关(见后)。

作为商业繁华的都市,重庆的街道在里昂商会考察团眼中有如下印象:"这里的街道与中国城市大多数街道大同小异,既不很干净,也不很肮脏。既不很狭窄,也不很宽阔。"重庆城的街道并无显著特点。

二、重庆海关进出口商品考释

重庆是先由英国1891年开埠,继之以日本1895年进入开埠的重要通商都会。因此,考察重庆的进出口商品市场无疑具有重要意义。

(一)外国进口商品

1.棉布店与1892—1910年外国棉布进口消费状况

里昂商会考察团笔记中记载的一例棉布店铺里的商业买卖情形颇有人情味,老板与顾客之间不乏礼仪。一位顾客走进卖棉布的铺子:

> 店主上前迎客,他们相互寒暄,问候,点头哈腰,作揖,没完没了,这是每一个中国良民遇见客人时都要完成的一套规定动作。还没完,瞧,烟斗点好递上来了,热茶冲好端上来了,他们你一言我一语,谈笑风生,不亦乐乎……①

考察团特别记载的棉布店情形,与洋布和湖北沙市土布进口重庆有关。

自1891年重庆开埠,各种外国棉布进口重庆,再转运沿江府州

---

① 法国里昂商会编著,〔法〕里沃执笔:《晚清余晖下的西南一隅——法国里昂商会中国西南考察纪实(1895—1897)》,第99页。

分销售卖,因此重庆兴起了洋布布匹业,①但洋布不受大众欢迎。据重庆10年海关报告《1892—1901年概述》称,洋布进口没有增长。外国棉织品"据表十五所列10年数字,可以说是停滞不进;一看这些数字就可证明其几乎没有发展,对这项贸易的最高评价也就是它没有下降而已"。进口洋布10年几乎没有进展,原因是购买者不多,"英国布匹主要是川省各大城市少数居民才使用,几乎只有中产阶级购买,对于他们来说价格稍高不为大碍。至于广大农村人口则继续穿着保暖耐用的土布"。② 这种情形反映的是1892—1901年间的情形,也说明晚清四川沿江大中城市的中产阶级是消费进口洋布的主体。有关重庆开埠之后的外国洋布和呢绒进口状况,详见重庆海关报告提供的1892—1901年年度表格。

1892—1901年棉纺织品进口表

货物种类(匹)	1892	1893	1894	1895	1896
衫料(灰色、素面)	520 983	433 732	373 050	511 455	374 542
衫料(白色)	84 432	65 987	42 409	55 918	37 009
爱尔兰白布	—	—	—	—	13 856
美、英国斜纹布	8045	2290	2085	5115	6105
英国被单斜	10 084	10 030	4860	14510	18 968
印花布和沙发布	5047	3702	1604	1573	3103

---

① 中国民主建国会重庆市委员会、重庆市工商业联合会文史资料工作委员会编:《重庆工商史料》第1辑,重庆出版社,1982,第193页。
② 周勇、刘景修译编:《近代重庆经济与社会发展1876—1949》,第118页。

续表

年份 货物种类(匹)	1892	1893	1894	1895	1896
染色棉布(素面)	57 776	29 915	19 140	26 663	33 632
土耳其红布	28 956	14 077	20 590	17 580	15 052
棉绒布(素面的与印花的)	24 150	22 961	17 760	33 761	33 580
意大利棉布(素面的与印花的)	15 637	16 438	36 496	44 112	58 095
总计	735 109	599 792	518 000	710 687	593 942

年份 货物种类(匹)	1897	1898	1899	1900	1901
衫料(灰色、素面)	459 394	399 346	525 012	498 060	322 519
衫料(白色)	36 964	43 331	158 874	40 545	52 109
爱尔兰白布	15 753	7500	20 428	12 392	14 891
美、英国斜纹布	10 651	12 721	8714	3497	18 987
英国被单斜	24 550	19 593	49 094	44 105	39 159
印花布和沙发布	2201	3120	4279	1776	2115
染色棉布(素面)	16 011	6800	14 737	13 515	12 163
土耳其红布	10 005	8730	14 919	17 786	11 348
棉绒布(素面的与印花的)	24 973	36 324	59 451	93 717	64 735
意大利棉布(素面的与印花的)	43 292	42 038	79 414	91 900	105 340
总计	643 794	579 503	834 922	817 293	643 366

资料来源：周勇、刘景修译编《近代重庆经济与社会发展 1876—1949》，第 119 页。

1892—1901年呢绒进口表

货物种类(匹) \ 年份	1892	1893	1894	1895	1896
英国羽纱	4940	3930	1070	2315	2326
毛呢	21 925	15 711	7459	9881	3231
宽面呢	8100	7695	6514	9945	6600
西班牙条纹呢	2778	2714	2990	2762	3600
俄国绒布	3121	2201	770	1296	1735
意大利绒布(素面的和起花的)	8541	5812	9507	8884	10 096

货物种类(匹) \ 年份	1897	1898	1899	1900	1901
英国羽纱	2212	1090	2520	2176	366
毛呢	3630	4928	2730	2391	2835
宽面呢	5200	5144	8412	7864	7630
西班牙条纹呢	3220	2463	3485	1776	4171
俄国绒布	1073	646	550	790	524
意大利绒布(素面的和起花的)	12 602	8986	11 543	5002	10 655

资料来源:周勇、刘景修译编《近代重庆经济与社会发展1876—1949》,第121页。

据以上1892—1901年棉纺织品进口表、1892—1901年呢绒进口表所载,重庆进口棉布以英国棉纺织品为主。另外还有美国、意大利、爱尔兰、土耳其等国家的各种棉布种类,布料价格只是"稍高"。除了棉布,进口纺织品中还有绒货的各种品种,包括"英国羽纱、毛羽绫、哔叽、小呢、俄国呢、意大利呢"。表中反映意大利呢料历年进口数量较稳定,但总体上反映出1892—1901年毛料织物进口量也在减少,"英国羽纱、毛呢和俄国绒布,尤为显著,理由是这些货品价格高昂,只有城市富商大户才购买"。①

进口洋布不受农民大众欢迎主要原因并非价格,而是质量。1892年洋布进入重庆市场的使用状况如下:

> 乡里人无论如何也不会用洋布做日常的衣服,因为洋布不耐穿。但是在城里,特别是在重庆,大批漂白的或用云南靛蓝染过的市布被用来做衣服。葬礼也耗用相当数量的洋布。有一些被妇女做成手帕(海关统计表上的数字是10 686打)。川江上水手普遍使用的白布包头巾是当地的产品。②

洋布中的"市布"在乡村没有市场,"因为洋布不耐穿",只有重庆大城市用来做衣服的多,其他则用于葬礼或做手帕等无关紧要的东西,说明作为大工业化机器生产的洋布并没有派上大用场。1893年年度报告提到洋布在四川都市使用的情况,洋布主要是少数几个城镇使用,"这几个城镇是重庆、泸州、叙府、嘉定,并且几乎全由中产阶级购用"。价格高一点也不是问题,表明长江上游和岷江下游城市因中产阶级喜欢穿洋布衣服,已是具有时尚风气的都市。广大农民仍然穿着土布,"因为土布既非常暖和又经久耐用"。因此1893年的年度报告就用数字证实了外国棉布没有竞争力的

---

① 周勇、刘景修译编:《近代重庆经济与社会发展1876—1949》,第118页。
② 周勇、刘景修译编:《近代重庆经济与社会发展1876—1949》,第171页,"年度报告1892",系署理重庆英国领事的商务报告。书中的各"年度报告"皆系时任署理英国领事或英国领事给英国国会提供的商务报告。

问题:"占全部洋货进口量70%的棉货,在所减少的进口货贸易额中也占94%以上。除了丁字布、手帕和毛巾等小东西外,几乎所有各项棉货的进口量都大大下降。""市布和其他布匹一样,几乎完全在大城镇里使用,主要用作上衣衬料和夏季服装。农民抱怨说,这种布不能像土布那样防雨,并且也不能承受其原始的洗涤方法。"洋布在四川市场上销路很少,农民和劳动阶级可以说除了湖北棉、四川生棉纺织的布及湖北生棉纺织的布,很少穿着其他衣料。乡村农民及一般大众仍然喜欢本地棉布。直到1898年年度报告仍然提到洋布市场的萧条,"当地人认为外国布匹是做工很次的料子,'冬冷夏热'是当地人对洋布通常的评价。四川人喜欢其手工织机编织的宽松而耐穿的产品,洋布几乎只有店铺买卖人才穿"。与此同时,美国机器织造的粗斜纹布受到欢迎,销售稳步增长,"这种布很像在西部中国很受欢迎的结实的土制沙市布料"。① 农民需要的是厚实耐穿又保暖的衣服。所以对洋布也并非全部拒绝。

2.洋纱进口:1895年中日《马关条约》前后反映出的变化

重庆本地商人多。里昂商会考察团驻留在重庆市中心的一家公馆"仁友店","安顿在一位经营棉线的富商家"。考察团因此得以就近观察,借此了解重庆的棉纱进口状况。

洋纱大量输入重庆海关,始于1891年重庆开埠,这也是洋布在上述1892—1901年间进口停滞的原因之一。据重庆海关1892—1901十年间洋纱进口统计表载,有英国、印度、日本以及中国洋纱

---

① 周勇、刘景修译编:《近代重庆经济与社会发展1876—1949》,第185、188、270页。

(按:指洋商在中国创办的机器棉纺织厂所生产的棉纱)进口,从下表即可见出大略。① 棉纱以担为单位:

1892—1901年重庆海关进口洋纱及生棉表

单位:担

年度	英国	印度	日本	中国	生棉
1892	618	128 227	—	300	4148
1893	129	77 573	—	423	3431
1894	474	124 599	45	2139	8771
1895	685	114 565	3	4053	32 243
1896	34	166 636	6	3957	13 086
1897	177	188 390	8785	33 930	65 089
1898	324	160 426	9284	52 200	72 589
1899	538	291 841	32 813	106 975	37 594
1900	91	250 347	35 464	136 516	7020
1901	—	240 981	2486	52 952	2112

上表中各年数据反映出重庆海关1892—1901年十年间洋纱进口的以下变化:第一,洋纱进口总量增加,但英国洋纱在减少。1896年英国棉纱数量锐减,1897年有回升,1901年英国棉纱进口绝迹。印度棉纱逐年稳定大量增长。第二,日本棉纱真正批量进口始于1897年,1899年呈直线上升,说明在1895年中日《马关条约》签订后,重庆对日本开埠,日本洋纱于1897年开始大量进入四

---

① 周勇、刘景修译编:《近代重庆经济与社会发展1876—1949》,海关十年报告《1892—1901年概述》第120页表十六。

川市场。第三,洋商在中国本土建立的机器棉纺厂生产的洋纱1894年开始加快输入四川的步伐,1897年以超出上年近八倍的数量增加输入,此后增长更快。第四,英国棉纱市场因为印度纱、中国纱、日本纱大量进口而被挤占,这与英国路途遥远,棉纱输入费用更高有关,也因印度棉纱较英国曼彻斯特棉纱粗糙,所以价格上比英国棉纱具有优势。英国棉纱因此不能与印度纱以及后起的日本纱还有中国本土生产的洋纱争胜。日本棉纱进口于1900年达到高峰,但也只有印度棉纱的14%。上海机器纺洋纱的输入量1900年达到高峰值,也只有印度纱的1/2强。到1901年,英国棉纱完全退出,洋纱市场由印度、日本和中国本土三分天下。第五,不容忽视的是生棉进口量,尤其1895—1899年,生棉进口量增加。生棉进口量大,是因为四川棉花需求量大,如棉衣、棉被需要填充物,本土自纺土纱和自织土布也需要大量棉花。自1901年开始进口生棉量锐减,与本土商业性棉花种植量增加有关。

里昂商会考察团1896年3月进入重庆,至11月离开,那一年租的旅馆"仁友店"老板杨先生经营的棉线,原料主要是进口的印度棉纱。在考察团离开的第二年即1897年,重庆进口的洋纱总量大大增加。虽然英国棉纱也有回升,但仍然是以印度棉纱为主,日本棉纱开始跃升,中国棉纱以及生棉进口量也很大,可以借此推测重庆棉线富商杨先生经营棉纱的发展状况。

"仁友店"杨先生作为一位做棉纱生意的本土富商,得力于那一时代的洋纱大量涌入中国市场,成为四川城镇乡村重要的家庭小手工业织布原料。进口棉纱的用途不仅仅是织布制作衣服,重庆1897年年度报告提到云南、贵州居民终年穿土布制作的衣服,同时也用进口棉纱制作其他服饰配件,"另外像头巾、腰带、绑腿带、棉纱带也有很大消费量。所有这些物品都是棉制的,并且大部分是用外国棉纱制成的"。① 进口洋纱如此深入城镇乡村,重庆富商杨先生的棉线生意就是在这种背景下催生的一项进口商品生意。他做进口棉线批发生意,往周边县城批发出售,其生意兴隆可想而知。

3.四川手工织混纱布、土布、洋布市场的出现

一方面重庆海关进口洋布,因其不厚实、不耐穿、不保暖,遭到农民和劳动阶级大众的抵制,"农民和劳动阶级可以说除了湖北棉布或四川生棉纺织的布或湖北生棉纺织的布以外很少穿着其他衣料"。重庆1892年年度报告称运进重庆海关的也有不少湖北沙市棉布,"重庆仍有十几家店铺专门经销湖广布匹,每年的进口量估计为150万码,其中只有1/4在本市出售"。直到1897年年度报告载:"四川每年都运进非常可观的湖北手纺棉布,约有1000万磅。这些布由本地渠道从沙市运来,它是重庆市场上最厚实最昂贵的棉布。"②进口的湖北沙市手纺棉布满足不了需要,一定得四川本土设法解决棉花种植的问题。另一方面又存在洋纱大量进口的冲击及本土棉花不够的矛盾。晚清四川本土手工织棉布业在遭遇洋布、洋纱进口的冲击,而原棉稀缺的同时,一方面在一些地区加强棉花商业性种植,另一方面,开拓了新的本土手工织棉布产品:土纱与洋纱混合的手工织混纱布及纯洋纱手工织洋布,并坚持了土

---

① 周勇、刘景修译编:《近代重庆经济与社会发展 1876—1949》,第 252 页。
② 周勇、刘景修译编:《近代重庆经济与社会发展 1876—1949》,第 118、175、253 页。

布生产。

(1) 发展商业性棉花种植提供土纱生产

清末洋布洋纱进口重庆始于宜昌开埠(1876 年)用子口税输入。在1890 年的贸易报告中就提到了川北妇女购买印度纱用于家庭手工织布,洋纱手工织布有类似土纱手工织布的结实耐用特点:

> 在川北,几乎每户都有织布机,基本上是妇女使用。用印度纱织出来的布外表和普通土布一样,虽然粗糙,但结实耐用,在云南和贵州需求量很大。一块长 5 丈,宽约 1.2 英尺的布,售价为 1200 文。①

因洋纱的运进,四川棉花产地的农家出于经济效益的考虑,出现了放弃棉花种植的现象,因此,晚清四川本省棉花种植受到影响。如川东北遂宁产棉,"原来种棉花的土地都改种了烟草、靛青和红薯"②。1891 年重庆开埠,"棉纱是四川主要输入品,并且在最近六年间平均占输入贸易总值 60%—70%"。面对洋纱的大量进口,四川一方面从湖北等中部各省继续输入棉花,另一方面积极振兴本省棉花种植业。重庆 1893 年年度报告提到了这个现象,"重庆以北 100 到 200 英里的某些地区种植了大量的棉花,嘉陵江提供了向重庆运输的便利","四川本身并非完全依赖进口棉花,川东北

---

① 周勇、刘景修译编:《近代重庆经济与社会发展 1876—1949》,第 76 页,取自宜昌海关档案摘译。
② 彭泽益编:《中国近代手工业史资料》第 2 卷,第 226 页。

角地区大批种植棉花,成渝之间也有人种棉"。① 以上所指四川本省的种棉地区,指的是四川正在发展的商业性产棉区,也正是法国里昂商会考察团专程进行考察的地区。

考察团 1896 年 10 月从成都分东西两条线路去考察的两个商业性产棉区,一个在川中沱江流域,一个在川东北射洪县,即嘉陵江流域。因此法国里昂商会考察团是根据重庆海关提供的信息,专程考察了四川的棉花种植业。考察团一组成员从成都南下,经四川中部沱江流域进行了考察,一组成员从成都往东北方向经射洪县太和镇及川东北一线棉花产地考察。考察团综合写成的《棉花及棉织品报告》提到四川棉花产量增长速度令人鼓舞:射洪县太和镇 1895 年棉花产值为 10 000 两银,1896 年产值上升至 100 000 两银。② 四川农民通过商业性棉花产区的发展,正在振兴受到国外洋布和洋纱冲击的棉花种植。

(2) 手工织混纱布的产生

重庆海关报告多次提到关于四川省用洋纱和土纱混合织成的这种新的手工织布,揭示了印度纱及后起的日本纱、中国本土洋纱、生棉在 1892—1901 年期间能够稳步快速增长的原因:"四川土产棉布:包括仿毛哔叽。……用孟买纱线和进口纱线以及北方各省的棉花来纺织",这种"仿毛哔叽"即指混纱布。"在各较大城市

---

① 周勇、刘景修译编:《近代重庆经济与社会发展 1876—1949》,第 118、170、190 页。
② Chambre de commerce de Lyon, Alexandre Roy, *les rapports économiques et commerciaux sur les provinces chinoises visitées*, Tome II, pp. 349 - 374. 并见中文译本法国里昂商会编著,〔法〕里沃执笔《晚清余晖下的西南一隅——法国里昂商会中国西南考察纪实(1895—1897)》,第 159 页。

和沿大江大河一带地方,全用或部分用洋纱织成的布胜利地超过土布。""农民也使用印度棉纱,农民把印纱和土纱掺和起来织布。""本地的纺织者已经意识到印度棉纱的价值,他们在用土纱织布时,用印纱作经。"①这里提到了三种手工织棉布,即手工织洋布(全用进口洋纱)、混纱布(用洋纱搭配土纱)、土布(纯土纱),其中混纱布最多,在一些地区已经形成了家庭小手工业。

重庆海关1892年的年度报告提到川北家庭用土纱和洋纱混合手工织布业的普及:

> 四川本省也大量(但不再增加)种植棉花,大都种植在重庆以北约150英里的地区,在那里,纺织完全是一种家庭手工业,非常普及。当地的棉纱供应靠进口补充。②

混纱布是将本土种植的棉花纺成纱线,与进口洋纱混合,即"当地的棉纱供应靠进口补充"织成混纱布出售,"在那里,纺织完全是一种家庭手工业,非常普及"。海关报告提到的重庆以北150英里的地区大量种植棉花,并购买洋纱补充发展家庭小手工业混纱布,即指法国里昂商会考察团在川东北嘉陵江流域一带考察的地区。此外,海关报告指出了川北川东的农家面对洋纱进入的冲击,一方面坚持自种棉花从事传统的手工纺纱,另一方面购买部分进口洋纱将其与手工织成的土纱混合织成一种新的布料,洋纱的需求因此提高,从而促成了洋纱的大量进口。这也说明四川使用

---

① 周勇、刘景修译编:《近代重庆经济与社会发展1876—1949》,第62、118、185、189页。
② 周勇、刘景修译编:《近代重庆经济与社会发展1876—1949》,第253页。

进口洋纱无论是生产手工织洋布还是生产手工织混纱布，均始于江河水路航运便捷之地，而且是从纯洋纱布过渡到混纱布，同时土布因质量好价格高仍然保持生产。四川本土棉布市场因此也出现手工织土布、混织布和手工织洋布并存的多样化特点。

以下根据《成都通览·成都之土产及各属之土产》所记载各州县物产，梳理四川本土的棉花种植区域（川东北、川中、川南）和土布、混纱布出售状况，借此反映晚清四川本土各种手工织棉布及其价格。

川东北川中产棉区土布市场。川东北潼川府是产棉花和布匹之区，如"广安州之出产"中有"小布""棉花"，"小布每匹长五丈零，值钱一千四五百文"；又如岳池县之出产中有"布""棉花"，"布每匹值钱一千文"；又如三台县之出产有"棉花""土布"，"布每匹五丈八九尺值钱二千余文，棉花每百斤三十八九千文"。射洪县出产中有"布、棉花"，"布每匹五丈八九值钱二千余文"。中江县、遂宁县、蓬溪县、阆中均为产"布、棉花"或"棉花"之地。

川中荣县，本地产"棉花"，出"土布"，"土布（每匹二千六七百文）值银二两多（铜钱兑换银两有涨落）"；又如威远县，本地出产甚富，其中有"棉花""土布"两项，土布价格同荣县。以上即是里昂商会考察团在四川专程考察过的种植棉花及生产棉纺织品的地区。

混纱布、手工织洋布市场。一是上川南眉州出现了商业性家庭小手工业混纱织布和洋纱手工织布。在"眉州之出产"中有"白花布""洋纱布"，在外来"行销之货物"中有"棉花、洋纱"，即购买棉花纺成土纱，又购进洋纱搭配，用手工织成眉州本土出产的布匹售卖，"白花布每匹值钱五六百文，洋纱布每匹三四百文"，前者系土纱和洋纱织成的手工织混纱布,后者则是纯洋纱手工织布,手工织混纱布较手工织纯洋纱布贵。布匹销往周边数县,"白花布、石膏行销夹江、峨眉、马边、名山各地,由州西路出境。洋纱由嘉定运来,由张家坎入境"。又如相邻青神县,属眉州,手工织混纱布和洋布也成为外销商品。在本土出产货物中有"洋纱布、白花布"两项,"洋纱布每匹值钱五六百文,白花布六七百文"。外来行销货物中有"广花(棉花)、洋纱",洋纱购入作手工织洋布,广花购入纺成土纱,与洋纱搭配手工织成混纱布,其白花布和洋布同样销往周边售卖,"布匹、叶烟行销夹江、峨眉、井研、马边、名山者,悉由县境西南运入。广花、洋纱由嘉定运来者,由汉阳场而入"。与眉州一样,青神县的土产"洋纱布"和"白花布"已经成为外销上川南和川南诸县的产品。以上反映出上川南眉州和青神县出现了较普及的家庭小手工业生产手工织洋纱布和混纱布,而且不是自种棉花,完全利用外来的原料棉花和进口运入的洋纱。手工织洋纱布与白花布成为一种商品,供应嘉州、雅州及川南数县的需求,生产者赚取的是纯粹的劳动利润。

　　成都府一些属县用同样的方法,用运销来的棉花和洋纱,家庭生产手工织布匹出售,非常活跃。温江"棉花、棉线外来",金堂县外地贩运来有"棉花、棉纱",表明成都平原不产棉花,购买外地运进的原料或半成品自己生产布匹自用。以下诸县则有手工织布用于出售:新繁县出产货物有"布匹","每匹七八钱(银)";新都出产"布匹","布每匹七钱";崇庆州产"线布""白布";新津进口棉花,产"白布","白布每匹十文";汉州产布匹,"布每匹八钱";什邡县产"布匹","布每匹一两"。① 各县布匹价格略有上下,"布匹"系家庭小手工业生产,用洋纱和土纱织成的混纱布。

各地棉布市场供应也各取所需。如在成都西部雅安所辖的名山县,当地外来行销货物以"洋布、广布、土布为主","广布"较"土布"门幅宽。在邛州,外地贩运行销之货物中有"广布每匹值钱一千文",表明"广布"属混纱布。又如川北龙安府平武县"行销之货物"中有一种外来"大小布","大布每匹值银一两五六钱,小布五六钱。棉花百斤三四十两",川西北所用布匹由外地贩运而来。如松潘厅,贩运而来的货物中有"土布""斜纹布",属于结实耐穿之厚实布料。这些都是四川较偏远地区,外来货物不乏各种手工织土布及进口洋布,人们可以各取所需。市场上各种类型布匹供应,满足了农民和劳动阶层的需要。

手工织棉布市场多样化,洋布与本土棉布比价如下:"印度棉纱织成的布,每尺售制钱16文至18文;沙市来的棉布,每尺售制钱25文;输入的生棉织成的布,每尺售制钱26文。"说明本土手工自纺棉线织成的棉布,与印度洋纱织成的布比较,质量好,价格也更高,这也是本土土布依然能保持生产的原因。1893年海关报告提到一个值得注意的现象,即农民仍然喜欢穿价格更高的手工织棉布,"在纯土布与土纱和印纱混织布之间,内地农民仍乐于使用前者"。②

以上所比较四川州县家庭小手工业手工织土布、混织布、洋纱布,以混织布数量占多数。四川在川东北,上川南、雅州成都平原

---

① (清)傅崇矩编:《成都通览》,第325—352页。
② 周勇、刘景修译编:《近代重庆经济与社会发展1876—1949》,第118、189页。

各地形成家庭织布小手工业,解决了四川本省农民和劳动阶层抵制进口洋布,喜欢手工织棉布的需要。四川手工织布已经运销外省,法国医生皮雄1892年在云南蒙自商埠市场考察时,就提到了来自四川、广东的布匹,"色彩很多",显然指手工织洋布,蒙自有四川会馆经营。

4.洋杂货进口及日本小商品强势进入

重庆的商铺不仅有外国棉纺织品、呢绒等,还有很多进口洋杂货。重庆海关报告有以下记载:①

1891年年度报告:

> 在大批进口的外国杂货中,棉伞值得一提。同用纸和竹子制成的土伞相比,这些洋伞显得很精巧,可用作阳伞。特别是在成都,洋伞正在取代过去流行的草帽。这些是最便宜的洋杂货,零售价每把1先令6便士到3先令不等。……
>
> 四川人对火柴、闹钟、蜡烛、铁皮保险箱以及更多非日用必需的奢侈品表示欣赏。

1895年年度报告:

> 杂货类中,黄铜扣、小豆蔻、五色染料、西洋参和缝衣针的进口量增加了。

---

① 下引1891、1895、1896、1897年年度报告均出自周勇、刘景修译编《近代重庆经济与社会发展1876—1949》,第85—86、221、237、254页。

1896 年年度报告:

洋杂货中,黑海参、墨鱼、五色染料、扇子、人参、白云母、药品、针和胡椒的进口有所增多,而黄铜扣、小豆蔻和海带的进口量下降了。

1897 年年度报告:

外国纽扣和针的进口增长可观,这些易于运输的物品由行商小贩在农村各地销售,其消费量会进一步增加。四川人所熟知的广州人的店铺里也出售这些纽扣和针。在川省主要城镇都可看到的店铺里,陈列着日本的玻璃器皿和雨伞,广州的鸦片烟具,廉价的闹钟,炼乳和其他进口的小装饰物。在内地广大的地区里,唯一能够反映外国商业的就是这种商店。

小商品增长趋势可以进口钟表与针为例:钟表(只):1896 年进口 5366 只,1897 年 4019 只,有下降。缝衣针(千支):1896 年进口 88 640 千支,1897 年进口 1 070 600 千支,增加迅速。[①] 前者是奢侈品,后者是居家日用普及小商品,其深入家庭影响之广泛由此可知。联系 1892 年法国医生在云南开埠小城蒙自商店里所看到的林林总总的欧洲小商品,表明欧洲早期进口均重视价廉物美的小商

[①] 周勇、刘景修译编:《近代重庆经济与社会发展 1876—1949》,第 263—264 页 "1897—1896 年重庆主要洋货进口统计表"。

品。它们既能活跃商铺摊贩,也易进入普通百姓家庭。

1898年的小商品市场开始发生了变化。进口小商品市场自1895年日本进入重庆开埠,就引入了一个新的竞争者,"日本将供应棉纱、棉法兰绒、棉线带、丝带和各种各样的洋式小装饰品,这种装饰品有着极广阔的市场"。实际上,自重庆开埠后的1892年,日本即开始往重庆输入小商品:"大批进口的手表、灯、镜子、小装饰品和廉价的日本玩具大多持子口单运来,以避开海关对到货的仔细检查。"1895年以后,日本货物从重庆海关大量进入。在1898年的小商品市场上,日本仿制的洋杂货开始普遍出现。杂货市场以前是以德国为主,"目前的市场被日本和德国货占据"。1898年重庆年度报告称:

> 洋杂货贸易令人满意,其中最有利可图的是纽扣、缝衣针和五色染料。这些货的进口量都有增加。尽管这些是小东西,但其市场极为广阔,很值得注意。目前的市场被日本和德国货占据。①

其中特别提到日本仿造的品种多样的各类小商品:"其他越来越受欢迎的洋杂货是雨伞、灯、镜子、商品装饰盒、钟表、玻璃器皿、缝纫机、彩带、药品(特别是给小孩子治肠道寄生虫的药片)和其他小装饰物,这些品种的货物都来自日本。当今,外观和低廉的价格比结实、耐用、精细的工艺更为重要,很少有人愿意花钱购买好的

---

① 周勇、刘景修译编:《近代重庆经济与社会发展1876—1949》,第276、173、272页。

美国闹钟或英国雨伞,老百姓对于极次的仿制品已感到满意了。"①表明日本小商品正在从重庆海关进口占据长江上游进口市场。日本小商品仿制欧洲产品,两者的区别是"外观和低廉的价格"与"结实、耐用、精细的工艺"。日本仿造的小商品虽然工艺和质量不及欧洲产品,但却以外观漂亮和价格低廉取胜。

日本商品仿制西洋产品,在1896年法国记者莫里埃(Marcel Monnier,又名马尼爱)有关成都的记载中已经提及。成都"洋货甚稀,各物皆中国自制。而细考之下,似有来自欧洲者,但大半挂日本牌记"②,反映的就是日本仿制的欧洲产品。1903年美国旅行家盖洛航行长江流域,从三峡入川途经万县,记载了在万县城商铺所看到的外国商品,也提到了日本商品在进口洋货中的地位:

> 进口的洋货,较之于当地土产,所占比例极小;但走在大街上,依然可以见到曼彻斯特的印花布和棉纱摆在店铺里出售。……在其他店铺,我还见到钟表、蜡烛和肥皂。……在当地商贸中独占鳌头的是日本产品。③

1898年重庆海关报告中提到的日本仿造小商品在进口货物中所占优势,表明自1895年中日《马关条约》签订以后三年,日本经

---

① 周勇、刘景修译编:《近代重庆经济与社会发展1876—1949》,第272页。
② 〔法〕马尼爱(Marcel Monnier):《游历四川成都记》,宋育仁《渝报》第9册,光绪二十四年(1898)正月。
③ 〔美〕威廉·埃德加·盖洛:《扬子江上的美国人——从上海经华中到缅甸的旅行记录(1903)》,第95—96页。

济势力通过重庆开埠,开始强势进入长江流域上游。

(二)四川出口产品与重庆商会会馆

1.重庆海关主要出口土产品:1891—1901 年状况

里昂商会考察团在四川境内的考察笔记有关于几种重要产品的考察记载:在云南考察时记载的麝香(见本书第二章第一节);贵州、四川东北地区客栈的卫生条件所涉及的与生猪饲养有关的猪鬃;在云南看到的鸦片种植及四川挑夫普遍吸食鸦片的现象;在滇东北、贵州北部看到的生长白蜡的树枝和小橡树叶片喂养山蚕,尤其是在四川重点考察的种桑养蚕缫丝,去松潘市场考察中药材市场;等等。因此,麝香、猪鬃、鸦片、生丝、山蚕丝、白蜡、中药材及其他出口国内的地方特色产品等,正是重庆海关出口的主要大宗产品。以下附重庆海关 1895—1896 年主要出口货物统计表,借以反映 1895 年中日签订《马关条约》和中法签订商约,以及 1896 年法国里昂商会考察团进驻重庆考察之年的出口特色产品概况。

1895—1896 年重庆主要出口货物统计表

货类	单位	1895 年		1896 年	
		数量	价值(英镑)	数量	价值(英镑)
猪鬃	磅	721 333	16 025	766 933	21 516
鸡鸭毛	磅	404 933	2515	367 467	2306
木耳	磅	155 333	4367	502 667	15 764
大麻	磅	1 301 333	11 467	1 726 133	15 104

续表

货类	单位	1895年		1896年	
		数量	价值(英镑)	数量	价值(英镑)
生牛皮	磅	64 267	763	485 867	5769
药材	—	—	84 182	—	84 650
麝香	磅	4143	90 110	4457	89 707
五倍子	磅	2 308 933	38 675	632 667	11 071
四川鸦片	磅	1 438 800	432 701	936 667	234 155
云南鸦片	磅	131 733	45 709	138 267	41 507
大黄	磅	692 266	13 611	600 533	11 261
红花	磅	32 666	1949	51 867	2996
生黄丝	磅	469 600	91 754	436 133	102 503
野蚕丝	磅	85 200	8496	75 733	7494
蚕茧	磅	4533	208	37067	1666
野蚕茧	磅	48 133	1805	41 067	1526
废丝	磅	135 333	4363	106 667	3601
废茧	磅	825 733	25 683	1 033 067	32 314
红糖	磅	1 021 066	3829	1 275 600	4784
白蜡	磅	1 482 533	156 783	1 279 333	133 216
绵羊毛	磅	2 007 600	16 563	2 930 267	24 175
其他出口货	—	—	14 566	—	23 453
总计	—	—	106 6124	—	870 538

资料来源:周勇、刘景修译编《近代重庆经济与社会发展1876—1949》,第248页,"附录二 1896—1895年重庆主要出口货物统计表"。

上表反映出 1895 年、1896 年重庆出口产品虽然各有消长,但其中的猪鬃、木耳、大麻、生牛皮、五倍子、红花、生黄丝、蚕茧、废茧以及其他出口货物,在 1896 年的出口中有所增加。

2.重庆商会会馆与国内货物流转

重庆水陆交通四通八达,有八省商会会馆及其神灵崇拜:

> 广东会馆南华宫(六祖)、浙江列圣宫(关帝)、福建天上宫(天上圣母)、湖广禹王宫(禹大王)、江西万寿宫(许真君)、江南江南馆(关帝)、山西山西馆(关帝)、陕西三元庙(三宫大帝)。①

各省成立会馆的目的是联络乡情并联合一致,保护各省商人及本省在外人士,维护基本权益。各会馆"首事"形成的"八省首事",后来发展为参与地方各种事务,与地方官在公务上有各种联系的重要力量,"如当地税捐征收、消防、团练、重大债务清理、赈济款项的筹措和发放,孤儿院、养老院的管理,以及相类的慈善事业,等等"。② 1846 年,法国古伯察神父被驻藏大臣琦善从拉萨遣返进入川边巴塘,从成都经重庆下长江三峡递送出境。他记载重庆是"成都府以外四川最重要的城市,坐落在长江左岸",并在重庆的"一个商会会馆"里参加了一次见面活动,见证了会馆里聚会的情景,"众人手持红色请帖进入",会馆里有茶水招待,有商会领袖讲

---

① 周勇、刘景修译编:《近代重庆经济与社会发展 1876—1949》,第 71 页。
② 周勇、刘景修译编:《近代重庆经济与社会发展 1876—1949》,第 71 页。

话,古伯察神父受到商会领袖"很有礼貌的接待"。① 晚清重庆开埠以后各会馆非常活跃,聚会频繁。以江西会馆为最,"12 个月中多至 300 次";湖广会馆"在 200 次以上";福建会馆"在 100 次以上";其他会馆"70 次至 80 次不等","全体宴会并演剧则在特定庆祝时举行"。②

里昂商会考察团 1896 年进驻重庆考察,了解到中国国内商品流通活跃,兴旺繁荣。他们将这种情况的主要原因归结于中国各省的会馆和商会所从事的商业贸易活动,四川的商品流转运销与各省会馆关系密切。会馆众多,即表示各省货物往来流转频繁。考察笔记对国内货物流转有以下概括:

> 总体上尽管交通方式不够完善,中国人的流动却并不见少。云南蒙自、靠近东京的边境地区,还有广州都有四川人的身影。广州商会在重庆是实力最雄厚的商会之一,那里也可以见到江西、山西等地的商人。因为商品总不及人员流动自如,所以湖南的商贩竟来到贵州西南地区采购鸦片等物品;滇西南的普洱茶径直卖到了北京;江西景德镇的瓷器更是风靡全国;贵州的鸦片也贩到了上海;富人们趋之若鹜的燕窝、鱼翅也销到了距离沿海有 2600 公里的成都等地。③

---

① Évariste Huc(古伯察), *L'empire Chinois—Suite aux souvenirs d'un voyage dans la Tartarie et le Thibet*(《中华帝国——鞑靼西藏旅行续集》),pp. 226 - 227. 文中引语系笔者翻译。
② 周勇、刘景修译编:《近代重庆经济与社会发展 1876—1949》,第 72 页。
③ 法国里昂商会编著,〔法〕里沃执笔:《晚清余晖下的西南一隅——法国里昂商会中国西南考察纪实(1895—1897)》,第 137 页。

中国各省商人全国流动,跨省长途货物贩运活跃。这种南北各省商品在异地市场的贸易,反映了中国西南、南方各地商人经由水陆交通,组织商品自由贩卖流动的状况。如江西景德镇的瓷器风行全国,在重庆主要以浙江会馆商人经营瓷器著名。① 文中着重提到"广州商会在重庆是实力最雄厚的商会之一",说明晚清广州商人在重庆商业贸易中的地位。广东商人经营洋货占有广州和重庆两地均为开埠都市的地利之便,同时也在两地经营土货出口。重庆开埠后猪鬃成为经长江流域出口国外的重要产品,早期是广东商人在四川乡下收购猪鬃运回广州,"大多在广州洗捡后经香港出口国外"。②

在重庆海关进出口货物中,国内各省土货商品相互调剂,成为海关进出口小商品的重要组成部分。从重庆海关进出口的国内货物,以汉口日本新开商埠湖北沙市为集散市场。因此在汉口—宜昌—重庆之间海关进出的土货中,长江中下游、南部沿海城镇、长江上游货物相互流转,互通有无,丰富了各省商品。以下是自1891年重庆开埠后,重庆海关年度报告中有关四川与华中及其他省份进出口货物运销的记载。

1891年度报告称:"绝大部分出口货都是供华中诸省中国人消费的,并且只有这些货物才能由挂旗船运到汉口或沿海市场。现在宜昌和汉口之间的沙市是华中地区的一大集散地。"③

湖北沙市是1895年日本在长江中游的约开商埠,具有连接长

---

① 嘉庆六年仲夏月磁帮众商士公建《浙江会馆碑文》,巴县档案,四川省档案馆藏。
② 周勇、刘景修译编:《近代重庆经济与社会发展 1876—1949》,第196页。
③ 周勇、刘景修译编:《近代重庆经济与社会发展 1876—1949》,第87页。

江中游与上游以及北方河南陕西的地理优势,是重要的商品集散地。在日本开埠之前,沙市和湖北的手工织布,华中、华北的棉花均经沙市运进四川。由四川本土运出的货物,既有涉及日常生活的土产品,也有当地特产。重庆年度报告提供了以下年度从四川运出的商品在国内的流转状况以及运进川省的商品。

1892年度报告称:"川省出口的大麻几乎全都运往汉口,以作麻绳";"大量的食糖从70到80英里以西的内江沿江而下,据说每年运到沙市的食糖平均为11.9万英担";"每年从成都和云南运到湖北汉水的夏布价值约1000英镑";"橘皮和棺木首次由挂旗船运输出口,其中雅州来货质量最好。橘皮运到广州和沿海省份用作补药。……运往湖广的云南靛蓝和来自成都附近的郫县烟叶一样,大批从重庆出口,但都经由厘卡外运";"云南所产的锡在川省广为销售"。

1893年度报告称:本年度木耳是"作为时鲜货运到广州和浙江,……市场上大量不断地订货";"由于川盐属上乘之货,用川盐腌制的萝卜比中部地区用当地食盐腌制的萝卜更受欢迎"。

1897年度报告称:中国各地都有药铺,"并且所有药铺都自称出售四川药材,因此出现了大批的药材贸易……这些药材从川北和川西边境地区运下来"。云南和川西南地区新出口铅和锌,还有四川大麻,运出供国内相邻诸省使用,"在汉口,铅用于制造茶叶盒,锌块供应武昌造币厂。五倍子大幅度增长,1897年的出口量几乎等于1896年的3倍。大麻出口保持不变。四川大麻主要供应长江下游和华南的船民使用"。

由外省运进重庆的土杂货,1896年海关报告记载:"土杂货中值得一提的是 90 842 盏鸦片灯、45 244 支鸦片枪和一些仪器的进口。墨鱼、扇子、鸦片灯和烟枪及丝绸的进口都有所增加。"①

以上有关四川与国内商品市场的进出口贸易,表明四川出口省外的农产品均贴近生活与经济活动需要,证明了四川作为农业经济资源大省的特点。进口四川的国内产品以涉及吸食鸦片的鸦片灯和鸦片枪、南部海上出口的各种精美海味为主,折射出四川的消费状况和消费能力。

3. 重庆海关山货出口与山货西部重心来源地(1902—1911 年)

重庆海关的进出口商品从 1901 年开始就有了较大变化。洋货进口减少,山货出口占据了重要位置。山货出口在 1896 年法国里昂商会考察团考察期间,已经引起考察团的注意。考察团部分代表于 1896 年 7—8 月专门去了打箭炉、松潘,以及江油中坝考察来自藏区的皮张和药材市场,记载了松潘皮张市场的情形。在关于松潘及甘肃和西藏羊毛交易以及药材市场的报告中,对当地羊毛市场近几年的交易额、市场规模、羊毛价格均有记载,并对松潘—重庆、重庆—宜昌的运输价格做了详细计算。其中提到"松潘有一个奇迹,羊羔皮价格比打箭炉便宜很多","羊羔皮是最大宗贸易,但并非全年都有市场,每年分两个时期进行市场交易:阴历 4—5 月(西历 6—7 月)与阴历 9—10 月(西历 11 月到 12 月)"。松潘本地的皮张很少,主要来自甘肃。羊羔皮是最好的皮衣原料,"一张

---

① 周勇、刘景修译编:《近代重庆经济与社会发展 1876—1949》,177—178、197、256、258、237 页。

羊羔皮售价在 120—180 文之间"。①

四川松潘药材外销市场在四川北部江油县中坝。里昂考察团随团医生德布伦博士专程去江油中坝的中药材市场考察，并撰写了《中坝中药材市场报告》。江油县中坝居于涪江上游，是四川北路重要的药材集散中心之一，集中了甘肃与川陕药材，东西南北水陆交通皆方便，是一重要货物转运中心。德布伦博士在报告中写道："中坝是出售药材的重要市场，人们估计每年有 800 000 两银子的贸易额。"药材主要来自以下地区：第一是四川的四个县份：平武、江油、彰明和梓潼，第二是松潘及其郊野，第三是懋功。松潘厅靠近中坝，土产以名贵中药材为主。川北各县均以中坝为中药材集散中心。《成都通览·成都之土产及各属之土产》载平武县所产药材及其他货物输出，"自县属各场运至江油县之中坝成庄"。② 里昂商会考察团见证了山羊皮和药材是来自康区、西藏西北、甘青藏人聚居地区，以及川北各县的产品，经重庆海关出口。

关于边藏与西藏产品成为重要出口货物，1897 年重庆年度报告记载：

---

① "Rapport sur la laine des moutons à Songpan"(《松潘羊毛市场报告》), Chambre de commerce de Lyon, Alexandre Roy, les rapports économiques et commerciaux sur les provinces chinoises visitées, Tome Ⅱ, 参见〔法〕法国里昂商会编著，里沃执笔《晚清余晖下的西南一隅——法国里昂商会中国西南考察纪实(1895—1897)》，第 125—127 页。

② "Rapport sur la commerce des plants médicales à Tchongpa"(《中坝中药材市场报告》), Chambre de commerce de Lyon, Alexandre Roy, les rapports économiques et commerciaux sur les provinces chinoises visitées, Tome Ⅱ, 参见〔法〕法国里昂商会编著，里沃执笔《晚清余晖下的西南一隅——法国里昂商会中国西南考察纪实(1895—1897)》，第 132 页注释(2)。

羊毛、麝香、大黄和较大部分的药材形成了西部中国贸易的一个独特而有趣的部门。西藏人和川边土著部落就用这些东西换取大量的茶叶和少量的棉花、丝绸以及主要运送到松潘和打箭炉等地的土产中国铜器,……这项贸易主要掌握在穆斯林商人手中,……大批的西藏人还直接到边境城镇和汉人做生意,但通常由穆斯林商人做中间人。①

西藏和川边藏人的山货出口主要是与国内汉人的货物交换。汉人交换的货物则是茶叶、少量棉花和丝绸,还有土产中国铜器。藏汉货物交易主要由陕商穆斯林回民经营。这一年"鸦片、生丝、药材(包括大黄)、麝香、羊毛和白蜡等6项占全部出口的87%"。在接下来的1902—1911年重庆10年海关出口货物中,山货出口变得日益活跃,"整整这10年间,药材、麻类、麝香、大黄、山羊皮、白蜡和羊毛的贸易都做得兴旺"。②反映出边藏和西藏的皮张、羊毛、高山药材等山货,以及农家种植的麻类和山林放养的白蜡等出口产品的重要性。

1903年美国旅行家盖洛乘船从上海经汉口宜昌上溯重庆,在重庆海关了解到这种进出口状况,印证了进口商品萎缩,以山货为主的出口货物的繁荣状况:

> 重庆有不少工业。这里的猪鬃质量上乘,每年外运猪鬃多达万担,约合一万三千磅。……外商主要靠这个猪鬃产品

---

① 周勇、刘景修译编:《近代重庆经济与社会发展1876—1949》,第255页。
② 周勇、刘景修译编:《近代重庆经济与社会发展1876—1949》,第257页。

来挣钱。当地的药材也大量出口,每年百万担左右。我曾问海关的税务司,重庆生产的药材究竟有多少种类。他指着一个两英寸厚的册子说:"那本书里全是本地生产的药材名称。"最有价值的出口商品是鸦片。本地产品正在迅速取代洋货,目前的出口量为每年1.6万担。去年,从这个码头运走的山羊皮为40万张。①

"本地产品正在迅速取代洋货",反映出西方市场及国内市场对西南地区土产品的大量需求,尤其是包括猪鬃、药材、鸦片、山羊皮在内的山货出口产品的活跃。生丝缫丝质量改善,但欧洲需求不大,"输出的大部分都销到印度及其他东方地区"②。川边藏民运出的高山药材和皮张、羊毛等是不容忽视的重要山货出口产品。

盖洛1903年在重庆海关记载了药材等山货垄断四川出口货的状况。重庆海关报告根据一份统计表所列"年平均出口数反映出1904—1908年比1894—1903年的增长幅度"如下:

皮货265%;木耳250%;山羊皮235%;药材72%;野丝63%;大黄62%;绵羊毛45%;废茧19%;药土17%;猪鬃15%;鸡鸭毛15%;五倍子10%;大麻7%;乱丝头4%。③

---

① 〔美〕威廉·埃德加·盖洛:《扬子江上的美国人——从上海经华中到缅甸的旅行记录(1903)》,第111—112页。
② 周勇、刘景修译编:《近代重庆经济与社会发展1876—1949》,第149页。
③ 周勇、刘景修译编:《近代重庆经济与社会发展1876—1949》,第307页。

1909年的记载也是"废蚕茧出口……是有史以来的最高纪录";"山羊皮的交易非常成功";"生牛皮非常缺乏";"白色猪鬃比较稀少,迄今为止,这项贸易一直是以高价与日本进行的";"年初国外对绵羊毛的需求很大";"鸡鸭毛的出口生意很好,出口量比1908年增加了12%,创最高纪录";①等等。

(三)川边藏人聚居区:山货输出之地

1.汉藏商路: 泸定桥与打箭炉

藏汉之间通商,以雅茶入藏为主,但输出的是藏人聚居地的各种山货物产。汉藏商品交易均需过泸定河上的泸定铁索桥入关,缴纳关卡费。泸定桥"街市人口密,客店四家",因此也成为入关的第一商业小镇:

> 泸定桥居民铺户三百余家,驻巡检一。有铁索桥为入泸出关之大道,雅茶入泸亦由此桥所过。茶包无论大小轻重,每五包为一引,收费钱十八文,据说每年可净得费钱一千五百串。其余别项货物,据云无费。本处产丝,每年约值银十一万两之谱。过桥入泸城,货物以雅茶为大宗,有油、米、酒、烟、布匹、纸张各货。其由泸城来货,以药材为大宗,并砂金、羊毛、羊皮,药材如麝香、鹿茸、鹿角、虫草、贝母、大黄类。②

---

① 周勇、刘景修译编:《近代重庆经济与社会发展 1876—1949》,第 307、314 页。
② (清)傅崇矩编:《成都通览》,第 463—465 页。

记载者朱君系晚清英国成都总领事去川边藏人聚居地考察的陪同者,以上信息应是采自泸定桥关卡。泸定铁索桥"入泸出关的"商品,反映了当时汉藏之间的商业贸易之一斑。从泸定桥运进藏人聚居地的汉人商品,"货物以雅茶为大宗",兼及"油、米、酒、烟、布匹、纸张各货"等生活日用品,与日常生活密切关联。仅雅茶收关卡费,表明鼓励汉地日用货物输入。"其由泸城来货"的藏人产品,"以药材为大宗,并砂金,羊毛、羊皮",均系贵重货物。大宗药材所包含的种类亦属藏地高寒地带的名贵药材。藏汉两地的商品互易,反映出农业文明与高原地带畜牧文明的特点。

打箭炉城是藏汉商品交易之处。法国里昂商会考察团1896年在四川境内考察期间,考察团两名成员于夏季7月进驻打箭炉考察一个月。其描述打箭炉城"位于海拔2700米的高原",夏季"气温也还是25度"。考察队成员下榻打箭炉城一个名为"欧洲旅店"的客栈,经过打箭炉的所有欧洲人都曾下榻此店,故而得名。所谓欧洲人指进入边藏来来往往的欧洲考察者。那个时期的欧洲人主要是法国人、英国人,以探险或经济考察为目的途经打箭炉西去川边巴塘。晚清打箭炉并非闭塞的川藏边城,从1860年代以来,即任由外国人自由旅行。考察笔记对打箭炉小城风情有以下描述:

> 大街小巷成群结队的藏人来来往往,他们身穿红色羊毛袍子,足蹬宽大靴子,一路走过,留下一股哈喇的酥油味。这些藏人都是粗壮汉子,肌肉结实发达,发型各异——有的短,有的蓄着辫子,有的顶着一头乱发。……打箭炉也有好些汉人。但相对于三四万当地居民而言的确只是少数一族。这里

大多数人都是混血儿。纯正的藏人只是这里的过客:他们通常集结成商队来此贩卖产品,顺便购买些商品,以茶叶为主。逗留的期限长短不一,大约一个月后,他们又启程返回高原故乡。打箭炉城里的女性以藏人居多,她们承担的都是最苦最累的活计。……她们比汉族女性更高大,也更结实,当然,她们不裹小脚。①

打箭炉小城居民以在当地从事商业和小手工业的汉人与本地藏人女子联姻的后裔为主,系有汉人血统的藏人,数代通婚,形成了当地居民不同于一般藏人的特点。同时也有来自山陕和四川的汉人家庭在打箭炉经商或从事手工业。来自西藏的纯血统藏人"通常集结成商队来此贩卖产品,顺便购买些商品,以茶叶为主"。笔记中称"明正土司"为打箭炉王,说"打箭炉王很欣赏西洋玩意儿,住的房子很是漂亮,乡间的宅子更是精美至极"②。打箭炉王欣赏西洋商品,边藏山货在重庆海关大量出口,因此洋货奢侈品亦进入打箭炉。

打箭炉雍正年间建城,因与内地通商很快繁荣。明正土司及打箭炉商业城有"俨如国都"之盛况:

  昔明正土司盛时,炉城俨如国都,各方土酋纳贡之使,应

---

① 法国里昂商会编著,〔法〕里沃执笔:《晚清余晖下的西南一隅——法国里昂商会中国西南考察纪实(1895—1897)》,第127—128页。
② 法国里昂商会编著,〔法〕里沃执笔:《晚清余晖下的西南一隅——法国里昂商会中国西南考察纪实(1895—1897)》,第129页。

差之役,与部落茶,四时辐辏,骡马络绎,珍宝荟萃。凡其大臣所居,即为驮商集息之所,称为锅庄共四十八家,最大有八家,成八大锅庄,有瓦斯碉者,锅庄之巨擘也。碉在二水汇流之处,建筑之丽,积蓄之富,并炉城第一。康藏巨商咸集于此,此则番夷团结之中心也。全城有喇嘛庙七所,盎雀寺在城中,南无寺在南校场,皆黄寺,全市基础,建于商业,市民十之八九为商贾。南北东三关,设有税卡,驮马出入三关者,日恒数十百头……①

汉藏通商,藏人中经商风气浓厚,"……各喇嘛寺有商人,各土司家有商人,因喇嘛、头人经商而商人地位益高","番敬汉人,故亦敬汉商。草地商人,大都为喇嘛、头人、汉人,此其所以足贵也",②藏人中经商的喇嘛、头人均是社会上层,与汉人通商,彼此相敬,故能和睦相处。

2.里塘喇嘛寺"专权买卖"

里塘位于打箭炉明正土司与巴塘土司之间,"里塘宣慰、宣抚司地"。"里塘土司地。旧名稻坝。"③从打箭炉进藏南路有官道驿站,也是商道。西行途经里塘土司、巴塘土司进入藏东察木多,西

---

① 任乃强:《西康图经》,西藏古籍出版社,2000,第72—73页。原版分境域、民俗、地文三册印行,系由其实地调查纪录《西康诡异录》充实而成,新亚细亚学会,1930—1934。
② 任乃强:《西康诡异录》,"四川日报社丛书"之一,四川日报社印行,1931,哈佛燕京图书馆藏。见王振忠《豆腐、老陕、狗,走尽天下有》(下),《读书》2006年第5期。
③ (清)赵尔巽等撰:《清史稿》卷六九《地理十六·四川》,第2229页。

去拉萨。1846年古伯察和秦噶哗两位神父从拉萨被遣送出境经察木多进入川边,经过里塘驿时有如下记载:

> 里塘城建于一个山麓,矗立于一片辽阔又颇为贫瘠的平原之中。那里仅有一点青稞和某些弱小的草,可以充作数目较少的山羊和牦牛群的牧场。遥遥望去,该城颇具规模。两个大喇嘛寺雕梁画栋,金碧辉煌,完全建于山顶,使之具有一种特别雄伟的姿态。……
>
> 里塘的最大喇嘛寺中拥有一个很大的印经厂,附近地区的喇嘛们于节日期间前往那里寻求经书。里塘还从事大规模的火药、黑色念珠以及用葡萄树和黄杨树根制造的木碗交易。①

里塘的海拔高,略有畜牧业而农业不发达。喇嘛寺是里塘土司的重要寺院,经营小手工业与商业交易。晚清傅崇矩《成都通览·由峨眉县到巴塘之路程》中"朱曾三之游记"所载与古伯察的记载大致相同,"里塘喇嘛寺一,常驻二千余人,专权买卖,里塘汉人口粮亦须仰赖于该寺。地方高出海面一万三千英尺,寒冻甚,地不毛,蔬谷皆运之泸(泸定桥)、巴(巴塘)等处"。里塘出产麝香、鹿茸、鹿角、虫草、贝母、砂金、羊毛、羊皮、牛皮等物,"里塘铺户居民百四五十家,蛮户二百三四十家,岁土地荒寒而商务产聚"。② 里塘物产均是重要的贸易商品,由喇嘛寺"专权买卖"。

---

① 〔法〕古伯察:《鞑靼西藏旅行记》,第581—582页。
② (清)傅崇矩编:《成都通览》"朱曾三之游记也",第459、464—465页。

边藏除了川西打箭炉是货物集散地,四川西北路的山货出口途径,是岷江流域连接川西北松潘的灌县,也是各种货物集散地,"以贩运药材、羊毛者特多,行销渝、宜、汉、沪"。① 1896年法国里昂商会考察团进入四川考察过程中,专程去了川西打箭炉和川西北松潘两处藏人聚居地,考察了药材市场及皮张羊毛等当地山货。川边的这两个地区即是重庆海关报告中提到的1902—1911年以川西、川西北药材皮张等山货出口为主的重要来源地之一。英国人库伯1871年代表上海英国商会考察川西边藏与西藏通道,需在成都等候入藏护照。抵达成都后库伯去大街游逛,发现有很多药材货栈,"走在城里主要大街之一的一条街上,我发现有大量的药材店铺,特别是闻到了麝香味。这些药材是这个地区的商人从西藏买来,然后运往重庆的"。② 其中提到的"麝香",是1891年重庆开埠后海关出口的重要商品之一。

(四)四川农家猪鬃、鸦片出口

晚清四川和贵州农家饲养生猪与猪鬃出口贸易有了紧密联系。据重庆1892—1901年海关报告记录:"由重庆输出的猪鬃,有40%—50%来自贵州省,贵州货和四川货在猪鬃需求远远超过供给的伦敦市场,博得最好的价格。"加工洗拣猪鬃的猪鬃厂,重庆有一

---

① 叶大锵等纂修:《灌县志》卷四,民国二十二年排印本,第5页。
② Thomas Thornville Cooper(库伯),*Travel of a Pioneer of Commerce in Pigtail and Petticoats, or an Overland Journey from China towards India*(《商业先驱者游记:从中国去印度的陆路旅行》),John Murray, London, 1871,见 Ninette Boothroyd, Muriel Détrie, *Le Voyage en Chine*, p. 806,所引内容系笔者翻译。

家英商和几家华商,"除了本埠华商设立的猪鬃厂外,叙府也有三家。加工的猪鬃都运往上海"。猪鬃因国际上需求量大,不但华商加入多,连德国、法国、美国、日本商行也加入做猪鬃生意。1902—1911年,重庆已发展出 21 家猪鬃厂,其中华商 14 家,洋商 7 家。1910 年重庆海关年度报告提到"猪鬃贸易仍在发展,其价格对买主和卖主都有利"。①

鸦片是晚清的重要出口产品。西南云贵川三省都是鸦片产地,其中四川后来居上,经重庆海关出口的鸦片以四川鸦片为主。1876 年中英《烟台条约》中第一款有"洋药准在新关并纳税厘",即准许洋药(鸦片)从宜昌进口。据英国驻上海领事许士(Patrick Joseph Hughes)提供的《领事许士 1881 年度上海贸易报告》记载,中国本土鸦片对进口洋药形成威胁,其中包括西南地区:

> 1881 年波斯鸦片的进口量已增加到 1364 担;但中国产鸦片在质量和数量上都提高得这样快,以致不足为奇的是它不久就严重地干扰了印度鸦片,并使波斯鸦片的进口完全停止了。……在四川、云南、山西、陕西、甘肃和贵州等省,印度鸦片几乎都被赶出了市场,现在简直不再运往这些地方,那里的消费全部由中国产的鸦片供应了。牛庄曾经每年进口约 3000 担的印度鸦片,1881 年却只进口了 358 担。……烟台和天津也在缓慢地仿效牛庄的榜样。1881 年,它们进口印度鸦片的

---

① 周勇、刘景修译编《近代重庆经济与社会发展 1876—1949》,第 113—114、149、321 页。

数量已减少了15%。①

重庆1891年开埠设立新关,有关"洋药"鸦片进口,直至1906年均无记载。1907年出口货物中的"洋药"一项记录:"去年只有一次洋药进口,这批私自进口的公班土(Opium Patna)重1.2担。"并记载1907年的"洋土:一批试验性进口的11斤白皮土和126公斤公班土说明对洋药的需求量很小;……因为进口商即便以成本价出售也无法找到买主"。海关报告在1908年、1909年、1910年连续三年有关"洋药"一项的进口,均分别简洁写道:"洋土:零。"从重庆海关出口的鸦片则有1896年海关报告记录称:"1893年以来,四川鸦片的出口量已增长了一倍。"因此四川乃至整个西南地区的鸦片土药,阻遏了洋药(鸦片)进口。

以上所反映的晚清最后十年重庆海关山货出口成为主要产品,"都做得兴旺"之说,确属四川清末情形。②

---

① 《领事许士1881年度上海贸易报告》,载李必樟编译、张仲礼校订《上海近代贸易经济发展概况:1854—1898年英国驻上海领事贸易报告汇编》,第606—607页。
② 周勇、刘景修译编:《近代重庆经济与社会发展1876—1949》,第301、309、316、237页。有关重庆土货出口与山货经济,相关主要研究有重庆中国银行编《四川省之山货》上卷,1934;张肖梅编著《四川经济参考资料》,H第14页;杨灿雪、杨质彬等《帝国主义垄断下的重庆山货业》,《重庆文史资料选辑》第3辑,内部发行,1979,第50—82页。

(五)重庆海关挂旗民船运输状况

1.川江货运挂旗船

1890年3月中英《烟台条约续增专条》规定英商贸易船只使用华船,"英商自宜昌至重庆往来运货,或雇佣华船,或自备华式之船,均听其便"①。货物由汉口机轮大船运至宜昌,在宜昌卸货重新打包,换成中国木船进入宜昌—重庆川江段。使用的华式木船,即民船。洋商组织的华式木船往来宜昌—重庆需挂旗航运,组织哪国的货运,就挂哪国的国旗,故称挂旗船。因此川江上货物运输船只繁忙,经由重庆海关的进出口货物由挂旗船往来运输于宜昌—重庆。宜昌、重庆均有英国商或其代理行做进出口生意,组织华式民船运输货物挂英国旗,外省货物华商进出口民船挂中国旗,美国货船主要是经营煤油。"1892年,半数以上的上行船只和2/3的下行船只都挂英国旗,主要是太古和怡和两个洋行。"该年10月英商立德成立了重庆运输行进行贸易。"下行船只中,2/3的挂英国旗,余下的挂中国国旗。"②以下以重庆海关报告记录的两个年份川江进出口挂旗船数目为例,以资了解川江运货挂船旗的一般状况:

---

① (清)李鸿章:《李文忠公全集·译署函稿》第20卷,光绪三十一年至三十四年刊。李鸿章(1823—1901),字少荃,安徽合肥人,道光二十七年(1847)进士,"从曾国藩游,讲求经世之学",太平天国政权期间,参预军事,同治元年(1862),诏建淮军。1870年代洋务运动中坚人物。晚清重臣。《清史稿》卷四一一《李鸿章列传》:"论曰:……(鸿章)既平大难,独主国事数十年,内政外交,常以一身当其冲,国家倚为重轻,名满全球,……生平以天下为己任,忍辱负重,庶不愧社稷之臣。"
② 参见周勇、刘景修译编:《近代重庆经济与社会发展1876—1949》。

1895年：

进口：英国(878只)、中国(210只)、美国(112只)，总计1200只。

出口：英国(562只)、中国(326只)、美国(29只)，总计917只。

1896年：

进口：英国(1044只)、中国(205只)、美国(30只)，总计1279只。

出口：英国(508只)、中国(246只)、美国(25只)，总计779只。①

以上反映出川江航运分别由英、中、美三国运输行组织进出口挂旗木船运输货物。英国是大头，中国居次，美国一直较少。英国船只进口大大多于出口船只，下行船只少于上行船只，说明进口货物多于出口货物。中国则进口船只少于出口船只，下行船只多说明运出货物多于进口货物，即重庆海关出口货物由中国挂旗船运输。1895年是中日《马关条约》签订之年，也是中法《续议商务专条附章》签订之年。1896年是法国、英国、日本考察团进入重庆、四川考察之年。较之1895年进出口挂旗船只数量，1896年唯英国进口挂旗船只数量增加40%以上，但出口船只三国均有稍减。表明重庆海关以英国在宜昌商埠组织的挂旗船运输进口货物居多。

---

① 周勇、刘景修译编：《近代重庆经济与社会发展1876—1949》，第249页"附录三 1896年进出重庆港挂旗船统计表"，第77页。

2.川江贵重物品运输小木船具有优势

里昂商会考察团在重庆考察期间,在去万县的川江一段,观察到商运货船以小木船为主要运载工具。重庆—万县—宜昌川江段,是重庆、宜昌两地商埠航运进出口货物来往的航段。沿途有一些险滩和激流地段。在重庆开埠以前,从汉口子口贸易运入的有煤油及火柴这样的危险货物,"这两种货物都是由当地的小木船从汉口运入四川的"。重庆海关报告中关于在川江用小木船运载货物更安全的说法,有如下记载。

1891年年度报告:

> 贵重物品由小木船运输更为合适,因为小木船在急流处不易出事。风险通常被尽可能地分散开,在一条木船上载运大量的货物是很少见的。
>
> ……在300只上水航行的挂旗船中有5只船失事,在307只下水船中有3只失事,但失事船只上的货物实际上并未丢失,晾干后又被送到目的地。由此看来,只要仔细地挑选大小适中、人员配备精良的船只,木船运输的风险就不会像人们一般想象得那么大。

1892年年度报告:

> (大商人和富商)他们通常把诸如黄丝、鸦片之类的贵重货物分散开来用小船运输,甚至在特别危险的滩险处用人搬

运的办法,使这种风险减小到最低限度。进口商知道航行途中很少会发生全损事故,因此除非水位极高他们不愿保险,即使在这种时候,他们也不愿停止运货。

1893年年度报告:

上行船只平均27吨,下行船只为16—17吨。通常这是因为,上行的进口货都是些大宗货物,而下行的出口货,如鸦片、麝香、丝和白蜡都是贵重物品,这些贵重物品都分成小包,分散运输,以免风险。

1895年年度报告:

5月到10月是长江的洪水季节,重庆的水位从冬季最低的50英尺上涨到90英尺。下行木船行驶在长江的中心,事故不常发生。上行木船则靠人力沿岸拉纤,并要对付所有的急流、漩涡以及由突起的礁石和沙石滩所引起的水浪。①

以上均说明从重庆海关川江下行运货时,小木船是安全适用的运输工具,较少发生事故。即使发生,货物也会被打捞起来,不会产生多大损失。因此,大商人和富商运送贵重物品进出口,大多会用小木船装运。

---

① 以上所引1891、1892、1893、1895年度报告,见周勇、刘景修译编《近代重庆经济与社会发展1876—1949》,第81、168—169、186、233页。

结合法国人考察团在越南红河上游航行,在越南边疆小城老街,考察团均从云南蔓耗租调小木船替代机轮航行的经历,也证明了小木船遇上礁石急流时,靠船夫掌控的机动性和灵活性就能避开险境,货运尤其重要。在重庆、宜昌之间的川江航行,船只下行运输货物出口,比上行运送货物容易。重庆海关报告在《1892—1901年概述》中强调:"关于下行水运,中等运载量的民船,现时需求最盛。"重庆商埠、湖北宜昌商埠之间的川江航程为660千米。在12月到3月最好的枯水季节,运货船只从宜昌上行重庆需要20—30天。①

三、重庆户口丁册以外的人口数量与都市失火的关联

里昂商会考察团驻留重庆的时间长,考察期间特别注意到重庆城新建民房的大量出现。虽然"在城根南北隅被称为'无夫关'的寺庙周边也有大面积的菜田",但在城区,"占地面积最多的还是雨后春笋般崛起的民房"。崛起的新建民房反映出重庆市内人口增长的情形。

对于重庆这样一个处于长江上游交通要津的繁荣的商业都市而言,1891年开埠之后增加的人口数与商业贸易的繁荣之间有着直接联系。与此同时,1895年中日《马关条约》约定长江流域新开湖北沙市商埠以及日本进入重庆开埠,这一切对于长江上游重庆的商业发展都会产生重大影响。长江流域处于一个新的开放时

---

① 周勇、刘景修译编:《近代重庆经济与社会发展1876—1949》,第77页。

期,重庆的人口数量也是一个在西方社会引起关注的问题。里昂商会考察团笔记中提到"先前(法国)外交部一位部长在论坛上夸大其词,高估重庆人口有100多万"。① 因此调查重庆人口的实际数字,也是里昂商会考察团在重庆的任务之一。

里昂商会考察团成员在重庆城内观察清晨大街上的人群,在城根漫步考察如雨后春笋般涌现的新建民房,均与了解陆续开埠之后的重庆人口总量有关。都市人口增长与人口流动及都市的商业发展有直接关联。重庆的人口增长究竟反映在哪些方面,重庆那一时期的商业发展、增长的人口居住现状和分布状况,是考察人口数量应该关注的现象。

(一)有关都市人口统计方式认识的差异

里昂商会考察团作为法国第一次派出的大规模商务考察团体,受到重庆府驻地巴县县令、重庆府知府的接待,因此有机会直接了解有关情况,包括统计在册的重庆人丁户口。考察团考察重庆人口数的方式有两种,一是通过从重庆官方获取的数据,二是通过考察团队员在重庆街巷实际观察居民住房。

1.对官方人口数据的质疑

里昂商会考察团了解到的重庆城区的人口数据由巴县县令提供,"巴县县令亲口对我们说过城区内有两到3万户人家,平均每

---

① 法国里昂商会编著,〔法〕里沃执笔:《晚清余晖下的西南一隅——法国里昂商会中国西南考察纪实(1895—1897)》,第94—95页。

户 5 口人。如果以 3 万户计算的话,就应该有 15 万人"。但是这个数据引起了考察团的质疑,认为实际人数至少应该翻一番,估计为"30 万到 35 万"。

重庆知府也向考察团提供了包括重庆城和郊区在内的居民总户数。在知府登记簿上,在册的城区和城市郊区人口"约 6 万户人家,也就可能有 30 万人口,还得外加为数众多的'流动人口'以及没有入册的'漏户'家"。这是第二种统计方式。考察团虽然认为重庆知府登记簿上包括城区和城市郊区"可能有 30 万人口",但也不准确。①

从以上介绍可看出里昂商会考察团要调查的就是这两类人的数据状况:一是对巴县县令给出的城区 15 万人的数字进行质疑,"至少应该是 30 万—35 万",因此需要观察居民实际的居住情况。二是重庆知府给出的城区和郊区 30 万人口数据以外的"为数众多的'流动人口'"和"没有入册的'漏户'"。

2.重庆活动人口与季节性人口增长状况

官方注册的重庆市区和郊区的 30 万人口都属于定居人口。里昂考察团认为的流动人口如下,"倘若把那些从事内河航运的流动人口加起来,把那些枯水季节拥挤在用竹子、茅草搭建而成的窝棚屋里的人加起来","棚屋一律建在近郊脚下的河滩上"。还有江北厅的人口及重庆南岸王家沱的人口,以及重庆正对面的一个村

---

① 法国里昂商会编著,〔法〕里沃执笔:《晚清余晖下的西南一隅——法国里昂商会中国西南考察纪实(1895—1897)》,第 94—95 页、第 105 页注释(6)。

子的人口,"那总人口也应该达到40万到45万"。①

考察团所谓流动人口,一是从事内河航运的人,指的是从外地进入重庆靠此谋生的纤夫、货物装卸工及各种服务业人工等流动人口。江北厅、王家沱、重庆正对面的一个村子的人口,是属于重庆市区以外地点的人口。据重庆海关报告记载,重庆1891年开商埠接通湖北宜昌商埠,川江1891年进出口运货木船为607只,到1892年则陡增为1879只。此后每年重庆海关运货船只逐渐递增,在里昂考察团进驻重庆的1896年,则为2058只。② 随着运货船只的增加,进出口货物总量也逐年增加,靠此谋生的各种流动从业人口也会相应产生。因此就出现了里昂考察团所谓"还得外加为数众多的流动人口"那一部分。

二是在枯水季节搭建"窝棚"的人。这些在枯水季节的沙滩上用竹子搭建的简易窝棚,是重庆府各县的农民在冬季农闲枯水期在重庆河滩上进行产品交易的货栈。③ 枯水季节(每年冬季12月至次年3月)正是农闲季节,为周边各县乡村农民提供了产品交易的机会。窝棚搭建简便,既是货栈又是住屋,城里的商人们来此交易的货物,就由力夫搬进城里。枯水季节结束,长江涨水之时,进行交易的农民就拆掉窝棚返回乡里,待来年枯水季节来了再建。冬季乡村农闲,正是小买卖跑运输的经商季节。因此在岸边窝棚

---

① 法国里昂商会编著,〔法〕里沃执笔:《晚清余晖下的西南一隅——法国里昂商会中国西南考察纪实(1895—1897)》,第95页。
② 周勇、刘景修译编:《近代重庆经济与社会发展1876—1949》,第510页,"重庆港贸易船只表(1891—1919)"。
③ 见2013年6月21日《重庆商报》。

住居的是冬来春去的乡镇流动人口，属于季节性增加人口。城乡之间有商贸交易，农民既可务农又可经商，这是中国传统社会的特点。

(二)街巷民居与重庆1892—1896年每年失火的关联

1.街巷行人与杂院居住人口密集现象

里昂商会考察团为了考察重庆的实际人口，一是从住屋拥挤程度看人口多寡，二是观察了一次大火后被烧毁房屋及伤亡居民的数量。考察团成员在重庆街头步行时，观察到人口众多的各种情景，如"人口拥挤，人口密度奇大"。他们常常"徒步穿越街区，徜徉在形形色色的大街小巷"，对经过的院落仔细观察，看到院落中的房屋一家有"两个房间"，多数还只有"一个房间的"，"一个房间里有时住着五六个或七个人"，"由此我们意识到这座城市实际人口众多"。考察团在街巷中观察到的院落中的房间，指的是重庆的民居多为"一楼一底的建筑"，既有纵深的院落式，也有并排的长排房式。至于家庭居住拥挤，其中"一个房间里有时住着五六个或七个人"，这种居住方式可能是进城的流动人员，几个同性别的人(那个时代只能是男性)租住在一起。但无论如何，也体现出人口密集的现象。

人口居住密集与火灾问题。考察团曾经提到重庆晚上"只有烛光，或菜油点灯"。重庆这样的开埠都市之所以晚上还没有煤油灯，是因为政府为了防止火灾而颁布禁令，这种禁令能够施行则是因为曾经有过多次火灾发生。1896年8月重庆酷暑难耐的夏季，上半城就发生了一次大火。里昂考察团专门去观察了火灾后的情形,"我们查看过火灾现场:见方不足 50 平方米的地方竟有 70 多户人家遭遇不测,无家可归"。① 这种拥挤的居住情形,以及这种发生火灾令众多住户受到连累的现象,不应该是正常住宅区会发生的状况。即是说,火灾造成如此严重的后果,与居住人口密集有关。居住人口密集的情况,应该考虑发生在流动性或临时性人群之中。

2. 1892—1896 年的几次货栈及杂院失火与洋油使用禁令

1891 年重庆海关报告记载,煤油进入重庆始于 1890 年,从汉口持子口单上运,进口 323 125 加仑(约 1 468 956 升)煤油。海关报告记载称,"在重庆,似乎没有人因为怕火而反对使用煤油",理由是重庆备有很多"小型手压灭火机,消防队也能成功地控制住经常发生的火灾"。同时也提到在 1891 年开埠之年,"煤油在本地消费量也较小——惧怕引起火灾,多费钱,和到达重庆的煤油几乎每听都有分量不足或冲水的事实都有关系"。煤油进口并不列入重庆海关报告册,因为它是从汉口以子口税凭证运入四川。当年进口"美国煤油 59 5975 加仑(约 2 709 357 升),俄国煤油为 40 800 加仑(约 185 481 升)"。与火柴一样,煤油属于危险货物,"这两种货物都是由当地的小木船从汉口运入四川的"。② 据海关报告

---

① 法国里昂商会编著,〔法〕里沃执笔:《晚清余晖下的西南一隅——法国里昂商会中国西南考察纪实(1895—1897)》,第 95 页、第 153 页注释(2)。文中提到的"70 多户"这个数据令人质疑,查法文原文无异,也不排除所见人群是当时聚在一起的围观人群,或周围受灾人户。
② 周勇、刘景修译编:《近代重庆经济与社会发展 1876—1949》,第 85、120、76—77 页。

《1892—1901年概述》记载,从1892年开始,直到1896年夏天里昂商会考察团记载的这一次街区发生的大火灾,重庆年年有因使用煤油灯而引发的火灾。

1892年下半年重庆发生了两次火灾,海关署证实重庆对于救助失火有完善的措施,"该城配有很多当地的人力灭火机,街道上一个个水池相隔不远。隔火墙圈起了许多大片的居住区,对于防止主要用木头建造的房屋所引起的火灾尤为有效"。1893年6月又一次大火,是因某处做饭不慎,"大批坐落在太平门外江边一带经营进口时鲜的商行被这次大火烧毁,大火还越过城墙,烧毁了城内一大片地方"。"据说约有440间房屋遭殃,大火造成的损失估计在375万英镑以上(不包括家具和衣物等)。有五人在火中丧生。官绅们向受灾者募捐了可观的救济金,受灾房屋几乎全部得到重建。"表明1893年这次失火不是发生在有围墙有水池的街区,而是发生在"太平门外江边的一带经营进口时鲜的商行"。商行有货栈以及房舍,很多房屋被烧毁,大多属于临时性搭建的房舍。

1894年8月城东南大火则直接由煤油灯引起:"重庆城东南地区发生了一场特大火灾,这场火是因为一盏煤油灯被打翻而引起的。"正是盛夏高温,"当地所有的那些低效能的灭火工具对于控制火势毫无用处,大火燃烧了15小时之久",最后采用推倒一些房屋的方法制止了大火蔓延。"根据官方记录,1082幢住宅被毁坏,……至少有一万人无家可归,其财产绝大部分化为乌有。本地最富有的商号中有许多被火烧毁,大批洋布洋纱被烧净,这场火造成的损失估计在30万英镑到100万英镑之间,地方官员们对迫切的需要慷慨解囊,各种行会合在一起也捐了一大笔款子。到了年底,大火造成的废墟上又布满了房屋。"

1894年秋天这次因为油灯翻倒而引起的大火,也是货栈或仓库地方失火,烧毁了大量的进口孟买棉纱,"地方当局立即在全城内禁止以任何借口使用煤油"。"煤油被列为禁运品",这项禁令在1895年仍然比较严格地执行,最后允许有围墙的私人住房使用煤油灯,"但坚决反对小店铺和公共住所使用煤油"。这里的"公共住所",应该就是指商行货栈的雇用人员或佣工这样的流动性人口临时居住的地方。

1895年6月25日,"重庆太平门失火,救熄时已毁民房400余间"。最严重的火灾是1896年8月里昂商会考察团亲眼所见的那一次,"在重庆城内东南部爆发——起火原因是翻倒了煤油灯",一小块土地上却有众多受灾人户,"官方记录烧毁房屋1083间,损失估计在100万两银以上。许多最富华人商行被焚,大量的洋布和洋纱毁坏了",因此"重庆城绝对禁止使用煤油"。①

重庆城区使用煤油灯不慎导致火灾,除了1892年那一次是在居民区房屋隔火墙内发生的,自1893年开始重庆每年失火,大多是在江边商行货栈或大杂院发生的,尤其是1893年、1895年两次失火均发生在"太平门"。凡是大火蔓延到的堆放货物的客栈,均是没有隔火墙、无水池的屋舍。表明火灾是与货物存放和流动性临时性人口住屋有关,因此造成很大的经济损失。尤其是1896年那一次,直接与商行有关,"大量的洋布和洋纱毁坏了"。里昂商会考察团1896年8月查看的那次火灾后"在不足50平方米的地方竟有

---

① 周勇、刘景修译编:《近代重庆经济与社会发展1876—1949》,第172—173、191—192、209页,并见第99、100页。

70多户人家遭遇不测"的现象,就与那次最富的华人商行被焚有关。起火地点也是没有防火墙,街上没有防火救火的水池,属于大杂院。大杂院居住的是流动性或临时性住户,他们不在丁册户口以内。自1892年使用煤油灯开始年年失火,与重庆从开埠以后因洋货土货进出口,商业活动活跃,吸引了很多临时性和流动性人口进入有关。

除考察团观察到的人口密集的街区,还有前面提到的"还得外加为数众多的流动人口及没有入册的'漏户'家",以及江北厅的人口,长江南岸王家沱的人口。统统加在一起,产生了考察团第一次所估算的重庆的人口数量,"总人口也应该达到40万到45万",这算是欧洲人对重庆的实地观察得出的一个较为妥当的人口统计数目,但并不是最后的可靠数据。在继续居留重庆观察了几个月之后,里昂商会考察团最终给出了一个更为接近实际的数目,"在重庆待了8个月之久,在离开这个巨大的商业中心之际,我对它的最后印象是人口应该超过30万,明显还不到40万"。①

(三)丁册以外的暂住人口数量与重庆开埠商业的发展

联系重庆官方登记的人口与里昂商会考察团最后得出的实际数目,存在"30万"与"超过30万,明显不到40万",即介于30万到40万之间,约35万人口的差别。实际上这种差别与计算人口的不同出发点有关联,两者其实基本相符。换言之,官方在册的是重庆

---

① 法国里昂商会编著,〔法〕里沃执笔:《晚清余晖下的西南一隅——法国里昂商会中国西南考察纪实(1895—1897)》,第168页。

市区及郊区的固定居民,属于交税丁户。里昂商会考察团估算的是市区及季节性人口与重庆郊区的人口,考虑的是人口数量的问题。这一人口统计观念的差别,乃是与法国已经属于近代工业文明国家、中国属于传统社会有关,反映了清政府与近代欧洲对都市人口认识的差异:清政府以定居户籍在册纳税人口为正式居民,西方社会近代都市涌入了大量的乡村从业人员,在考察都市商业经济发展时,也应该将其纳入都市的人口统计。从业与服务人员的多寡,反映了都市经济与商业的繁荣程度。

里昂商会考察团实际上承认了重庆官方记录在册的人口数字的准确性,即重庆市区与郊区人口共30万,其他官方未统计的流动人口与江北厅、王家沱区域的人口约5万。重庆城区与郊区固定的30万人口与这5万人口的数字之比是1∶6。一个都市是否繁荣,与当地商业活跃与否有关,同时也离不开各种服务业。重庆城区定居有30万人口,另外5万未登记在册的流动人口,主要就是各种小贩、纤夫、枯水季节商贩、季节临时工等等,给重庆的商业发展带来了繁荣。重庆同时也在发展住房建筑,考察团记载所看到的增长的新民房,说明都市人口房屋居住需求大,因此正在大力建造。表明从1891年开埠到1896年法国里昂商会考察团进驻重庆,重庆商业与都市建筑都处于一个发展时期。

1903年美国旅行家盖洛路过重庆,提到了"山城重庆有30万人口","仅仅是城区内的人口,另有10万人住在郊区"。[①] 这一数字不会是来自私人估量,应该是来自重庆官方资料。里昂商会考

[①] 〔美〕威廉·埃德加·盖洛:《扬子江上的美国人——从上海经华中到缅甸的旅行记录(1903)》,第111、113页。

察团 1896 年在重庆调查后给出的数据是"超过 30 万,明显不到 40 万",表明里昂商会考察团 7 年前给出的数据切合实际。1901—1903 年是中国社会的一个新的发展时期的开始,重庆人口增加速度尚称稳定。

商业都市人口数量多,虽然彰显了都市的商业繁荣程度,但它的意义并不仅仅在于此。它涉及的是城市发展的潜力,以及对未来投资的可能性及其盈利的估算。重庆容纳了多少人谋生居住?有多少可以发展的空间?这些直接涉及商业的未来发展与投资。重庆作为长江上游的开埠都市,无论是资源,还是在交通运输方面均占据重要地位。因此,重庆势必是欧洲人要考虑进入开拓发展商贸的都市。

中国自汉代以来历朝都重视户数丁口统计,直接涉及农业、商业、手工业税收。清朝四川人口数据史有记载:一是来自全国性的人口统计,如《清朝文献通考》卷 19《户口考》,其中就有康熙九年(1670)全国人丁数据。二是有嘉庆《四川总志》卷 64《食货·户口》数据。川省人口数字从道光十年(1830),直至里昂商会考察团进入的前一年光绪二十一年(1895),都有户、丁统计在案。

19 世纪末期四川人口受到格外关注。由于四川移民多,人口增长速度快,所以其具体人口数字一直受到重视。重庆英国领事 1891 年估计四川省人口在 3000 万—3500 万之间(Decennial reports,1891,Chungking)。1896 年 9 月法国里昂商会考察团在成都考察时,提到"上帝才知道有着 4000 万人口的四川省到底有没有在其位谋其职的官僚,全中国仅这个省及北方的直隶两省各设一个总督"①,1898年重庆年度报告提到川省约"5000万人口"②。清朝最后一年对川省人口有准确数字记载:"宣统三年,编户五百(零)四万一千七百八十,口五千二百八十四万四百四十六。"同年西南其他省份人口如下:云南"编户一百五十四万八千一十四,口六百四十万三千九百三";贵州"编户一百七十七万一千五百三十三,口八百五十万三千九百五十四";广西"编户(一)百二十七万四千五百四十四,口八百七十四万六千七百四十七"。③ 四川人口数倍于西南地区其他省份,固然与四川地域广大,且作为移民省人口增长更快有联系,但也与滇黔桂各省晚清都经历了近20年的战争,人口死亡、流失,以及战争结束之后瘟疫等导致的人口减少有关。与此同时,在滇黔桂三省中,云南省人口较黔、桂都要少200多万。这也印证了里昂商会考察团在经过云南蒙自、昆明时,弥乐石团长提到的云南省在1874年战后,"人口大为减少"的说法,也因此有战后四川流民进入云南的现象。

---

① 法国里昂商会编著,〔法〕里沃执笔:《晚清余晖下的西南一隅——法国里昂商会中国西南考察纪实(1895—1897)》,第146页。
② 周勇、刘景修译编:《近代重庆经济与社会发展1876—1949》,第276页。
③ 以上各省人口数据分别见(清)赵尔巽等撰《清史稿》卷六九《地理十六·四川》,第2208页;卷七四《地理二十一·云南》,第2322页;卷七五《地理二十二·贵州》,第2352页;卷七三《地理二十·广西》,第2294页。关于四川人口的统计,清末宣统年间和民国元年(1912)的各种官方记录、奏报和调查,加上《清史稿》,计有12种之多,其中有10种显示的人口数在5000万左右。据今人根据上述12种资料进行的整理与测算,并参考嘉庆十七年(1812)至同治四年(1865)记录在册的人口增长率修正,宣统二年(1910)的四川人口数应在4500万左右。见王笛《跨出封闭的世界——长江上游区域社会研究(1644—1911)》,第75—81页。

四、重庆欧洲白人圈及巴县县令官宴

重庆地处川东丘陵地带,是长江上游的一颗明珠。周边水运发达,又是四川境内四面八方物资集散地,各种货物应有尽有。里昂商会考察团旅居重庆"仁友店"公馆期间,感觉生活方便,主要是重庆食品供给丰富。经过从越南东京红河航行登陆滇南蛮耗,经从云南北上,分别从贵州、川东北进入重庆的长途跋涉以后,考察团感觉终于可以在重庆过上欧洲人的生活了,"好久以来久违的美食又唾手可得:面包、牛肉、牛奶、土豆、蔬菜以及欧洲水果(已嚼之无味),还有从法国寄来的罐头、食品等等"。考察团还雇用了一个会做西餐的中国厨师,"他在长江下游港口城市多多少少做过英国菜",考察团认为旅行在外,这位厨师对他们来说与法国厨师相比"也毫不逊色"。在重庆生活上的便利,令考察团成员们"始料未及"。① 重庆也能找到会做西餐的中国厨师,这正是开埠都市的特点,自然也与重庆有欧洲侨民有关。考察重庆的欧洲人由哪些社会阶层组成,也是认识重庆作为通商都市特点的一部分。

(一)里昂商会考察团聚集的欧洲白人圈

1. 重庆商埠:闭塞的长江上游通商都市

里昂商会考察团进驻重庆的1896年3月,是重庆1891年3月

---

① 法国里昂商会编著,〔法〕里沃执笔:《晚清余晖下的西南一隅——法国里昂商会中国西南考察纪实(1895—1897)》,第93页。

开埠后的第五个年头。考察团看到城南菜园一带新建房屋如雨后春笋一般涌现,但没有提到有或在建的西式洋房建筑,因为重庆没有合适之处可以建立外国租界。考察团驻地"仁友店"公馆位于山西街钱庄一条街,重庆金融业由山西钱庄领衔。重庆作为通商都市,尚未有外国银行进驻。重庆的外国洋商状况,据重庆年度报告记载:1894年有"三家英商、一家美商和一家德商在重庆派了代办人"。重庆的英国人,主要是一些传教士家庭,"包括妇女和儿童",并提到重庆因为地方拥挤,没有地方建造租界西式楼房,外国人居住华式房屋存在的问题:

> 在渝的外国居民仍然不得不居住在中国式的房屋里。要找到一个比重庆更拥挤的城市不太容易。居民集中居住在两条江的两岸,只有一面江岸例外,这里是该城居民的坟地,沿江长达几英里。这样该城实际上没有城郊,增加的人口只得挤在原有的地盘内。污秽、臭气、噪音、火灾的危险,缺少身体锻炼和娱乐,加上炎热、潮湿、令人压抑的天气,以及居住在中国式的房屋里,这一切使外国人的生活特别难堪,身体和精神也因此受到损害。轮船的到来会使重庆成为真正的"开放口岸",并且在某一生存条件好些的地方划定外国租界,希望这样的一天很快就来临。①

重庆作为"开放口岸"对外国人而言存在两个问题:一是重庆

---

① 周勇、刘景修译编:《近代重庆经济与社会发展 1876—1949》,第 210 页。

市区内没有地皮修建租界带来的外国人居住环境问题,二是没有轮船运输的交通问题。没有租界对重庆货物输出不利,经由重庆输出的货物贸易额巨大,需要"建有货栈、公事房和良好的码头。重庆城内地皮不够和运货烦难,将永远是本埠商业发展的严重的,即或不是致命的障碍"。重庆没有租界洋房,但出口土货需要洋商亲自监工进行加工配制,诸如羊毛、猪鬃、食糖、鸡鸭毛等,"要到讲究质量的外国市场去竞争的加工配制,用洋人监督几乎是保证继续改良的一个必要条件"。因为租界居住条件的限制,1897年重庆海关报告提到常住的外商情形,"外国在渝的商业有常住的1名英国商人,1名法国商人和3名上海-英国商号(Shanghai-British firms)的中国代理人作为代表,唯一的一个德国商号在年底时停止营业。现有1家日商常驻重庆,但还没有开始营业"。① 实际上只有两名西洋商和一名东洋日本商。重庆直至1901年尚无近代银行,"洋商购办土货须以现金交易,……且重庆无银行可通,洋商携带银洋,甚为可虞"。② 因此1891年重庆开埠通商以前,只有为数不多的传教士及2—3家外国医院。开埠以后设立了重庆海关关署和英国领事馆,1896年法、美、日领馆进驻。但没有蒸汽机轮船,看不到洋人船员和来来往往的游客。没有洋房矗立的热闹租界,不存在租界文化,限制了洋商的入驻;没有外国银行,限制了金融业汇兑;等等。重庆开埠都市最为显著的特点,就是港口码头进出口运货挂旗船只来来往往和搬运货物的繁忙,以及在本地一些大大小小的商铺中能看到的外国洋货。

---

① 周勇、刘景修译编:《近代重庆经济与社会发展1876—1949》,第210页。
② 《中法新汇报》,宋育仁《渝报》第10册,光绪二十四年(1898)。

2.法国里昂商会考察团聚集的欧洲白人圈

里昂商会考察团记载"重庆有为数较多的欧洲侨民,包括儿童在内,共有三十多人"。其中宗教人员最多,"新教传教士,英国人以及美国人居多,仅城区就有二十多人","欧洲侨民宗教派别各异"。在公务或商务欧洲侨民中,一是外交官中有"敏捷睿智,一口汉语说得字正腔圆"的英国领事特雷门先生;二是海关人员,七个海关人员中有四个英国人,还有两位德国人。"英国人在这里独占鳌头。"海关署税务司在考察团到达时是美国人伍德夫先生,"没过多久由挪威人斯西沃特先生接替"。另外还有一对英国商人夫妇和一个英国职员。这对英商夫妇即是后面将要提到的对四川近代化有所影响的立德夫妇(见第四章)。重庆城区的法国人组成如下:

> 至于我们法国侨民呢,今年我们考察团也凑个数,算在其内。阿斯领事对事业忠诚,不知疲倦,不畏艰难;阿斯夫人呢,在她身上,我们总能看到法国女性特有的精巧、热情以及果敢、侠义。夫妇俩在我们抵达重庆几天后来到这里(按:阿斯是原汉口法国领事馆副领事,3月1日抵达重庆开设法国领事馆任领事)。平日,我们这些人就是法国侨民在重庆及近郊地

区的代表,尤其是七名天主教士更是法国侨民的主体。①

法国人除了里昂考察团代表们及刚到几天的法国领事夫妇,主要就是"七名天主教士"。以上即是里昂商会考察团在重庆居停期间接触到的英国、美国、德国的欧洲白人圈。这个圈子也代表了欧洲人在中国的较多上层领域人士,包括重庆海关税务司和海关各级职员,英国、法国领事夫妇,英国商人夫妇,另外邀请的常住重庆的法国传教士,以及来自法国的、以里昂商会为首的六大城市商会代表组成的旅居重庆的里昂商会考察团成员,包括法国蒙自前领事、商会代表、工程师、医生、银行家等。国别则包括英国、美国、挪威、德国、法国,充分体现了这个欧洲白人小圈子在重庆这一通商都市的分量。考察笔记中也谈到了这个欧洲人圈子的交往,提供了对于身在异邦的欧洲人之间关系的认识:

> 在中国内地,尤其在距离海岸2300公里(通过长江计算的距离)的此地,所有外国侨民之国籍与宗教信仰都会淡化,不复存在,取而代之的是"欧洲"或者更确切地说是"白种人"的身份。因此我们依次走访、拜会所有欧洲人,把每周六设定

---

① 法国里昂商会编著,〔法〕里沃执笔:《晚清余晖下的西南一隅——法国里昂商会中国西南考察纪实(1895—1897)》,第93—94页。法国里昂商会考察团提到的"一口汉语说得字正腔圆"的英国领事特雷门先生,即英国领事谭德乐(J. Noel Tratman),1894—1896年任重庆署理英国领事,1896—1898年任重庆英国领事。1891—1911年重庆海关税务司历任西洋人,首任为原宜昌税务司好博逊,以后依次是美国人,挪威人,英国人,法国人,英国人,德国人共10人,其中以英国人居多。见周勇、刘景修译编《近代重庆经济与社会发展1876—1949》,第480—486页。

为考察团接待日,以"茶"会友。这一活动颇受欢迎,一直持续到我们离开重庆。①

文中提到重庆商埠的欧洲白种人容易亲近起来,"所有外国侨民之国籍与宗教信仰都会淡化",反映了欧洲同一种群之间在异国他乡的凝聚力。

第二次鸦片战争之后,欧美基督教各派教会纷纷进入中国内地省府。据重庆海关报告《1892—1901年概述》记载,四川各教会进入时间如下:美以美会1882年,浸礼会1889年,内地会1877年,公谊会1890年,伦敦会1889年,巴黎外方传教会1696年,圣书公会1879年。重庆领事1894年记载了欧美传教士在西南地区的大致分布情况:"本领事馆的簿子上记有168个英国臣民,包括妇女和儿童。他们当中大多数是分散在四川、贵州、云南和甘肃四省的传教士,这四个省的面积和法国、德国差不多一样大。这一地区还有50多名美国和瑞典的传教士,以及大批的罗马天主教牧师。"②

巴黎外方传教会是起源于法国巴黎的罗马天主教派,是重庆资格最老的传教会。它的先驱可追溯至康熙三十一年(1692)解除禁教令后,天主教耶稣会传教士自由进入四川传教时期。1753年罗马教皇将四川、贵州传教区划归巴黎外方传教会,第二次鸦片战

---

① 法国里昂商会编著,〔法〕里沃执笔:《晚清余晖下的西南一隅——法国里昂商会中国西南考察纪实(1895—1897)》,第94页。
② 周勇、刘景修译编:《近代重庆经济与社会发展1876—1949》,第142页表二十六摘录,系1901年12月31日在川传教会提供资料,并见第210页。

争之后,天主教巴黎外方传教会在西南地区城乡均有分布。①

法国里昂商会考察团进入四川考察,与途经考察之处的法国传教士多有接触,传教士为考察团提供了各种帮助。1896年11月里昂商会考察团一个小分队结束在四川的考察后,从川南进入贵州北部返回越南东京,途经各县均有巴黎外方传教会的法国传教士传教堂区,考察团途中就尽可能地投宿川南法国传教士住院。对此有如下记载:

> 1896年11月11日,从走马坎到永川县(130里,约48公里),……下榻在教士洛兰神父家;……
>
> 11月14日,从李车场到泸州(90里,约38公里),……我们在泸州停留了两天,受到古尔丹神父的盛情款待;……
>
> 11月17日,从泸州到纳溪(安奉街)行程(40里,约16公里),……入夜下榻在安奉街夏雷尔神父的小礼拜堂。②

美国旅行家盖洛1903年春季从重庆经川南进入云南昭通府途中,记载了川南的外来宗教分布状况。如永川县,"这里约有二

---

① 邵循正:《中法越南关系始末》,河北教育出版社,2000,第5—9页,参见 Maybon, *Histoire Moderne du Pays d'Annam*, pp.47-50;〔法〕荣振华等著:《16—20世纪入华天主教传教士列传》,耿昇译,广西师范大学出版社,2010,第415、419、550—551页。从上述资料中可略知巴黎外方传教会如何在巴黎成立,法国传教士如何从海上进入安南传教,并于雍正年间进入中国南部,以及罗马教皇从1753年起将中国西南地区划归天主教巴黎外方传教会始末。
② 法国里昂商会编著,〔法〕里沃执笔:《晚清余晖下的西南一隅——法国里昂商会中国西南考察纪实(1895—1897)》,第169—172页。

十五座异教神庙,另有罗马天主教和新教的传教使团";在泸州城里,"有66座庙宇,诸如夫子庙和关帝庙之类"。泸州有澳大利亚浸礼会,有30个布道点。在外来的罗马天主教和新教使团中,新教绝大多数布道点是1900年以后建立的。① 川南本土宗教信仰发达,晚清外来天主教和新教使团进入时,当地已存在众多不同信仰的庙宇。

在欧洲白人中间,不同国别之间实际上存在宗教和利益的差别。比如宗教人士,英国、美国的基督教新教牧师与法国天主教传教士有派别之分,他们在欧洲井水不犯河水。重庆的英国领事与法国领事所各自代表的英国、法国在欧洲事务上的利益向来不一致。中法越南战争之后,法国进入中国西南地区对英国的商业利益带来的威胁令人不快,尤其是前一年中法两国换约签订的《续议界务专条附章》与《续议商务专条附章》,又触及了英国在云南省边界的利益。法国人与德国人在1870年的法德战争中,一个是战败国,一个是战胜国。以上各种问题主要是存在于法国人与其他欧洲人之间的,至于英国人、德国人、美国人及挪威人,则宗教派别相同,文化接近。毫无疑问,法国里昂商会考察团在重庆举办欧洲人每周一次的茶话会,是考察团从欧洲人圈子中获取更多信息的方式。

---

① 〔美〕威廉·埃德加·盖洛:《扬子江上的美国人——从上海经华中到缅甸的旅行记录(1903)》,第126—129页。

(二)巴县县令宴请欧洲人的官宴

重庆本地官员重视前来进行商务考察的法国里昂商会考察团。考察团旅居重庆期间,"重庆知县(按:巴县县令)"和"重庆知府"曾分别前来考察团驻地"仁友店"公馆拜访。考察团也应邀出席了几场"官方中餐晚宴"。考察团笔记详细记载了其中一次巴县县令举办的官方晚宴,厨师长是重庆知县的厨师领班。考察笔记描述的是个人对宴会食物颇具幽默色彩的感受,透露出晚宴食物的丰盛与对于主厨高超厨艺的赞叹:

> 重庆的官方晚宴使我们遭受的考验要轻柔得多。大名鼎鼎的重庆知县的厨师领班,……他给我们做了小鸡脯肉、美味鸭肝、云南火腿虾,云南火腿应该可与纽约的火腿相媲美。他甚至还给我们上了一道不错的牛肉,这是东道主特意安排的,因为一般中餐晚宴从来都不会有牛肉。……开戒品尝中国人十分看好的几道海味。的确不错的"鱼翅"就不多说了,我个人认为味道着实平淡无奇的"燕窝",也不细讲了。我们还鼓足勇气径直吞下了几种浸泡在热粥中的"海藻",幸好味比较浓。多亏厨师手艺高明。另外几道可怕的东西也还可以下咽。不过面对"鱼肚"和"鹿筋",大家鼓足的勇气消退,我们终于败下阵来。
>
> 要补充一点,这次官方晚宴菜肴多样,但也并不是中国筵席上的佳肴一应俱全(我指的是由知县设宴,为海关官署专员

饯行的晚宴上)。因此某些最具特色的菜肴,也没有被记录下来,像"虾仁竹笋""莲米火腿",它们美味可口,早在云南府我们就介绍过。干香的千层酥、中式蜜饯也不可小视,其中有几样甚至可能令巴黎的甜点师都会眼红不已的。①

以上关于宴会食物的描写,提供了晚清重庆官府宴请欧洲人的宴会排场。细加考察,也可以看出重庆官府对于中西饮食文化结合的参透。

一是菜肴中西合璧。笔记中提到了法国佳肴小鸡脯肉、美味鸭肝,云南火腿虾,以及"一道不错的牛肉"。二是肉类所反映的中西肉食构成的差异。里昂商会考察团在从云南、贵州进入四川途中抱怨最多的就是鸡肉多、牛羊肉少,但四川不缺牛羊肉。另外,巴县县令宴会上有几道海味佳肴,"开戒品尝中国人十分看好的几道海味",重庆的海味食材来自那一时期重庆海关进口产品。三是法国人对中国甜点的看法。里昂商会考察团对中国甜点"千层酥、中式蜜饯"的精致十分欣赏。

五、重庆棉线商杨先生

洋纱棉线是1891年重庆开埠以后进口量最大的外国商品,因此棉线生意兴隆。里昂商会考察团进驻重庆考察,选择了在一家同时经营旅馆业的棉线商公馆租住,显然与其考察目的有关联。

---

① 法国里昂商会编著,〔法〕里沃执笔:《晚清余晖下的西南一隅——法国里昂商会中国西南考察纪实(1895—1897)》,第100—101页。

通过考察团记载的重庆棉线富商杨先生公馆及其业务,以及答谢款待里昂商会考察团的排场,可以看出那一时代的重庆棉线富商的经济富裕程度。

(一)"仁友店"与钱庄山西街

重庆会馆商会多,从事经营各种生意的商号也多。

里昂商会考察团在重庆居停期间下榻的公馆"仁友店",坐落于市中心的山西街。四邻为"山西帮"钱庄,因此也亲眼见证了开钱庄的山西商人在重庆金融业的势力:

> 我们里昂考察团住的那条街——山西街(因街上住的是开钱庄的山西人。这些人掌控着这个颇具规模的钱庄中心的买卖),整洁干净,两顶四人轿夫抬起的轿子可并排而行,山西街因此而非同凡响。①

山西钱庄在重庆商城具有举足轻重的地位,钱庄业聚集在一条名为"山西街"的整洁干净而又宽阔的大街,反映出重庆金融业山西帮的盛况。

棉线商杨先生从事进口棉纱的批发,兼营旅馆业务。里昂商会考察团租住他家的"仁友店"公馆:

---

① 法国里昂商会编著,〔法〕里沃执笔:《晚清余晖下的西南一隅——法国里昂商会中国西南考察纪实(1895—1897)》,第 95 页。

> "仁友店"——我们下榻、住宿的公馆名称,一部分当货栈,一部分是私人公馆,一部分为旅馆。整个建筑有三个院,一层层依次排列在岩石山坡上。……两间凹陷进去的房屋是房东的商铺,货物堆放在一间很大的仓库里,仓库用"砖"砌成,设在院子的一侧。由外往里进院子,要经过一个戏台……①

"仁友店"公馆里还有一个戏台,戏台是一般富人"请来戏班子为亲朋好友或所属商会唱戏助兴"之用,棉线商杨先生应是属于某个会馆的成员。

"仁友店"公馆的第一个院子和第二个院子由一排楼梯连接起来:

> 楼梯尽头有一组门,是三道木门,每一道各自有两扇门扉。……(杨先生)自己花钱买过一个顶戴,但好像弄到的顶戴只允许他在家中设置一组双道门,而非一组三道门。……第二个院子里有一栋三层楼房,这就是我们旅居重庆的住地。房间带有阳台,……有"玻璃窗",……第三个院子里还有另一栋私人住宅。②

---

① 法国里昂商会编著,〔法〕里沃执笔:《晚清余晖下的西南一隅——法国里昂商会中国西南考察纪实(1895—1897)》,第 92 页。
② 法国里昂商会编著,〔法〕里沃执笔:《晚清余晖下的西南一隅——法国里昂商会中国西南考察纪实(1895—1897)》,第 92—93 页。

杨先生从事棉线批发兼开旅馆。公馆有三个院子,一个做生意,一个作旅馆,一个作私宅。旅馆是第二个院子里的一栋三层楼房。房间带有阳台,宽大的阳台还有玻璃窗。楼房、阳台外加玻璃窗,这是晚清重庆富裕阶层的民居建筑样式。考察团共租了十来间房,外加两间会客厅,房间每月租金2两银子。"如果是中国人,或许可以少付一半的房租。"杨先生的公馆楼房更适合欧洲旅客,所以对欧洲人收取比中国人高的租金。① 因此,杨先生做棉线生意与旅店生意均与重庆开埠相联系。"仁友店"公馆位于重庆市区中心著名而漂亮的山西街,棉线商杨先生应属于富商之列。

(二)棉线商一二事

1.生意与"顶戴"

考察笔记在前面特意提到,棉线商杨先生"自己花钱买过一个顶戴,但好像弄到的顶戴只允许他在家中设置一组双道门,而非一组三道门"。意思是杨先生公馆"仁友店"开门大小与"顶戴"之间有关联。但无论是双道门还是三道门,都是有社会地位的标志。

杨先生买"顶戴"就是捐钱买一个官衔。捐纳从秦代开始出现,历史上不同朝代都曾实行,是政府为解决一时的财政危机而采取的解决资金问题的方式。清政府始于康熙十三年(1674)向三藩

---

① 法国里昂商会编著,〔法〕里沃执笔:《晚清余晖下的西南一隅——法国里昂商会中国西南考察纪实(1895—1897)》,第104页注释(2)。

用兵,此后捐纳制成为清代的一个制度。① 清代地方官中有一部分就是通过捐纳制实授的知州、县令。② 杨先生作为商人花钱买顶戴,只是要一个有社会地位的名义。商人虽然富有,但仍然属于庶民③,有了捐纳的官衔,则进入统治者士阶层。棉线商杨先生通过捐纳获得一个官品,这也是法国人看到的近代中国商人的特点,反映了清代捐纳制在晚清商人中的流行状况。云南省城首富金融巨商王姓商人为政府输捐,协助地方政府而获得朝廷恩赏"顶戴",亦属同一性质。

2.家庭"戏台"演出

里昂商会考察团后来在四川考察完毕准备启程离开重庆的前几日,"仁友店"主人杨先生特别设宴并请来戏班子为考察团饯行。

富商杨先生家的"戏台伫立在他家宅院'任游天'院落入口"。"戏台是富有的中国人根据喜好自己掏钱修建在家中的一个奢侈品。"杨先生家戏台子"装饰有形态各异、色彩斑斓的细木护壁板,甚是雅致"。演出"从早上 8 点一直持续到晚上 10 点",中间不断有人给客人"端茶送水",频繁伺候大家"享用佳肴美酒"。演出到

---

① 韦庆远、柏桦编著:《中国政治制度史》,中国人民大学出版社,2005,第 2 版,第 506—507 页。
② 参见瞿同祖《清代地方政府》,范忠信、晏锋译,何鹏校,法律出版社,2003。该书根据《缙绅全书》(1745 年秋编本和 1850 年秋编本),将 1745 年和 1850 年之间的州县官出身背景做一比较,其中有知府、县令是通过捐纳授予的实职,见第 19 页注(29)。
③ 瞿同祖:《清代地方政府》,第 282 页。商人与士分属两个不同阶层,商人属于庶民阶层,有"顶戴"的属于士绅阶层,"士绅是与地方政府共同管理当地事务的地方精英"。捐纳制结束于 1901 年颁布的"新政"中的"停捐纳"。

晚上9点左右,还有请客人点戏的情节。一位演员来到客人中间,"拿出一批象牙小板和一根浸泡在红色墨汁里的毛笔,小板块上书写着一些汉字",请客人们"随意选择一组汉字并用毛笔做个记号"。大家都兴致勃勃,依样画葫芦,结果"选点了24出戏"。杨先生请的戏班子来自湖北,"据说,湖北出名角儿,多名角儿"。戏班子里没有女性,女性角色由精通此行的年轻漂亮男子来代替,"这些男子能惟妙惟肖地展示中国女性轻移莲步的步态和奇异的举止"。音乐伴奏有"笛子、锣鼓、锵钹",演员服饰比较漂亮,笔记中还提到与柬埔寨、沙面(广州)的情形刚好相反,那里的"戏班子里是清一色的女性"。考察笔记同时也提到在西南地区所见识过的显示富裕的奢侈品戏台,一个是在云南府王姓首富家中,"曾见识过一座异常漂亮的演出大厅","一个漂亮的'舞台',高高地设置于民族风格的楼阁中,两侧有些'包厢'"。另一个是在贵州曾经拜见过的遵义卫戍部队的一位上校军官,"他府上的戏台就是按此风格修建的"。①

以上法国里昂商会考察团对云贵川三省家庭戏台的记载,表明至少在晚清时期,在云南、四川、贵州有经济实力和有地位的家庭大都有自建家庭戏台的风习。宴客或节庆即请戏班到家中唱戏,这种家庭娱乐形式足可以反映当时的消费情形。棉线商杨先生为里昂考察团举办答谢钱别会(长期租用八个月旅馆)的戏班要唱三天大戏,"这也是按当地的惯例"。听戏的人中还有杨老板自

---

① 法国里昂商会编著,〔法〕里沃执笔:《晚清余晖下的西南一隅——法国里昂商会中国西南考察纪实(1895—1897)》,第92、162—165页。有关柬埔寨和沙面戏班子的内容见第166页注释(7),广州沙面是法国人租界,里昂丝绸研究所设有商号。

己邀请来的中国客人,"他们通宵达旦,流连忘返于看戏的廊台","吃喝玩乐,肆意无度"。①杨先生的那些中国客人,必定也是熟悉湖北戏曲而不是川戏。推测棉线商杨先生或许是早期的湖北移民,属于湖北会馆;或者是因为湖北汉调戏曲在长江流域和西南地区的影响,有可能在重庆也很流行。连续唱三天三夜戏曲的地方惯例,透露出棉线商杨先生的富裕程度及商人之间的交往情形。重庆是典型的工商业都市,这也间接说明了重庆作为商业大都会的经济富裕程度。

法国里昂商会考察团驻寓重庆考察,从商务考察角度而言,既因重庆府的水陆地理交通之便,也因1891年重庆开埠以后,面对1895年签订的中日《马关条约》,以及中法《续议商务专条附章》,重庆和西南地区又将进入一个新的发展时期。里昂商会考察团所记载的重庆商务考察内容,即是重庆开埠之后在1896年的对外开放及商业都会状况。

第二节　省会成都与成都平原经济

坐落于成都平原的四川省会成都,是四川的另一个陆路货物集散中心。法国里昂商会考察团两个分队先后进入成都居停考察。考察团成员主要来自法国里昂丝绸城,其中有两位丝绸和丝织品领域的工程师。因此,里昂商会考察团进入成都及成都平原

---

① 法国里昂商会编著,〔法〕里沃执笔:《晚清余晖下的西南一隅——法国里昂商会中国西南考察纪实(1895—1897)》,第165页。

考察是有备而来。

一、成都:清代最美的省会都市

四川省会成都是康熙初年重建的新城,在清代闻名遐迩。省府新城市区开阔壮丽,商业繁荣,在晚清获得进入成都游历考察的欧洲人盛赞。

(一)清前期重建成都新城

成都古城在明末清初战争中被毁。康熙初重修成都,并建城墙修筑城门。康熙四年(1665)建贡院,康熙五十四年(1715)建满城。① 乾隆四十九年(1784)、五十年(1785)"总督福康安、李世杰二公重修之,令遍种芙蓉,以复五代之旧,符锦城之名,有种芙蓉碑记"。② 因此成都是清代前中期康熙、乾隆朝重建完善的一座新城。道咸年间,成都十分繁华,有词歌咏成都曰:"名都真个极繁华,不仅炊烟二万家。四百余条街整饬,吹弹夜夜乱如麻。"(定晋岩樵叟《成都竹枝词》)成都都市的繁华,与重建成都吸引全国各省移民,包括商人、小手工业者等人群迁入成都带来的商业繁荣有关。

作为省会重建的新城成都,由外省移民构成。据《成都通览·成都之成都人》介绍,"……现今之成都人,原籍皆外省也。外省人

---

① (清)黄廷桂等纂修:雍正《四川通志·城池》,乾隆元年补版增刻本;(清)李玉宣等纂修:同治《重修成都县志·城池》,同治十二年刻本。
② (清)傅崇矩编:《成都通览》,第8页。

以湖广占其多数,陕西人次之,余皆从军入川,及游幕、宦游入川,置田宅而为土著者"。各省移民所占比例如次:

湖广籍	占二十分之五分
河南山东籍	占二十分之一分
陕西籍	占二十分之二分
云贵籍	占二十分之三分
江西籍	占二十分之三分
安徽籍	占二十分之一分
江浙籍	占二十分之二分
广东广西籍	占二十分之二分
福建山西甘肃籍	占二十分之一分

上列外省人入成都籍者,今皆为成都人矣。①

此上见出移民成都的人有两湖、两广、云贵六省,北方河南、山东、陕西、山西、甘肃五省,东南江西、安徽、江苏、浙江四省,共涉及全国十五个省。反映出康熙初年成都省会新城修建之后,吸引了全国十八个省府中的四分之三省府的移民迁居,从而形成了新的成都人。成都小手工业极其兴盛,"城内百工咸备,皆有裨于实用"。小手工业促进了商业繁荣,"商贾辐辏,阛阓喧阗,称极盛焉"。② 成都人中有众多商业移民,证明之一,即是成都会馆和公所多。据《成都通览·成都之会馆公所》记载,成都计有会馆18个,

---

① (清)傅崇矩编:《成都通览》,第52—53页。
② (清)李玉宣等纂修:同治《重修成都县志·风俗》。

"会馆均在城内,最大者为福建馆、浙江馆,最小者为布后街之河南会馆"。城内的公所则有14家,城外有4家。证明之二,即是成都府与重庆府两地之间人口密度的差异。成都县(省城):1812年为1518人/平方千米,1910年为1045人/平方千米。重庆巴县(重庆府驻地):1812年为66人/平方千米,1910年为299人/平方千米。①反映出在嘉庆后期的1812年,成都城内人口密集程度远超重庆。到1910年,则重庆城人口密度增加了近4倍,而成都省城人口密度下降了近1/3。以上说明了两个问题:一是道光以前来自各省的小手工业、小商业移民汇集成都,成都新城已形成一个人口密度大、商业繁荣的商业省会,重庆远不能与之相比。二是进入晚清19世纪60年代以后,长江流域对外开放,重庆开始繁荣,成都商业开始向重庆这一新兴商业大都会发展。

(二)欧洲人眼中的成都:清代最美的省会都市

欧洲人对成都的记载,始于1846年法国古伯察神父的旅行记,中经1870年代,直到1896年法国里昂商务考察团代表在成都驻留期间,对成都市容与商业无不赞誉有加。

1.来自1840年代的成都印象

1846年法国古伯察神父从巴塘被驻藏大臣遣送出境,在成都停留数天。他认为成都"是中华帝国最美的城市",对成都及成都

---

① 参见王笛《跨出封闭的世界——长江上游区域社会研究(1644—1911)》,第262页表4-13,系根据嘉庆史料记载及今人有关研究资料整理列表。

人各阶层有如下描述：

> 四川首府是中华帝国最美的城市，坐落在因水利灌溉而富饶的成都平原。
>
> 成都街道宽阔，是一个完全现代的新都市，老城市被烧毁了。
>
> ……成都上层人士衣着华丽雅致，中等阶层礼貌而富裕。成都也与中国其他省会一样，有很多穷人。但是成都的穷人，看起来有一种很享受都市富裕生活的满足感。①

2. 1870年代的成都印象

1871年英国人库伯受上海英国商会委托，从长江流域进入重庆经成都赴川边巴塘考察。库伯赞同人们把成都视为"中国的巴黎"，斯时的巴黎在拿破仑三世帝国时期完成了豪斯曼新城改造，因此而成为欧洲最美的近代都市。库伯发现成都独具一种贵族式和文学气质的特点：

> 人们所称呼的"中国的巴黎"名副其实。成都商店鳞次栉比，有很多手工艺品，人们会发现那些住在城里的官员是众多热情的顾客之一，他们身上有一种我在中国任何其他城市里都没有注意到的贵族气质。城里大量的丝绸产品、缝纫铺子和书店令人惊异。如果我们根据衣着和戴的眼镜评价一个进

---

① Évariste Huc（古伯察）, *L'empire Chinois—Suite aux souvenirs d'un voyage dans la Tartarie et le Thibet*（《中华帝国——鞑靼西藏旅行记续篇》）, p. 104.

出书店的人,那么就可以肯定地说,文学在这个城市受到重视。①

3.1896年的成都印象

巴黎《时报》(Temps)记者莫里埃(Marcel Monnier,亦称马尼爱)1896年进入中国旅行考察,从北往南,经北京、蒙古抵达上海及其周边多个省府,又经上海沿长江流域进入四川重庆、成都沿途考察,最后南下云南从红河进入法属东京返国。他对成都大街的宽阔和都市的富丽繁华无比赞赏:

(大街)甚为宽阔,甲衢另筑两途,以便行人,如沪上之大马路然。各铺装饰华丽,有绸缎店、首饰铺、汇兑庄、瓷器及古董等铺,此真意外之大观。其殆十八省中,只此一处,露出中国自新之像也。……广东、汉口、重庆、北京皆不能与之比较。②

莫里埃认为成都大街宽阔"如沪上之大马路然"。上海大马路建造始于1850年代及1860年代英国、法国建立租界时期。他认为

---

① Thomas Thornville Cooper(库伯), *Travel of a Pioneer of Commerce in Pigtail and Petticoats, or an Overland Journey from China towards India* (《商业先驱者游记:从中国去印度的陆路旅行》),引自 Ninette Boothroyd, Muriel Détrie, *Le Voyage en Chine*, p. 806. 巴黎在1856—1870年间拿破仑三世治下完成了巴黎都市近代化改造,街道宽敞美丽,大街豪斯曼风格高楼统一五层楼高,美轮美奂,商业繁华。库伯将成都比喻为巴黎,说明了成都在他眼中的印象。
② 〔法〕马尼爱(Marcel Monnier):《游历四川成都记》,宋育仁《渝报》第9册。

281

成都的商铺众多而华丽,"其殆十八省中,只此一处"。莫里埃对成都的推崇较之英国人库伯有过之而无不及。

4.里昂商会考察团旅居成都的观感

里昂商会考察团旅居成都两个礼拜(1896年9月20日—10月6日),相较于以上欧洲人士对成都的印象,里昂商会考察团的描述更具体,认为成都不仅石板砌成的街道异常宽阔,店铺整洁,同时还具有商城的繁荣与官城的活力相结合的特点:

> 游览过成都和北京的人都说成都比北京更漂亮,这里给人印象最深刻的是马路宽阔:多数可能有12到15米宽,放得进去好几条我们时常描述到的其他城市里的那种小街小巷子。石板砌成的路面养护完好,商业街区热闹非凡。商铺,尤其是经营丝绸的店铺干净整洁,甚至还说得上有些雅致。衙门不计其数,这些官府(也和别的省会城市的官府一样)绿树成荫,环境优美。成都正是由于融合了商业、工业以及行政管理而更显活跃与繁荣。①

成都街道宽阔整洁,"商业街区热闹非凡","尤其是经营丝绸的店铺干净整洁"。"衙门不计其数,这些官府绿树成荫,环境优美",构成了四川省会成都商城与官城两种性质兼而有之的美丽都市面貌。

---

① 法国里昂商会编著,〔法〕里沃执笔:《晚清余晖下的西南一隅——法国里昂商会中国西南考察纪实(1895—1897)》,第146页。

成都商城的丝绸,极为外国人所称道。成都县之出产货物中主要以丝绸及生丝产品最多,与其他具有典型平原城市特点的商品,构成了号称商城的华丽:

> 蚕丝、湖绪、巴缎、锦缎、宁绸、摹本、绸缎、丝线、签纸、顾绣、香货、金箔、烧酒、老酒、绢扇、栏杆、皮货、绒绒、竹器、藤器、椒器……①

成都城墙环绕。里昂商会考察笔记对成都的城墙和城市空间也有记载,"环绕市区的城墙修建于150年前,保存十分完好","它周长约20公里,宽12米,高15米",是很好的散步场所。"成都尽管地域辽阔",但考察团估计其"人口不会超过60万到70万"。② 实际上这个估算远远超过官方户口登记。《成都通览·成都之成都人》记载清末成都的最后一次户口登记:"现今之成都户口,据光绪三十四年(1908)警察区内之调查:户宅六万三千二百零六户(杂院在外)。丁口二十九万九千一百四十九人。"③所谓"(杂院在外)",有可能指外来流动人口居住的房屋(杂院)不包括在内。里昂考察团对成都的人口估算数目,其实与在重庆的估算方式一样,包括了所有在城里活动及流动的人口。将登记在册的户口和丁口与重庆比较,可以看到省会成都市区人口比商埠重庆市区人

---

① (清)傅崇矩编:《成都通览》,第326页。
② 法国里昂商会编著,〔法〕里沃执笔:《晚清余晖下的西南一隅——法国里昂商会中国西南考察纪实(1895—1897)》,第147页。
③ (清)傅崇矩编:《成都通览》,第53页。

口多出一倍。

鞑靼满城。考察团还记载了对"鞑靼人城池"的印象,即清代八旗成都将军与兵丁及其家属所住"满城"。满人卫成部队连同家眷"约15 000人","满人多留胡子,容易辨别,长相与汉人区别不大"。女性也大致如此,"不过脸盘要比汉族女性更宽大,她们不缠足,人数仿佛要比男性多,喜欢抛头露面,不像汉人驻地里的女人那样闭门不出","鞑靼人驻地的特点之一就是房屋独门独栋,带有宽大的花园,下级军官,甚至连士兵也住这样的房子。……驻地内街道宽阔、冷清","一些汉族商人也把店铺开到了部队营区"。① 时人对"满城"记载如下:

> 满城一名内城,在府城西,康熙五十七年所筑,城垣周四里五分计八百一十一丈七尺三寸,高一丈三尺八寸。有五门:大东门、小东门、北门、南门、大城西门。城楼四,共一十二间。尽住旗人,每旗官街一条,披甲兵丁小胡同三条。八旗官街共八条,兵丁胡同共三十三条。以形势观之如蜈蚣状:将军帅府,居蜈蚣之头;大街一条直达北门,如蜈蚣之身;各胡同左右排比,如蜈蚣之足。城内景物清幽,花木甚多,空气清洁,街道通旷,鸠声树影,令人神畅。②

成都作为省会和商业都市,城内也不乏田园菜地和乡村风情。

---

① 法国里昂商会编著,〔法〕里沃执笔:《晚清余晖下的西南一隅——法国里昂商会中国西南考察纪实(1895—1897)》,第148页。
② (清)傅崇矩编:《成都通览》,第9页。

里昂商会考察团记载成都市内并不拥挤,"西门与北门之间有大面积菜田。衙门、寺庙以及巨大的'贡院'周围是大片的空地"①。据《成都通览·成都之畜牧》记载,晚清成都还别具一种乡村田园风情,城内有牛、羊放牧:

> 牛:乡间所喂者,为耕牛,有水牛、黄牛二种。黄牛则负米入城。省城、皇城坝、东西御河沿之千百成群者为菜牛,属以供食品者,均自外来。牛生子者,则率母牛、小牛沿街售卖牛奶。
>
> 羊:乡间有养者,不多。城内之绵羊、大尾羊多来自省外,千百为群,按日驱出城外放牧,夜间收回。②

此是外国人游历成都所未留意亦未记之景观也。

以上欧洲人有关成都的考察记载,晚清成都街道宽阔,环境优美。商业街区繁华,丝绸、书店、缝衣铺及各种商铺林林总总,商业环境十分成熟,同时具有田园风情。与中国其他近代省会与商业都会比较,成都因清初重建新城,各省移民迁入,包括众多商业移民,更具有移民商业都会的特点。因此成都在清代省会中,属于商业繁荣、形成近代都市氛围较早的省会都市。

---

① 法国里昂商会编著,〔法〕里沃执笔:《晚清余晖下的西南一隅——法国里昂商会中国西南考察纪实(1895—1897)》,第147页。
② (清)傅崇矩编:《成都通览》,第429页。

二、成都丝绸小作坊和法国人眼中的丝绸业现状

成都商业最有特色的产品就是丝绸,因而四川丝绸纺织业是里昂商务考察团特别关注的对象与行业。同治《重修成都县志》记载:

> 城内百工咸备,皆有裨于实用。其精巧者无过于织纺,有宫绸、宁绸、线缎、倭缎、闪缎、线绪、薄艳平纱、明机蜀锦、无心锦、浣花绢、龟兹阑干,每年采边运京,常以供纺织之不足。妇女务蚕事,缫丝纺织,比屋皆然。在城者多善针黹,缝纫刺绣,色色皆精。贫苦孀居,竟有恃十指以为事畜之资者。①

以上反映的即是成都绸缎品种多,家家妇女养蚕织丝,缝纫刺绣精妙,以蜀绣著称的丝绸产品状况。

(一)成都丝绸小作坊特点

里昂商会考察团根据对成都丝绸业的考察,写了专题报告

---

① (清)李玉宣等纂修:同治《重修成都县志·车舆地志第二》。

"Rapports sur la soie de Chengdu"("成都丝绸业报告")①。报告中反映了成都丝绸业传统小作坊生产特点及其与近代机器化丝绸生产的差异,针对成都府丝绸生产现状总结出如下特点。

一是形成了对最豪华丝绸制造的垄断。"成都的丝绸产品与法国最著名的丝绸产品相对应:有绉纱、锦缎、缎子、平纹丝绸、单色塔夫绸等。"成都的丝绸生产以豪华丝绸为主,"乡村的家庭生产细丝带、刺绣品、缎子和饰带,作为中国服装的丝绸饰品,同样也是垄断产品"。考察团报告反映了成都丝绸业兴盛状况,参照《成都通览·成都之卖物街道一览》记载,成都专售绸缎的铺子分布在城内几条主要的大街上,"湖绉绸缎洋布铺:顺城街、水花街、东大街、西大街";"绸缎机房湖绉巴缎:烟袋街、半边街、走马街"。

二是丝绸生产作坊规模小。大部分丝绸作坊一般只拥有少量织机,"最多的一家作坊也只拥有 10 架织机"。作坊采取学徒制,"丝绸作坊使用的织机还很原始,每架织机要占用两名工人:一名纺织工、一名负责维护织布机的助工或学徒。纺织提花丝绸需要 3 名工人:纺织工、助工和提花工。作坊提供三餐食物,工人按计件制领取工资,助工薪酬为纺织工的一半。比较其他行业从业人员,纺织工工资相当高"。

三是成都的丝绸业织业规模很大。"梅特拉尔先生估计成都

---

① "Rapports sur la soie de Sechuan"(《四川丝绸业报告》), Chambre de commerce de Lyon, Alexandre Roy, *les rapports économiques et commerciaux sur les provinces chinoises visitées*, Tome II, pp. 241 – 331. 耿昇:《法国里昂商会中国考察团对四川养蚕业与丝绸业的考察》,《中华文化论坛》2014 年第 6 期。耿文对有关四川和成都的丝绸业和桑蚕内容的解读,均依据该报告摘录翻译,本小节有关四川生丝与成都丝绸小作坊生产状况的内容,参考该文翻译及论述,不再逐条另注。

有 7000 台织机"①,实际上这个数字较为保守,并没反映出成都织机的实际状况。据同治年间的《重修成都县志》记载,成都"有机房二千处,织机万余架,机工四万人"。

四是成都丝绸存在图案变化少、制造丝绸的工具原始落后的缺点。

以上里昂商会考察团肯定了成都丝绸行业在豪华丝绸制造方面的先进性,成都丝绸业同时也垄断了豪华丝绸的制造,能够生产出"与法国最著名的丝绸产品相对应"的各种豪华型丝绸产品。以小作坊为单位,采取学徒制,纺织业行会规模大等特点,无疑显示出成都传统丝绸业的成熟与繁荣。里昂商会考察团在研究报告中虽然承认成都丝绸制造的定位为豪华丝绸,品种也多,但也认为丝绸织物的图案变化较少,制造工具原始落后,"其色彩一成不变,民间黑色、棕色、蓝色和白色,宫中和大官员身穿黄色和紫色。彩色颜料以靛青为基础,欧洲染料已经引入中国,普遍消费的正是德国不莱梅和汉堡的牌子。成都府制造的豪华丝绸一般都是批量印染"。简言之,成都丝绸业存在两个缺点:一是印染虽然已经使用先进的德国不莱梅和汉堡的染料,但色彩传统、少变化;二是成都丝绸业那种在传统小作坊使用织机的生产手段也已经过时。因此考察团得出如下结论:"其制造手段与设备只具有纯文献描绘和描

---

① 法国里昂商会编著,〔法〕里沃执笔:《晚清余晖下的西南一隅——法国里昂商会中国西南考察纪实(1895—1897)》,第 153 页注释(2)。

述性的意义了。"①

里昂商会考察团进入四川考察的一个重要目的,就是准备在四川建立机器缫丝丝绸厂。考察团先后两次在成都居留期间,通过法国天主教成都传教会迪南主教牵线,与四川政府高层接触,提出了由里昂丝绸业投资在四川建立近代机器丝绸厂的建议,结果却遭到"断然拒绝"。

(二)里昂商会考察团拟建四川机器丝绸厂计划流产

1.四川高层拟建机器棉纺织厂抵制法国里昂商会考察团建造机器丝绸厂的提议

里昂商会考察团通过考察认为,对四川成熟的丝绸工业应该加以利用,可以在四川创办机器生产丝绸厂:

> 丝绸工业可能还会给欧洲人带来巨大利润,并且可以在当地从事这项工业,正如当时在上海和日本所做的那样(机器化生产)。人们甚至在四川也可以建立丝绸纺织厂,当地的丝绸和丝带消费可以维持工厂的运行。在该省的不同县内,也要消费几乎是同样数量的绢丝(按:指出口下脚料绢丝60万

---

① "Rapports sur la soie de Sechuan"(《四川丝绸业报告》), Chambre de commerce de Lyon, Alexandre Roy, *les rapports économiques et commerciaux sur les provinces chinoises visitées*, Tome II, pp. 241–331. 耿昇:《法国里昂商会中国考察团对四川养蚕业与丝绸业的考察》,《中华文化论坛》2014年第6期。

千克)。①

考察团在报告中提出建工厂用机器缫丝织绸,其根本在于法国投入资本用于建厂和采购机器,生产的丝绸和丝带并非用于出口,而是由四川本地人消费,"丝绸工业可能还会给欧洲人带来巨大利润"。里昂考察团在进入中国西南地区的考察计划中,就有在四川投资建造机器丝绸厂,因此考察团中有里昂银行总行的银行家代表随行。法国驻北京公使在审查里昂考察团的计划时就曾提到,根据需要,里昂考察团可立即创办必要的机构,购置设备,"从而揭开一个工商业的新纪元"(见本书第一章第一节),足见里昂商会考察团1896年准备在四川兴建机器丝绸厂对于法国的重大意义。但考察团在成都向四川高层提出计划时,却遭到了拒绝。里昂考察团认为被拒绝的原因是成都丝绸行会不愿意改变传统的生产方式。考察团曾极力说服四川官员和富人,向他们讲解创建西式机器机械丝绸厂的意义。他们"虽然认为合情合理,但并不接受;老百姓对'机器'的一切都反感;如果中国商人采纳西式纺织术,那么所有的行会、工会、纺织工人和重缫丝工集团便会揭竿而起,阻止这些纺织厂正常运行。……四川知识界也无动于衷"。所以考察团认为要强行用机器生产改变这种传统生产方式,是一种"经济革命","尚需数代人坚持不懈地工作,才能最终完成这场经

---

① Chambre de commerce de Lyon, Alexandre Roy, *les rapports économiques et commerciaux sur les provinces chinoises visitées*, Tome II, pp. 241 – 331.

济革命"。①

在里昂商会考察团提出建造机器丝绸厂之前,洋人在中国沿海城市已经有开办机器缫丝厂的先例。从1861年英国怡和洋行在上海开设第一家纺丝局开始机器化缫丝后,直至1894年,30余年间,外商逐渐在沿海的上海、烟台、青岛3个城市开办了11家机器缫丝厂。除了德国人在烟台(1877年)、青岛(1894年)开设的两家,其余9家都在上海,计有英国4家(1861年、1882年、1882年、1891年)、法国3家(1877年、1891年、1893年)、美国2家(1878年、1892年)。其中拥有的缫丝车台数最多的厂家是法国1891年投资的宝昌丝厂,有近1000台机器,法国人另外两家丝厂的机器台数也占优势。②反映出欧洲人在中国沿海开办的外国机器缫丝工业中法国占据着重要位置。允许外国人在通商都市自由开办企业、经商是第二次鸦片战争后《天津条约》及《北京条约》的约定。重庆1891年已开埠通商,法国乘1895年6月20日新签中法《续议商务专条附章》东风,进入四川,以欧洲丝绸制造龙头里昂商会牵头,组织了囊括法国六大纺织品城市商会代表,丝、麻、棉各类纺织品工程师,并有里昂银行家随行的里昂商会考察团,准备在四川开办机器丝绸厂。考察团刚向四川高层提议,就遭到四川"上至官员下至民众的抵抗",法国里昂商会考察团和法国政府都始料未及。

据重庆海关报告记载,四川高层连续几年都在积极筹备建立

---

① Chambre de commerce de Lyon, Alexandre Roy, *les rapports économiques et commerciaux sur les provinces chinoises visitées*, Tome II, pp. 241 – 331.

② 朱新予主编:《中国丝绸史(通论)》,纺织工业出版社,1992,第329页表9-2"十九世纪中末叶外资在中国开办机器化缫丝厂概况"。

机器棉纺织厂计划。洋纱的大量进口挤兑了中国的棉纺织家庭小手工业。刘秉璋在总督任上(1886—1895)于1893—1895年间就提议酝酿模仿上海、武汉在四川建立一个机器棉纺织厂,其目的就是抵制洋纱进口。1893年就拟出计划,1895年形成了具体方案,在重庆建厂,并集资40万两,买了一块地皮。但四川的商人们并不踊跃,认为四川本土要靠湖北提供棉花,建机器棉纺织厂并不一定会比从上海或湖北直接进口棉纱赚钱。"四川总督务必要推进这个计划,1896年官方(按:这一年是新任总督鹿传霖)在本埠设局招股,经多方劝说,每股银100两的500股被认购了",最后还有公众认股,"并且还与一家外商签订了购买必备机器的合同"。报告打上去,清政府户部"反对职官入股或参予这个计划","禁止对商民的胁迫",并且暗示说,如有资金需要投放市场,"最好投放到湖北的棉纱厂去"。① 四川建立机器棉纺织厂计划的流产,是因为清政府反对官商合办。其中最主要的原因,显然还是竞争不过湖北进口棉纱价格。

同样是建立机器生产工厂,四川人建立机器棉纺织品厂则系抵制洋纱,要使四川人自己在棉纺织品机器生产中获利。法国人在四川建立机器丝绸厂则由法国人获利,而使四川人的缫丝与丝绸利益受到损害,因此上下一致反对。这说明四川高层欲使商人们参与集资建立一个机器棉纺织厂,以抵制洋纱的决心很大。四川两任总督均积极推行建立棉纺织厂计划,表明四川高层并不反对机器生产。

---

① 周勇、刘景修译编:《近代重庆经济与社会发展1876—1949》,第102、236页。

法国是 1895 年中日《马关条约》之后第一个提出要在中国内地建立机器丝绸厂的国家，其目的是要利用四川的生丝原料和廉价劳动力，用机器生产丝绸在中国本地销售，赚取中国人的钱。不言而喻，本土众多采用小作坊生产方式的丝绸业将因此遭到挤兑和冲击。法国若在长江上游的生丝大省四川成功建造机器丝绸厂，将是欧美通商国家中的一桩大事。在中国沿海城市建有机器生丝厂的欧洲国家，是否会有连锁反应，提出同样要求？里昂商会考察团所举遭遇拒绝的理由，无疑是四川高层给出的说法，半真半假，使得里昂商会考察团没有坚持的理由。考虑到会受到丝绸行会的抵制，也会给机器丝绸厂带来难以预料的问题，四川高层的说法无疑是为保护民生利权所采取的明智之举。

2. 成都丝绸小作坊自有存在的优势

在有关近代传统行会的研究中，有一种观点认为，行会只有适应近代资本主义自由竞争，才能生存发展，力图防止和阻挠竞争，不仅会成为资本主义经济发展的一大障碍，而且在实践中常常受到抵制。[①] 但晚清四川官方力主筹建机器棉纺织厂与坚决反对里昂考察团提出的在四川建立机器丝绸厂一事表明，这种观点事实上并不能解释四川高层对建立工业机器生产的棉纺织品和丝绸织品工厂的两种不同态度。

另外，小作坊生产的优势不能被忽视。小作坊生产是遵循自由发展、产品多样化与自主创立品牌的生产规律发展。小作坊行

[①] 朱英：《中国行会史研究的回顾与展望》，《历史研究》2003 年第 2 期。

业在招收学徒、产品规格和价格、原料分配等方面制定有行规,并非限制生产发展,而是建立行业秩序。同行共同遵守保证行业有序正常运作,不存在竞争生存的规则。令传统行业小作坊生产方式不能生存的正是大工厂机器生产的低廉价格带来的竞争。如进口洋纱比本地手工纺棉纱价格低廉,因此本地手工纺织质量更好的棉布比进口洋纱织成的洋布价格高而被挤兑。

里昂商会考察团对成都丝绸的销路也做了调查,"其产品大部分均销往四川省境内,但也有相当数量的丝绸被输往附近各省"。成都丝绸缎类都是行销本地州县及相邻西藏、云南、贵州乃至北京、上海的奢侈品,并非出口产品,"五色缎瓜皮销西藏,巴缎销北京、上海,中等绸缎、湖绉销各州县"①。成都乃至四川全省的丝绸小作坊生产,在省内省外都有足够稳定的消费市场,在晚清以至清末仍然蓬勃发展,这应该是成都丝绸小作坊行会强大的原因。

三、晚清成都的社会问题

成都繁荣的都市社会中存在不同社会阶层,1846年进入成都的古伯察神父在描述成都时已有提及。半个世纪以后,到里昂商会考察团1896年进入成都的时代,考察笔记所记载的成都社会阶层贫富两极分化的情况更加明显。

---

① (清)傅崇矩编:《成都通览》,第325页。

(一) 成都的贫民与游民

成都既是著名的商城,也是"一座典型的官城"。考察团记载成都是"中国富人喜欢游玩的中心城市,退休的官员们也在这里安享他们丰厚的收益"。成都商业繁荣,兼具"官城"与"商城"的尊贵与富裕,"有钱的大款比比皆是,成都较其他地区更富裕"。晚清时期的省城成都,在里昂商会考察团眼里,已经注意到社会分化较为严重、底层出现贫民的现象。笔记中记载了当时已经出现的社会问题:

> ……人口过多,使生存异常艰辛。城市、乡村劳力过剩,工资收入大幅降低,而无业民众更是一贫如洗。一时,社会贫民、鸦片吸食者、懒汉以及满腹牢骚之徒聚伙结帮,煽风点火,挑起民众运动(按:此指1895年春季在成都、川东、川南发生的反洋教运动)。运动很快就在全省,尤其是中心城市相继爆发。①

在商业繁荣的成都社会中出现了乡村劳力过剩、工资收入降低、民众失业等问题,这种现象与晚清四川作为移民大省人口增长过快有关,同时也是伴随经济繁荣社会发展而产生的社会问题。里昂商会考察团记载的成都社会那些聚伙结帮出现在都市里的贫

---

① 法国里昂商会编著,〔法〕里沃执笔:《晚清余晖下的西南一隅——法国里昂商会中国西南考察纪实(1895—1897)》,第84—85页。

民、鸦片吸食者、懒汉及满腹牢骚之徒,均是富裕大都市的产物。成都的乞丐现象,在四川总督锡良(1903—1907年在任)的奏折中说得更具体:"四川生齿最繁,贫而乞丐者至众,省城每际冬令,裂肤露体者十百载途,号呼哀怜者充衢盈耳,偶遇风雪,死者枕藉,相沿有年,匪伊朝夕,南北各省皆所未见。"①锡良总督指出的"相沿有年,匪伊朝夕",证明1896年春法国考察团第一次进入成都时,听闻及所见的省城大街上的乞丐现象真实无误。这些问题集中在成都发生,并非由于成都贫穷。恰恰相反,是与成都作为省会又是商业都会的优裕生活环境有关。一些懒惰、不劳而食或者贫困的人认为成都这样的都市易于谋食生存,因破产相率而来的外地游民、因无业而一贫如洗的人、因贫穷而沦为乞丐的人,难免愈来愈多,因此其严重程度为"南北各省皆所未见"。这些无疑都是社会隐患。

(二)成都的社会救助与慈善活动

对于游民和乞丐较多的情况,社会上并没有熟视无睹。里昂商会考察团记载了成都出现的一些社会救助与社会慈善活动,主要有两种方式。一是施粥,"为了尽可能消除贫困带来的负面影响,省政府在城里及郊县设立机构为成千上万没有生活来源的民众提供救济,发放米粥"。二是提供棺材掩埋,"以显贵、富商、银行家和城市产业者为首的社会慈善团体的举动与官府的做法截然不

---

① 《奏开办习艺所及各项工厂情形折》,载中国科学院历史研究所第三所主编《锡良遗稿》第一册,中华书局,1959,第646页。

同:他们让人备好棺木,组织人员负责搜寻大街小巷死去的乞丐,为这些不幸的人殓尸入土,这种做法的确也是在行善施好"。① 这里所说"银行家"其实是钱庄老板。官府设立机构发放米粥,是官方组织的具有持续性的生活救助。钱庄老板备好棺木,"搜寻大街小巷死去的乞丐","为这些不幸的人殓尸入土"是民间富人组织的社会慈善团体所从事的善举。以上反映了晚清成都官方及民间富人团体,对没有生活来源的穷人和死去的乞丐尽可能地采取了人道措施。

四、成都平原水利灌溉与大土地经营者富翁标准

1896年3月初,法国里昂商会考察团团长弥乐石带领的分队进入四川,在嘉定府居停6天考察当地的蚕桑业,"嘉定城及郊县人口共8到10万,是重要的养蚕中心,出产'生丝'"。② 在沿岷江流域上行成都平原途中,考察团记载了沿途成都平原都江堰水利灌溉带来的繁荣景象及水车浇水管理技术。在有关四川产业主的报告中,成都平原大土地经营者的规模与收益,也成为里昂商会考察团的研究专题之一。

---

① 法国里昂商会编著,〔法〕里沃执笔:《晚清余晖下的西南一隅——法国里昂商会中国西南考察纪实(1895—1897)》,第85页。
② 法国里昂商会编著,〔法〕里沃执笔:《晚清余晖下的西南一隅——法国里昂商会中国西南考察纪实(1895—1897)》,第81—82页。

(一)成都平原农业富庶景象与水利灌溉

成都平原的富庶首先反映在村庄与集市的密集上,房屋修建在大道两旁:

>……在彭山县进入了令人赞叹的成都平原——它遍地庄稼,人口稠密,令人不可思议。从彭山通往省会成都的大道(约80公里路程)两旁,村庄与集市首尾相连,一字排开,可以说这是迄今为止我们所见过的唯一一条路边布满房屋、建筑的大马路。后来在成都北部绵州的大道上,我们也见到类似景致。成都平原繁荣富庶,令人难以置信,其中一个重要因素就是当地人充分领悟、广泛使用的灌溉体系。①

考察团进入新津地界,发现人口更稠密,气氛热烈,正是乡村春耕繁忙的季节:

>在新津县再一次摆渡过江。……越往前走,人口越稠密,村庄也更热闹。马路左右两旁的稻田已开始蓄水。水牛在陷至膝下的稻田淤泥中拉着沉重的犁缓慢前行。地里的庄稼密密匝匝,长势旺盛,农民们不得不拔掉、根除局部已经开花的蚕豆苗才可以腾出空地为水稻田播种秧苗,……一直延伸到

---

① 法国里昂商会编著,〔法〕里沃执笔:《晚清余晖下的西南一隅——法国里昂商会中国西南考察纪实(1895—1897)》,第83页。

成都以外更远的平原地带的农田灌溉良好,令人叹服。①

考察团对沿途所见的成都平原的"戽斗水车"进行了考察,认识到成都平原农业种植的富庶繁荣,得力于水利灌溉技术的先进和发达。平原上布满输水渠道,沿河居民"借助竹子做成的简易提水轮盘汲取河水,灌田浇地",每年在准备给稻田注水栽秧的时候才临时搭建机器,或称之为"戽斗水车"。轮盘型水车由两人并排用脚踩踏,轮盘直径有长6米和10米的两种,"可以把水提升至15米高"。考察团详细记载了四川政府对水利灌溉的重视与合理管理:

> 水乃当地农业生产至关重要的大事,为此四川省巡抚专门委派一位高官负责监控这些取水装置,须经他指令方才开、关装置。尽管我们经过的平原与取水装置、水利枢纽相距遥远,但输水渠道设置合理,十分完善。每块田地都能按时进水,按需取水,各家各户分配公平,用户从未有过微辞(词)、异议。的确,村官们在公正委员会的协助下,承担起管理输水渠道的责任。在这种氛围中,各地主共同关注,和睦相处,避免分歧。②

---

① 法国里昂商会编著,〔法〕里沃执笔:《晚清余晖下的西南一隅——法国里昂商会中国西南考察纪实(1895—1897)》,第83页。
② 法国里昂商会编著,〔法〕里沃执笔:《晚清余晖下的西南一隅——法国里昂商会中国西南考察纪实(1895—1897)》,第83页。

考察团还对灌溉使用的水车价格和使用时间进行了调查,询问过一位农民业主,了解到水车的成本,"包括在河里铺设引水道的劳力,一共要10到20两银子,相当于40—50法郎"。因为水车只用一季,所以使用时才临时搭建,"使得这套灌溉体系愈发实用可行"。①

以上法国考察团有关乡村农业使用水车灌溉的记载,反映了成都平原广泛使用水利灌溉保障农业繁荣发达的景象。

成都平原的水利灌溉,应追溯至先秦时期秦国灭蜀(公元前316年),秦昭王三十年(前277年)前后,成都人李冰(生卒年不详)被秦昭王任命为蜀郡太守,"开成都县两江,溉田万顷"②。《华阳国志》卷三《蜀志》记载李冰倾力治理自蜀西北汶川而下的岷江水道:"冰乃壅江作堋。穿郫江、检江,别支流,双过郡下,以行舟船,……又溉灌三郡,开稻田。"成都平原各县利用都江堰水利灌溉,不断开发稻田。东汉时,广汉人冯灏为成都县令,"开稻田百顷"。"繁县,郡北九十里。有泉水,稻田。""江源县,郡西,……小亭有好稻田……"发展灌溉水稻。③

弥乐石考察的有关农民使用水车浇灌与政府官员公平管理及用水分配的情况,与清末《成都通览·成都之堤堰》的记载大致

---

① 法国里昂商会编著,〔法〕里沃执笔:《晚清余晖下的西南一隅——法国里昂商会中国西南考察纪实(1895—1897)》,第83页。
② 司马迁:《史记》卷二九《河渠书》,中华书局,1959,第1408页。张守节《史记正义》引《括地志》:"大江……西北自新繁县界流来,二江并在益州成都界。杜预《益州记》云:'二江者,郫江、流江也。风俗通云,秦昭王使李冰为蜀守,开成都县两江,溉田万顷。……'"
③ (晋)常璩:《华阳国志》卷三《蜀志》。

相同:

> 秦李冰凿离堆,引都江堰水以利农田,迄今享其利用。本朝雍正八年,奏准修堰,由成、华、郫、灌、温江、崇宁、新繁等九县,各照田亩,岁出修费,引水灌田,每年三月由成绵龙茂道亲赴灌县,饬成都水利同知,开堰放水。如水来甚缓,或发水不足,则乡民千百为群,赴道台衙门,击鼓求水。①

都江堰成都平原堤堰由成都、华阳、郫县等九县"各照田亩,岁出修费,引水灌田"。据其所记堰名,仅成都府华阳县就有52个堤堰,成都县有20个堤堰。② 里昂考察团记载的是进入成都平原途中的彭山、新津一带的庄稼种植与水车抽水灌溉装置。考察团此后在四川各地考察时,对农田水利灌溉技术均予以关注,并表示了极大的赞赏:"全省各地花样百出的灌溉设备,充分证实了这里的人们心灵手巧,极富创造性。"③这里所谓"全省各地花样百出的灌溉设备",指的就是四川各地因地制宜,在水利灌溉技术中使用的不同形制的水车。

1908年初春法国多隆少校率领他的军官地理探险队在成都平原考察时也看到各处的水车装置,他说,"大家对从山的出口处把岷江的水分到全平原的运河网当然赞不绝口",但他认为,"人们对

---

① (清)傅崇矩编:《成都通览》,第5页。
② (清)傅崇矩编:《成都通览》,第5页。
③ 法国里昂商会编著,〔法〕里沃执笔:《晚清余晖下的西南一隅——法国里昂商会中国西南考察纪实(1895—1897)》,第132—133页。

农民利用运河水的巧妙方法却未做出充分的评价"。多隆少校具体观察记载的是农民如何用"水车"把水从低处引向高处:

> 水车上有倾斜的水道,一头浸在运河里,另一头到达需要灌溉的平地。一连串的受水板用铁链连着,两个男人用脚来回推动车轮。受水板把水引到水道,从那里把水注入上面的田里。水车的组合有各种各样的装置。最广泛使用的是用马、牛、驴作动力带动齿,代替上述的两个男人的工作……我们可以看到貌似单纯的农民用巧妙而又正确的方法用竹子做成20米高的水车。不光这些,除了像这样往高处引水,为了给低处的田浇水,可以用其他一种更小的水车把水弄成瀑布状来浇。①

(二)成都平原大土地经营富翁标准

晚清四川出现了地主土地集中扩大化趋势,造成自耕农减少而佃户增多,也是形成贫富两极分化的原因。成都平原水利灌溉系统发达,农业物产丰饶。法国里昂商会考察团要了解成都平原的产业结构,借以评估成都的经济富裕程度,除了小手工业和商业,成都平原农业种植大地主拥有的土地和收益,也是重要的参考标准,因此他们调查了成都平原大土地经营富翁状况。在考察团的系列考察报告中,有一篇《有关中国产业结构以及私有财产》的

---

① 〔法〕多隆:《彝藏禁区行》,第160页。

报告提供了有关成都平原大土地经营者富翁的标准。以下是大土地者经营的田亩拥有量及其收益：

  成都平原不多的几个大地主可以拥有3000亩田地，每亩田收益有2石米(特别肥沃的田有3石米的收益)。拥有1000亩田地的人被认为是百万富翁；500亩田地可带来价值约30 000法郎的大米纯收入，这类人算是富翁；一般说来有500石大米(纯)收入的人就是全省的富人。1"石"有10"斗"，重量在30到40中国市斤(15公斤—20公斤)，各地标准不一。成都地区(这里1"石"米为32中国市斤)10年来1"石"米的平均价格为500个铜板。我们路过成都(1896年9月)，1350个铜板为1两银子，等同为4法郎多一点。①

  据以上对成都平原富翁的介绍，成都平原是鱼米之乡，均以田亩多少计算收益。成都平原以农致富，并无其他大型产业。按里昂考察团提供的搜集资料，成都平原"不多的几个大地主可以拥有3000亩田地"，因此只是个例，不具备代表性。"拥有1000亩田地的人被认为是百万富翁"，即是说属于大富翁之列。"500亩田地可带来价值约30 000法郎的大米纯收入，这类人算是富翁"，即是一般所谓富翁；"一般说来有500石大米(纯)收入的人就是全省的富人"。

  将里昂商会考察团搜集的关于成都平原大土地经营者富翁的

---

① 法国里昂商会编著，〔法〕里沃执笔：《晚清余晖下的西南一隅——法国里昂商会中国西南考察纪实(1895—1897)》，第145页注释(10)。

资料按田亩多少和收益排列:按"1 两银子,等同为 4 法郎多一点","500 亩田地可带来价值约 30 000 法郎的大米纯收入"计算,即为 7500 两银,"这类人算是富翁";1000 亩田地"被认为是百万富翁",其收入即为 15 000 两银子;"有 500 石大米(纯)收入的人就是全省的富人",换算下来即 167—250 亩田地。换言之,在成都平原"500 亩田地"算是富翁的标准,与全省"500 石大米(纯)收入"就是富翁的标准相比较,成都平原的富翁标准高出一倍,反映出成都平原富翁的标准较全省其他地方更高。里昂商会考察团认为这是因为成都较之其他地区更富裕,"有钱的大款比比皆是,成都较其他地区更富裕"。①

成都平原这种大土地集中,出现特大富翁(3000 亩地,个例)、百万富翁(1000 亩地)及富翁(500 亩地)的现象,与成都平原清前期移民迁入插占田地有关,"大邑县率多秦(按:陕西、甘肃)、楚(按:两湖)、豫章(按:江西)之人,或以屯耕而卜居"。移民插占垦荒,以耕田种地为业,如新繁迁来移民,先是有湖广人,继而有江西、福建、广东、陕西人迁入,"始至之日,田无业主,听民自占垦荒,或一族一村"。② 到雍正时,成都平原移民已满,"听其散往各府州县佃种佣工,为糊口之计"③。成都平原的移民主要是康熙年间迁

---

① 法国里昂商会编著,〔法〕里沃执笔:《晚清余晖下的西南一隅——法国里昂商会中国西南考察纪实(1895—1897)》,第 84 页。
② (清)赵霦等纂修:《大邑县志》卷7《风土》,同治六年刻本,第 2 页;(清)余慎总纂:《新繁县乡土志》卷5,光绪三十三年排印本,第 1 页。参见王笛《跨出封闭的世界——长江上游区域社会研究(1644—1910)》,第 59 页。
③ (清)张廷玉等撰:《清朝文献通考》卷 19《户口考一》,乾隆五十二年刻本,第 5027—5028 页。

入,移民经济发展较快。

四川康熙初年移民插占以耕田为业,均为自耕农,土地不多,在此后的发展中,有的家庭因勤力治田或祖孙几代不断购买土地,最后有了较多田产。有的家庭种田兼营小买卖、小手工业,所获利润用于购买田地,终于拥有较多土地,此类各县地方志记载较多。同时也有更多的家庭因各种原因将土地售卖,或成为佃农,或成为雇工。乡村因此出现了两极分化,这种现象到了清末更突出。据对清末四川农村的统计,四川佃农占比高出全国平均比例的20%,全川佃农占农民的1/2以上。① 里昂商会考察团对成都平原富翁产业结构的调查,无疑反映了这种大土地集中的现象。大土地集中导致土地变动较多,也必然有很多的佃农与雇工。与之同时,大土地集中与农业粮食生产商品化之间也存在必然联系,因此也促进了四川农业生产发展。从乾隆朝中期开始,四川移民农业种植业经济出现繁荣富裕。如川东新宁县,道光年间富庶可见,"收稻最富,一岁所入,计口足供十年。而究少盖藏者,邻封若开县、万县皆仰给焉"②。故发展到清末,四川已出现农业粮食生产商品化。以上里昂商会考察团记载的成都平原富翁的土地拥有量及银两收益,即反映了清代四川土地分化和土地租佃的地租货币支付形式。

成都平原大土地拥有者富翁以何种方式经营土地也值得关注。清末民初在乡村出现了一种"租栈制",其方式是居住在大城市或在外住在县城的"外居地主",将土地和佃户委托给一种被称

---

① 张肖梅编著:《四川经济参考资料》,M第16页。王笛:《跨出封闭的世界——长江上游区域社会研究(1644—1911)》,第137页表3-6。
② (清)黄位斗等纂修:《新宁县志》卷四,道光十五年刻本。

为"租栈"的机构的经营方式。"租栈"由农村的绅士负责管理收租,在缴清租赋各种费用以后按比例分配收入。这种方式在江南比较多。① 成都商业繁荣生活舒适,便于成都平原富翁居住省城,或者来自都市的富人在乡下购买土地,由佃户耕种。因此这种租栈制也有可能是成都平原一些大土地经营者中的普遍状况,反映的是晚清随着大土地集中出现的一种土地拥有者、佃户、管理者之间的收益分配现象。里昂商会考察团搜集整理的《有关中国产业结构以及私有财产》的报告,资料来源当是官方数据。

第三节 四川手工业现状

里昂商会考察团对四川手工业的考察,主要以养蚕缫丝家庭小手工业与自流井大型手工业工场为对象,对这两种分别具有普遍性意义的四川手工业做了详细考察与研究。

一、家庭养蚕缫丝小手工业的普及

里昂商会考察团对四川的养蚕缫丝小手工业关注颇多,因为其与里昂的生丝进口和丝绸生产有直接关联。考察团一进入四川,就先后派考察团代表去峨眉县丝蚕养殖中心观摩学习了一个

---

① 〔日〕村松祐次:《清末民初江南地主制度文书研究》,《东方和非洲研究学院学报》1966年第3期,参见〔美〕费正清编《剑桥中国晚清史》(上),中国社会科学出版社,1985,第20页,上面记载有较多引用该文资料研究租栈相关问题的论文。

月;在川东北遂宁、顺庆、保宁、绵州等地的养蚕中心,也分别进行了将近一个月的考察。① 因此对晚清四川养蚕缫丝小手工业状况有较多的了解。

(一)平原桑树点缀其间

法国里昂地区有种桑养蚕传统,里昂在法国乃至欧洲都是举足轻重的丝绸生产之都。在生丝进口方面,法国里昂与中国关系最为直接。中国对欧洲出口的生丝,大部分从地中海登陆,经马赛运入法国里昂,因此考察四川的丝绸业和桑蚕生丝业,是考察团商务考察中最主要的项目之一。里昂商会考察团小分队进入四川嘉定前往眉州途中,就观察到四川乡村种满庄稼的平原上"桑树点缀其间"的景象:

> 它们枝繁叶茂,密植挺拔,倘若不是树干还不够高大的话,完全可以和我们欧罗巴的桑树相媲美。除普通树种外,我们在此地还见到一种奇特桑树——树皮酷似石榴树皮,带刺,中国人把它称为"茶叶桑"或"马蹄桑"。以桑树为特征的田园景色一直延伸到眉州城。②

---

① 法国里昂商会编著,〔法〕里沃执笔:《晚清余晖下的西南一隅——法国里昂商会中国西南考察纪实(1895—1897)》,第144页。
② 法国里昂商会编著,〔法〕里沃执笔:《晚清余晖下的西南一隅——法国里昂商会中国西南考察纪实(1895—1897)》,第82—83页。

考察团注意到四川桑树的茂盛，原野上是"以桑树为特征的田园景色"，也注意到四川桑树有不同的种类。嘉定、眉州都是四川生丝与丝绸的重要产地，以上田间景象反映了乡村桑树种植的一般状况。

（二）四川桑蚕与缫丝

四川清初开始有大批移民进入，在恢复发展农业生产的同时，政府也推动农家种桑养蚕，发展家庭桑蚕小手工业。蜀中乡村农家种桑养蚕，在清前期已经相当普遍，不少地方志中都有记载。据清代李拔《蚕桑说》载："蜀中墙下种桑，宅内养蚕，以为常业。""多者二百簟，少者亦十余簟，每簟可得丝一斤"，"每斤价自八九钱至一两不等"。从乾隆中期开始，川东北就形成了农家种桑养蚕的风俗。康熙《遂宁县志》载遂宁县农家"比户饲蚕"。乾隆《罗江县志·蚕桑说》谓"养蚕不过一月之劳，工省而获利甚速"。嘉庆《射洪县志》记载射洪妇女"率以蚕绩为事"。① 养蚕是短时间就能获利的家庭小手工业，各县地方政府均予以鼓励，因此四川农家种桑养蚕较为普及。

里昂商会考察团通过分别去各地生丝产区进行实地考察，总

---

① 有关川东北地方志所载蚕桑地方志，见王笛《跨出封闭的世界——长江上游区域社会研究（1644—1911）》第149页所引（清）李拔《蚕桑说》，载（清）贺长龄辑《皇朝经世文编》卷三七，道光六年刻本；（清）张鹏翮纂修《遂宁县志》卷四《土产》，康熙二十九年刻本；乾隆《罗江县志》卷四《水利》后附张文麓《农书》及沈潜《蚕桑说》，乾隆十年刻本；（清）陈廷钰等纂修《射洪县志》卷五《堪舆地·风俗》，嘉庆二十五年刻本。

结出四川养蚕缫丝的以下生产状况。

1.四川养蚕是全民普及的家庭小手工业。无论富户或官员之家,还是平民或贫苦家庭,都参与养蚕,表明养蚕已普及城镇乡村家庭。家庭每年通过养蚕可获得几两银钱的收益。

2.养蚕技术考察。四川有用各种柞树的叶喂养的柞蚕,属于在野外放养的野蚕,野蚕丝较之桑蚕是更稀有的资源。黔北遵义府及正安州,都是以放养野蚕收获野蚕丝的地区。桑蚕又名家蚕,室内饲养,因食桑叶而得名。在峨眉等地,养蚕人购买桑叶在家内饲养家蚕。

3.缫丝工艺考察。四川的缫丝也是家庭小手工业。大部分缫丝都是在自己家里完成,或者雇用流动人员缫丝。在嘉定府,"缫丝交由拥有专门设备的专职人员完成",说明在重要的桑蚕生产中心有缫丝工场,也有定点的蚕茧市场可出卖蚕茧。

4.四川家庭手工缫丝粗糙。组织出口的生丝需要再重新缫丝一次,即梳理分拣得更规则,按把出售。重缫丝检出的丝用于本地"制造流苏、丝线、所有装饰绦子和衣服的装饰品"。①

生丝是四川最重要的出口产品之一,是重庆海关出口的大宗货物。里昂商会考察团在有关四川桑蚕业的考察报告中,从重庆海关报告中记录了一些有关生丝出口的数据。以下是在欧洲市场有产品销售的几个有名的生丝产地及其年均出口量:绵州(138 000 千克),高平(35 000 千克),万州(22 200 千克),西充(49 800 千

---

① 耿昇:《法国里昂商会中国考察团对四川养蚕业与丝绸业的考察》,《中华文化论坛》2014 年第 6 期。该文系根据法国里昂商会考察团考察报告《四川丝绸业报告》翻译撰写。

克)。各地逢一、五、八有集市收购生丝。人们估计,四川的丝产值为2300万—2500万法郎(按:1两银≈4法郎)。四川出口欧洲的生丝分为优质绵州丝与劣质西充丝两种。绵州地处川东北,生丝是其重要产品。绵州生丝由专门的缫丝工场缫丝,在欧洲市场上处于最受欢迎的地位。西充生丝质量略差,以家庭手工缫丝为主。① 光绪初年政府仍在鼓励农家养蚕缫丝,"农家以耕织为业,自己育蚕,虽乱丝薄茧,均足入经纬而获价值,所宜多养"②。所谓"虽乱丝薄茧,均足入经纬而获价值",即指劣质生丝、废蚕茧也自有其用处。在1892—1901年重庆海关报告的商品出口表中,每年都列有"废丝""废茧"两项。四川主要的生丝出口地域,据重庆海关报告记载,"西部中国的大宗产品是丝,出口的主要产区是保宁、顺庆和绵州,嘉定的丰富物产主要在四川省内消费"。③

里昂商会考察团对于家庭养殖桑蚕与缫丝过程的详细考察与比较分析,揭示了四川桑蚕养殖与生丝生产的重要特点:种桑缫丝是一项家庭小手工业,也是家庭经济的补充,这正是四川农家的耕织方式。乾隆《梓潼县志》有关于梓潼县农家耕织并重的记载:"吾邑于田者,多以种桑织丝,纺织而佐家资。城邑乡里,妇孺尤以制丝织纺为务,机杼之声,达于四境,每岁交易,不下数万两银。"④农民种田之外种桑养蚕、纺纱织帛是用于"佐家资",同时也活跃了生丝市场。里昂商会考察团代表对川东北遂宁一家基督徒富户的考

---

① 耿昇:《法国里昂商会中国考察团对四川养蚕业与丝绸业的考察》,《中华文化论坛》2014年第6期。
② (清)高培谷等纂修:《西充县志》卷二《土产》,光绪元年刻本。
③ 周勇、刘景修译编:《近代重庆经济与社会发展1876—1949》,第110、175页。
④ (清)朱帘等纂修:乾隆《梓潼县志》,乾隆四十五年刻本。

察,见证了晚清四川地方上与生丝商业及与土地相关联的经济生活现状。

二、丝业兼营土地:遂宁富翁及其家庭生活

遂宁县位于川北潼川府。潼川府是川北生丝和井盐著名产地,也是晚清正在发展的商业性棉花种植地区。《清史稿·地理志》载:"潼川府:……隶川北道。西南距省治三百二十里。广三百八十里,袤五百七十里。……领县八。"①包括府治三台、射洪、盐亭、中江、遂宁、蓬溪、安岳、乐至等县。1896 年 8 月,里昂商会考察团派出两名成员从盛夏炎热的重庆出发,专程去川北考察生丝。遂宁县即是他们计划中的一站,属于潼川府"领县八"之一县。据载,遂宁农家在康熙前期即流行"比户饲蚕"的养蚕取茧缫丝家庭小手工业。考察团两名成员抵达遂宁后,就住宿在遂宁城法国传教士住所。遂宁县在明末清初即有耶稣会(天主教),也是天主教在川东北的重要传教地区。考察团代表从传教士处获悉当地居民中有几代人信奉天主教的家庭,经介绍认识了与传教士住所一墙之隔的一家基督徒富户。考察团"才得以了解他们的家庭生活概况以及作为中国富裕阶层一员的生活排场"。②

---

① (清)赵尔巽等撰:《清史稿》卷六九《地理志十六·四川》"潼川府",第 2225—2227 页。
② 法国里昂商会编著,〔法〕里沃执笔:《晚清余晖下的西南一隅——法国里昂商会中国西南考察纪实(1895—1897)》,第 139 页。

(一)商业兼营土地的富户年收入

考察团调查的这家遂宁基督徒富户经营丝业生意,将收益投入土地经营。其年收入提供了晚清四川从事生丝业兼营土地富户的另一种个案:

> ……抽丝工出身的曾祖父最后当上掌柜,发了财。他育有18个子女,只有4个存活下来。家族现在当家的50来岁,与兄弟一家同住在两栋毗连的公馆(有好多庭院的大宅子)。兄弟两家有过10个男孩,18个女孩,其中8个夭折,多为女孩。兄长现在的产业包括投在生意上的几千两银子(据说有2000到3000两,约合15 000法郎),外加差不多1000担谷子的收入,此项为毛收入,其中一半归种田人或佃农所有,剩下的平均每年大概有10 000两银子的利润(也就是40 000法郎),另外城里还有两三幢房产。总之,这位当家人每年的进账——好、坏年头平均下来,包括波动的商业利润应该在80 000到100 000法郎。这就是遂宁这样一座约有25 000人口的城市中最富有人士中的一员。比他收入稍高些的人屈指可数,只有两位,而其他富商、地主的财产均排在其后。①

这家遂宁富户主人是第三代,祖父从做抽丝工匠到做掌柜开

---

① 法国里昂商会编著,〔法〕里沃执笔:《晚清余晖下的西南一隅——法国里昂商会中国西南考察纪实(1895—1897)》,第143页。

始发家,几代积累,到第三代是商人兼地主,用做生意赚的钱投资土地,因而每年的年收益就成了商业收入与土地收益之和。毛收入"其中一半归种田人或佃农所有",采用的是分成制。将其投入商业的收入与乡下土地收益做一比较:商业投资收入 2000—3000 两银子,土地出租收益 1000 担谷子,等于 10 000 两银子,反映出土地收益分量更重。这种家庭经济结构正是传统中国的典型例子:工商业与土地出租结合,保证稳定收益。遂宁富户按年平均 80 000 到 100 000 法郎利润收入计算,合 20 000 多两银。与成都平原的大土地所有者中的拥有 1000 亩田地的"百万富翁"比较,成都平原拥有 1000 亩田地的富翁年收拥有入为 15 000 两银子,因此遂宁富户的收入高出成都平原拥有 1000 亩地的"百万富翁"。

无论是将经营土地的收入投入商业领域,还是将商业利润投入土地经营,工商业兼营土地或地主兼营工商业,均是四川清中期以来较典型的一种致富手段,属于中国传统的积累财富方式。遂宁富户全家居住县城,将通过商业赚来的银两投资土地,"其中一半归种田人或佃农所有",并不住在乡间自己的土地上经营管理土地,即属于居住县城的"外居地主",与成都平原的大土地拥有者一样,其田产经营和货币收益,极有可能采取的是清末民初出现的"租栈制"。

里昂商会考察团代表通过遂宁县城的法国神父同时获悉了该城居民的富裕程度。遂宁城约 25 000 人口,这家年收入高于成都平原拥有 1000 亩土地的"百万富翁"的遂宁天主教徒富户家庭,其富裕程度可排在全城第三位,属于大富户。遂宁县有"盐井五十二"①,因此遂宁最大的"富室"是遂宁东乡一位垄断食盐买卖的"年收入相当于37万(两银)"的盐商②,属于巨富。若按以上遂宁富户位于第三的排名,排后的当有一些中等富室或一般富裕人家,考察笔记没有记载。以遂宁县的丝业和盐业状况推之,遂宁城够温饱的小商业、小手工业、小手工艺人家,应较普遍。

(二)遂宁基督徒富户家庭生活方式

里昂商会考察团也留下了关于遂宁基督徒富户的家庭成员状况及生活方式的记载,是认识那一时期中国城镇富人阶层生活的史料:

> 这家的大公子随意而真诚地接待了我们。他是学文的,已通过了院试,是秀才,正在备考乡试。兄弟中还有一个也是读书人,另外四个随父经商。姐妹中好几个都是虔诚的教徒,致力于儿童教育,出嫁的均有2000吊嫁妆(约合7000法郎)。这家大院室内陈设毫不奢华:客厅里只有几把上过漆、敦实厚重的椅子和几幅古代字画。秀才把我们带到他的房间,这间屋也兼做他的书房……他主要研读医书,也摆弄乐器,他给我

---

① (清)赵尔巽等撰:《清史稿》卷六九《地理志十六·四川》"潼川府",第2225—2227页。
② 法国里昂商会编著,〔法〕里沃执笔:《晚清余晖下的西南一隅——法国里昂商会中国西南考察纪实(1895—1897)》,第145页注释(10)。遂宁有"盐井五十二",故出现盐商张姓大富翁。潼川府另有射洪县、蓬溪县,也均是清代雍正以来的著名井盐产地。

们演奏了筝……随后又演奏了三弦……他的演奏水准在同行间好像还享有一定声誉。……

这家的佣人队伍规模不算大。厨子和小学徒随主人住。两位住在外面的妇女每天来打打下手,帮忙侍弄,而其余的家务由家里的女人们自己解决。①

以上所介绍的遂宁富户的家庭生活反映出两个特点:一是遂宁富户儿子们的安排分为科举入仕和继承家业经商两类。两个儿子读书,大公子是秀才,已经进入士阶层,并培养出"士"的读些医书和弹奏古筝的情趣。"另外四个随父经商"延续家业。六个儿子中仅有两个选择读书,四个随父从商,从一个侧面反映出富翁家庭的价值取向。女儿中有几个基督徒"致力于儿童教育,出嫁的均有2000吊嫁妆"(按:1000个铜板为1吊钱),反映出女儿参加一些基督教会中孤儿院或小学堂的活动,在家中不参加家庭财产分配,但用陪嫁的方式获得部分财产。二是家中生活方式简朴,不奢华。经商在外的有"厨子和小学徒随主人住",大家庭没有长年女佣,只有两个每天来打下手的女工,家里的妇女们自己也做家务,反映了晚清社会地方县城富翁家庭的生活状态。以上种种,正是中国传统小农经济社会富户家庭的特点。

---

① 法国里昂商会编著,〔法〕里沃执笔:《晚清余晖下的西南一隅——法国里昂商会中国西南考察纪实(1895—1897)》,第143—144页。

三、"听民穿井"与自流井手工业盐井大工场私井

1896年9月末,里昂商会考察团4名成员在打箭炉、松潘考察完藏人聚居区的畜牧产品及山货药材以后进入成都,在从成都返回重庆驻地途中,专程去了川南著名井盐产区富荣(富顺和荣县)自流井盐井大工场考察。

清代富顺自流井是私井,荣县盐井传统上是贡井。南宋李心传《建炎以来朝野杂记》甲集中记载:"蜀中官盐……有荣州之公井……皆大井也。"公井即荣州(清代荣县)"贡井",也即官井,荣县在清中期也出现了大量私井。富顺与荣县分别位于沱江下游与上游,地理上相互连接。清代统称两县盐井为"富荣盐井",以自流井称富荣东场,贡井称富荣西场。里昂商会考察团以自流井私井大工场作为对四川的矿藏考察内容,在其考察笔记中记录了在自流井考察的见闻,同时也撰写了关于自流井盐井大工场的专题报告:"Rapports Sur Les Mines, Mines du Se-Tchouan: Les salines de Tse-liou-tsin"(《四川矿藏报告:自流井盐场》)[1],足见其对富荣盐井生产的重视。四川自流井在中国传统科学技术史上具有代表性,里昂考察团对自流井的考察,为人们提供了较多重要的现场采集资料。

---

[1] "Les salines de Tse-liou-tsin"(《自流井盐场》), Chambre de commerce de Lyon, Alexandre Roy, *les rapports économiques et commerciaux sur les provinces chinoises visitées*, Tome II, pp. 299–307.

(一)西方人的考察:自流井手工业盐场规模、小作坊与盐井城

1.令人震撼的自流井盐井工场景象与人口规模

四川自流井盐场位于沱江流域,考察团成员一行从四川特有的、起伏不平的红色砂岩山丘,"来到这修筑在河谷上的城市,看到川中其他地区绝无仅有的一道道景致(许许多多为盐场上作牵车动力的牛群提供饲料的牧场)","顿时耳目一新,俨然进入到一个全新的地区"。沱江流域属于农业产区,因此饲养牛群的大片牧场,与四川所见的一般的原野景象迥然有别。更令考察团震撼的是"盐场上那些由成千上万座竹子天车构成的、令人意想不到的独特景致"。考察笔记对自流井盐场"天车"的奇特景观记载如下:

> ……天车有的伫立地面高达40多米,用来支吊竹筒管道。管道由多根竹子套接组成,长达300米到600米不等,偶尔还有更长的。天车吊起竹筒汲采、吊出卤水。竹筒管道上下两端系着竹子编成的缆绳。向上绕过固定在天车顶端的滑轮,向下在距离地面不高的地方绕过第二个导向滑轮,随后缆绳再盘绕在一个由牛群牵拉的卷扬机绞盘上,有的也由男女劳力代替。入夜,这片天车林立的地方筑成一道道妙不可言的景致。①

---

① 法国里昂商会编著,[法]里沃执笔:《晚清余晖下的西南一隅——法国里昂商会中国西南考察纪实(1895—1897)》,第160页。

"成千上万座"高达40多米的竹子天车,天车上架设的300—600米的竹筒管道,以及牵拉绞盘采卤的牛群,如大写意一般,构成了自流井盐场采卤的宏大规模,入夜,林立的天车"筑成一道道妙不可言的景致"。笔记描述了自流井盐井大工场白天繁忙而热烈的场景:

> 白天这里一派生机,非文字所能表达:满城尽显人力队伍及驮鞍牲口,大家忙碌着装运井盐,或给盐场的牛力运送草料,或是为煎熬盐卤制盐的作坊输送煤炭(从地下深处开发出的天然气储量日益减少,作坊不以此为制作燃料)。只见卷扬机旁牛围着绞盘转个不停,众多的牛云集一处,拥挤不堪,步履混乱。流经自流井的河道上黑压压一片,挤满了大大小小、形态各异的船只:带灌槽的船用来装运卤水,穿梭于作业的卤井与熬制井盐的盐场之间;堆积着大小煤块的帆船是从同一河道的上游不远处驶来的;还有运输井盐的船只。山头间铺架着一律用竹子做成的管道,源源不断地将卤水输送到熬卤制盐的工厂。滑轮、绞盘与缆绳摩擦发出的吱嘎响声,负载过重的苦力们吃力的喘息声,他们相互争执、高声叫骂的声音,天然气井里锅炉发动机的隆隆声,运输的牲口铁蹄敲击街道石板发出的滴答声,以及商队马帮马匹脖子上的铃铛响声,所有这些声音一同唱响,汇集成了一首极不和谐但也稀奇难得的乐曲。它耐人寻味,令人难忘中国人的劳动创造性与巨大

的能耐。①

以上有关人力物力运输的盐井现场,包括人力队伍、驮鞍牲口,以及河流中运输繁忙的各种船只,还有运送盐卤、牛群饲料、熬卤制盐的燃料,装运食盐的商队,以及各种声响,繁忙而喧闹,"汇集成了一首极不和谐但也稀奇难得的乐曲"。这种盐井工场的生动场面,以及各种劳作的艰辛与协作,令欧洲人看到了中国社会传统手工业技术与中国人集体合作的创造力。

工场有庞大的生产规模与上百万的从业人口。里昂商会考察团对自流井大工场的产盐规模与数量尤其重视,资料来自在自流井传教的法国天主教传教士布歇雷神甫的介绍。笔记有以下具体记载:

> 只需两个数据就可进一步明确盐场的生产规模。旅居自流井20多年的布歇雷神甫认为约160平方公里的盐场范围内有3000—4000架天车,其中正在生产,且每天开采量在100多担盐卤水的盐井约有1000多眼。一担盐卤水,根据色"黄"或"黑",重量从200斤到240斤不等(100公斤到120公斤)。按照制成井盐的"黄"卤水之平均产量,假定每年的工作日是300天,那么这1000多眼盐井每年就可能生产出1.5亿公斤盐。而事实上该地区的盐产量要高得多。这是因为在上面的统计中还有不计其数的小盐井没有列入其中,它们每天盐卤水的

---

① 法国里昂商会编著,〔法〕里沃执笔:《晚清余晖下的西南一隅——法国里昂商会中国西南考察纪实(1895—1897)》,第160—161页。

开采量在100斤以下;同样还有另一层原因,那就是"黑"卤水熬制成盐的产量要高于"黄"卤水。该地区的盐井几乎都集中在两大中心——自流井和贡井。两地人口接近100万(也就是每平方公里的人口密度有6000多)。①

简化以上所载法国传教士所提供的自流井数据,以更好理解:

自流井面积约160平方公里,有3000—4000架支撑采集卤水的天车,大约有1000多眼盐井。每个盐井日产100多担盐卤水,每担盐卤水有200斤到240斤,按每年工作300天计算,将年产1.5亿公斤盐。还不包括其他无数小井。盐井集中的两大中心"自流井和贡井",人口接近100万(也就是每平方公里的人口密度有6000多)。

川南传统手工业大工场自流井面积"约160平方公里",盐矿藏规模如此巨大,能够容纳养活100万人口之巨,对来自具有近代工业的法国的里昂商会考察团而言,晚清川南自流井和贡井盐矿的覆盖面积和从业人口规模,就是一个奇迹。

2.自流井私井小作坊及其运作方式

在里昂商会考察团之前不久,对自流井盐井进行过考察的法国人是进入四川考察的巴黎《时代》周刊记者莫里埃(按:即后来北

---

① 法国里昂商会编著,〔法〕里沃执笔:《晚清余晖下的西南一隅——法国里昂商会中国西南考察纪实(1895—1897)》,第161—162页。

上进入省城时,发表对成都市容观感的马尼爱)。莫里埃用中国古代的四大发明,以及美国的现代大工业机器生产作参照,对自流井盐井大工场的小作坊式盐井开采做了深入考察:

> 盐井由作坊或者已经拥有几代人的家庭采卤,要计算到底有多少眼井是一件困难的事。很多盐井该放弃了;另一方面,到处都有一些新的信息流传说哪儿又建立了一些作坊。其次,一些被放弃的盐井已经干涸了好些年,忽然又出卤了,人们又重新启动,甚至比以前做得更好。根据现有的一切情况来看,目前存在1500—2000眼正在全力投入生产的盐井。
>
> ……这种方式的盐井作业,其难度、成功率、进展速度及盐井持续的时间皆取决于地下的自然状况,事故也不可预料。它也可能持续几代人。人们指给我看哪些盐井已经开采了40年或者更长时间。在设备好的条件下,盐井平均可以开采6—10年。一般开采1—2年后,如果幸运的话,就可以把投资设备的本钱收回。
>
> 有几个作坊在一口盐井附近采集天然气,它与盐井分开独立开采,燃气井很深。不管怎样,直到现在还没有中国人知道怎样开采石油矿井,他们仅满足于将燃气用于烧卤水和厂里的照明。①

---

① Marcel Monnier (莫里埃), "Les Mines de Sel de Tse-Liou-Tsin, Le Tour d' Asie", t. II, *L'empire du Milieu,* Plon, Paris, 1899. Ninette Boothroyd, Muriel Detrie, *Le Voyage en Chine,* pp. 1272 - 1274。摘引内容系笔者翻译。

法国记者莫里埃考察的是盐井的开采状况。从年代来说,"盐井由作坊或者已经拥有几代人的家庭采卤",说明盐井有作坊开采的,也有一个家庭几代人延续的家庭式盐井。莫里埃所提到的盐井枯竭废弃现象,是在盐井生产中会出现的一种状况,"从唐宋到清代,井盐生产每困于虚额,井户深受重累"。所指"重累",包括土石堙塞、"井老泉枯"等,①指的是政府按井口计税,盐井出现问题就由井户自行负担。莫里埃在考察中提到的是盐井作坊在采盐卤若干年之后,会出现一些盐井因"干涸"后被放弃,而后盐泉又重新出现卤水,并会比以前发展得更好的现象,还有关于投资盐井生产收回成本的调查。表明自流井盐场有很多小型的家庭作坊式的个体开采,反映出自流井属于民间自由开采的盐井工场。莫里埃之所以对自流井小作坊进行考察,是因为西方国家1875年已经出现俄国巴库近海的石油机器开采,系由瑞典诺贝尔兄弟投资经营的近代石油企业进行;1877年美国洛克菲勒也成功开启了石油机器开采。这就是莫里埃以美国近代大工厂机器生产,以及大矿井用机器开采石油的方式,来参照自流井盐井使用手工业小作坊开采盐矿的技术的原因。

3.盐井生产、盐井城镇及相关生意

1903年美国旅行家盖洛从长江溯流重庆,在从重庆向叙府进发途中的川南南井村,看到了当地大规模的盐场,"转过城隍庙的拐角,便可俯瞰整个盐场"。盖洛通过对盐工的了解,提供了有关

---

① 杨金鼎主编:《中国文化史词典》,浙江古籍出版社,1987,第239页。

盐井提取盐卤、灶户煮盐,以及当地城镇靠盐业为生的状况:

> 盐井深达1150英尺,里边是黄色的盐水。40英尺长的竹管底端带着一个桶,由一条竹索缠绕到一个水平的大绞轮上,两头水牛牵引绞轮,把桶拉上来。盐水倒入石槽,通过竹管流入蒸盐池里,一个个大盐锅就摆在那里。蒸盐用的燃料是小烟煤块,价格昂贵。……显然,这是北面160里处一个大盐矿的延续部分。在这些盐区里,有3.5万头水牛被用来抽水蒸盐。这些牲畜本身作为一项资本,其价值就达175万两。……有三个城镇的总共20万人口几乎全是靠盐业为生。一家牛皮和油脂公司专门做死牛的生意,靠盐井业主们的不幸着实赚了一大笔钱。约4万头水牛的粪便在晒干之后被用作燃料。这对于当地人民来说是有利的,因为其他燃料非常昂贵。①

盖洛描述的盐井,地点在"北面160里处一个大盐矿的延续部分","大盐矿"即指叙府的富荣盐场,属于其南部延伸地带,"有三个城镇的总共20万人口几乎全是靠盐业为生",此即里昂商会考察团从法国神甫那里了解到的富荣盐井城"两地人口接近100万"的一部分。盐井取盐卤采用的是动力手工业生产方式,"有3.5万头水牛被用来抽水蒸盐","一家牛皮和油脂公司专门做死牛的生意",牛皮是重庆海关出口的重要商品,"约4万头水牛的粪便在晒

---

① 〔美〕威廉·埃德加·盖洛:《扬子江上的美国人——从上海经华中到缅甸的旅行记录(1903)》,第136—137页。

干之后被用作燃料",解决了当地的燃料问题。牛皮和燃料是盐井使用水牛绞盘吸取盐卤蒸盐而产生的资源,说明盐井生产同时催生出另外的赚钱生意。

以上对自流井和荣县贡井及其南部边缘地区的大盐场所做的详细考察,除了对盐井工场场景的描述,也提供了具体数据,涉及盐井数量、从业人员、人口总数,还有采卤的具体运作及相关的行业。法国里昂商会考察团重视的是盐井工场的生产量和人口规模;法国记者莫里埃的考察反映出盐井开采的组织方式和性质;美国记者盖洛记载了自流井南部边缘南井村盐井采盐的运作方式。以上共同反映了晚清川南自流井大型动力手工业盐场的规模、组织与开采方式。

(二)"听民穿井"与富荣盐井契约制及"四大盐业家族"

坐落在沱江下游富顺县的自流井盐场发展历史悠久,富顺县产盐始于东汉,历经唐宋,历史上曾先后有"富义""富世""富顺"之名。常璩《华阳国志》卷三《蜀志》记载"江阳县……有富义盐井"。唐李吉甫《元和郡县志》记载川南"以富世盐井为名"。在宋代有"富顺"盐井,"以其出盐最多,商旅辐辏,言百姓得其富饶,故名"。① 自流井所产盐系凿井取盐卤井水熬制而成,故为井盐。

---

① (宋)王象之:《舆地纪胜》卷一六七《富顺监·古迹论》《富顺县·风俗形胜》,上海图书馆藏二百卷旧抄本,并参北京图书馆藏清景宋抄本。

1.晚清富荣盐井发展规模与盐井契约制的关联

自流井盐场小作坊私井大量存在,与自流井盐场在乾隆后期出现的契约制有关。

清代四川省川南叙府也受到明末清初战乱损毁影响。《清史稿·地理志》载:"叙州府:……隶永宁道。……西北距省治七百九十里。广五百九十里,袤三百七十五里。……领厅二,县十一,土司四。"①清初叙府战后一片凋残,"叙属虽有十县两厅,荒残者十居七八,稍可充邑治者,仅一二处耳"②。富顺县属叙府,位于叙府宜宾西南,其南为泸州,水路交通方便。因此清初移民多,"异省流移来兹,随地占籍者,孳息养恬,有加无已"③。自流井盐井之地,早期也是移民插占。

清初四川省盐井不能正常生产,各地盐井大多呈现淤塞、坍塌、井灶废弃状况,川南自流井也不例外。从清代康熙到雍正年间,地方官府招徕民众开荒煎盐,以期恢复盐业生产。清初四川煎盐灶民"皆系贫民聚集经营,藉(借)谋衣食,所产极微,人烟稀疏,销亦甚少,并无富商大户"④。据雍正十二年(1734)有关川省盐井调查报告称,"川省灶户,或一井而一户煎烧,或一井而数户轮流,

---

① (清)赵尔巽等撰:《清史稿》卷六九《地理志十六·四川》"叙州府",第2218页。
② (清)彭文治等纂修:民国《富顺县志》卷五《食货·户口》,民国二十一年刊本,第1页。
③ (清)彭文治等纂修:民国《富顺县志》卷五《食货·户口》,第1页。
④ 《康熙六年四川巡抚张德地疏》,见(清)蔡毓荣等纂修:康熙《四川总志》卷十《贡赋》,第20页。

更有将井灶典与流寓人民,或收盐斤,或收典值"①,反映了清前期四川恢复盐井生产早期的井灶生产状况。到乾隆后期,恢复了生产的盐井又陷停滞。乾隆四十九年(1784)四川盐茶道林儁采取"听民穿井,永不加课"的盐井政策。② 私人自由凿井进一步受到鼓励,私人作坊式小盐井遂不断出现,四川各地盐井生产又逐步兴盛。

以下简单介绍富荣盐井契约制类型。清初富荣盐井地区移民采取插占,自流井盐场清前期大多是拥有土地的小户家庭,因此在乾隆后期私人掘井采盐开始出现盐井契约制。盐井契约制有四种类型:第一类"合伙办井",系地主出地基与出资本者合作;第二类"做下节",地主(主客)与资本合伙者(客户)合伙凿井未出盐卤,客户让出股份给新的投资者,以促成凿井成功;第三类"佃煎",又称"出顶"或"出佃",由资本拥有者按规定资金、年份佃煎井灶,收益与出佃者无关;第四类"杜卖",即卖出自己拥有的地基或井灶股份。在现存契约中,第一类为地主与出资者合办盐井;第二类为中途换人投资继续凿井,均属于多人小资本集股出资。第三类佃煎也系多人出资,资本不大。第四类杜卖更是小资本。现存契约以第一类地主与出资者合办盐井,以及第三类"出顶"("佃煎")为主要形式。以下选辑两例遗存契约,便于认识始于乾隆后期的私井小作坊所采取的契约制及盐井开采运作方式:

---

① (清)彭文治等纂修:民国《富顺县志》卷五节录《盐法志》,第 39 页。
② (清)王守基:《盐法议略·四川盐务议略》,同治十二年刊本。

第一类:地主出地基与出资本者合伙办井合约

《乾隆四十四年 第二号》

立凿井合约人蔡灿若等,今凭中佃到王静庵名下,已填如海井大路坎上地基壹埠,平地捣凿同盛井壹眼。比日言定:王姓出地基,蔡姓出工本,井出之日,地主每月煎烧柒天半昼夜,蔡姓等每月煎烧贰拾贰天半昼夜。倘井出腰脉水壹贰口,以帮捣井人用费。如出壹贰口外,地主愿分班同出工本以捣下脉。俟井出大水之日为始,蔡姓等煎烧拾壹年为率。倘若出火,亦照股均分。其有天地贰车、灶房、廊厂,报开呈课,照股摊认。蔡姓煎满年分,天地二车、廊厂,画归地主。至于家具物用,验物作价。恐口无凭,立合约二纸为据。咸泉上涌。凭中杨念慈、王圣泽,代笔李淑培。乾隆四十四年十月二十一日立。①

以上地主与投资者合办盐井地主参与股份,"地主每月煎烧柒天半昼夜,蔡姓等每月煎烧贰拾贰天半昼夜","候井出大水之日为始"。"出大水"即凿井成功见盐卤,"倘若出火,亦照股均分",即所凿之盐井同时出现燃气。"煎烧拾壹年为率","其有天地贰车、

---

① 见张学君、冉光荣根据四川自贡市盐业历史博物馆和四川省社会科学研究院现存清代富荣盐场有关盐业经营方面共43件契约的研究文章《清代富荣盐场经营契约研究》一文,载《中国历史博物馆馆刊》1981年刊。43件契约见张学君、冉光荣《清代富荣盐场经营契约辑录》,《中国历史博物馆馆刊》1982年刊;张学君、冉光荣《清代富荣盐场经营契约辑录(续)》,《中国历史博物馆馆刊》1983年刊。本著下面引用契约出自这两篇文章。另见自贡市档案馆、北京经济学院、四川大学合编《自贡盐业契约档案选辑(1732—1949)》(上、下),中国社会科学出版社,1985。

灶房、廊厂,报开呈课,照股摊认",指凿井、取盐卤、煮盐、厂房等用于生产食盐的一切设施以及交税均"照股摊认"。"蔡姓煎满年分,天地二车、廊厂、画归地主",指合约期满,归还地主所拥有的一切设施。这种股份制名之为"年限井",显然地主获利较多。

  这种类型的契约在嘉庆年间开始出现变化。遗存的契约中的一例《嘉庆元年第七号契约》中出现了"子孙井",同样是地主出地,18名投资者合伙出工本合办盐井作坊,"今凭中邀伙罗廷彪名下任做开锅半口,子孙永远管业"。规定投资合伙人股份可以由子孙继承,"修立天地贰车,以及车房、车基等费,拾捌口均出,不与地脉陆口相干。井出微水、微火,以帮做井使用,地主等不得分班。至大水、大火,停工、住凿、起推,贰拾肆口各出使费,并各立名承课注册,子孙永远管业"。① 这份契约将第一类契约中的"年限井"变成子孙井,即投资者拥有了永久股权,无疑削弱了盐井地主的利益。

第三类　佃煎(承租、出顶)
《同治四年　第二十二号契约》

  立承佃井约人罗三义,今凭证佃到张川福新先年所做邱垱杨家坝杨姓业内,逢源井水火锅分七分,并天地二车车房、牛棚、过江、沟渠、枧路、牛马进出抬锅运炭路径、灶基,一并承佃推煎。比日凭证议定一佃六载,外敷六个月。其七分,共计佃价银贰百壹拾两正,系九七店平交兑。当日收银拾两,下余之银照关期交兑。如年分内恐有咸水不敷,锉捣下脉,耽延日

---

① 见张学君、冉光荣《清代富荣盐场经营契约研究辑录》,《中国历史博物馆馆刊》1982年刊。

期,主人照补。井内木竹倘若漏滥,习下耽延日期及使费银钱,年满之日,主人照期数补还。如井事不明,一力有主人承担,不与客人相涉。……①

乾隆后期契约制的出现,促进了各地盐场的迅速发展。清代严如熤在道光元年(1821)奉命勘察川、陕、楚三省边防,记载了这一时期四川盐井发展盛况:

> 大盐场如犍、富等县,灶户、佣作、商贩各项,每厂之人,以数十万计。即沿边之大宁、开县等厂,众亦万计,灶户煮盐,煤户柴行拱井用,商行引张,小贩肩挑贸易,或出资本取利,或自食其力,各营生计。②

道光元年出现的兴旺景象,反映出四川盐井自乾隆后期采取"听民穿井,永不加课"政策,经嘉庆一朝近40年的收效。其中川南犍为、富顺自流井已发展成"每厂之人,以数十万计"的盐井大工场,拥有相当规模。即使其他小厂,"众亦万计"。围绕盐井运作的各种行业,有凿井煮盐灶户,有提供燃料的煤户柴行,还有出资按盐引采购的盐商,靠金融获利,亦有承担贩卖的挑运小贩"自食其力",在食盐生产过程中产生了"各营生计"的蓬勃景象。

---

① 见张学君、冉光荣《清代富荣盐场经营契约研究辑录(续)》,《中国历史博物馆馆刊》1983年刊。
② (清)严如熤:《三省边防备览》卷十《山货》,来鹿堂藏版,道光十年刻本。

2. "四大盐业家族"开凿深井与富荣盐井工场的发展

根据当时及今人撰述的资料,道光初年,富荣盐井拥有地基的井主开始发展盐井深井开凿。至道光中叶,在自己地基上开凿盐井的一些井主已开凿出深井,出现了咸味更浓的黑卤井。火井(燃气)开凿因之出现,更有较多水(盐卤)、火(燃气)同出一井的盐井。深井开凿技术的突破,也带来盐井生产方式的变化:一是出现了用牛只动力推动绞盘提取深井盐卤,以替代浅井人工转动辘轳汲卤;二是出现了用火井燃气煎盐替代柴火燃料的进步。富荣盐井食盐的质量和产量均迅速提高,这种进步与富荣盐井以下"四大盐业家族"的出现有关。

(1)"王三畏堂"发家人王朗云(1813—1884):复淘旧井与开凿深井成功个案①

王朗云生于嘉庆十八年(1813),其祖、父均系候选官员,在自流井等地有插占土地。王朗云本人因与家族同祖父孙辈分家,"提留祖遗插占而来的田地、山场"及位于自流井内的废井数十眼,因此属于既有田地、山场地基,又在自流井内拥有数十眼废井的地主,资源丰厚。道光中叶,王朗云作为盐井区的地主投入盐井开凿,一方面自淘旧井深井,另一方面作为地主与出资本陕人(客户)合办新井,两边都在不断扩大盐井拥有量。王朗云成功开凿出深

---

① 吴泽霖:《王三畏堂百年沧桑》,载自贡市政协文史资料委员会编《自流井盐业世家》,四川人民出版社,1995,第1—73页。该文主要资料来源:罗筱元《自流井王三畏堂兴亡纪要》,刊于《自贡文史资料选辑》1—5辑合订本,内部刊行,1982,第3—76页;(清)周询《蜀海丛谈》卷三《人物》,重庆《大公报》印行,1948等,见该文"注释"。本书此处介绍和引文均出自该文,故不另注页码。下同。

井,出现黑卤井采卤,同时发展出水火并出的深井。据载,王朗云后来发展的盐井以黑卤井居多,"以牛推汲,推牛多时有一千二三百只,少时亦有七八百只,日汲卤水一千担左右,大部分为每碗三两二钱的头等咸",在荣县贡井盐场也有黑卤井,黄卤井不多,黄卤井"咸量只一两二钱左右"。在燃气灶方面,如在扇子坝处,各井"各煎火圈多者七八十口,少者数口",有"初见功时火圈煎到二百四十口",复锉旧井有"初见功时,有一百七十五口"火圈的盐井。

咸同年间太平天国占领南京建立政权时期,长江中游受阻,淮盐不能上运鄂东。李榕《自流井记》载:"粤贼之乱,川盐分行鄂省之安陆、荆州、襄阳、郧县、宜昌、荆门,湘省之澧州,盐利视前益畅,军储之需籍补苴矣。"即指在长江中游战乱之际,清廷允许民间私井自运自销,因而出现"川盐济楚",私井川盐得以运往湖北长江中游自由售卖。自流井井主遂利用两湖这一商机,自采自煎自售,因之"盐利视前益畅"。王朗云即其中最大井主之一,在咸同之际十余年间遂成巨富。王朗云兴建了王氏家族盐业总堂"王三畏堂",并将盐井所获丰厚利润同时投资土地,"田地乡庄遍于富顺、威远、荣县、宜宾数县,年收租一万七千余石"。王朗云殁于光绪十年(1884),1896年法国里昂商会考察团在自流井考察时,正值"王三畏堂"第二代堂主落幕。因其庸庸碌碌,又因王朗云嫡孙大肆挥霍金钱,故家业走向衰落。

(2)"李四友堂"创业史与业绩个案:与陕商合作发展水火井①

李四友堂创始人李维基,于道光年间一家四兄弟合伙办盐业,故名。李氏家族系河南人,其先祖元末明初来到四川。后来各房子孙繁衍,在自流井所属各地活动并占有土地,"阡陌周环数十里,马落洞以内,大山铺以外,吉公山、自流井一带皆包络焉"。李氏家族在清代康乾时祖、父两代由耕读之家而发展为书香门第。到李维基兄弟一代,因李维基参加乡试认识一名陕商,两人遂商议合作办盐井,陕商以三千白银出资。李家先租佃他人盐井推黑卤,自己同时开凿新井,并佃租他人火井熬盐,三管齐下,发展出七口盐井,三口火井,此时井深一般几十丈至百余丈,出黄卤,牛推。后来新凿两井,出现大量天然气,"两井共烧火圈五百余口"。"李四友堂"同样兴盛于咸同之际,遇逢"川盐济楚"商机,使家族盐井事业兴旺,成为巨富。

"李四友堂"开创从贡井输送卤水到自流井的大生枧卤笕,让富荣盐井两地优势各有发挥。贡井卤水多而火井少,自流井则火井多而卤水不足。"李四友堂"第三代堂主李德山从同治十三年到光绪十六年(1874—1890)在任期间,创办了大生枧卤笕公司,铺设管道路线"从贡井苟氏坡经曾家祠到自流井大湾井,全长近二十里","每天过水三千担以上"。将贡井卤水输送到自流井,既供自己灶户需要,也提供无水(盐井)无火(天然气井)小民熬盐,因此也

---

① 蒙得铃:《李四友堂兴亡录》,载自贡市政协文史资料委员会编《自流井盐业世家》,第74—110页。该文主要资料来源:《自流井李四友堂由发轫到衰亡》,载《自贡文史资料选辑》第6—10辑合订本,内部刊行,1982,第77—123页;《李氏家谱》,藏自贡市盐业历史博物馆。

促进了自流井煮盐小灶户的增长。"李四友堂"的灶房、卤笕规模很大。其家族三大灶"长期职工共五百多人","火圈五百多口","烧盐工人在一百以上",均系领取固定工资的员工,另有每天"一千二百多名挑水(盐卤)工人"计件工,"推水牛只在一千以上"。"李四友堂"系一民间私营盐井大工场,兴盛三代即结束其黄金时代(1891年)。里昂商会考察团1896年9月在自流井考察时,"李四友堂"正值艰难衰落之期。

(3)"胡慎怡堂":道光末年"贡井"移民布贩私井开凿成功个案①

创始人胡元海(1808—1888)。胡氏系江西庐陵(今吉安县)人,嘉庆年间,其父从江西随族人到四川自流井当伙房,娶妻成家。道光初胡元海年幼父亡,寡母改嫁,遂随族人回江西。成年后"赖族人资助,贩少量棉布重来自流井出售",即在自流井做贩布小贩,后在自流井娶妻成家并自开布店经营。道光年间"以铜钱八千余串"在贡井购买水田坡地,"收租八十石","其余都是荒地河边",就在荒地上开凿盐井,最后独资经营盐业而获成功。其方法也是淘凿有基础的旧井,同时以小资本投资开凿浅井,并在"贡井"购买从笕管输出的盐卤煎盐。胡元海治盐业用了不到20年,晚年"已拥有独资经营的盐卤井五眼,瓦斯灶三十口,租谷二千石,活动资金白银数万两",并建"胡慎怡堂",胡氏第三代于光绪十八年

---

① 邓长富:《胡慎怡堂兴衰记》,载自贡市政协文史资料委员会编《自流井盐业世家》,第111—140页。该文主要资料来源:胡少权《贡井胡元和的兴起与衰落》,《自贡文史资料选辑》第12辑,内部刊行,1981,第49—79页;胡昭奎《自贡近现代史上的胡元和》等。

(1892)继承家业。里昂商会考察团在自流井考察盐井时,"胡慎怡堂"第三代堂主胡汝修开始烧制"川盐入黔"的著名"巴盐",正在进一步推进其家族盐井业走向鼎盛发展时期。

(4)"颜氏桂馨堂":道光初年颜氏兄弟坚持深井开凿获得成功个案①

"颜氏桂馨堂"系兄弟共办盐井。颜氏远祖可追溯到山东曲阜颜回氏,属移民家族。其先祖明末入粤,于雍正十一年(1733)从广东海丰移民四川威远县插占土地,"以割茅草开荒耕种土地为主,陆续买地至自流井地"。"颜氏桂馨堂"兄弟父辈分得产业位于自流井,遂于乾隆四十一年(1776)迁居自流井。几年之后即有了乾隆后期四川开放民间"听民穿井,永不加课"时机。颜父设馆训蒙,为耕读之家。其父去世后,颜氏兄弟于嘉庆二十五年(1820)选取一处不显眼的"低洼狭窄人所不去的地方",开始自己凿井,不假外人。前后正式凿五年,直达200丈遇到硬岩石,弟兄仍然坚持继续深凿而不放弃,最终开凿出水火共生的黑卤好井,"煎盐锅300多口,最盛时烧过800口",取名"永生井"。开凿深井因此而成为颜氏家族的目标。其家族盐井在自流井地区和贡井等地"共计140多眼,最盛时煎瓦斯灶800口,产卤水2000余担,年产盐巴70余万担,年收入至少50余万两白银"。1896年里昂商会考察团在自流井考察期间,颜氏家族盐井已传至"颜氏桂馨堂"第三代堂主之手,

---

① 何桂清:《实业传家桂馨堂》,载自贡市政协文史资料委员会编《自流井盐业世家》,第141—173页。该文主要资料来源:颜献琪、颜文舫、颜左《颜桂馨堂与自流井》,《盐业史研究》1990年第3期;颜篷西《颜昌英传略》《颜晓凡公事迹》《颜紫澜、颜辉山事略》《颜氏族谱》等。

但家族盐业已然式微。

以上富荣盐井"四大盐业家族"分别从道光中叶(王三畏堂、李四友堂)、道光末年(胡慎怡堂)、道光初(颜氏桂馨堂)开始在自己的地基上开凿盐井。"四大盐业家庭"兴办盐业的成功经验与致富经历,反映了从道光初年到咸丰年间富荣盐井的发展历史。王、李、颜三家凿深井(胡家例外,是以开凿浅井更快获利为目标)直抵盐岩矿,开采出丰富的黑盐卤与燃气火井,具有重大意义:深井黑卤咸味更厚而质量更高,火井出现解决了熬盐的燃料问题。深井取卤需"以牛推汲",推动了小手工业向动力手工业盐场发展,将盐井小手工业技术往前大大推进了一步,也因此而带来牛只畜牧业的繁荣,以及与牛只有关的各种行业的产生。据以上有关四大家族的资料所载,富荣盐井四大家族不但推动了深井技术的突破与发展,在特殊时期获得了巨额财富,四大家族创始人及其第二代还通过纳捐,获得较高级的"顶戴"官衔,从商人庶民阶层进入了"绅商"行列,均成为远近闻名的盐业家族。①

3.深井开凿在咸同年间自流井出现"火井""水火井"繁荣盛况

咸同年间正是西南地区、长江中下游地区、东南以及北方、西北战乱的时期,但川南的富荣盐井自流井盐井大工场,却迎来了一个发展盛世。

同治后期川北剑川返乡士大夫李榕(1819—1890),于光绪二

---

① 见上引关于四大盐业家族的四篇文章,文中均有记叙。

年(1876)撰写了《自流井记》一书,其中对凿井深浅、卤水和燃气状况,尤其引用燃气使用方法之简便,均有记载:

> 凡凿井,须审地中之岩。井锉初下为红岩,次瓦灰岩,次黄礓岩,见油;次草白岩,次黄沙岩,见草皮火;次青沙岩,次白沙岩,见黄水;次煤炭岩,次麻箍岩,次黑烟岩,次绿豆岩,见黑水。……井及七八十丈而得咸者为草皮水,量水一碗可烧盐四五钱,积二百八十碗为一担,可值银五六分。井及百二三十丈而得咸者为黄水,碗烧盐一两零,担值一钱零。井及二百六七十丈而得咸者为黑水,碗烧盐二两零,担值银三钱零。……
>
> 草皮水者,咸之轻者也,井至二百六七十丈而咸极。草皮火者,火之弱者也,井至二百六七十丈而火旺。凡火井见功时,气隆隆然自井底出,视之如釜蒸,闻之如卤臭,扪之如冰冷,非火也,气也。以阳火引之则然,气大者经风雨不灭,气小者水溺之土掩之则灭,灭则仍为气矣。故以木竹视之,其器不伤;以猪牛脬闭盛之,日以酒噢其脬,可经月余。引针刺孔,气自脬出,引以火,可然数刻,气尽则熄,如硝磺之玩器焉。
>
> 火井之发也,覆以木盆,其盆高一丈、径一丈。围三丈,上锐而下丰以束其气。盆上环置竹视,引其气以达于盐灶。盆中央仍开一孔,径三寸,环以石圈,附以土围,结为井口,井有水,筒取之如故也。火以锅口计,火一口见可租四十余金,极旺者可烧五六七百口,以次减至数十口、数口,火视远者,可至

百余丈,以次减至数十丈、数丈。凡视水利下引,视火利上引。①

书中也记载有自流井盐场咸同年间鼎盛之时的井灶盛况,可以印证以"四大盐业家族"为代表的富荣盐井主发展深井出现的繁荣:

> 国朝道光初年见微火时,烧盐者率以柴炭,引井火者十之一耳;……井火至咸丰七八年而盛,至同治初年而大盛。极旺者,烧锅七百余口。水火油并出者,水油经二三年而涸,火二十余年犹旺。有大火,有微火,合计烧锅五千一百口有奇……②

自流井在道光初年"见微火时",仍处于使用柴炭熬盐的时代,"引井火者十之一耳";"井火至咸丰七八年而盛,至同治初年而大盛",并出现单独火井,以及"水火油并出者,……火二十余年犹

---

① (清)李榕:《自流井记》,《十三峰书屋文稿》卷一,收录于《十三峰书屋全集》,光绪庚寅(1890)龙安书院初刻本。剑阁县人民政府网站2017年2月20日载《清代翰林李榕》:"李榕,四川剑州人,咸丰二年(1852)进士,曾任江宁盐运使。在湖南布政使任上因触动豪门利益,遭谗言罢官,于同治己巳年(1869)回川,在地方上从事教育文化事业,服务乡梓。自流井在咸同年间的兴盛之后,因川南受太平天国石达开率残部进入发生战争(按:同治十一年[1872])影响又至衰退,光绪初年经川督丁宝桢整顿又开始新的发展。李榕在地方上系名望甚著的罢官回乡士大夫,遂于光绪二年(1876)撰写《自流井记》一书,留下了珍贵史料。"西方人考察自流井最早的是光绪十四年(1888)美国人弗吉尔·哈特,回国后撰写了《自流井考察记》一文,详细叙述了盐场钻井、采卤、输卤、制盐、运销、盐价等,梁鹰译,载《盐业史研究》1991年第4期。

② (清)李榕:《自流井记》,《十三峰书屋文稿》卷一,收录于《十三峰书屋全集》。

旺"。自流井因此用天然气取代柴炭熬盐,"有大火,有微火,合计烧锅五千一百口有奇",这正是自流井盐井家族王、李、颜开凿深井成功带来的巨大变化。

《自流井记》对盐场生产经营状况以及从业人员规模也做了具体描述:

> 担水之夫有万,其力最强,担可三百斤,往复运送,日值可得千钱。盐船之夫,其数倍于担水夫,担盐之夫又倍之,其价稍差。盐匠、山匠、灶头,操此三艺者约有万,其价益昂。……积巨金以业盐者数百家,为金工、为木工、为杂工者数百家,贩布帛、豆粟、牲畜、竹木、油麻者数千家,合得三四十万人。凿井之工,岁停除日、元日;烧盐之工,岁不停日,盖天下之至劳苦者也。①

担盐卤之夫有万,"日值可得千钱",属于力夫活计。运盐船的船夫"倍于担水夫","担盐之夫又倍之"。这三种工均属佣工,总计已达数万人。"盐匠、山匠、灶头,操此三艺者约有万",系凿井煮盐工匠"约有万"。"积巨金以业盐者数百家",此指投资盐业的商家即有"数百家"。"为金工、为木工、为杂工者数百家",即为建井架、廊房、灶房等工匠杂工即有"数百家"。"贩布帛、豆粟、牲畜、竹木、油麻者数千家",指为盐场提供生活必备品以及各种盐井所需物资的货物店铺有"数千家"。以上各种门类的参与者之多、数目之大,

---

① (清)李榕:《自流井记》,《十三峰书屋文稿》卷一,收录于《十三峰书屋全集》。

"合得三四十万人",表明这一时期自流井已经具有大型盐井矿区的规模,反映了其发展的繁荣状况。咸同年间出现单独火井以至于"水火并出"之井,改变了道光初年出微火"烧盐者率以柴炭,引井火者十之一耳"煎盐的燃料问题,因而省工、省力、省钱。这一时期是自流井和贡井"四大盐业家族"的兴旺发达时期,同时其中也有中型盐业家族,均处于盛世。① 据富荣盐场保存下来的43件契约制合同推之,也不乏盐井小业主。

1896年里昂考察团在富荣盐井考察时,自流井"盐业四大家族"除了胡家第三代尚有发展,其余都在走向衰落。其主要原因,一是光绪初年清政府重新确立"官运商销"盐业政策。长江下游太平天国覆亡后战事结束,在"楚岸"湖北以西与四川相接的湖北"五府一州三十三县",以及湖南利州六县仍然划归川盐,与淮盐按"川八、淮二"份额运销。② 富荣盐井因食盐产量大而出现滞销。新任总督丁宝桢于光绪四年(1878)奏议,将传统"川盐入黔""边岸"的自运自销,改为新的"官运商销"政策,富荣盐井自由定价获取厚利的机会不再,类似"王三畏堂"这样的盐业大家族也结束了鼎盛时代。另一更重要的原因是家族内部分家析产及接班人问题。新的政策"官运商销"促进了众多的小作坊小井主兴起,其中不乏几代人继承的"子孙井"契约股份,同时也出现不少因各种家庭原因而"杜卖"的小井主或"子孙井"股份(参见43件契约)。

---

① 据《自流井盐业世家》一书中其他盐井人小传介绍,与"四大盐业世家"同期或稍晚的盐业大家或中等家族也有数家,如"李陶淑堂"(见何元文撰写的《李陶淑堂沉浮录》,载自贡市政协文史资料委员会编《自流井盐业世家》,第174—204页)等。
② 王笛:《跨出封闭的世界——长江上游区域社会研究(1644—1911)》,第199—200页。

(三)"川盐入黔"与山西钱庄对自流井小作坊的资金提供

1. 光绪初年"川盐入黔"与自流井小作坊勃兴

1896年,巴黎《时代》周刊记者莫里埃通过在自流井大盐场的现场考察,了解到自流井盐场存在家庭式几代人从业或小作坊的组织方式,反映了晚清自流井众多私井小作坊状况,"目前存在1500—2000眼正在全力投入生产的盐井"。① 笔记中对盐井小作坊的投资和资金回收状况的叙述,反映了光绪年间的自流井盐井资金来源以及自流井主要是盐井小作坊的现状。从光绪初年川督丁宝桢奏议采取"官销商运"政策重振自流井盐井,设"边岸"运销"川盐入黔"开始,逐渐产生了大量盐井小作坊。自流井所在地富顺县有盐井"4300口",居全川之冠,其次是犍为盐井的"1195口",②即印证了自流井以小作坊盐井为主流的状况。法国里昂商会考察团1896年秋考察时提到的大约有1000多眼盐井,每个盐井日产一百多担盐卤水的大井,以及"在上面的统计中还有无(不)计其数的小盐井没有列入其中,它们每天盐卤水的开采量在100斤以下"即指此。③

---

① Marcel Monnier(莫里埃),"Les Mines de Sel de Tse-Liou-Tsin, Le Tour d' Asie", t. II. L' Empire du Milieu, Ninette Boothroyd, Muriel Détrie, Le Voyage en Chine, pp. 1272-1274.所引内容系笔者翻译。
② 许涤新、吴承明主编:《中国资本主义发展史》第一卷,人民出版社,1985,第600页。该书根据当代有关研究整理出四川从康熙到光绪年间,川南及川北几个著名盐井县的盐井在历史上的发展数目,其中富荣盐井在光绪年间位居全省之冠。
③ 法国里昂商会编著,〔法〕里沃执笔:《晚清余晖下的西南一隅——法国里昂商会中国西南考察纪实(1895—1897)》,第161—162页。

2.钱庄与盐井小作坊贷款

富荣盐井小作坊的兴盛,与钱庄进入自流井提供小资本所起的作用分不开。

重庆钱庄业在光绪初年开始勃兴,并在自流井"渐次推展,家数增多"。"是时,汇兑制度尚未成立,各岸盐款,皆运现来井;其业务不过以银两兑换制钱乃放款而已。"在"川盐入黔"总局的驻地泸州,清末就有钱庄20余家。① 因此自流井小井大量产生,与钱庄贷款关系密切。法国记者莫里埃考察的家庭几代人开采的小盐井,有的碰上条件好的盐井,1—2年就可以还清资本,说明盐井小作坊与钱庄的借款关系。晚清自流井这种由钱庄向盐井小作坊提供小资本借贷的方式,与乾隆后期地主与客伙集体出资合伙办井的契约制比较,更有利于小作坊或家庭独自经营小井灶盐业。钱庄借款给私人小作坊式盐业开采,无疑是推动晚清自流井盐井大工场小作坊蓬勃发展的重要因素。清代《盐法志·四川卷》记载了该省盐井状况,提到了各盐厂小井灶以不同方式存在的繁荣发展状况:

> 该省各盐厂内有案可稽者,井八千八百二十一眼,灶七百六十六座半,锅五千三百一十一口,现时查出者,井十万八百一十四眼,灶七千九百四十三座,锅二万五千九百一十三口。

---

① 许涤新、吴承明主编:《中国资本主义发展史》第二卷,人民出版社,2003,第599—600页。

其遗漏未经查出者,尚不在内。是私井、灶原额已不啻十倍。①

调查出的私井、灶数量比"有案可稽"者多出不止十倍,同时"其遗漏未经查出者,尚不在内"。这种状况也当包括自流井在内。因此里昂商会考察团1896年10月考察自流井时,才会提到"还有无(不)计其数的小盐井没有列入其中",指的是每天生产一百担以下盐卤的小井,即反映了川南自流井大盐场存在众多私井灶小作坊的状况。

自流井盐业世家"四大家族"盛世反映的是咸同年间开凿深井技术发展,自流井火井、水火井并出,盐场规模"合得三四十万人"时期的盐井盛况。1896年里昂考察团及莫里埃亲临自流井的实地考察,反映的是自光绪初年"川盐入黔"到清末年间,富荣盐井因发展出众多盐井小作坊和家庭式盐井,出现了里昂商会考察团亲自观察,并从自流井法国神甫口中了解到的自流井盐业大工场的繁荣状况:"约160平方公里的盐场范围内有3000—4000架天车",能够养活100万人,成为长江上游盐井最多的小手工业与动力手工业盐井矿业城。

(四)有关法国人对晚清富荣自流井大工场考察带来的思考

里昂商会考察团亲眼所见的自流井盐场的繁荣场景,完全是

---

① (清)张茂炯等编:《清盐法志》卷二五三《四川十》,《运销门·票盐》,民国九年盐务署铅印本。

传统的小手工业和动力手工业矿井生产方式：工匠用铁制工具手工凿井，用竹子架设几千个天车，用牛拖拉绞盘汲取盐卤，用竹管铺设的长途枧管道输送盐卤，用铁锅人工煎盐，靠挑夫、木船运盐等。这种集各种佣夫、工匠、商号之力建成的动力手工业大型盐井工场，不仅从技术层面令人惊叹，通过集体协同合作所提供的盐矿规模，以及盐场人口生计方式，也令人叹为观止。

1.传统大型动力手工业盐井工场的行业协作与生计

井盐采集过程有凿井、采卤、输卤、制盐的相关生产工具、设备及制盐过程，还有装载、运输、销售等等，都涉及一整套流程，以及大量与从业人员生活息息相关的多种行业。因此法国人考察自流井时，不仅认为它的开采规模与开采技术达到了农业传统社会手工业工场的一个惊人高度，这种大型的动力手工业盐矿开采规模所聚合，以及带动的各种行业所消化的从业人口的规模，使得来自大工业机器生产国家的法国里昂商会考察团受到真正的震撼，也使法国记者莫里埃对小作坊式的盐井生产，以及家庭几代人形成的私有小盐井生产做了深入细致的了解，这是欧洲人想要了解和清楚认识的问题。考察笔记中记载的认识有如下两点。

第一，自流井盐井采用的是与欧洲近代机器生产不同的简易传统手工业技术。自流井盐场工匠用各种铁制工具人工凿井（而不是机器钻井），用竹子竖立天车吊车采卤水（而没有钢架），用竹子架设管道输送卤水（而没有钢管），用牛役推动采卤水绞盘（而没有采用机器），用人工使用大铁锅煎水煮盐（而没有机器化煮盐）。

第二，自流井盐业大工场的组成方式。自流井盐场采取的是个体"私井"开采方式,由集体小作坊或家庭式作坊方式组成,开采了数以千计的盐井,按行规自由发展。因此带动了众多行业,形成了富荣盐井覆盖方圆 160 千米,提供 100 万人生计的繁荣的盐井城。

2. 关于农业传统社会小手工业与西方近代机器大工业生产的比较

晚清繁荣发展的大规模自流井,是四川在清中期采取"听民穿井"政策形成的,也是民间私井开凿的传统动力手工业盐矿大工场。里昂商会考察笔记对自流井盐井工场规模的描述和对人口数据的估算,展现了晚清自流井盐场私人小作坊式开采大规模井盐矿藏的奇迹与繁荣景象。在西方世界实现了机器化大工业生产的近代化时代,在传统中国对机器化、工业化呼声极高的年代,里昂商会考察团及法国记者莫里埃对自流井大规模盐井现场及其生产规模、盐城的人口容量,以及私井小作坊或家庭几代人相传的盐井作坊凿井与资金运作的考察,均客观报道并无任何微词,包括 1903 年美国旅行家盖洛在叙府南井村盐井工场的考察,都是对其成就感到惊叹。法国人考察团队从"他者"角度所做的这种客观真实的报道,也许会令人更客观更现实地看待中国的传统小手工业与传统社会的经济生产组织。

3. 自流井与周边农业、小手工业小商业的联系

自流井手工业大工场盐井城的繁荣,其实也反映了农业、小商业与小手工业相互之间的汇聚和联系。如里昂商会考察团在自流井盐井工场看到的牛力运输中有"为煎熬盐卤制盐的作坊输送煤炭"(因为地下燃气越来越少)。盖洛在南井村考察的盐井"蒸盐用的燃料是小烟煤块,价格昂贵",说明自流井熬盐需要大量用煤。自流井盐井城有大量人口,除了本地生产粮食,还需要其他的副食品供应。因此自流井周边数县的农业、小商业、手工业均被带动,从以下自流井周边各县的物产和供给即可反映出来。

据《成都通览·成都之土产及各属之土产》所载,以"煤炭"为例,川南数县均为"煤炭"产地,如荣县、富顺县、宜宾县、庆符县、南溪县、长宁县、高县。筠连县、珙县、兴文县、屏山县、马边厅、泸州、江安县的"出产货物"中,均有"煤炭"一项。这些县同时还提供其他自流井盐井工场所需物品。如"贡井"所在地荣县,其出产货物中有"煤炭、毛铁、条铁、竹索"等,均是盐井工场凿井、熬盐、竖井架等需要的材料。该县还出产"牛皮",是饲养牛只的副产品。荣县外地贩运而来的行销货物中有"大楠竹","大楠竹每根值银一两五六钱"。大楠竹是建造井架和笕管运输的材料,价亦昂贵。

富顺县是自流井所在地,考察该县本地出产货物与外地贩运来的货物,能够见出与自流井货物供应之间的关系。富顺县物产中有"煤炭""牛皮""羊皮"等,"煤炭每包重二百二十斤上六百文、中五百文、下四百文"。煤炭是自流井盐场需要的燃料,分等级按不同价格销售,说明供应丰富。川南还有长宁县出产物中的"煤炭""楠竹",也是自流井盐场所需之物。自流井邻县威远县的物产中有"煤炭","煤炭运销自贡两井",即自流井、贡井。[①] 又如铁,川

---

① (清)傅崇矩编:《成都通览》,第340—344页。

南叙州府屏山县有铁矿,该县在铁矿乡设高炉采矿炼铁,"每日共煎生铁二百一十六斤"。① 生铁是自流井凿井工具原料。至于生活物品,来自周边其他各地亦多。富顺县外来"行销货物"品种多样,"贩运往来处"说:"菜油由金堂,桐油由川东忠(县)、丰(都)、万(县)、涪(州),竹筒由永宁、长宁、筠连及贵州仁怀等处运来销售。"以上货物来源广泛,菜油来自川西平原,桐油来自川东诸县,竹筒则来自川南诸县,此三种产品均是自流井或食用(菜油),或盐井工场兼生活用品(桐油),或建造井架(竹筒)需要。重庆府永川县出产货物中,"条粉在乡场、草纸在纸厂,均运往自流井及邻境地方销售"等。相邻县还有各种出产,如合江县之出产中有条木、盐锅、竹子、棕等,"竹木则分运渝、合、自流井等处销售",反映出自流井所需各种原料及物品在本地和相邻外地来源充足。② 以上川南、川东各县均在长江流域,川西金堂更直接运至沱江流域。

因此,自流井盐矿工场需要的相关物资和盐井城集中的众多人口所需的各种生活用品,带动并促进了本县、相邻县份乃至稍远县份(下川东)的小手工业、小商业,围绕自流井的繁荣发展为中心,提供各种所需物品。以牛只而论,里昂商会考察团描绘了进入沱江流域所见"许许多多为盐场上作牵车动力的牛群提供饲料的牧场"的别样景观。自流井工场推动了牛只饲养畜牧业,用以供应盐井工场用牛推拉转盘采吸深井盐卤的需要,牛只最后会因生病或衰老被宰杀。牛只全身是宝,牛肉、牛皮、牛骨、牛油,乃至于牛粪(用作燃料)均有经济价值。生牛皮在晚清最后十年成为重庆海

---

① (清)王麟祥等纂修:《叙州府志》卷二十,第 1 页,光绪二十二年刻本。
② (清)傅崇矩编:《成都通览》,第 341、344—345 页。

关最受欢迎的山货之一。

(五) 川南自流井的贡献及声誉

川南自流井富荣盐矿是大自然恩赐的礼物。道光年间自流井贡井移民家庭地主或用契约制,或弟兄共同凿井,开凿出深井黑卤,以至咸同年间出现"水(盐卤)、火(燃气)"共存的矿藏奇迹,提高了自流井井盐产量和质量。晚清的自流井在兴盛发展的同时,也为国家做出了贡献。

"川盐济楚"与楚省军饷。食盐向来由官府掌控,商人运销有"票引"之规。太平天国时期出现特殊情况,清廷采取灵活政策:"凡川、粤盐斤如楚,无论商民,均许自行贩鬻","惟择楚省堵私隘口,专驻道府大员,设关抽税"。所收税额"均十取一二,以为定制。一税之后,给照放行"。[①] 自流井井盐从长江上游运至湖北宜昌、沙市一带售卖,在楚境的纳税是两湖支撑战争和军饷的重要力量,"两湖自淮盐阻绝,率食川盐,于宜昌、沙市、武穴、老河口设局征税,视旧课增至倍蓰"[②],同时也造就了自流井"四大盐业世家"的盛况。

"川盐入黔"对战后贵州的复兴起到了推动作用。同治十一年(1872)贵州全省结束苗民起义战乱,如1874年马嘉理穿越贵州官道所见,全省战争毁损严重,沿线一片战后凋零之状。自流井在咸同年间盛世之后也因销路缩减,出现食盐滞销盐井生产萎缩局面。光绪初年四川总督丁宝桢提出"川盐入黔"官买商运,从川南食盐

---

① (清)丁宝桢总纂,罗文彬编纂:《四川盐法志》卷十一《转运六·济楚上》。
② (清)赵尔巽等撰:《清史稿》卷四百六《胡林翼列传》,第11930页。

运出的"边岸"销往黔北毕节、遵义等府。据时人记载,"川盐入黔"中的"巴盐"在贵州缺盐地区备受珍视:

> 蜀中数邑产盐,唯火井烧盐之法最精,澄水下浆,提渣去碱。花盐经昼夜而成,雪白均净,其味鲜美;巴盐经两昼夜而成,融结为饼,有似锅底之饭焦,"巴"当是"疤"字之讹音,色不甚白,味则胜于花盐。黔边乏盐之地,以绳系巴入汤水搅之,略得咸味,仍挈巴起,其珍贵如此。①

里昂商会考察团在经过川南云岭进入贵州毕节途中的"庄栈",看到当地种植大量的棕树(纤维棕榈),"郊区的家家户户都出售用纤维做成的绳子,或是各种各样的背带"。这是满足背盐夫背篓的需要。贵州成千上万的人"靠它来养家糊口,维持生计"。"每一年在这条路上源源不断从四川运送出的食盐可达 2 万到 2.5 万市斤。"背盐成了当地一项重要生计,沿途郊区住户也发展出与背夫运盐工具相关的家庭小手工业。②

中日甲午战后赔款、《辛丑条约》赔款,均由清政府摊派各省。四川省盐井税款是支付摊派款项的主要资金来源。其中自流井盐井最多,上缴税款自然随之增多。③

晚清进入中国的外国传教士也很重视自流井盐井城,在自流

---

① (清)李榕:《自流井记》,《十三峰书屋文稿》卷一,收录于《十三峰书屋全集》。
② 法国里昂商会编著,〔法〕里沃执笔:《晚清余晖下的西南一隅——法国里昂商会中国西南考察纪实(1895—1897)》,第 178—179 页。
③ (清)周询:《蜀海丛谈》卷一《盐税》。

井发展教会财产及传教工作。19世纪70年代以后,即开始有法国天主教传教士沿长江流域进入自流井盐井工场传教。1896年接待里昂商会考察团的法国传教士布歇雷神甫,在自流井已发展20多年。美国旅行家盖洛1903年途经泸州南井村盐井城时,了解到晚些时候进入自流井的基督教刚刚建造了"一座新教教堂连同几所学校和其他建筑",认为"这座教堂在中国算是最大的了,……2/3的建筑费用是由中国人支付的。……教堂的学校每年从那个牛皮和油脂专营公司收到10万文铜钱"。① 自流井设立有英法两国直接提取盐税收取清政府贷款的协理公署,以及法国天主堂,基督教堂、福音堂、福音医院等。②

1898年法国里昂商会考察团考察报告及法国《时代》记者莫里埃的报道问世以后,自流井盐井工场闻名于欧美国家,接着又引起了国内的相当关注,在此后的半个世纪之内不同领域的访问者络绎不绝。莫里埃考察自流井盐井时,曾用西方大机器工业生产来比照。后来有参观者认为自流井盐场规模,与19世纪70年代出现的俄国工业大机器钻井采油的巴库大油田相似,并对自流井深井开凿传统盐井采卤技术、燃气运用于熬盐简单而便捷的使用方式

---

① 〔美〕威廉·埃德加·盖洛:《扬子江上的美国人——从上海经华中到缅甸的旅行记录(1903)》,第137—138页。
② 倪念先:《四川自贡市自流井镇的陈年旧事》,新浪博客,http://blog.sina.com.co/ninianxian,2010-09-24。

等均叹为奇观。①

下面是有关自流井盐井凿井和治井的工具资料,来自自贡盐井博物馆的资料介绍:

> ……在井盐生产工具和设备中,大量地是井盐钻和治井工具。[博物馆]共珍藏有清乾隆年间(1736—1795年)至20世纪60年代的井盐凿治井工具130余种,约400多件。这些工具形态各异,轻重、长短比例悬殊,有的长达5米,有的又不

---

① 在19世纪末法国里昂商会考察团和巴黎《时代》周刊记者莫里埃对外报道(1898年)自流井盐井以后,从20世纪20年代开始,西方人和国人对此产生了极大兴趣与关注。在20世纪三四十年代,国内(也包括外国)不少学者名流、专家教授、军政大员、记者乃至学生踊跃去四川自流井参观,见钟子博客《自流井观察》,新浪博客,http://blog.sina.com.cn/zhongziopus,2019-12-16。上面辑录了诸多人士参观以后,在其著述中或报刊上发表的参观访问记。其中从技术角度予以高度赞赏的有蒋经国《中国伟大的科学工程之自流井》一文。蒋经国曾留学苏俄,在苏俄工厂工作,于1936年归国,抗战时期在陪都重庆,参观自流井后写下该文:
趁由成都到重庆的便,我去参观了自流井,自流井的工程设计,实在是使我们惊叹赞颂的。自流井很像苏联的巴库油区,高大的汲取盐水的木架有几千个。那里盐井的深度,大概有三百丈,但是上面的口径,只有五寸。打一个井,大概要花三年工夫。最奇怪的是,在这样小的口径,这样深的井里,假使任何地方破了漏盐水,他们非但可以找出漏口在多少高度的位置上,同时还可以把它补好。假使你有一件东西掉了下去,他们仍可以把它取出来。有许多外国人去参观,没有一个不认为惊奇的。他们都说,这是中国的科学。……在盐井旁边,还有许多煤气井,这真是自然给我们无上便利的赐予。本来盐水要蒸发成盐,需要在太阳里晒或者用火烧,有了煤气,就非常便利。现在,他们在煤气井上,装了一根竹筒,在上面做了许多开关,要用的时候一开,用火柴一点,就可以得到不熄的火;不要用了,只要在上面一盖就可以了!
——载《蒋经国自述》,台海出版社,2014,第141页
钟子《自流井观察》

足1米;既有重达数百公斤者,又有轻为几公斤的。①

晚清四川省进出口市场、城镇商业、丝绸小作坊、农业及家庭种桑养蚕缫丝小手工业、动力手工业盐井大工场均发达,并持续发展。其原因在重庆1898年年度报告中有所揭示:

> 四川人口迅速增长,约有5000万人,其中较大一部分是富裕的农民和店主。四川的气候温和;四川很少受到中国几个其他口岸所受到的战争、鼠疫和饥荒的威胁;严重的洪水和干旱极少见;四川充满了各种形式的农业和矿业财富,除了棉花,人类健康和享受所需要的各种商品,四川省都在大量生产或者可以大量生产。②

以上除了提到的四川人口资源丰富、气候温和、洪水和干旱少见,有各种农业和矿业资源,最主要的原因应该是"四川很少受到中国几个其他口岸所受到的战争、鼠疫和饥荒的威胁",实际指的就是四川没有遭受从1850年太平军起事后,长江中下游流域、江浙,以及西南地区的云南、贵州饱受的境内长期战乱之苦。四川虽然在咸丰九年(1859)至咸丰十一年(1861)出现过李永和、蓝朝柱之乱,"蹂躏四十余县,将逼成都",同治元年(1862)又有石达开率太平军进入川东,"是年春,陷石柱,扑涪州","寻又入叙永,攻江

---

① 摘自《自流井博物馆介绍资料》。
② 周勇、刘景修译编:《近代重庆经济与社会发展1876—1949》,第276—277页。

安,陷长宁,分扰珙、高、庆符"川南诸县,但同治二年(1863)皆肃清平定。① 四川民众从晚清至清末得以幸运地在和平安定的环境中发展了半个世纪,社会没有受到战乱的损坏,人口没有减少,农业和商业得以繁荣富庶。1891年重庆开埠,又进一步催生了农家小手工业、副业生产,以及边藏山货的出口繁荣。

有关四川民众在1900年以前的生活状况,略举西方人以下观察记载:

> 四川省农业生产高度活跃,家庭财产分配极端(按:指家庭财产由男性继承人平均继承)。覆盖全省的既有一定规模的村落,也不乏独门独户的院坝。在其他省份农村人口相对集中在各大村镇,商人、工匠也进驻村镇,开店谋业。而四川的地主及其"佃户"则倾向于脱离村镇,在自己经营的田间地头修筑自己独立的院坝,繁衍生息,因此全省各地可见大量离群索居的院坝散落其间。
>
> 这些独立院坝一律是中规中矩的中式建筑,偶尔也开阔、宽敞。房屋框架由厚重、敦实的木材制成,下墙选石头、砖块修砌,上墙是土坯筑成,屋顶盖青瓦,或铺茅草,依主人的财力而定。油漆成棕色或深栗色的木质屋架在白色外墙的映衬下耀眼突出,颇有几分瑞士山区木屋的样子。房屋四周交错着几丛树木,多为青翠竹子。整个院落外观秀丽如画,令人赏心

---

① (清)赵尔巽等撰:《清史稿》卷四百六《骆秉章列传》,第11924—11926页。

悦目。①

——〔法〕里昂商会考察团

（川南农舍）平地上郁郁葱葱，长着那用途广泛、极富观赏价值，而且无处不在的翠竹。精耕细作的田地中央，聚集着家家农舍，茅草盖顶，竹条窗格，泥灰涂面，看上去非常舒服。②

——〔美〕威廉·埃德加·盖洛

四川的平原很有魅力。除了市场，基本上没有村落。几乎所有的百姓都住在一个个没间隔的农场里。住所周围都用杉树和毛竹围着，茂密的叶子非常调合（和），看上去有惊人的一体化效果。到处都遍布着树木，时时冒出赏心悦目的绿茎，时时可见像水池一样的稻田，如果家和人再干净一些的话，就让人产生是在公园里散步的印象。③

——〔法〕多隆地理探险队

省城一带丝绸棉衣非常便宜，可以和冬天穿着的毛绒料服装相竞争。

……其他进口货无须特别注意。它们是各类药品，四川不能生产的中国奢侈品，或者是诸如墨鱼、海带、海参、鲨鱼翅、燕窝等精美的海味。④

——1897年重庆海关报告

---

① 法国里昂商会编著，〔法〕里沃执笔：《晚清余晖下的西南一隅——法国里昂商会中国西南考察纪实（1895—1897）》，第89页。
② 〔美〕威廉·埃德加·盖洛：《扬子江上的美国人——从上海经华中到缅甸的旅行记录（1903）》，第122页。
③ 〔法〕多隆：《彝藏禁区行》，第159—160页。
④ 周勇、刘景修译编：《近代重庆经济与社会发展1876—1949》，第253—254页。

第四章　四川十年"新政"(1901—1911)

　　1892—1910年是中国19世纪70年代以来晚清地方上的和平发展时期。从1892、1895年先后进入云南及西南地区的法国人考察团队沿途记载所见,1874年马嘉理所描绘的云南战后毁损和荒芜之象已经改变。云南马帮进出口货物运输繁忙,外国棉纺织品和小商品已进入集市和商店,集市农产品丰富,乡村种植业富庶繁荣,村庄人口密集。光绪元年(1875)四川新任总督丁宝桢提出"川盐济楚"的商运官销政策,对川南自流井重振和盐井小作坊小灶户的繁荣,起到促进作用,缓解了黔北地区食盐的短缺,也促进了黔北运盐商路小手工业和个体背夫运输业的产生。四川重庆、成都都市乡村经济繁荣,家庭手工织布、成都丝绸小作坊、四川农家种桑养蚕缫丝、自流井盐井工场等小手工业经济活跃。
　　1897年6月,里昂商会考察团结束了在中国西南地区的考察,经法属东京返国。仅仅三年之后,北京就发生了1900年的义和团运动及八国联军进京的"庚子事变"。12月24日,11国(八国之外加上比利时、西班牙、荷兰3个国家)共同向清廷提出《议和大纲》12条,清政府被迫接受。在《辛丑条约》正式签字(1901年农历七月二十五日)之前,光绪二十六年(1900)"十二月(按:西历1901年1月),丁未,诏议变法,军机大臣、大学士、六部、九卿、出使大臣、直省督抚参酌中西政要,条举以闻"①。清廷"诏议变法"并见诸报纸公布天下:

> ……世有万祀不易之常经,无一成不变之治法。穷变通久见于大易,损益可知着于论语……总之,法令不更,锢习不破,欲求振作,难议更张。着军机大臣、大学士、六部九卿、出使各国大臣、各省督抚,各就现在情形,参酌中西政要,举凡朝章国故,吏治民生,学校科举,军政财政,当因当革,当省当并,或取诸人,或求诸己,如何而国势始兴,如何而人才始出,如何而度支始裕,如何而武备始修,各举所知,各抒所见,通限两个月,详悉奏议以闻……②

光绪二十七年(1901)八月,"癸丑,诏以变法图强示天下,并以刘坤一、张之洞条奏命各疆吏举要通筹"。光绪三十年(1904)五月,"丙戌,懿旨特赦戊戌党籍"③。光绪三十二年(1906)九月一

---

① (清)赵尔巽等撰:《清史稿》卷二四《德宗本纪》,第937页。
② 《本馆接奉电音》,《申报》光绪二十七年(1901)2月6日第1版。《申报》系英商安纳斯·美查(Ernest Major)等人于同治十一年(1872)集资创办。初为隔日出版一张,4个月后改为日报。
③ 见(清)赵尔巽等撰《清史稿》卷二四《德宗本纪》,光绪三十年(1904)五月,"丙戌,懿旨特赦戊戌党籍"。

日,清政府颁布《仿行立宪上谕》:

> 仿行宪政,……应先将官制分别议定,次第更张,并将各项法律详慎厘订,而又广兴教育,清理财务,整饬武备,普设巡警,使绅民明悉国政,以预备立宪基础……①

清末清廷"新政"自 1901 年开始有计划地颁布上谕,工商业与社会改良诸方面均次第开展。1901—1911 年间,在中国大地上,开展了一场"新政"社会改良与政治改良运动。这场全国开展的"新政"运动,由清廷颁布谕旨,政府指导,省府州县各级官员执行,因此地方官员的作为至为关键。四川是法国里昂商会考察团重点考察的西南大省,"新政"改良与全国同步。举四川"新政"十年改良维新为例,在西南地区无疑具有代表性。

清代傅崇矩《成都通览》一书在前面已多有引用,该书也是对清末"新政"这一时期成都府县及川省县镇乡村最切实的实录资料。傅崇矩(1875—1917),成都籍人。据书中一些涉及作者的片段记载,傅崇矩曾中秀才,"榜发,已列第二名","戊戌年,予肄业尊经学院"。其父九十高龄"尚在泸州江安县学署任所也",因此父子两代均为士绅阶层。傅崇矩"新政"期间在成都参与了妇女放足、停科举、办报纸、售彩票、设立公益阅报公社等改良活动,并开办实业,是成都及四川清末十年"新政"的参与者和见证者。② 在其《成

---

① 光绪三十二年(1906)9 月 1 日,清政府颁布《仿行立宪上谕》,9 月 3 日《申报》2 版刊《电传上谕》。
② (清)傅崇矩编:《成都通览》,第 442 页。

第四章 四川十年"新政"（1901—1911）

都通览·自叙》中谓该书系调查实录：

> 予以家于成都而说成都，较实于游于成都而说成都也。予以耳目所及者而说成都，较真于传闻所记者而说成都也。予以事物实录而说成都，非以笔墨空谈而说成都也。余以调查近事而说成都，不以考据古典而说成都也。①

该书撰写方法为"随得随录"，是成都"新政"这一时期调查所得出现的纪实性资料类编。作者自谓撰写该书目的为"则可补志乘之缺略"②，说明其资料的真实与可信度。该书调查记录内容主要为省城成都，但又不仅限于成都一地，在各州县物产货物商贸流转、与外省交通道路，以及农业产品等方面涉及四川全省。其《自叙》作于宣统元年（1909），但书中所记载《外来农业陈列出产品》一项注明"据宣统二年三月劝业会之调查"，出版时间最早应在宣统二年（1910）。四川是 1896 年里昂商会考察团在 3—11 月期间重点考察的西南大省，考察涉及经济商业，兼及社会生活诸方面。因此，本章根据法国里昂商会考察团相关考察内容记载，梳理论述清末四川"新政"带来的巨大变化。《成都通览》、重庆海关报告、年度报告，以及这一时期的官报，还有今人相关研究等，足资参考。

---

① （清）傅崇矩编：《成都通览》，第 2 页。
② （清）傅崇矩编：《成都通览》，第 2 页。

第一节　桑蚕、栏杆辫子丝业及新工业

四川1901—1911年十年"新政"期间,主持四川"新政"改良时间较长的先后有以下总督:岑春煊(1902—1903年初署理总督)、锡良(1903—1907)、赵尔丰(1907—1908年任代理总督,1911年任总督)、赵尔巽(1908—1911),均有建树。①

四川在工商业方面十年"新政"的改良和变迁,在重庆海关署理税务司于1911年12月31日写就的重庆海关十年报告《1902—1911年概述》中有如下记载:

> 这十年来,进步的潮流波及全川。1907年,设劝业道以激励农、工等业,并且官、商两方面都极力扶持现有工业和倡办新工业。每县都设蚕桑学校,全省到处兴办工艺学校……②

"每县都设蚕桑学校",反映了传统桑蚕业在"新政"期间的重要发展。官、商均极力"倡办新工业",创办了一些新工艺工厂。以上即是四川清末最后十年在工商业方面的进步潮流。

---

① 四川"新政"期间的历任总督(除岑春煊外)在《清史稿》里均有列传。
② 周勇、刘景修译编:《近代重庆经济与社会发展1876—1949》,第158页。

一、机器缫丝与桑蚕公社的出现

四川桑蚕养殖和缫丝曾是法国里昂商会考察团1896年在四川重点考察的对象,其特点是以家庭小手工业方式在乡村社会普及。考察团认为这种传统的家庭养蚕、缫丝小手工业生产方式落后。当考察团向四川省高层提出要在川省建立一座机器缫丝丝绸厂的计划时,遭到了"从上到下"的反对。考察团因此预言,要在四川将家庭小手工业的缫丝转变为机器缫丝,"大概需要几代人的努力",因为养蚕缫丝属于农家的家庭副业,民众不会愿意失去"每年可以赚取几吊钱"的这种家庭小手工业。清政府1901年开展的"新政"在大力发展桑蚕种植和生丝业方面,使里昂商会考察团的预言落空。四川民间在短短几年时间内就实现了对传统缫丝和桑蚕养殖的技术改良,并在全川推广。

(一)民间出现新式机器缫丝厂与棉布厂

1902年川北三台县首先购买欧洲木制机器创办新式缫丝厂,"先用直缫义(意)大利式木机丝车十二部肇始",此后逐年增加。到1909年,该厂已前后分别增添"六十部""四十部""一百四十部"机器,成为一家较大规模的机器缫丝厂。其间四川各县蚕桑产地也相继办缫丝厂,"现时全省有18家缫丝厂和丝织厂"。机器缫丝这一举措改变了传统家庭小手工业家家养蚕缫丝的习俗,使四川的生丝业迈向了专业化、职业化的发展道路。土棉布业也出现机器织布,"几年前在江北开设1家,用木制织布机100架,易销售,号称不亚于输入品"。江津在1909年开设了一个夏布厂,"现时生产品质优良的细夏布和花纹美观的印花夏布"。①

(二)大力发展蚕桑业:蚕桑公所与蚕桑传习所

四川"新政"大力促进了乡村蚕桑经济的发展。推行蚕桑公所与蚕桑传习所开风气之先的是合州张森楷。1901年,张森楷即在合州设立四川蚕桑公社,1903年又去日本"遍观东京蚕校,购仪器于上野"②。风气影响所致,四川各地也相继成立蚕桑公社。蚕桑公社改变了过去的家庭小手工业状况,组织集体在工场学习新法养蚕缫丝,收获显著。1906年出现了"蜀省各属蚕桑公社无虑数十百处"③的盛况。一种新的传授蚕桑种植技术的蚕桑传习所,也在全省推广开来。1907年四川通省劝业道成立,更是以发展蚕桑业为要。《成都通览·成都之蚕桑》即对成都府华阳县民间和官府推广种桑及种植的不同桑树种有具体介绍:

> 华阳县太平场叶云冲设有蚕桑公社,种桑一万株。……华阳县属官种桑株计四处:一桂溪寺,二瘟祖场,三黄龙溪,四得胜场。又有民间栽成者:一苏码头,二祝国寺,三官家坝,四

---

① 尹良莹:《四川蚕业改进史》,商务印书馆,1947,第346页。周勇、刘景修译编:《近代重庆经济与社会发展1876—1949》,第158、159页。
② 张森楷等纂修:民国《新修合川县志》卷十九《蚕业中》,民国十八年排印本。
③ 《各省农桑汇志》,《东方杂志》1906年第3期。

蓝家店,五铁佛寺,六贾家坝,七石骨嘴。据宣统元年之调查,共有桑一万零五十二株,共占地一百九十二亩零,又官立之农政试验场在省城东门外凡一百九十五亩零,亦种桑。近来蚕业发达,成、华两县属地有养山蚕者,省城内有官立之蚕桑传习所,又有公立之蚕桑公学。据记者目睹之桑种,有白柳叶桑、黑柳叶桑、牛皮桑、嘉定来之白皮桑、红皮桑;又有湖桑、黑盘桑、黄盘桑、汉州来之黄皮油桑。①

文中记载的华阳县的蚕桑公社,以及华阳县官属和民间在县属各处大量种植了桑树。同时有官立之农政试验场也在种桑,省城内"有官立之蚕桑传习所,又有公立之蚕桑公学"。尤其记者所目睹的种植的桑株,不但有成都本地的,还有来自嘉定和汉州的不同品种,反映出省城内外桑树种植风气大盛。

四川州县官员也积极鼓励推动种植桑树,全省各地都非常踊跃。下举重庆巴县为例:

(官员)颁行教令,刊布浅说,殷勤劝诱,风动一时,……四乡农户亦莫不购求桑种,争自树植,……每至一乡,蔚绿深青,触目皆是。……或独立经营,或集资兴办,一县之内,蚕社林立……百石之田,夷为桑土,盖自清末而蚕业始盛利之所在,

---

① (清)傅崇矩编:《成都通览》,第425—426页。

靡然向风矣。①

四川缫丝业和促进蚕桑种植发展的变革,带来了成都丝绸业和丝织业的更加兴盛与进一步发展。

二、生丝新产品:栏杆辫子的兴盛与畅销

成都1901—1910年丝织业有了很大发展。里昂考察团记载成都一是官城,二是商城。光绪三十一年(1905)四川在"新政"期间成立"成都商会",商会登记的成都各种商铺遍布全城。

(一)成都商帮中的各类丝绸帮名录

《成都通览·成都之各种商铺类型》记载了各商帮分布在成都各大街和街巷的店铺名称。有50个商帮名录,其中与丝绸相关的商帮尤其兴盛。

玉器帮、栏杆帮、骨(古)董玉器帮、绸缎帮、银号帮、洋经帮、酱园帮、药材帮、店帮(按:客店)、书帮、油米帮、钱纸帮、当帮、珠子帮(按:洋广杂货)、京货帮、丝线帮、瓷器帮、茶叶帮、银花帮、烧坊帮、扇庄帮(按:扇子、毡帽)、顾绣帮、金号帮、红

---

① 罗国钧等纂修:民国《巴县志》卷十一《农桑》,摘自王笛《跨出封闭的世界——长江上游区域社会研究1644—1911》,第177页表3-20,该表资料来源于《四川第四次劝业统计表》第20表、第21表。

第四章 四川十年"新政"(1901—1911)

纸帮、皮箱帮、石帮、卤漆帮、夏布帮、行架帮、砖瓦帮、盐酒帮、大绸帮、木行帮、衣铺帮、京果帮、炭帮、丝烟帮、盐号帮、刀剪帮、干菜帮(按：以杂货为主)、香货帮、靴鞋帮、木材帮、皮头帮、倾销帮、寿木帮、草纸帮、钱帮、石灰帮、布帮。①

以上 50 个商帮销售的产品涉及民众衣食住行、柴米油盐酱醋茶等日常生活的各个方面，甚至包括寿木贸易(共 170 家左右店铺出售寿木或棺材)。其中与丝绸业相关的商帮分类最多，如栏杆帮、绸缎帮、丝线帮、大绸帮，其中"绸缎帮"是最大商帮。计有各种绸缎铺约 530 家，分布在成都的大街小巷，专售绸缎、湖绉。成都出售的绸缎并非完全产自川省本土。中国丝绸产地很多，经重庆海关运进的产品中，提到有丝绸进口，"墨鱼、扇子、鸦片灯和烟枪及丝绸的进口都有所增加"②。这里的丝绸进口主要指从海关运进的其他省的丝绸产品。在"绸缎帮"530 家店铺中，其中有注明"绸缎机房"的商铺 195 家左右。《清朝续文献通考·实业考八》载，"在丝织业发展之区，人民于家中置木机从事织造，普通多称机房。有自织、代织之分"③，反映出在丝绸小作坊之外，家庭织造丝绸的兴盛。《成都通览·成都之丝绸》记载成都绸缎分绸类和缎类。绸类包括府绸、花府绸、庄绸、长绸、毛绸、西绸、里绸、上方大绸、贡绸、宁绸等，缎类包括巴缎、贡缎、素摹、锦缎、摹本缎、漳缎。

---

① (清)傅崇矩编:《成都通览》,第 486 页；周勇、刘景修译编:《近代重庆经济与社会发展 1876—1949》,第 237 页。
② 周勇、刘景修译编:《近代重庆经济与社会发展 1876—1949》,第 237 页。
③ 刘锦藻编:《清朝续文献通考·实业考八》,转引自杨金鼎主编《中国文化史词典》,第 251 页。

"大绸帮"则系"嘉定大绸",是嘉定府的丝绸特产。嘉定大绸包括"贡绸"和"土绸"。《嘉定府志》载嘉定丝绸"有宽至二尺余者,曰贡绸;其不及二尺者,曰土绸;土绸之佳者,俗谓之邓阳绸"①。"邓阳绸"系用当地柘蚕丝为原料,织物紧密绵软舒适,清末成为嘉定府著名的丝绸特产。② 重庆海关报告称"西部中国的大宗产品是丝,……嘉定的丰富物产主要在四川省内消费"③,即指嘉定大绸。里昂考察团从嘉定上行成都途中,专门描述过眉山一带桑树种植的繁荣茂盛,并记载了当地一种特别的桑树,"……除普通树种外,我们在此地还见到一种奇特桑树——酷似石榴树皮,带刺,中国人把它称为'茶叶桑'或'马蹄桑'"。④ 此即嘉定大绸育蚕的桑叶。川西南嘉州物产中,丝绸类有"蚕丝、丝头、大绸、湖绉、绵绸、纱帕","大绸百两三十一二两(银),湖绉三十五六两,绵绸每匹上等二两余,下等一两余,纱帕二两余"。⑤

成都 50 商帮内丝绸帮的"栏杆帮"所售商品,则是清末成都府县发展出来的一种新的丝织品,在清末十年成为畅销全国数省的新丝织产品。

---

① (清)文良、朱庆镛、陈尧采等纂修:同治《嘉定府志》,同治三年刻本。"此志门类设置一仍嘉庆旧志,分九门四十一目附十三目,约 45 万字。旧志所载照刊,于各门类后续增道光、咸丰年间史料。"见四川省情网,www.scsqw.cn/scfzg/scjzty/content_6583,2017-05-27。
② 朱尧翔:《嘉定乐山大绸的盛衰》,《丝绸》1991 年第 2 期。
③ 周勇、刘景修译编:《近代重庆经济与社会发展 1876—1949》,第 175 页。
④ 法国里昂商会编著,[法]沃执笔:《晚清余晖下的西南一隅——法国里昂商会中国西南考察纪实(1895—1897)》,第 82 页。
⑤ (清)傅崇矩编:《成都通览》,第 331 页。

(二)成都府县栏杆辫子丝织品兴盛畅销

1.栏杆辫子丝织品的普及生产

里昂商会考察团考察四川丝绸生产时,提到家庭个体缫丝质量品质较差,如果采用分拣生丝的方法按等级售卖,可以有更好的销路。成都府也有几个生丝产地,"新政"初始,蚕桑业改良期间人工分拣生丝技术得到了发展,在市场上出现了较大的价格差异:

> 成都出丝之地,以中兴、中和、白家、石羊、簇桥等场为产地。每年出丝二百个,每个重二百两。拣丝人工每把二百两,工钱三千四五百文。细丝价十五六两,二细丝二十二三两,水壮丝四十五六两。①

生丝分等级分拣兴盛起来,反映出生丝缫丝业的进步,也带动了生丝产品的创新:一方面,成都丝绸小作坊生产继续繁荣;另一方面,在成都府一些县镇,一种名曰"栏杆辫子"的丝织品兴盛起来。

据傅崇矩调查记载,栏杆辫子"分机织、手打二种。机织者在龙潭寺、中兴场、中和场、白石桥、成、华、新都、汉州、双流所属百余里均有机手"。在集体工场采用织机编织,机手"女工居大半"。机打有分工,"每一机只一人织造,每一日能织一根,长四丈四尺",是

---

① (清)傅崇矩编:《成都通览》,第368页。

为机手。有牵梳丝线的男工"每人能牵十六根"。有络线工(按:当为女工)"每人每日只络五六两之谱"。手打者名辫子,发至家中由个体编织,采用家庭小手工业生产方式:

> 尽系发交女工用手打成者,有麦穗子、三镶辫、方方辫、扛辫、珠珠辫、雁鸿辫、蜘蛛抱蛋凤眼辫等名目,在前盛行。现在多销于四乡及外县,省城售辫子者多在九龙巷及顺草河。①

丝线作栏杆者,是将丝线按质量分拣之后创造出的一种新产品。这种小手工业适用于大众生产,或工场简易木机制作,或家庭手工编织。据重庆海关1892年的一则报告记载,在成都府栏杆辫子产生之前,盛行一种驼毛编织带,"在很多通商口岸都大批进口",但是"它的地位被一种丝带所占据,成都生产这种丝带:是一种宽约1英寸,配有各种颜色精美图案的织带"。② 这就是成都府创造生产的栏杆辫子丝织品,表明这种新的丝织产品在1892年之前已经成为行销国内的商品。

清末十年,栏杆辫子产品并非仅仅在成都县郊与成都府周边几个县生产,四川产丝州县也有出产:

> 四川所产之丝,无论何地,如上等者作绸缎经,中等者概作栏杆,销路凡有白丝栏杆最要,次者作为花线之销,嘉定、绥

---

① (清)傅崇矩编:《成都通览》,第359页。
② 周勇、刘景修译编:《近代重庆经济与社会发展1876—1949》,第176页。

定白丝最多,其余各属皆能销之。①

以上分拣生丝分三种用途,其价格区别与前面提到的相对应:次者作为花线之销者即"细丝价十五六两";中等作栏杆者即"二细丝二十二三两";上等作绸缎经者即"水壮丝四十五六两"。缫丝分拣按优劣定等级分类,各有用途,并有了价格区别。

上述提及"销路凡有白丝栏杆最要",又"嘉定、绥定白丝最多"。嘉定府所属峨眉县出"白丝",夹江县出"白丝",洪雅县出"黄白丝"。绥定府在川东北,府衙所在地达县出"蚕丝",每斤"蚕丝二钱",太平县(今万源县)出"蚕丝","蚕丝每把二十余两",即二细丝价。另外川北绵州、顺宁府、潼川府均是著名的出产生丝之地。嘉定府在川西南,里昂商会考察团进入四川途经嘉定府时,曾派出两名代表去考察过峨眉附近的辰岚岭村"观摩学习丝蚕的养殖"。②

2.栏杆辫子行销全国东西南北

成都府生丝产品栏杆辫子作为出口产品,在国内广受欢迎。《成都通览·成都之辫子栏杆》记载,销路最大者"北五省为第一,如汉口、江浙为第二,云贵为第三,余者新疆、口外并各处皆能

---

① (清)傅崇矩编:《成都通览》,第359—360页。以下均见本书《成都之土产及各属土产》一章。
② 法国里昂商会编著,〔法〕里沃执笔:《晚清余晖下的西南一隅——法国里昂商会中国西南考察纪实(1895—1897)》,第82页。

销"①。上述省份均有商人专营购买成都栏杆商品,再运至各省分销售卖,在成都"买栏杆之商人,山、陕二十余家,河南四五家,汉口、江浙二十五六家,云贵二十余家"。反映出北方五省及新疆、口外、长江中下游及沿海城镇,以及云贵两省对丝线编织的色彩精美的栏杆辫子产品需求之大,主要用于服饰镶嵌、头饰及其他用途的纺织品装饰。据《成都通览·成都之各种商铺街道类览》记载,成都商帮中的"栏杆帮"在成都城内多条街巷形成栏杆商品区域,设立店铺售卖,总共计约 140 家店铺。

生丝产品"栏杆"分机打和手打两种,主要为妇女职业。尤其手打"辫子",也是成都贫家妇女生计之一种,"或'络丝'或'打辫'"②。清末兴起并兴盛发展的这种家庭小手工业,为成都县及成都府诸县乡场农家妇女提供了赚取更多家庭收入的机会,也为都市贫民妇女提供了生计。成都栏杆辫子成为清末十年"新政"期间的一大重要小手工业丝业产品,拥有广阔的国内市场。反映了成都府及四川其他产丝府县在几年之间,缫丝技术提高,生丝产品也得到进一步创新发展。

三、四川十年"新政"的现代工业和洋行发展

清末四川十年"新政",推动了一些现代工业的出现,以官方为

---

① (清)傅崇矩编:《成都通览》,第 359—360 页。
② (清)傅崇矩编:《成都通览》,第 55 页。

主。民间产生的新式工艺,尤其具有实用性。外国洋行也在发展,以英国、德国和日本为主。

(一) 省城出现的现代工业

成都出现一些官办机器工业。据载相继成立了如下官办厂局:

> 机器制造局、造币蜀厂、白药厂、机器新厂、劝工总局、制革官厂、火柴官厂、肥皂官厂、官报印刷厂、学务公所印刷(厂)。①

关于官办机器厂,美国旅行家盖洛讲述1903年途经汉口时湖北的现代机器工业:"这里有几家官办的大铁厂和冶炼厂、一家大棉纺厂、一家铸币厂,以及其他工厂,都装配了现代化的机械设备,但它们的运行似乎对于国家来说都是亏损的。"②与汉口相比较,成都的官办工业与日常生活用品比较贴近,较少大型机器厂。值得注意的是,四川使用新工艺的现代工厂,主要是民间开办。1906年一个留日学生在重庆江北刘家台创办玻璃厂,最初三年系雇佣一

---

① (清)傅崇矩编《成都通览》,第38页。
② 〔美〕威廉·埃德加·盖洛:《扬子江上的美国人——从上海经华中到缅甸的旅行记录(1903)》,第44页。

个日本技师传授制作工艺,产品在全省销售。① 成都华阳邹新台氏集资成立一家电镀工厂,"因邹君往返东洋数次,学成一种之特别电镀,并兼造一切电类品"。1908年四川劝业道(成立于1906年)举办第三次商业劝工会,刊布《晓谕商民白话告示文》,鼓励机器发明,"凡能够自己做出一样机器,或能仿照别人的机器,或是买现成机器,做出天天人家要的东西,就给他头等赤金牡丹奖牌"。成都出现一家民间机器生产"天成工厂,在福建营,吴爵五氏所独立者也"。该厂能够制造较多种不同类别机器及用具,蔚为大观:

> 已出之机器,如汲水机、钻山机、测量斜面水平、钢模印字机、缠丝机、割线机、西式家用各器、造白墨机。……包造学界、军界用品,凡铜铁仪器,各样印刷机内之铜模花版,军用品之测绘器、军带、军床、军帽、军装各器,电镀,电铃,叫人钟,水枪,水龙,窑硐起水,钻矿,运矿,扎花,纺纱,锯木,洋式门窗之暗锁、枢纽、装(妆)奁,肩舆上之饰件,及徽章、奖品,均能包造,并包修理、添补旧机器上之附属品。②

(二)重庆商埠的洋行发展

"新政"期间,重庆和成都也分别增加了洋商和教会建筑。

---

① 周勇、刘景修译编:《近代重庆经济与社会发展1876—1949》,第158—159页。
② (清)傅崇矩编:《成都通览》,第38页。

1896年法国里昂商会考察团进驻重庆时,重庆已开埠5年。因为川江进出口货物采用挂旗民船木船运输,交通不便,且重庆市区狭窄,外国人没有租界可建洋房,住在华式屋宇,卫生条件不合,所以洋商寥寥。随着1901年"新政"开始,洋商企业逐步发展。如猪鬃厂发展很快,在21家经营洗净分类猪鬃销往外国市场的公司中,有"洋商7家";如火柴厂,全省开办了9家,重庆的6家,有2家日商,1家德商。① 从1890年到1911年,在重庆设立过的洋行、公司和药房总共46家,"计有英国15家、德国和日本各11家,法国和美国各4家,英美合办1家"。大多为"新政"期间出现,但"1911年只存28家"。以上洋行实际上是一方面代售洋货,另一方面收购土货的外商机构。②

清末10年外国传教会修建的教堂和医院在重庆和成都分别增加了几座。1903年美国旅行家盖洛经过重庆时,看到重庆内地会有一座漂亮的礼拜堂,"有能容纳五百人的座位,整个建筑约值一万五千两白银",在重庆还看到几座新建的法国天主教学堂。③ 那一时期成都传教会正在利用"成都教案"的赔款修建具有

---

① 周勇、刘景修译编:《近代重庆经济与社会发展1876—1949》,第149、159页。
② 王笛:《跨出封闭的世界——长江上游区域社会研究(1644—1911)》,第292—293页表4-33,系根据隗瀛涛、周勇《重庆开埠史稿》,重庆地方史资料组,1982,第51—53页资料整理。
③〔美〕威廉·埃德加·盖洛:《扬子江上的美国人——从上海经华中到缅甸的旅行记录(1903)》,第116、119页。

川西民居风格的中西合璧的成都主教府,有西式小教堂。① 1902年一座法国医院在重庆开业,由重庆法国巴黎外方传教会修建。一座由德国政府资助和一名德国军医管理的德国医院1906年也在重庆开业。日本领事馆1901年9月在重庆取得修建租界许可,系日本与重庆当局谈判几个月后的结果,"在重庆下面大江右岸王家沱划出很大地面作为租界"。②

第二节 贡院乡试与"新政"举措

中国的科举制度是近代欧洲人对中国社会考察的重要对象。法国里昂商会考察团1896年9月在成都考察期间,秋闱乡试刚刚结束,"在我们进驻成都前不久,有15 000名考生潮水般涌向'贡

---

① 光绪二十一年(1895)端午节发生了"成都教案",并波及成都平原周边及川南数县,巴黎外方传教会天主教多座教堂被毁,成都加拿大美英新教会堂也有毁损,影响甚大。法国川西主教府主教杜神父(Marie Dunand,1841—1915,中文译名迪南)上报驻北京法国公使施阿兰,上下联手鼎力控告四川总督刘秉璋在教案发生时置之不理,最终达到使总督刘秉璋及数名州县官员被撤职的目的,并要求巨额赔款。后经调遣新任总督陆传霖议结,其中成都传教会获赔70万两银。杜神父于1896—1904年间建造新的成都主教府,规模宏大,教堂宏伟壮丽。见《光绪二十一年八月十一日着将刘秉璋革职永不叙用事上谕》《成都将军恭寿等奏报省城内外法国教堂先行议结等情形折》(光绪二十一年八月十一日),中国第一历史档案馆、福建师范大学历史系合编《清末教案》第2册,中华书局,1998,第604、607页;[法]施阿兰《使华记:1893—1897》,第79—80页;法国里昂商会编著,[法]里沃执笔《晚清余晖下的西南一隅——法国里昂商会中国西南考察纪实(1895—1897)》,第148—150页;毛丽娅《基督教在成都地区的传播及其教堂分布》,豆瓣网,https://www.douban.com/note/167339704/?type=like,2011-08-16。
② 周勇、刘景修译编:《近代重庆经济与社会发展1876—1949》,第161、103—104页。

院'参加三年一度的乡试"①。考察团因此也在成都对有关中国科举考试制度的耳闻目见有所记载。

一、西方人对中国科举的看法

中国的科举考试,是法国里昂商会考察团关注并不乏赞赏的考察内容。清末"新政"在光绪三十一年(1905)"停科举",英美传教士、法国外交官等均对晚清最后的科举考试情形有所记载。

(一)成都贡院与1896年秋的乡试

1896年是三年一次的乡试年,"具体月份是第八个农历月(9月)"。考察团的几位成员于"乡试结束后几天,在一位姓蓝的、很有学识的、年长的中国神甫陪同下",一同参观游览了成都贡院。无论是对成都贡院建筑的记录,还是有关科举乡试的一些描述,考察团笔记记载均具有一定的认识价值:

> 贡院就建造在古老皇城的遗址上,时至今日老城墙仍历历在目。据官方公布的数字,贡院可能有13 799间单人考房(事实上更多)。考房高约2米,宽0.8米到1米,进深1米多,集中组成一栋栋的考棚。每一栋考棚的考房数量不等,但以

---

① 法国里昂商会编著,〔法〕里沃执笔:《晚清余晖下的西南一隅——法国里昂商会中国西南考察纪实(1895—1897)》,第150页。

组为单位,总数一致,每一栋考棚的后墙与前一栋之间构筑成一条通道,一列列与前几栋考棚垂直的另外一组考棚变成通道的尽头墙。考房一律面朝通道,举行考试的时候,就用一道活动木门把面朝大道一侧的通道口关上。木门上张贴有主考官的姓名和大印,门上有开口,由此向考生递送米饭、茶水,还有考题。每天通道有一名监考官,中央大道设有一种类似"监考亭"的设施。

大概嫌这些举措还不够,考生进入"贡院"时还得接受四名卫兵把守的两道检查,且随身只得携带卧具、零食、笔、墨……

"贡院"不仅有考生的单人考房,后院还设有一系列房舍,供皇帝任命的考官以及他们无(不)计其数的陪同、随从专用——14位副考官(四川当地),加之监考官、负责收取考试卷的,还有誊写员、复核员、监视员、门卫、厨师、大考官的仆从等等。成都贡院这队人马究竟能达到一个什么样的数字,我们不得而知。①

成都贡院建筑,见诸史籍。成都贡院历经乾隆、道光、咸丰、同治朝的不断增修,考试房舍达到一万三千九百三十五间,数字见诸

---

① 法国里昂商会编著,〔法〕里沃执笔:《晚清余晖下的西南一隅——法国里昂商会中国西南考察纪实(1895—1897)》,第150—151页。

时人记载。① 考察笔记对那一场乡试的人数记载为"有15 000 名考生潮水般涌向'贡院'",所举考生数目与贡院房舍大致相同,有可能考生名额计算的是大概数目。考察笔记中对中国秀才参加乡试以及乡试的录取名额,参考了上海天主教耶稣会传教士提供的资料:

> 负责江苏、安徽两省考试的南京贡院超过了"一万人";每三年竞争仅"142个名额"的考生达"两万"。
>
> 在成都,参加每三年一次的乡试人数好像在18 000到20 000之间(按:注意不是确数)。官方分配给四川的录取名额有80个。可见中国人重文凭,但不滥用,这点比法国强。事实上,由于有特殊贡献,四川省乡试录取名额已增至100名(1889年)。考取的举人多,当局风光无限。②

以上提供了有关成都贡院与南京贡院考生数目及录取名额的

---

① 成都贡院康熙初年建于明朝旧藩王蜀王府原址,经历代增修,并于同治二年(1863)重修。见(清)李玉宣等纂修同治《重修成都县志·学校志第四下》"贡院":"同治元年壬戌,各大宪因贡院多所倾圮,通省筹款,彻底重修。以二年癸亥三月创始,越三年,甲子七月告竣,共成堂楼院所大小五百余间,如明远楼、至公堂、清明堂、衡文堂、文昌殿及监临主考提调、监试、内外帘官住院,虽牵循旧制,但高大宏敞。又添弥封所一院,抄录房十五间,受卷所、布科所共十余间,统用银七万两有奇。"

② 法国里昂商会编著,〔法〕里沃执笔:《晚清余晖下的西南一隅——法国里昂商会中国西南考察纪实(1895—1897)》,第151—152页,关于"南京贡院考生和录取人数"见155页注释第(10);有关四川乡试举人录取名额增加的具体数字,见周勇、刘景修译编《近代重庆经济与社会发展1876—1949》,第61页。

比较,两地考生数目几乎相等。但南京贡院考生包括江苏、安徽两个省份,成都贡院仅面向四川一省考生,足见四川省参加应试秀才人数之众,同时也反映出四川移民大省人口之多、川人接受教育风气之盛。四川贡院录取名额较南京贡院少了三分之一,乡试竞争更为激烈。里昂商会考察团笔记对中国的科举考试制度持有尊重态度,记录其考生踊跃的同时认为,"可见中国人重文凭,但不滥用,这点比法国人强"。考察团笔记还引用了南京天主教耶稣会提供的中国科举考试制度在录取考生和官员任用方面的情况,并强调了"有必要注意"的几点:

一是士阶层的地位。"文人在当地享有很高的威望,构成了一个强势阶层,实实在在地控制着行政、政治大权。在他们面前,官员们都不得有半点怠慢。"这里所说的"文人",指的是士阶层。因为一些地方上弹劾官员的行动大多是由当地尚未入仕,但已取得举人或秀才功名的士人发起,考察团经过贵州遵义时曾目见耳闻。"没有一纸文凭的官员也不是说就窝囊透顶,草包一个,他们多有实干精神和管理才能。这是才华横溢的人文学者多不具备的。"①这是指科举考试没能成功,但通过其他途径获得官位的官员。根据清代任官制度,一般指从官学中的廪生(秀才)通过纳捐获得"廪贡"(贡生)以及捐得监生头衔的庶民监生的"异途"出身,

---

① 如里昂商会考察团途经贵州遵义府考察时,了解到春节期间遵义府官员发放赈济饥荒大米时出现了人群拥挤踩死人的现象,第二年再度爆发饥荒,贵州巡抚上奏朝廷请求免税两年,但巡抚在这件事上处理不当,因此有当地士绅联名状告巡抚。见法国里昂商会编著,〔法〕里沃执笔《晚清余晖下的西南一隅——法国里昂商会中国西南考察纪实(1895—1897)》,第74、152—153、186—187页。

通过"纳捐"被授予官职的类型。①

二是关于1896年所目睹的那场乡试,其中有一考题是让考生发挥,涉及与洋人的贸易,题目大意如下:"茶叶买卖兴隆,大批人从事此生意。请指出这项交易能通过哪些举措得到优化并使其利润重归国人,而不落入洋人腰包。"并指出:"这几年来,三场命题作文考试中,至少有一场好像有些偏离传统主题。皇帝最近还签署谕令要彻底重建科举考试的基本原则,要考察应试者对西洋自然科学知识的了解,此项改革可能会收到难以估量的效果。"②上述考题与时事密切相关,考生完全可以发表个人意见并发挥才能。在1896年的乡试中重建考试基本原则的意向,表明1896年清廷在科举考试制度上已经出现改革的趋势。

以上有关成都贡院1896年那次乡试的考试记载、四川秀才考生数量之多,以及1896年命题作文中的时事考题,与清初战后康熙初年即在成都修建贡院、推动四川地方上各府州县兴起重建及发展书院的风气,以及1870年代的学政张之洞在成都创办尊经书院相关联。成都"尊经书院"的建立(1874年)与发展,当追溯至清政府1870年代开始的洋务运动。尊经书院推崇认真研习传统四书五经,以培养经世致用人才为宗旨,与当时中国振兴国家的时代精神相呼应。里昂商会考察团记载1896年成都贡院乡试时,成都尊经书院已经发展20余年。尊经书院读书以经世致用的学风,也对四

---

① 参见瞿同祖《清代地方政府》,第38—39页,作者系根据清代官方史料研究阐述。
② 法国里昂商会编著,〔法〕里沃执笔:《晚清余晖下的西南一隅——法国里昂商会中国西南考察纪实(1895—1897)》,第152、155页。

川省各府州县书院产生了重要影响。① 四川参加乡试的秀才众多,反映出四川各府州县年轻人向学风气之盛。

(二)南京贡院和昆明贡院的考试记载

有关南京贡院的考试、录取名额,在美国旅行家盖洛的旅行记中有记载,可以得到印证。1902年是中国开展"新政"之年,盖洛于该年年底途经南京,参观了南京贡院,并从南京的美国传教士那里了解到南京贡院乡试科举的有关信息。提到"平常举人名额为145",贡院从鼓楼上看下去是"一排排的小屋","这里所能容纳的考生至少在1.5万以上。……在进入外门之前,每个生员对自己的隔间位置和号码,早已了如指掌。他的食物、蜡烛、炊具等等,都在政府颁布的一本书里预先做了详尽的规定和描述"。南京的录取名额和考生数目与里昂商会考察团1896年提及的相同。盖洛还记载了传教士们如何利用科举乡试机会,向那些儒家士子发放传教资料施加影响。传教士们不辞劳苦,于半夜去贡院门口守候,待考生们参加三场考试结束之后,"传教士们才在夜里11点到凌晨3点半之间,将那些书分发出去"。书籍数额是人手一捆:"1.5万捆

---

① 张之洞(1837—1909),字香涛,河北南皮人,生于贵州。"年十六,举乡试第一,同治二年,成进士。……十二年,典试四川,就授学政,所取士多隽才,游其门者,皆私自喜得为学涂径。"其间在四川创立尊经学院,对四川府州书院学风影响甚大。张之洞其后历任地方与朝中大员,是晚清洋务运动后期和"新政"改良重臣。见(清)赵尔巽等撰《清史稿》卷四三七《张之洞列传》。有关清代四川书院的复兴和发展,成都创立尊经书院及其对四川学风的影响,见王笛《跨出封闭的世界——长江上游区域社会研究(1644—1911)》,第443—444、449—451页。

文献材料于当晚分发给同样多的生员，……每捆材料都包含四种文献，一般为《歌林多前书》《马可福音》或《路加福音》，另加科学入门书两种，后者也都明显地打有基督教的烙印。"①

类似的贡院乡试情形，还出现在法国驻云南省城云南府名誉总领事方苏雅在给朋友的信中所讲述的光绪二十七年（1901）云南贡院的秋闱乡试，借此可以进一步了解西方人对中国科举考试制度的认识。

云南贡院始建于明朝弘治十二年（1499），清朝康熙年间增扩，由明朝的2800多间考房增加到4800多间，光绪年间发展超过了5000间，用作云贵两省的乡试考棚。② 方苏雅记载来自云贵两省参加乡试的秀才们，考试临近，昆明的客栈也热闹起来。考场附近还有相应的各种小商业，"卖书的、卖墨的、卖毛笔的、卖纸的，什么商人都有。凡是考生用得着的东西，都摆在巨伞下的小摊供人选购"。考场组织严密，主考官员进场仪式隆重：

> 举行考试的时候，其他的机构都停下别的一切活动而与之配合。这是对主考官员进行神化的庄重时刻。他是考生的救星，是他们的保护神。他从街上经过时，排场极为盛大，然后进入考试大殿把自己封闭起来，20天与外界断绝联系。考场墙外，重兵把守，士卒们在那儿露营，24小时地守卫。……

---

① 〔美〕威廉·埃德加·盖洛：《扬子江上的美国人——从上海经华中到缅甸旅记录（1903）》，第26—27、31—32页。
② 《天南地北：科举旧址云南贡院》，《香港文汇报》2005年2月1日第9版，《文汇报》云南站供。

当这位政要出门时,别人要为他放三串鞭炮。当他迈进考试大殿的门槛时,别人也为他放三串炮:第一串在进门前,第二串在进门时,第三串在走进神圣封闭的厅堂后……①

有关云南省城1901年9月这次乡试的记载,需要引起注意的是云南贡院的这次乡试,与成都贡院的考试相隔时间已经五年,是1901年清政府宣布"新政"后的第一次考试,但两次考试记载都提到考试内容将发生变革,将允许考生在考题中注入新的内容:

我刚才跟你讲的这些考试将会是最后的一批考试了。已经有人宣布说,要继续参加这些考试的人,可以根据现代思想写出新的文章。他们可能打破社会停滞不前的陈规陋习而带来一次革命。②

方苏雅作为法国外交官,表达了个人对中国科举考试的选官制度与法国的民主投票选举制度的看法:

科举考试是中国社会组织的基础之一,一大批人材(才)自那儿脱颖而出,中华帝国的官僚阶层也正是从那儿形成的。社会名流和官员们正是从这一大群考生中产生的,他们将决

---

① 〔法〕奥古斯特·弗朗索瓦(方苏雅):《晚清纪事——一个法国外交官的手记(1886—1904)》,《科举考试》篇,记载于"1901年10月28日,云南",第297—302页。
② 〔法〕奥古斯特·弗朗索瓦(方苏雅):《晚清纪事——一个法国外交官的手记(1886—1904)》,第301页。

定百姓的幸福与不幸、国家的光荣与否。百姓们怀着宗教般的虔诚和敬意紧随他们,听命于他们。……

百姓跑到官员队伍经过的地方围观。拥挤在街头的人群,看到那些严肃的场面,十分激动和感慨。他们感到事关自己的前途,关系到社会存在的和平进展,关系到社会习俗的保持发扬,关系到事情能否向好的、正义的方向发展,而他们的介入自然更增强了场面的隆重性。这种场面跟我们西方国家大选前夕的某些场面相似,政府的某些传统和想法会深入民心从而激起感情的波澜。中国的老百姓能感觉到我们的选民所不能感觉的东西。然而,我们的选民却是自己在为自己准备未来,他们会在更高的一个层次上感觉到选举的庄严性,感受到他们参加选举活动的重大责任。

中国人却把这一切托付给他的官员们,让他们去作这样的挑选。也就是说要保证对所有的候选人公平公正,让他们的臣民对这些将来要掌权的人放心。中国人怀着宗教般的虔诚,参加这些有各个民族、各方面代表出席的盛会。①

方苏雅描述民众对贡院考试的热情和关注,认为这是因为从考生中产生出的官员"将决定百姓的幸福与不幸、国家的光荣与否",反映出科举考试制度的重要性与神圣性。还有一个原因,那就是类似围观群众这样的家庭里的子弟,也有权利通过读书参加考试,成为将来能决定百姓的幸福与不幸的人才和社会名流。与

---

① 〔法〕奥古斯特·弗朗索瓦(方苏雅):《晚清纪事——一个法国外交官的手记(1886—1904)》,第299—300页。

之同时,方苏雅既认识到中国传统科举制通过考试产生官员本身的价值,"中国人却把这一切托付给他的官员们",又认为西方国家的民选制度,是由选民"自己在为自己准备未来",后者"会在更高的一个层次上感觉到选举的庄严性"和"参加选举活动的重大责任"。方苏雅对中西两种不同选官制度的比较,即是中国传统的"民本"政治,与西方近代"民主"政治的比较。

以上外国人对成都贡院、南京贡院及云南省城贡院有关清末乡试情形的记载,尤以法国人对通过考试选取官员的制度本身最为关注和感兴趣,注意到考生的踊跃及考试制度的价值和百姓的热望。南京的美国牧师则采用了半夜趁考生三场考完走出考场的机会,堵在大门外把打成捆的传教材料塞给考生们的办法,希望通过向士绅阶层传播宗教而扩大影响。美国传教士自"五口通商"的年代开始,就注意到用宗教和科学书籍向中国官员和秀才一级士阶层渗透会产生的效果。

法国里昂商会考察团及法国领事方苏雅对中国科举制度的看法和态度,与欧洲天主教传教士明末清初进入中国传教传递的信息有关。明末进入中国的西方传教士认识到儒家孔子是受到中国人崇敬的圣人。万历四十一年(1613)天主教耶稣会传教士葡萄牙人曾德昭,来到南京学习汉文,并深入研习中国史籍。他根据中国典籍于1638年撰写了《中国通史》(《大中国志》)一书,在书中对孔子和中国教育制度及四书五经介绍说:"孔夫子这位伟人受到中国人的崇敬,他撰写的书及他留下的格言教导也极受重视,以至(致)人们不仅把他当作圣人,同时也把他当作先师和博士。他的话被视为是神谕圣言,而且全国所有城镇都修建了纪念他的庙宇,人们定期在那里举行隆重的仪式以表示对他的尊崇。……这九部书是全中国人都要学习的自然和道德哲学,而且学位考试时要从这些书中抽出内容来供学生阅读和撰写文章。"①

康熙重视宋儒理学,治国注重民生。他在北京耶稣会传教士寄往欧洲的书信里受到盛赞。由法国国王派往中国的传教士宋君荣(1689—1759)在中国度过37个春秋,根据中国古籍介绍了中国的历史和天文学。宋君荣撰写的《中国天文纲要》一书,显示了中国历史的久远及其可信度。②伏尔泰《风俗论》中提到该书记载的中国古代观测日蚀内容说:"中国的历史就其总的方面来说是无可争议的,是唯一建立在天象观察的基础上的。根据最确凿的年表,远在公元前2155年,中国就已有观测日蚀的记载……宋君荣神甫核对了孔子书中记载的三十六次日蚀,他只发现其中两次有误,两次存疑。"③伏尔泰作为法国18世纪的启蒙思想家,从传教士寄往欧洲的书信中,对中国所获得的如下认识,无疑给后来的法国人留下了深刻印象:

> 人类肯定想象不出一个比这更好的政府:一切都由一级从属一级的衙门来裁决,官员必须经过好几次严格的考试才被录用……如果说曾经有过一个国家,在那里人们的生命、名

---

① 〔葡〕曾德昭:《大中国志》,何高济译,李申校,上海古籍出版社,1998,第59—60页。
② 对传教士汉学家宋君荣有关中国史学及天文学著述的介绍,见〔法〕费赖之《在华耶稣会士列传及书目》下册,冯承钧译,中华书局,1995,第695页。张西平:《跟随利玛窦到中国》,五洲传播出版社,2006,第151、164—165页。
③ 〔法〕伏尔泰:《风俗论》上册,梁守锵译,商务印书馆,1995,第207页。

誉和财产受到法律保护,那就是中华帝国……①

(三)成都"官城"现象与"候选"和"大挑"任官制度

里昂商会考察团考察笔记中还记载了在成都看到作为"官城"的一个现象:"数百名拥有各种官衔却不在职位的人来此谋求官位",这里指的是考取了功名但需等候有空缺职务的士子。四川每三年一次乡试,举人有100个名额,按科举制度规定,举人再经过每三年一次的进士考试,中试者获得进士名衔,就有资格被授予县令职位。这里所说"拥有各种官衔却不在职位的人来此谋求官位"即指此。所以这些是获得县令虚衔的士子,按规定去成都省城谋求县令实职。另一种被考察笔记称为"跑官现象","我们得到来此谋职求位人的数据有1000到1200名。这些人在汉语里被称为'坐冷板凳的人'",即指没有考中进士的举人。② 根据清代职官制度,对举人一级功名的士人有一种选官制度,称之为"大挑",每六个月举行一次,参加过最近三次进士考试落榜的举人可以成为选官候选人。③ 据里昂考察团所介绍成都贡院1896年9月乡试有"15 000名考生潮水般涌向'贡院'",竞争100名举人录取名额,如此多的考生参与竞争,显然就会有众多的生员名落孙山。四川生员一级

---

① 〔法〕伏尔泰:《风俗论》下册,谢戊申等译,郑福熙、梁守锵校,商务印书馆,1997,第509—510页。
② 法国里昂商会编著,〔法〕里沃执笔:《晚清余晖下的西南一隅——法国里昂商会中国西南考察纪实(1895—1897)》,第84页、第90页注释(6)。
③ 参见瞿同祖《清代地方政府》,第34—35页、第35页注释(27)。

(秀才)录取名额"约为举人的20倍,清末全川为1966名"。① 也就是说,这是每三年的秀才名额,所以全川秀才一级有功名的士人经年积累,数目已经很大。反映出清末四川省拥有举人、秀才功名的士子已经积压很多。至于因"秀才"一级考试而名落孙山的童生,则更是不计其数。

1891年以前,一位外洋官员通过在重庆大街上对公众的观察,发现四川省受过文化教育的人数较多,"好几方面的讯查(察)都证明受过相当教育的男子的比率较全国平均为高","在重庆街上看见的男子每100人中估计有40人能读得懂告示,有30人懂而不甚清楚,其余的人完全不懂"。这个数字即已表明,在重庆街道看见的男子接受教育的比例已经达到70%。"在妇女中,我敢断言充其量只有4%—5%能读或能被认为受过教育。"②有关男子的识字比例,是指清末开办"新学堂"以前,以中国传统教育方式接受教育的识字阶层,包括中下层士人和童生及初通文墨之人,反映出四川男子接受教育的情形。记载妇女的比例,反映出四川女子也并非全都是文盲。妇女能读或受过教育者,反映的是官员家庭和士阶层家庭的女子状况。《成都通览》调查记载于清末宣统二年(1910)以前,其中《成都人之性情积习》记载成都"识字者不及十分之六",也证明识字者已超过半数。

---

① 周勇、刘景修译编:《近代重庆经济与社会发展1876—1949》,第61、62页。
② 周勇、刘景修译编:《近代重庆经济与社会发展1876—1949》,第62页。

二、举贡生员及读书人出路新举措

办新学堂、废科举是清政府推行"新政"改良的另一个重要内容。《辛丑条约》第二款附件"(二)上谕将诸国人民遇害被虐之城镇停止文武各等考试五年(附件八)",指西方列强要求在义和团曾经围攻洋人的城镇施以惩罚,而非停科举。1901年1月,清政府颁布"新政",9月,清政府即颁布法令,将旧式书院改为新学堂:"将各省所有书院于省城均改设大学堂,各府及直隶州均改设中学堂,各州县均改设小学堂,并多设蒙养学堂。"①实际上自中日甲午战争之后国内"自强"呼声日起,科举考题开始出现变化,出现了与时事相联系的专题。如四川1896年乡试考题中,已经出现一道关于如何在洋人购买茶叶时,令钱少落入洋人腰包的时事考题,这无疑是科举考试改革的迹象。在1901年开始"新政",将省府州县各级书院改设"学堂"期间,"二十九年(1903)十一月丙午,谕曰:'兴学育才,当务之急。据张之洞同管学大臣会订学章所称,学堂、科举合为一途,俾士皆实学,学皆实用。'……三十一年(1905)八月甲辰,诏废科举"。(《清史稿》卷二四《德宗本纪》)《废除科举制谕旨》:"……著即自丙午科为始,所有乡会试一律停止,各省岁科考试亦即停止,其以前之举贡生员分别量予出路,及其余各条,均着照所

---

① (清)朱寿朋编,张静庐等校点:《光绪朝东华录》四,中华书局,1958,第4719—4720页。

请办理。"①

科举制度自隋唐开始,是国家开科取士、选择治国官员的重要制度,其考试内容则是自西汉武帝"废黜百家、独尊儒术"以来所形成的儒家治国意识形态的反映。科举考试制度历经唐宋元各朝,在明清两代臻于完善。选取政府官员用科举考试制度化,以"四书五经"取士。在中国历代历朝绵延了1300年左右的科举制度,终结于此。

1905年清廷取消科举制度的同时,也明确指示,"其以前之举贡生员分别量予出路"。士阶层以及城乡大量读书人出路如何安置,过渡又是如何实现的?四川是西南大省,在西南地区具有代表性。以下以时人有关史料记载及今人研究为参考辑要列举。

1.从选派官费赴日留学生到鼓励自费赴日留学

四川官费赴日留学始于光绪二十六年(1900),第一次从省城书院及中西学堂中选拔"聪颖端严,年在二十内外"的22名学生赴日官费留学,成为最早选送留日学生的省份之一。清政府当年即就江南、湖北、四川选派留学生赴日方式颁布谕旨"着各省督抚,一律仿照办理",官费留学生开始主要是已经获得举贡生员功名的士人。光绪二十九年(1903)10月,清政府颁布《奖励游学毕业生章程》,规定了将游学毕业生不同等级与相应的科举功名相衔接的条例,鼓励自费留学。四川留日学生1903年有57人。此后因政府颁

---

① 清光绪三十一年(1905)八月初四,清政府颁布《废除科举制谕旨》,中国第一历史档案馆藏。郭琪:《清末科举制度的废除》,《中国档案报》,2019年9月2日第2版。

布奖励,赴日游学大门洞开,留日学生连续三年激增:1904年332人、1905年393人、1906年800人。1906年四川的留日学生800人为当年全国8000余名留日学生的1/10。其中少数为官派,主要为自费留学生。四川全川各州县均有留日学生,包括非汉族地区宁远府与边藏懋功厅。①

清末四川留日学生的踊跃,一方面与1895年中日甲午战争后,重庆成为向日本开放的通商都市的直接影响有关;另一方面,1904—1905年日俄在中国东北开战,日本战胜俄国,因此日本被视为离四川最近的强国,这些因素刺激了四川留日学生数目的连续高涨。四川清末的留日学生与全国一样,存在官费留学与自费留学的区别。

2.开办公立法政学堂

成都1905年成立"官绅两班法政学堂"培养官员。其中绅班专取"举贡生监及曾任或有京外官职者"。年龄均限制在45岁以下,1907年正式设立公立法政学堂。这类学堂初期是为举贡生员设立,到后来因学校发展太快,招生学员就扩大化了。在1911年"省内各地共开了25所法律学堂,招收学生甚多"。②

3.为秀才廪生创办中等学堂及实业学校

1905年川督锡良开始创办中等学堂,中等学堂大多为原来的

---

① 参见王笛《跨出封闭的世界——长江上游区域社会研究(1644—1911)》,第453—460页,第456页表7—表9。文中对当时报刊上的奏折、谕旨等引用,不另外析出。
② 周勇、刘景修译编:《近代重庆经济与社会发展1876—1949》,第160页。

书院改名设立。所创学堂包括各种实业学堂和师范学堂,前者以农业、工业学堂为主,后者分优级和初级师范科。据傅崇矩《成都通览·成都之学堂》记载,"成都近来风气已开,负教育责任者颇多,城乡学堂林立,不能尽载"①,反映了从传统书院向新式学堂过渡迅速。到1909年,四川全省中等学堂共有50所,教员386人,学生5828人,其中以成都府和重庆府为多。同时聘请了较多日本专业人士充当教习,分布在成、渝及其他州府中学堂。② 全省秀才生员一级因此吸纳甚多。

4.选拔举荐以举贡生员为主的各县立宪咨议局议员

1905年清廷准备仿欧美国家实行宪政,并派五大臣出洋考察。宣统元年(1909)各省咨议局选举。四川各府所属县选出161名立宪咨议局议员,其身份皆为有功名的士绅,主要由举人(45名)、贡生(28名)、生员(68人)这两个中级和一下级士阶层组成,余下进士(3人)、监生(1人)、其他(16人),③反映出清末立宪咨议局以举贡生员阶层为中坚力量。

5.普及小学教育增加师资需求

光绪二十九年(1903)全国开始兴起创立新式学堂热潮,四川

---

① (清)傅崇矩编:《成都通览》,第27页。
② 见王笛《跨出封闭的世界——长江上游区域社会研究(1644—1911)》,第478页及表7-18,第463—464页表7-12。
③ "四川咨议局议员表",四川省档案馆编《四川保路运动档案选编》,四川人民出版社,1981,第111—118页。

省也设立学务处同时跟进,并从办新学堂快速过渡到全省普及小学教育。小学堂发展迅速,分高等小学、两等小学、初等小学、童蒙学堂、半日学堂等。小学堂又以发展初等小学为主。1909年的9944所小学中有9132所初等小学,33万小学生中,初小学生有29.5万人。① 初等小学发展迅速,普及面广,"小学校遍布全省,数量可观"②,因此也给乡村市镇的生员与童生创造了从事普及教育的工作机会。在各州县开设师范传习所招收蒙馆塾师为师资培训对象,其获结业证书以后,即可在各乡村市镇开设小学教育或任两等小学教员,反映出师资需求之多。新学堂使用的教科书略举以下四川官报局所出童蒙、小学书目数例:《蒙学课本》《童蒙能文捷径》《精选蒙学》《启悟要津》《小儿语》《唱歌游戏法》《连泗幼稚新读本》《初等小学读本》《弟子规》《图画范本》等等。③

四川在普及教育中还出现以下几个现象:

一是在城镇发展出一种"半日学校",专为贫苦做工子弟开设。学生不分年龄,不交学费。例如1904年泸州半日学堂用白话刊发广告宣传"半日学校"讲授内容,"我们讲的与从前学堂不同,不专求背诵,先与他讲些圣训,使知道孝悌,然后讲些字义,讲些算法,讲些为人处世的道理,讲些现在中国的大势,要使这些人,个个都晓得中国的事情"④。

二是在乡村基层对旧式塾师进行短期培训,结业后在当地开

---

① 资料来源:清学部第一、二、三次教育统计四川部分。见王笛《跨出封闭的世界——长江上游区域社会研究(1644—1911)》,第478—479页,表7—表19。
② 周勇、刘景修译编:《近代重庆经济与社会发展1876—1949》,第317页。
③ (清)傅崇矩编:《成都通览》,第155页书目中摘录。
④ 《四川官报》甲辰第29册,"演说",光绪三十一年(1905)。

设简易识字学塾,对象是年长不能入学堂和贫寒无力就学之人,同样按半日班、夜校形式举办。① 这类简易识字学塾既使乡村塾师、童生有了出路,同时也将民众识字教育大众化。

三是在当地居民中发展初级普及教育。因光绪三十年(1904)"江孜之战"以后,英军进入拉萨与噶厦政府签订《拉萨条约》影响川边地区,四川采取"扩边固藏"。光绪三十二年(1906)、宣统元年(1909)巴塘、里塘"改土归流",清朝的控制范围从川边扩展到藏东察木多。川边地区学童初级教育普及受到重视。1908—1910年间,开办了官话学堂和初等小学。筹集开办学校经费和学生入校读书的各种费用,以及选派内地汉人教员,等等,四川当局有关官员均全力以赴。1907年在大凉山考察的多隆少校探险队了解到靠近雷波的掌印土司莱恩公子自己创办了一所倮倮学校,"有18名学生依靠他的资金在那里接受教育,他们在学习彝语(倮倮语)而不是汉语",教材内容来自"固定住在与汉人区接壤的彝村"的川南法国传教士马丁神父,马丁神父向彝人村民传教,并用拉丁文课本教孩子们一些欧洲的科学知识。土司莱恩让神父的一个学生念他学的拉丁文课本内容,"自己将之译为彝文"作为他创办学校的课本。首先是学习有关倮倮的简要知识,其次是讲授欧洲发明的铁路、电报、气球等的说明。② 重庆海关也提到"在四川西部和西南

---

① 《改良私塾简章》,《四川教育官报》庚戌第3册,"章程",光绪三十四年(1908)。
② (清)赵尔丰:《关外办学人员三年届满择优请奖折》,载吴丰培编《赵尔丰川边奏牍》,四川民族出版社,1984,第100—101页;〔法〕多隆:《彝藏禁区行》,第88页及《彝区的周边》一节,第133—140页;周勇、刘景修译编:《近代重庆经济与社会发展1876—1949》,第160页。

部,为土著倮倮人开设了学校,旨在教化他们"①。清政府早先在雷波为大凉山周边倮倮上层土司子弟开办的是汉文学校,学习汉语和汉文化。西南地区在与川南永宁相接的贵州威宁石门坎,有英国内地会牧师柏格理为花苗开办的学校,发展良好。② 威宁石门坎在清末十年办学,系传教士响应贵州地方官府开办新学堂普及教育。

　　1905年清廷颁布科举考试制度结束,四川地方遵照清廷颁布的诏令,对举贡生员、乡村市镇蒙馆准备科举考试的童生、老生寒儒、私塾塾师均有计划地稳健过渡,安置到各类新式学堂。"新政"推广的实业教育、普通教育与基层普及教育,吸纳和安置了大量有功名的士子与童生识字阶层。反映出"新政"办新学堂这场运动在四川普及深入之广,对初等教育普及起到了先声作用。

三、翻印东南"新图新书"与各省报纸引进

　　四川成都从清末十年"新政"初年开始,翻印国内东南地区出版的域外西洋书籍和后来的东洋书籍,以及将各省官报及民间报纸引进四川售卖,到清末最后数年,各种新图新书与各省报纸在四川省城广为传播。

---

① 周勇、刘景修译编:《近代重庆经济与社会发展1876—1949》,第160页。
② 阿信:《用生命爱中国——柏格理传》,大象出版社,2009。

(一)成都翻印出版东南翻译"新图新书"

四川"新政"在开办新学堂的同时,由时任总督岑春煊(1902—1903)于1903年初成立官印书局,翻印东南地区出版的翻译书籍。岑春煊(1861—1933),字云阶,广西人,云贵总督岑毓英之子,光绪十一年(1885)举人。岑春煊既是光绪二十四年(1898)"百日维新"改良派的拥护者,又是光绪二十六年(1900)"庚子事变"率兵上京勤王的清廷忠实官员。岑春煊光绪二十八年(1902)底署理四川总督,主持"新政"改良,意欲引进东南翻译书籍图绘,遂采用翻印之法,开办官印书局,东南各省"凡有新图新书",经学务处检查适合各属学堂使用者,"即交该书局翻印发售,庶免购诸外省,以致运费太重,价值过昂"。① 自此在四川省城开启了由官印书局翻印东南西洋翻译书籍的传播活动,因此而涉及清末东南商埠西学书籍的翻译出版。

1.近代中国西学翻译概况

所谓东南各省翻译书籍的"新图新书",应追溯至中国官方在同治初年镇压太平天国南京政权以后,曾国藩、李鸿章在上海于同治四年(1865)创立官办江南机器制造总局,同治七年(1868)上奏增加翻译馆。翻译馆系官译书局,以中国学者为主,聘请一些上海英美传教士参与翻译,"译局陆续访购西书属数十种,厚聘西士,选

---

① 《学务处督办张详前总督部堂岑请设官书局一案》,《四川学报》乙巳第11册,"公牍"。

派局员,相与口述笔译"①。翻译馆采取西人口述,中国学者笔录及润色的方式译书。所译书籍主要为自然学科类,以应用科学、工程技术类较多,均为实用书籍。1909年翻译馆所编《江南制造局译书提要》统计,该馆先后共译书160种,其间光绪二十五年(1899)已经出书126种。②同治十二年(1873)三月初三还编译出版了涉及西洋时事的《西国近事汇编》,于光绪二十五年(1899)一月停刊。

英美传教士以传播宗教名义开展西书翻译,同时推广传播宗教及社会学科书籍。翻译西洋书籍出版从"五口通商"时期广州的英美传教士开始,后来发展至上海。光绪十三年(1887),以英美教士为主的基督教各宗派组织,联合成立教会出版机构"广学会",专门从事西书翻译出版。1892年由英国传教士李提摩太(1845—1919)继任第二届总干事。"广学会"翻译书籍出版迅速发展,其翻译方式与江南机器制造局相同。另有北京同文馆也有少量译书,还有《格致汇编》刊物和益智会也翻译了一些西洋书籍。

光绪二十二年(1896)维新派梁启超任上海《时务报》总编,根据以上各家翻译出版的西洋书籍,于同年编写《西学书目表》在报上刊出。书目分为西事、西政、杂类三种,共300余种,其中以江南机器制造局翻译书籍最多③,其他各种涉及政治以及杂著一类,均

---

① 李鸿章:《奏销江南制造局同治六年至十二年动支各款折》,见汪广仁主编《中国近代科学先驱徐寿父子研究》,清华大学出版社,1998,第189页。
② 那世平:《江南制造局翻译馆的西书翻译及其特点》,《图书馆学刊》2012年第4期。
③ 张增一:《江南制造局的译书活动》,《近代史研究》1996年第3期。

系"西学东渐"产物,成为东南通商都市翻译新书。①

1900年"庚子事变"之后,清廷与各国重议商约,"二十八年(1902)春三月,议各国商约"。在《美国通商条约》中约定:

> 第十一款曰保护版权。即中国书籍翻刻必究之意。与之订明,若系美文由中国自翻华文,可听刊印售卖;并中、美人民所著书籍报纸等件,有碍中国治安者,应各按律例惩办,为杜渐防微之计。②

上海"广学会"基督教传教士因此加大力度,组织翻译西洋书籍出版发售。1903年美国旅行家盖洛途经上海见证了美国传教会大量组织翻译西书,已与企业行为无异:

> 设在上海的(美国长老会出版社)美华书馆也许是亚洲最大的出版机构,仅今年就印发了80万页的文献作品,雇用了250名华工。其他传教使团也有同样的举措。③

基督教使团在"广学会"宗教出版机构名义下,积极组织翻译出版书籍,西学传播与商业谋利兼而有之。1902年岑春煊在四川

---

① 王英中:《〈西学书目表〉及梁启超的西学思想》,《华南师范大学学报(社会科学版)》,1984年第4期;黄涛:《"西学东渐"与梁启超〈西学书目表〉》,《上饶师范学院学报》,2009年第4期。
② (清)赵尔巽等撰:《清史稿》卷一五六《邦交四·美利坚》,第4593、4594页。
③ [美]威廉·埃德加·盖洛:《扬子江上的美国人——从上海经华中到缅甸旅记录(1903)》,第7页。

总督任上，积极推进"新政"社会改良，为"翻印东南新图新书"成立四川官印书局即是在这一时期。上海民间也因梁启超传播维新思想及其《西学书目表》的刊载，相继于1900年前后成立多家西书编译馆。随着清末赴日留学生的踊跃，也出现了有关东洋书籍的翻译。从实用学科、自然学科，发展到大量的人文学科各个领域的书籍翻译出版。①

2."新政"期间成都书肆西洋兼及东洋书籍盛况

清政府在1902年颁发的《钦定中学堂章程》中，规定中学堂学习内容为："修身第一，读经第二，算学第三，辞章第四，中外史学第五，中外舆地第六，外国文第七，图画第八，博物第九，物理第十，化学第十一，体操第十二。"②

在中学堂钦定学习的十二门内容中，中学西学课程兼具。虽然修身、读经、算学、辞章名置前列，但其他八门课程的内容都涉及西学，反映出近代新学堂西学内容占了较大比例，因此涉及教科书及学习图书资料。

成都翻印西洋及东洋翻译书籍出版，以及外埠书籍售卖，这一时期已经出现邮寄书籍和近代新式印刷机构。据亲历者傅崇矩记载，成都邮政创立于1901年：

---

① 参见张仲民《晚清上海书局名录》，载复旦大学历史系、出版博物馆编《历史上的中国出版与东亚文化交流》，上海百家出版社，2009，第359—367页。
② 光绪二十八年七月十二日(1902年8月15日)，管学大臣张百熙奉命制定并颁布新型学制《钦定学堂章程》，称"壬寅学制"(壬寅年)。章程中分《钦定京师大学堂章程》《钦定大学堂考选入学章程》《钦定高等学堂章程》《钦定中学堂章程》《钦定小学堂章程》《钦定蒙学堂章程》等，确立了比较完备的近代学校体系。

第四章 四川十年"新政"(1901—1911)

大清邮政总局,设小十字街口。创于光绪二十七年(1901),开办者为英人钮满氏、汉阳人杨少荃氏。演说报告,余亦与有力焉。四川文明之进步,邮局实促助之。图书局首先代办分局,报章、地图、新书之输入,成都风气实赖以渐开。①

1896年梁启超《西学书目表》刊出宣扬西学新书之后,上海多家民间西书编译馆已相继成立十余年。傅崇矩《成都通览·成都之书业》中记载,成都1902年成立官书局翻印翻译书籍,除了尚有多家本地传统书局,并有上海商务印书馆分馆、点石斋等石印书局,表明成都翻印的翻译书籍主要来自民间西书编译馆。书籍编译来源众多,因此成都翻印中外书籍出版售卖一时大盛。

成都书籍售卖价目中传统纹银(两)、制钱(文)和新币银元(元)及辅币(角、分)同时出现,反映出四川官印书局翻印东南翻译"新图新书"的出版年代。钱币在清末的使用出现变化,"1902年以前只行使纹银和制钱",制钱即称"文"。1902年"新政"施行,四川成立机器造币厂,铸造新币银元和辅币,单位是银元、二角银币、一角银币、五分银币和一分铜币……"新币的行使是在1905—1909年办到的。"②书籍价目用"元、角、分"的,即是1905年及以后成都官书局翻印出版的书籍。"一钱(银)合银元一角四分零八毫五丝","一两(银)合银元一元四角零八厘五毫"。③

---

① (清)傅崇矩编:《成都通览》,第43页。
② 周勇、刘景修译编:《近代重庆经济与社会发展1876—1949》,第152页。
③ (清)傅崇矩编:《成都通览》,第49页。

下面仅从《成都通览·成都之书业》中"本地书目及价值"条,摘取数例翻印的东南"新图新书",以反映那一时期书籍出版与知识阶层所接受的新学知识大概:

达尔文篇一钱五,欧洲教育史要五钱,演说新编九钱,须知十种(算学、量法、重学、曲线、地志、三角、代数、微积、力学、富国)每种五钱。

以上书籍出版于1905年以前,用银两计价,此类书籍可能用于教科书较多。以下书籍以元、角计价,则出版于1905年以后,书籍内容也以社会学科为主:

日本明治小史八分,东洋史一角五,大清商律五分,德日体操五角,全球大势模本三角,欧洲列国战事本末五角,刑事民事诉讼法一角八,日知录八角五,书目答问一角,山东考古录五分。农家百事问答七角。(按:以上书价用新制银元定价)

平面几何学(土)二角(洋)三角,万国近政考略十六卷四百,欧罗巴通史三元二,中西纪事本末二十四卷六百,万国地志三卷四元八。(按:以上旧币、新币均为志古堂出版书目举例)

另举商务印书馆在成都售卖书籍数例:

国民英文教科书第一至三四角,华英商贾会话二角五,世界史表解四角,立宪国民读本三角,法国革命战史四角,美国独立战史四角。西洋历史地图八角。

九年筹备宪政一览表四钱,城镇乡地方自治章程三钱,宪法精理三钱。保育科章程三分,西洋历史二钱,启蒙课本图说三钱,农家百事问答七角,西医内科全书一元五,医方内编一元五。①

以上反映出在清末"新政"初年,《达尔文篇》《法国革命战史》《美国独立战史》《万国地志》《欧洲教育史》等历史人文书籍均已传播。筹备宪政、普及宪法知识,以及提倡城镇地方自治等政策在1905年以前,即已在全国城镇宣传。四川官书局采用这种直接翻印东南各省所出翻译西书的方式,与江南出版的西学书籍挂钩,以此推动新学迅速普及。与此同时,中学堂教学内容仍将读经、修身置于首列,所以书肆上同时有四川官书局出版的"四书""五经"及大量的经史古书。还有"各种五彩图画"之类,以及各种外文书及外文字典(见《成都通览·成都之地图专业》)。以上书坊所售教科书及各个领域门类的书籍,对于新式学堂开办的科目及普及教育,深有影响,并深入了国民层面。

(二)成都售卖报纸种类及"阅报公社"

上海"广学会"在积极组织翻译西洋书籍出版的同时,将西洋

---

① 以上所列各种书籍,见(清)傅崇矩编《成都通览》,第153—160页。

编辑出版的报纸也引进了中国。早期有《万国公报》(1874—1883, 1889年复刊),并发展出版有《孩提画报》《训蒙画报》《大同报》《中西教会报》《女铎》等。清末中国本土也出版了各种报纸,并迅速传播至成都。

1.成都代派京沪各报及各省报纸 16 种

傅崇矩在《成都通览·成都之报界》中自谓"辛丑(1901)傅樵村立启蒙通俗报,并代派京沪各报。……若成都发行之报,只学务公所之学报、官报书局之官报、成都日报三种而已。"

傅氏"代派京沪各报",故记载了全国各省的"随时可购之报如下(只有此数种)":

> 顺天时报,香港商报,四川官报,成都日报,中外日报,上海时报,学部学报,政治官报,商部官报,神州日报,中央日报,舆论日报,时事画报,竞业旬报,广益丛报,四川教育学报。①

以上计有 16 种报纸,地域包括北京、香港、上海、四川,类型有政府官报、教育学报、商报、民间舆论等,另有《中外日报》《时事画报》两种。可见无论官绅、学商、民间均有可阅读报纸,来源地域从本省到北京及全国重要都市,这与傅樵村的代派(代售)各报的商业手法分不开,因此促进了四川以外的各地报纸迅速在成都传播。其中的学部学报、政治官报、商埠官报,均是全国"新政"中推广新

---

① (清)傅崇矩编:《成都通览》,第 178—179 页。

式教育、政治改良的官报,以及通商口岸的官报,在全国发行。四川报纸则有《四川官报》和民间报纸。

光绪二十九年(1903)成都开始办《四川官报》,目录分"谕旨恭录""要电""奏议""公牍""本省近事""京外新闻""外国新闻""专件""演说"等,内容丰富。光绪三十四年(1908)出现一种《成都自治局白话报》,设置栏目有"谕旨""论说""奏议""来稿""广告""本报征文广告""本报刊误"等。以上两种报纸的内容表明,四川官报用文言文面向士大夫阶层及读书士人,有官报特点;白话报面向大众阶层,语言通俗易懂。两种报纸虽各不同,但均有"谕旨""奏议"两个栏目,即皇帝谕旨和下面廷臣及各部官员、地方督抚上奏皇帝的建议和弊病均向外界公布。《四川官报》中的"本省近事""京外新闻""外国新闻""专件""演说"更由官方将省内外和全国乃至外国新闻,还有时事专电原文,以及演说舆论向外公布。《成都自治局白话报》中的"来稿""广告""本报征文广告""本报刊误"专栏,与该报面向大众的办报宗旨相符,并与其同时具有商业性质有关。

1902—1911年重庆海关十年报告中的"本国报刊"一栏,对四川办报有如下评价:

> 这个伟大发展值得记录。省城和重庆现在都有几种日报,行销甚广。除了刊载纯粹地方性的新闻之外,各报馆也保持一批外省通讯员对于重要时事随时电告,并撰写定期时事

通讯。有时报纸评论政府行动,语极直率。①

2.傅氏自设"阅报公社"供公众阅览

傅崇矩还在成都设"阅报公社"供公众阅览。其中除《日本日华新报》《日本图书月报》两种,均为中国国内上至清廷清政府、下至数省官报、各种行业报纸,以及当时全国几大繁华都市所办各种报纸。其中较特别的几种报纸计有《北洋法政学报》《广东七十二行商报》《上海教育杂志》《直隶教育官报》、上海《中外日报》、《陕西西北机关白话报》《北京白话画图日报》、天津《醒华画报》、《燕都时事画报》《远东报》等。不仅有各地各行业专属报纸,也有适合民众阅读的明白易懂且有趣味的白话图画报纸,足可见出"新政"期间全国报纸的活跃情形。成都街头的"阅报公社",也反映出成都知识阶层与市民阶层识字之人较多。傅氏设立的"阅报公社"得到政府支持,"阅报公社之报类,傅樵村立,吴蔚若学使提倡者,岑制台刊示保护"。② 岑制台即川督岑春煊,1902—1903年初在任。表明傅氏所创"阅读公社"最迟在1903年初以前成立。尔后全国各省各类报纸相继出现,到宣统二年(1910)傅氏《成都通览》出版以前,傅氏在成都设立的"阅报公社"报纸已有八十二种之多。

中国翻译西洋书籍始于同治朝江南机器制造局翻译馆,随后有英美传教士在中国组织"广学会"翻译西洋传教书籍及历史地理与科学书籍。庚子事变之后的《中美续订通商条约》允许传教会在

---

① 周勇、刘景修译编:《近代重庆经济与社会发展1876—1949》,第163页。
② (清)傅崇矩编:《成都通览》,第178—180页。

中国翻译西书售卖,因此在清廷"新政"各项改良措施颁布和推行的社会大潮中,英美传教会大力组织翻译西书以及创办报纸。中国本土民间也兴起积极翻译西洋书籍和东洋书籍,各省也出现创办报纸的热潮,与中国社会自身重视历史文化的传统和民间传统出版业的兴盛相互激荡。换言之,是中国社会的文史传统和民间兴盛的书籍出版,激励和推动了英美传教会的书籍翻译出版活动。翻译书籍由西洋人口述,中国文士用中国文辞风格笔录转述润色而成。因此是传教会借中国文士翻译之力和中国书籍销售市场之盛,大量翻译出版西洋书籍出售。虽然英美传教士谓之曰"期以影响中国社会改良",当时以至今日大多数学者也都如此认为,但实际上这也是英美传教士从事的一项商业活动。1902年签订的《美国商约》谓"与之订明,若系美文由中国自翻华文,可听刊印售卖"可证。

第三节　妇女缠足与"天足运动"

在1901—1911年"新政"改良中,妇女"天足运动"是四川这一时期的重要社会改良运动。

1892—1910年间的法国人考察团队在西南汉区的考察笔记中,鲜有关于汉人妇女的直接记载。因汉人妇女系缠足小脚,不在公开场合露面,只偶尔可看到贫民小脚女子和大足女人。唯有法国里昂商会考察团笔记涉猎妇女的内容较多,包括妇女节孝坊,被男人欣赏的三寸金莲小脚,家庭中的妻妾制,男子在朋友家和在公共场合见不到妇女,以及女婴遗弃,等等,它们构成法国里昂考察团对西南地区汉人妇女的一般认识,也是近代欧洲人对于中国汉人妇女的印象。

清代中国汉人女子的缠足,在世界上独一无二。晚清西方传教士对此早有诟病,欧洲人认为妇女缠足是陋习。里昂商会考察团在四川考察期间,从四川传教士那里了解到不少因为小脚关在家门里的城乡妇女的情形。然而,在1896年11月秋季里昂商会考察团离开四川几年以后,四川就开启了一场前所未有的妇女运动——鼓励妇女放足、走出家庭的"天足运动"。

一、法国人眼中的中国西南地区妇女形象

法国人在进入西南地区的考察中,重视交通路线与商业运输,以及都市商业和小手工业等方面考察的同时,对社会生活也予以相当关注,因此妇女生活情形也成为重要的考察内容之一。

(一)有关妇女节孝坊的看法

1.晚清外国人在西南地区所见妇女节孝坊

节孝坊又被称为妇女牌坊,是各种牌坊中的一种。节孝坊是为表彰具有守节与贞烈行为的妇女建造的具有纪念意义的石坊,分布在西南各省交通道路及都市城镇。里昂商会考察团在出版的考察笔记一书中,附有数帧在川黔滇交通大道上矗立的石牌坊照片,与妇女节孝坊有关的只有在从曲靖东进贵州的边界线上,记录了"边境上立有牌坊。那是用来永久纪念某位好人、好官或某位至

死坚守贞洁的寡妇的建筑物"。① 在成都周边地区也有很多牌坊,但无记载。

里昂商会考察团回程从川南进入贵州遵义,川南牌坊也闻名遐迩,但除了去泸州途中拍的一张牌坊照片,没有其他任何记载。1903年盖洛从川南进入昭通,沿途有几处有关妇女节孝坊的记载。从重庆去泸州路上,经过了"石桥店"村,"那里有好几个石牌坊,上书'忠孝贞节''至善美德'等字样","其中相当一部分是出于对那些贞烈寡妇的纪念"。泸州城中有一条"三牌坊街","只是石坊已经拆掉,谁也说不清楚那是什么牌坊"。叙州城内,"一个为表彰贞节寡妇们修建的带有雕饰的石牌坊就横跨在大桥街上"。② 反映出川南存在较多妇女节孝坊的情形。里昂商会考察团虽然对四川的妇女牌坊不甚留意,但却刻意记载了在贵阳府城南的汉口官道所见妇女节孝坊:

> 离开贵阳取道镇远——汉口大道时,我们看到许许多多的牌坊,那阵势呀,即使是富足的成都周边地区也不能相提并论。在将近1500米范围内,博士数了数,有28个,其中18个排列在一条线上。这些牌坊的样式并没有什么特别之处,但给人感觉不好受,随便瞥上一眼都觉得使人喘不过气来。应该相信贵州这里的寡妇特别忠贞,她们哀悼亡夫,恪守妇道,

---

① 法国里昂商会编著,〔法〕里沃执笔:《晚清余晖下的西南一隅——法国里昂商会中国西南考察纪实(1895—1897)》,第61页。
② 〔美〕威廉·埃德加·盖洛:《扬子江上的美国人——从上海经华中到缅甸的旅行记录(1903)》,第120、121、131、150页。

这也是她们名声、荣誉的全部所在。但与此同时,也说明这里的妇女也十分世俗,这也是事实。①

上面所记述的牌坊显然是表彰妇女的节孝坊,因为特别提到寡妇的忠贞。1500米范围内就有28座牌坊,其中排成一条线的就有18座,足见贵阳城郊区妇女节孝坊的数量之多。"随便瞥上一眼都觉得使人喘不过气来,……这也是她们名声、荣誉的全部所在",考察团认为这些获得牌坊的妇女其实"十分世俗"。

1874年上海英国领事馆随员马嘉理在日记中,曾对贵阳城郊所见妇女牌坊留下了带有敬意的描述:"11月5日,至省城贵阳",入城"最后一里,列无数白色大理石及其他材料所建牌坊,向孝顺少女及节烈寡妇恒久致意,这一景致为风光平添鲜活"。② 马嘉理所描述的在贵阳城郊所见牌坊,显然就是里昂商会考察团笔记中记载的28座妇女牌坊,其材料用的是白色大理石,但各自描写的观感印象截然不同。里昂商会考察团笔记的描述表明法国人对于妇女节孝坊的认识尚停留于表面,甚至还带有偏见,反映出法国人对在西南地区城乡各地所见妇女节孝坊认识的盲点。

2.节孝坊的表彰和纪念意义

建立具有表彰和纪念意义的牌坊,系明清两代国家旌表制度:

---

① 法国里昂商会编著,〔法〕里沃执笔:《晚清余晖下的西南一隅——法国里昂商会中国西南考察纪实(1895—1897)》,第246页。
② 〔英〕马嘉理著,阿礼国编:《马嘉理行纪》,第109页。

> 壬寅,顺天提学御史曹溶,循例列举"忠、孝、节、义",请分别褒恤旌表。忠臣:……。孝子:……或居丧尽哀,或善事继母,或孝侍亲疾,或脱母于难。义士:……贼入城时,或自缢,或不屈死。节妇:……俱青年守节,或孝事舅姑,或训子成立。疏入所司知之。①

这一"循例列举'忠、孝、节、义',请分别褒恤旌表"的提议,即对于符合这几项道德准则的男女予以表彰,使其不至湮灭,有正面弘扬道德价值观的意义。这一制度正式推行始于顺治九年(1652),其方式是由地方官绅调查,层层上报,最后由朝廷批准,发文予以旌表。其中妇女受到表彰占绝大部分,分为"节妇"和"烈妇"两种类型。"节妇"为年轻丧夫,"或孝事舅姑,或训子成立",养老抚孤奉献一生的妇女;"烈妇"是不屈服于淫威,选择结束生命的勇敢女性。因此,无论节妇、烈妇,体现的都是妇女的奉献精神和人格力量。

节妇要承担抚孤养老的辛劳。在旌表中被称为"节妇"的妇女,具体情况有明确规定:"民妇三十岁以前,夫亡守节,至五十岁以后,完全节操者,查明题请照例旌表。"②即指30岁守寡,孀居直到50岁,可谓节妇。清代女子平均结婚年龄为15—19岁③,因此"节妇"即指婚后10余年夫君亡故,仍守寡20年承担家庭责任的

---

① 《清实录》第3册《世祖章皇帝实录》,中华书局影印本,1985,第189—190页。
② (清)允福禄等监修:《大清会典(雍正朝)》,《近代中国史料丛刊第三辑》,文海出版社,1973,第4260页。
③ 郭松义:《伦理与生活——清代的婚姻关系》,商务印书馆,2000,第198—200页。

妇女。下为一例"节妇牌坊"铭文载坊主丈夫亡故之后的节操：

……孺人哀痛弗生，又念亲老子幼，俯仰无依，爰矢志守贞，妇供子职，母兼父道，初终不渝焉。孺人有弱弟，亲为教养、婚娶，不惮辛勤。至其慈惠恭俭，不苟言笑，赒体恤贫乏，则又天性独优也。①

一孤身之孀妇，能勇于承担青年丧夫的命运，"妇供子职，母兼父道"，孝敬父母，抚育子女，并承担自己一个弱弟的"教养、婚娶"。在岁岁年年的生命消磨中，活出精彩的人生，此即被旌表的节妇。

烈妇为不屈服于淫威的勇敢女性。烈妇有三种类型：一是夫亡从死，二是拒奸致死，三是战乱年代遇贼殉难。较多的是第三类，历史上在西南地区较为突出，顺治、乾隆年间先后出现过妇女被贼匪抢掠遇害事件，因此朝廷专门规定将此类遇害妇女定为烈女，予以旌表。如顺治十七年（1660），朝廷对广西殉难妇女予以旌表建坊："广西省遇难妇女，有亲属者给银建坊，无亲属者共支银六十两立碑。通镌姓氏，以表贞烈。"②乾隆朝贵州发生苗民叛乱：

贵州省黄平洲烈妇郭氏，遇逆苗猖獗，舅姑及夫皆被害，氏激烈骂贼，触石而死，幼女二姑年十五岁，同母殉节，家童关

---

① 黄尚军、杨小锋等：《巴蜀牌坊铭文研究》，四川民族出版社，2013，第227页图4-2《隆昌县城北关油坊街郭陈氏节孝坊》。
② 《清会典事例》（五），中华书局，1991，第503页。

宝,年十二岁,背负家主幼子,避难全生,一体给予旌表。①

与贞烈妇女相比,守节妇女为多。以民国《北川县志》中《烈女表》后附《明清旧志节妇表》为例,表载13人中12人有备考,其事迹多为"矢志完贞,抚孤成名","奉姑抚子","事亲克忠"。清代对于妇德的旌表嘉奖之普及,见于《巴蜀牌坊铭文研究》一书统计。在巴蜀地区180座牌坊中,有66座妇女的节孝坊,其中61座为专坊(为单个节孝妇女个人而立),5座为"贞孝节烈总坊",即为多名节孝妇女而立,每位刻名于上。受此旌表的妇女死后均可进入节孝祠,享官方祭祀。② 以上反映出清代州县妇女节孝坊与"妇德"教育风尚相联系。

法国人对妇女牌坊的抵触与欧洲妇女在社会上的传统地位有关。欧洲人从古罗马时代形成的传统是英雄崇拜,近代是伟人崇拜。王宫、凯旋门、雕塑,以及表现战争场面的绘画,其中所反映的均是男性英雄。中国妇女则会因为个人德行而受到国家旌表。清代的妇女牌坊与古罗马时代的凯旋门在造型上有某种相似性。如典型的君士坦丁凯旋门(公元312—315年建筑),即为"四柱(古希腊科林斯式)三间(古罗马拱券式)",中为大门,两边为对称小门,门楣上装饰有华丽浮雕。③ 四川清代妇女节孝坊大多为"四柱三间门",上为山墙,有雕刻与浮雕。④ 罗马帝国凯旋门是为纪念皇帝战

---

① 《清会典事例》(五),第503页。
② 黄尚军、杨小锋等:《巴蜀牌坊铭文研究》,第44—48页。
③ 李春:《西方美术史教程》,陕西人民美术出版社,2008,2012年第4次印刷,第30页。
④ 黄尚军、杨小锋等:《巴蜀牌坊铭文研究》,表1-4"巴蜀牌坊功能类型",第18页。

争得胜归来而伫立在城市中的纪念性建筑,中国清代妇女节孝坊则是因为某一妇女的个人德行而予以表彰的纪念性建筑,在道路冲衢或城镇内外建立壮观的石牌坊,巍然矗立,令人想到欧洲凯旋门,这很难说不会因此而引起法国人心理上的抵触情绪,使其难以产生敬仰之情。中国传统是儒家文化,道德价值观中以"仁""义"为重。在地方牌坊中,有为在地方有卓越贡献的官员所立,亦有为"乐善好施"之人所建,但数量上均不及妇女节孝坊普遍。妇女夫亡后在家庭生活中有了"仁""义"行为,在乡邻中广为传扬,地方政府申报立牌坊,获得较男子更高的荣誉和敬仰,是否从一个侧面反映了中国妇女在社会上的地位以及国家的重视?中国家庭传统"男主外女主内",妇女角色是"相夫教子",协助丈夫,在家经营家务,照顾老人,教育幼童。据以上所举地方志介绍,各地所立妇女石坊大多为士阶层妻室,说明节孝妇女和节烈妇女与儒家妇德教育影响有关。

(二)小脚妇女及男女隔离

中国汉人妇女缠足是全然不同于西方妇女的风俗。在中国进入世界舞台之时,中国使节的小脚夫人如何应对社交场合?光绪四年(1878),曾纪泽作为第一位出使英法大臣郭嵩焘的接替者,出任清政府驻英、法两国大臣。曾纪泽,字劼刚,大学士曾国藩之子,"少负俊才,以荫补户部员外郎。父忧服除,袭侯爵。光绪四年,充出使英法大臣"①。曾纪泽在赴任英法大臣途中,对其夫人三寸金莲将遇到的问题早已未雨绸缪。他从各国各有风俗的角度出发,事先写了一封正式公函交由随行照料的法国人函告法国议礼官,事涉家眷当遵守大清中国礼仪,即不与男宾同宴、不与男士往来的原则。兹录该公函内容如下:

> ……贵国为秉礼之邦,泰西各处礼仪,大半依据贵国所行以为榜样。中国遵至圣孔子之教,亦以礼仪为重。……泰西之例,男女同席宴会,凡贵重女宾,坐近主人,贵重男宾,坐近主妇,此大礼通例也。而中国先圣之教,则男女授受不亲。姑姊妹女子既嫁而返,兄弟不与同席而坐,不与同器而食。至亲骨肉,其严如此,则外客更可知矣。中国妇女若与男宾同宴,将终身以为大耻。现在中国与泰西各国通好,将成永久之局,将来国家遣使,亦必常行不断。公使挈眷,事所常有。鄙人此次挈携妻子同行,拟请足下将鄙人之意,婉达于贵国议礼大员之前。中国公使眷属,只可间与西国女宾往来,不必与男宾通拜,尤不肯与男宾同宴。即偶有公使至好朋友可使妻女出见者,亦不过遥立一揖,不肯行握手之礼。中西和好虽殷,吾辈交情虽笃,然此一端却系中国名教攸关,不必舍中华之礼,从泰西之礼也。各国公使驻于中国北京者,其眷属亦并未与中国官宅往来,可见彼此礼教不同,尽可各行其是。若蒙足下从中委曲商酌,立有一定规矩,则将来中国公使挈眷出洋者,不

---

① (清)赵尔巽等撰:《清史稿》卷四四六《曾纪泽列传》,第12478页。

至视为畏途,实于彼此通好长久之局,更有裨益。①

充任英法大臣的曾侯在公函中以中土西洋各有习俗,中国儒家礼俗向无男女同席及拜访家眷之俗为言。作为大清公使,事先言明,表明各国各有风俗,中国出使大臣将遵守中国习俗,不须强之,此举既省去了小脚公使夫人迫于应对的尴尬,也维护了中国妇女的尊严。

1.法国人考察笔记中所记录小脚妇女形象

西方人对于中国妇女缠足的好奇和诟病在西方也很流行。法国人在西南地区考察时,留心观察公众场合是否有小脚女人、汉人是否有大脚妇人,以及与妇女缠足相联系的男女隔离现象,此在里昂商会考察团笔记及其他法国人的笔记中均不乏记载。

在里昂商会考察团出版的法文版考察笔记中,有一帧题名为《中国官府中着礼服的太太们》的照片②,系为四川某高官府上的四位年轻太太拍摄的玉照。她们身着华丽的绸缎礼服,上衣下裙,大敞袖,衣袖和领子镶有阔边,三寸金莲的绣鞋精致,神情淡定高贵,这就是那个时代高层官员家庭缠足的贵夫人形象。法国人更为关注的是中国是否各阶层妇女都是缠足小脚、小脚女人如何行走、能否在公众场合看到外面的世界等等,法国人考察笔记提供了一些通过观察看到的中国各阶层妇女缠足现象,对西南地区小脚

---

① (清)曾纪泽:《曾纪泽集》,喻岳衡点校,岳麓书社,2005,第328页。
② 法国里昂商会编著,〔法〕里沃执笔:《晚清余晖下的西南一隅——法国里昂商会中国西南考察纪实(1895—1897)》,第140页。

妇女的记载,能说明一般问题。

笔记中记载了官员及富商家庭的妇女外出乘轿的情形。"轿子门帘拉上,她们就可以从里面随心所欲地往外看,只是外面的人群看不见她们而已,……有些高官或富商的女眷们有意将轿口处的帘子掀起一点来好让人欣赏到那一双金莲。"①

在大城市的大街上也能看到不乘轿走路的小脚女人,这是一般阶层的妇女。在广州城,"一些妇人……成群地走着,你推我搡,蹒跚地迈动着小脚"②。在昆明的街上,"小家碧玉们也会到这里来'赶街',尽管裹着小脚,却能找到办法在人群中穿行"。在重庆城,"有点社会层次的胖太太们拖着裹足,像踩高跷一样,艰难前行"。③ 贵州客栈老板娘和一位女子,"搔首弄姿般地踮起小脚,迈着猫步。这两双小脚,脚尖像高跷头,用裹脚布裹起来,捆扎好。裹脚布有点像弃用的旧抹布","穿在脚上的小红鞋已经褪色"。④

裹小脚也在平民百姓家庭流行,"平民百姓的老婆、小资阶层的妻子,……她们忙碌于男人主宰的各种事物,尽管女人们拖着残废小脚,却仍然穿梭于大街小巷"。⑤

---

① 法国里昂商会编著,〔法〕里沃执笔:《晚清余晖下的西南一隅——法国里昂商会中国西南考察纪实(1895—1897)》,第 125 页。
② 〔法〕奥古斯特·弗朗索瓦(方苏雅):《晚清纪事—— 一个法国外交官的手记(1886—1904)》,第 89 页。
③ 法国里昂商会编著,〔法〕里沃执笔:《晚清余晖下的西南一隅——法国里昂商会中国西南考察纪实(1895—1897)》,第 41 页。
④ 〔法〕奥古斯特·弗朗索瓦(方苏雅):《晚清纪事—— 一个法国外交官的手记(1886—1904)》,第 204—205 页。
⑤ 法国里昂商会编著,〔法〕里沃执笔:《晚清余晖下的西南一隅——法国里昂商会中国西南考察纪实(1895—1897)》,第 98 页。

以上所举各例反映出两个现象：一是在中国社会汉人妇女中，上至官员夫人，下至富商太太、中产阶层、平民阶层妇人，上上下下均裹小脚。二是妇女并非绝对不在大街上抛头露面。中产阶层以至贫民妇女，都拖着小脚在大街上自由行走。

2.中国社会上不存在男女接触现象

里昂考察团礼节性地去当地官员府上拜访，家眷不会出面接待。但官员家眷对洋人之状貌有好奇天性，会从室内窗户偷窥，"身旁偶尔传来一阵清脆细微的声响——窗户纸被撕破拉裂开来，一定是主人家中的女眷们在暗中打量我们"。在中国内地及有教养的社会阶层，面对"大胡子"洋人，女性的这种矜持更是无以复加，"马路边一位妇女遇上'洋人'，宁可立刻背过身去，执拗地盯着田间的某一样东西，也绝不肆无忌惮地直视'西方洋鬼子'的脸庞，这些不折不扣守规讲礼的女性一般都是成年人"。① 在大街上遇上洋人，"打伞的优雅妇人一看到我们，就用伞往下遮住了五官。据说，只有在蒙自和开远两座中国城市里，有身份的妇人要打伞步行上街"。②

男女不能在公众场合接触的习俗，在信教的教民中也有反映，传教士只能入乡随俗。教士们在为皈依天主教的中国女教徒举行"临终涂油仪式"时十分为难，"因为要触摸双脚，对中国人而言，简直大逆不道，不能容忍"。在四川遂宁，法国天主教传教士们也只能向习俗低头，"该地区的天主教士们用一道高高的木板隔墙把教堂的一头到另一端纵向地分隔成两个不同的区域——男人区和女

---

① 法国里昂商会编著，〔法〕里沃执笔：《晚清余晖下的西南一隅——法国里昂商会中国西南考察纪实(1895—1897)》，第156—157页。
② 〔法〕亨利·奥尔良：《云南游记——从东京湾到印度》，第18页。

人区"。

虽然男女在公众场合不能接触,但在有些公众场合妇女并不会受限制。里昂商会考察团记载了去峨眉山朝圣进山途中,遇到"善男信女们手拄拐杖,一把油伞斜挂在肩上"进山朝圣。他们发现登山的几乎都是一些小脚妇女,甚至还有背着孩子的妇人:

> 遇到的男性的确很少,几乎无一例外都是清一色的女性,她们衣着整洁,由于缠过小脚,站立行走时身体有如立于高跷上,十分困难,她们所完成的才是真正意义的朝圣之举:一级级台阶对她们是何等艰难,一道道崎岖山路更是恐怖,最后还得攀登3000米高的山峰。……来此朝山敬香的女人们都背着黄布包,里面插满了要放进供台盛器燃烧的香烛。……其中以老年妇女居多,而且差不多都是形影孤单,无人陪伴。……眼前这几位妇女更是表现出非凡毅力——她们各自肩上还背个孩子来此进香,真可谓不辞辛劳![1]

是否所有汉人妇女都要缠足?这也是里昂商会考察团特别关注的问题。根据零星观察,里昂商会考察团负责植物类和人种志考察报告的海军一等医官德布伦博士记载其在四川所见,"全省各地均有大批的大脚存在"。这是指汉人中的劳动妇女阶层,包括"遇见过一些客店女掌柜,看见过长江流域的'女船夫'。……是'扯着大嗓门说话的'女人"。德布伦博士在从重庆到成都的官道

---

[1] 法国里昂商会编著,〔法〕里沃执笔:《晚清余晖下的西南一隅——法国里昂商会中国西南考察纪实(1895—1897)》,第125、139—140、108—109页。

上见过,另外两名考察团成员在川东和顺庆府地区也遇见过大脚女人。① 不缠足的大脚女人,是一些从事男性工作或体力劳动的妇女。

里昂商会考察团通过法国传教士了解到中国妇女所处的这种情况,西方人包括传教士在内对此持抨击态度。考察团在笔记中对此有这样一段激烈的抨击与深刻的描述,认为缠足这种习俗根源还在于妇女本身的虚荣,她们将小脚视为一种"时尚":

> 大家都知道,伤残、曲扭女人双脚之野蛮习俗相对而言并非由来已久,无论最初动机如何,这种时尚无不夹杂着女人特有的虚荣、卖弄,这一点毋容置疑,也如此特别、怪异以至于有这样的事发生:教士们千方百计引导人们废除强加给女人的荒诞酷刑,却遭遇到某些人振振有词、据理力争地说:"我如果不给女儿缠足,她就嫁不出去。"再者,想到未来,不幸的小女孩甚至也会自己嚷着要人给她曲扭双脚,尽管这个过程满是痛苦、泪水,尽是无奈、难忍。这就是女人的死要面子活受罪!虚荣心到底可以将女人伤害到何种程度!②

以上抨击指出裹小脚是一种妇女的虚荣习俗,是出于审美的需要,但却是一种人为的酷刑,又是丑陋的。它令妇女们步履蹒

---

① 法国里昂商会编著,〔法〕里沃执笔:《晚清余晖下的西南一隅——法国里昂商会中国西南考察纪实(1895—1897)》,第124—125页、第133页注释(7)。
② 法国里昂商会编著,〔法〕里沃执笔:《晚清余晖下的西南一隅——法国里昂商会中国西南考察纪实(1895—1897)》,第124—125页。

跚,失去了活泼的体态,"出于一种奇怪的审美倒错"。缠足又与婚姻相联系,以至于有做父亲的对传教士的劝告"振振有词、据理力争地说:'我如果不给女儿缠足,她就嫁不出去'"。因此,缠小脚就不能只看成纯粹出于妇女的虚荣,其中还有男子的审美标准和社会风尚。换言之,缠小脚的"三寸金莲"与女子婚嫁有关联,主要是在士阶层和较富裕商人家庭的妇女中流行。

二、四川"天足会"与"女学堂"的出现

晚清四川英、法传教士抨击妇女缠足风习,英商之妻立德夫人推动在重庆成立妇女"天足会"。四川妇女在"新政"中接受天足观念,源于响应清廷号召,从省城缙绅内眷中开始宣传,开启天足运动,进而在社会上推而广之。

(一)上海"不缠足会"与重庆立德夫人"天足会"宣传

以上关于妇女小脚现象的记载均见于1895、1896年的法国人考察笔记,其中也提到中国社会正在酝酿改变,"好在最近几年,一场除陋习、立新风,为妇女谋利而备受英国'传教士'称赞的运动正悄然兴起,它值得大力推广、促进"。[①] 中国最早鼓励妇女不缠足,始于1897年6月梁启超等人在上海成立"不缠足会"。梁启超在《试办不缠足会简明章程》中指出缠足为习俗,"苟不如此,即难为

---

① 法国里昂商会编著,〔法〕里沃执笔:《晚清余晖下的西南一隅——法国里昂商会中国西南考察纪实(1895—1897)》,第125页。

择婚,故特创此会,使会中同志,可以互致婚姻,革此浇风"①。指出了习俗以缠小脚为美,妇女不缠足"即难为择婚"。成立"不缠足会"是为了使得能接受不缠足观念的入会男子,愿意选择入会不缠足的女子为妻。里昂商会考察笔记出版于1898年,其所提到的中国"一场除陋习、立新风"的运动正在"悄然兴起",应是指梁启超在上海组织的"不缠足会"。

洋教士普遍对中国汉人女子缠足持批评态度,所以里昂商会考察团笔记提到重庆英国牧师以及成都的法国传教士均在酝酿对妇女缠足习俗的反对活动。上海"不缠足会"消息一经报道,重庆英商立德之妻(Mrs. Archibald Little)1897年即在重庆酝酿发起妇女放足运动,倡导成立"天足会","邀同志约五六十人,议定会约"。会章中规定"入会者,女不得缠足,子不得娶缠足之妇","会员之女凡十岁以下一律放足"。② 号召作为家长的入会会员,不得令年幼女儿缠足,儿子也不娶缠足之妇,表明倡导"天足会"之约是针对社会上"女儿不缠足就嫁不出去"的风气及男子择婚的标准,要在婚姻上破旧俗立新风。1898年康有为在"戊戌变法"期间,也向光绪帝上奏折请求皇帝下诏"严禁妇女裹足"③,表明清末社会上试行不缠足、成立"不缠足会"始于康梁"戊戌变法"前后。四川的英法传教士均持赞成态度,英商立德之妻在重庆采取了跟进行动,倡导

---

① 梁启超:《试办不缠足会简明章程》,载梁启超著、林志钧编《饮冰室合集·文集第二册》,中华书局,1941,第20页。
② 《天足渝会简明章程》,《渝报》第9册,光绪二十四年(1898)。
③ 康有为:《请禁妇女裹足折》,载汤志钧编《康有为政论集》上册,卷一,中华书局,1981。

成立"天足会",并议定了会约,在社会上吹风。

立德夫人是在华中、华南、东南及四川倡导妇女兴起天足运动最有力的西方女性之一。立德夫妇来华后从广州到上海,在1891年重庆开埠前一年立德即进入重庆,成立了重庆的第一家洋行"立德乐洋行"。里昂商会考察团在重庆组织的周末白人圈子中的那对英商夫妇,即是立德夫妇二人。立德夫人1902年出版过一本自传性小书《穿蓝袍的土地》,书中叙述她响应上海"不缠足会"主张,在重庆倡导成立"天足会"拟约,在中国长江流域的运输洋行同意为她提供免费轮船旅行,以及写给沿途中国重要人物的推荐信后,以"天足会"代表名义去华中、华南、东南等地开埠都市宣传妇女天足运动。首次宣讲会在汉口,由汉口英国领事主持,英国牧师参加。会上立德夫人鼓足勇气,向受邀的当地政府官员宣扬妇女天足,结束后向官员们散发了放足传单。第二场宣讲会在汉阳,立德夫人还带去几个已放足的妇女,在台上站立一排,当场在官员们面前抬起放了裹足布帕的双足示范,引发了在场人士的笑声。此后立德夫人去广州,会同当地支持倡议中国妇女不缠足的欧美女士,拜访了时任两广总督的李鸿章,总督只说会予以支持。随后立德夫人又去了福州、杭州、苏州等通商口岸,用同样方式宣传,在当地会同英国领事或英国牧师、地方官员组织集会,宣讲妇女天足主张。①

---

① Alicia Helen Bebicke(Mrs. Archibald Little), *The Land of the Blue Gown*(《穿蓝袍的土地》), Unwin, London, 1902. Traduit en français par Ninette Boothroyd, Muriel Détrie, *Le Voyage en Chine*, pp. 700–716.

(二)四川省城缙绅内眷响应懿旨,全省兴起放足风气

1901年1月清廷下诏准备变法实行"新政",1901年秋两宫从西安返京途中,慈禧太后向地方缙绅之家颁布懿旨,婉劝汉人妇女不缠足:

> 汉人妇女,率多缠足,由来已久,有伤造物之和。嗣后缙绅之家,务当婉切劝导,使之家喻户晓,以期渐除积习。①

慈禧太后正式号召"缙绅之家"内眷带头,婉劝汉人妇女"渐除"缠足积习,先于重庆英商之妻立德夫人1902年出版《穿蓝袍的土地》一书。四川响应妇女放足并未走在前面,成都"天足会"创立于光绪三十年(1904),由缙绅之家发起。傅崇矩《成都通览·成都之妇女》记载了重庆立德夫人来成都开演说会,启动成立"天足会"的盛况:

> 天足会创于光绪三十年,英人立德之妻及启尔德之妻,大开演说于玉龙街龚氏蘧园,赞助临会者:胡雨岚太史之太夫人、龚向农孝廉之大夫人及其夫人,萧捷三大令之夫人及其女公子,朱曾三大令之如夫人,成述仁直刺之太夫人及其妹并其女公子,苏星舫大令之女公子,刘福田大令之女公子,陆演绎

---

① (清)朱寿朋编,张静庐等校点:《光绪朝东华录》四,第4808页。

之大令舍人及夫人及内子雷氏斗笠。当时摄影纪念,予又刊布《勿缠脚歌》,印送十余万张。岑制军又刊发劝放脚之白话示喻,成都之风气,从此开矣。①

立德夫人公开在省城演说,倡导成立"天足会"是在1904年"新政"期间,得到"岑制军又刊发劝放脚之白话示喻"的支持。实际上,1902年岑春煊任川督期间,响应慈禧懿旨,已刊发"劝放脚之白话示喻"酝酿声势。此次大会由成都著名缙绅之家内眷出席演说会赞助宣传,从太夫人到夫人、如夫人,妹子及女公子等女眷出面,大会配合摄影、发放早先岑制军时刊发的白话《勿缠脚歌》,由缙绅内眷率先在省城正式开启了妇女天足运动。

天足运动有两项内容:一是鼓励已缠足的女子放足,二是号召年幼尚未缠足及将来出生的女孩再不许缠足。天足运动开初的情形,"废缠脚之风,虽经官绅提倡劝导,尚未见实行。但省城之内女学生,及稍明事理之家,均已放脚"。表明入学的年轻女学生和"稍明事理之家"的缠足女子已经开始放足。四川各地也在官府的督促下开始兴起放足之风,同时有报纸宣传报道。清政府劝导妇女"不缠足"改良之风也继续推进,光绪三十一年(1905)翰林院书局印行的《劝不裹脚浅说》已经定为各省通行教科书。据傅崇矩《成都通览》记载,成都"近两年(按:1907—1908年)中不缠足之女子,约有十之三四矣"。② 反映出天足运动传播较快,小脚妇女们受到了挑战。

---

① (清)傅崇矩编:《成都通览》,第54页。
② (清)傅崇矩编:《成都通览》,第54页。

(三)开办女学盛况

女子放足风气兴起期间,女子学堂也正在开办。光绪二十九年(1903),川省响应清政府关于各省开办新学堂的谕令。随着天足运动的兴起,开办"女学"也成为新学堂的组成部分,新办报纸大力提倡重视女子教育:

> 女子无才为德之说兴,于是男子有学,而女子无学。凡所以待女子者,不过充服役、供玩好而已。……蓄之如犬马,视之如花草,不使受同等教育,独何心欤? 于在乎天下不仁义之事,岂有过于此者![1]

认为没有让女子像男子一样接受教育是对女子不仁义的表现。有报纸进一步载文说明女子接受教育的重要性,"既桎梏其心思,而复夺其权力。……而其影响所及,至于弱国而贫民"[2]。以上文章代表了四川官方的声音。文中对于妇女接受教育,从男女平权入手,并认为妇女既缠足,又不受教育,其影响所及,乃是"弱国而贫民"。以上思想,无疑反映了"新政"强国富民的目的,因此妇女的权利受到了极大重视。1903年重庆率先成立女学会,并开设女学堂,开办女学体现了由传统向改良过渡的开启。

女学开初设立职业师范短期培训班,妇女以学习女红为主。

---

[1]《广兴女学议》,《四川学报》丁未第6册,光绪三十一年(1905)。
[2]《论女子先定教育宗旨》,《四川学报》丁未第8册,光绪三十一年(1905)。

据《成都通览·成都之学生》中"保育科女生姓名"一栏的介绍,可知当时已经注重培养女性接受保育员职业培训,反映出对婴幼儿的养育受到重视,此类学员当为年轻缠足女子。后来女学开始发展初等中学教育,这类女子学堂以推广普通教育、提高妇女素质为主,而非授予谋生技能,其学员一般为官绅家庭和富裕家庭女儿。各新式学堂明令女学生一律禁止缠足。据《成都通览·成都之各学堂》所载,清末省城的女子学堂分为官立、自立和教会三种:

> 官立女学堂计有:淑行女子中学校(后改为省城女子师范学堂);懿行女子中学堂,懿行女子师范学堂,八旗各初等女学堂;
> 自立学堂:贞静女学堂、肖氏自立女塾;
> 外国人立学堂:妇女学堂,华美女学堂,启化女学堂。①

清政府官办和私立女子中学堂均重视妇女德行,与传统"妇德"教育之间存在传承关系。法国天主教和欧美基督教共有三所教会女学堂,其名称有启迪开化之意。

四川在1907—1910年间创办的女学堂和招收的女学生人数逐年增加,女学堂发展较快:

> 1907年川省共有女学堂69所,女学生2234人;1908年有女学堂84所,学生2838人;1909年146所,4642人;1910年

---

① (清)傅崇矩编:《成都通览》,第27—29页。

163所,5600人。①

四川"女学堂"开办之后,逐年发展迅速。1910年全省已有"女学堂"163所,学生5600人,不可谓少。各县至少有一所女学堂,府州则更多。清末女子响应天足运动,放足或不缠足,进入"女学堂"的女学生,成为社会上女子走出家门、接受学校教育的先驱。

三、放足之后的蜀都妇女印象

"新政"期间女子放足与"女学堂"兴起,是妇女走出传统生活的开始,但大多限于幼年及青少年女子。公共戏院的出现使得妇女可以涉足公共场所,这才是真正的妇女解放。里昂商会考察团1896年在重庆驻地"仁友店"公馆里看到的家庭戏台上的戏曲演出,逐渐被公共戏院演出取代。成都"在前并无戏院,光绪三十二年(1906)吴碧澄创立于会府北街之可园,成都人故好观剧,故官许之"。继"可园"公共戏院建立以后,在华兴街又产生一家著名戏园"悦来茶园","男宾由华兴街入,女宾由梓潼桥入"。② 妇女也可以抛头露面,进入茶园看戏,男女在公共场所隔离的社会习俗开始破除。

---

① 《光绪三十三年京外学务一览表》,《第二次教育统计图表》,《第三次教育统计图表》,《蜀报》第1年第4期"纪事"。以上参见王笛《跨出封闭的世界——长江上游区域社会研究(1644—1911)》。本著有关提倡天足的报纸内容参见该书第629—630页;女子教育参见其第627—629页,所引资料亦系从中摘出。
② (清)傅崇矩编:《成都通览》,第132、133页。

(一)放足妇女行走步履优美受到赞赏

据重庆1906年海关报告所载,1906年"成都的妇女可以和男人一样自由地在大街上行走,完全不受干扰"。① 1906年日本人中野孤山受聘到成都中学教授数学,因此有机会在成都大街上看到汉人放足女子行走,"鞑靼城"的天足八旗妇女也在大街上自由溜达。中野孤山对小脚和天足这两种不同妇女类型做了一番比较:

> 蜀都妇女要缠足,她们虽然步履蹒跚,但个个花容月貌,姿色迷人。……妇女的鞋子很小,有的还不足两寸长,力求只有一瓣莲花大小。……她们上身前倾,走起路来脚步蹒跚,双手摆动,这大概是缠足使然。看惯之后,觉得她们的姿态非常优美。
>
> 满洲的妇女,……她们的姿势与蜀都妇女完全相反,就像那些腆肚男人一样,她们挺着胸部、拖着两条腿走路。她们双手插在怀里到处溜达,一副不慌不忙、悠闲自在的样子,毫无可爱之处。双脚没有缠,是天然的。
>
> ……蜀都出美人与蜀人重视妇女,不许她们参与劳动,而让她们在家养颜,饱以美食等有很大的关系。②

---

① 周勇、刘景修译编:《近代重庆经济与社会发展1876—1949》,第294页。
② 〔日〕中野孤山:《横跨中国大陆——游蜀杂俎》,郭举昆译,中华书局,2007,第148—149页。

中野孤山的描述从美感出发,认为缠过足蹒跚行走的小脚蜀都妇女走路更有美感,所以认为她们迷人;满人妇女天足,习惯到处溜达,却"毫无可爱之处"。日本人对蜀地裹脚女子的可爱与天足满族妇女毫无顾忌地在外面溜达及其状之描写,可构成如下联系:女子缠足走路,与姿态优美及引起男人欣赏似乎可以连在一起。这大致可以解释何以汉人女子要裹脚,不在外面抛头露面闲逛,何以汉人男子欣赏女人小脚。日本人产生了与法国人考察笔记中描写裹脚妇女走路"像踩高跷似的"完全不同的印象。同样的对象,虽然得出的感觉不一样,但法国人也指出了裹成小脚是一种妇女的虚荣习俗,是出于审美的需要,说明小脚也自有它的美感。简而言之,汉人妇女之所以将天足裹成符合审美需要的小脚,不顾幼时裹足带来的痛苦,也不顾小脚所带来的行走不便,要在家里"养颜",原因是社会上有一个"唯美"的审美标准,乃至于成为社会风习。汉人男子喜欢小脚,发展出对小脚绣花鞋的崇拜,美其名曰"三寸金莲",因此与性之间有了某种联系。

(二)妇女放足之后的旧派新派及服饰区别

据《成都通览·成都之妇女》记载,当时的妇女从服饰上出现了旧派与新派:"妇女衣服,近时分三派:一旧派,则大袖大衫,镶缘宽阔也;一时派,窄袖窄腰,不满不汉也;一学生派,小袖窄边,淡妆无华也。""旧派"应为缙绅之家缠足的年长和中年内眷;"时派"的"不满不汉也"当为放足居家的半大脚年轻女子;"学生派"大抵为青春年少缠足尚未成形的天足女子。女学堂重视健康,有"女子体操一门。精神形式,日见进步,又成都人闻所未闻,见所未见也"。此上反映出四川提倡"天足"运动放足伊始,成都妇女社会中出现的新旧参杂状况。这一风气在商业领域也产生了影响,"鞋铺添出一种特别生意,专售放脚后所穿之靴鞋,蛮靴样小,颇觉可人"。而不缠足的天生大脚女,反倒以大脚为羞,"……然往往有等特别妇女,本大足也,一经解释便天然足色,乃偏自嫌足大,必多方掩饰,或大鞋留尖绣花,真不伦不类之怪象也"。妇女放足、不缠足风气兴起,又兴起女学堂,因此清末成都"居家常用"之"闺阁用品"中出现的一些洋货也足可引起注意,如香皂、卤漆镜箱、各种花露水、风琴、钟表、洋蜡台、穿衣镜等等。①

1908年初春,法国多隆少校探险队进入成都休整一个月,1909年法国医生谢阁兰与作家德瓦冉(De Voisins)旅行途经四川进入成都、重庆期间,均无对四川妇女天足运动这一巨大变化的记载。他们所见省城成都街市,妇女在大街上自由自在地抛头露面已非新奇之事。成都妇女的社会生活已经变得多姿多彩,妇女的精神面貌正在发生巨大的变化。

清末四川妇女的天足运动,系响应慈禧太后1901年懿旨,地方缙绅之家"婉劝"汉人妇女不缠足,在省城由官绅内眷带头,通过提倡和大型集会宣传,以及社会舆论和社会风气推行,在都市城镇都取得了一定成效。②

----

① (清)傅崇矩编:《成都通览》,第132—133、441、306页。
② 中华民国1928年立法继续推行"不缠足"运动,各省"不缠足"运动得以深入乡村社会。其措施是作为一项制度而强行推进,许多缠足妇女及其家庭因此而受害甚深,见杨剑利《近代中国社会的放足运动》,《河北学刊》2007年第3期。

第四节　成都"新政"改良种种

四川在"新政"中有较多的社会改良作为,诸如慈善、公共卫生,以及禁绝鸦片种植,等等。各项举措能够推行,与成都举办新式警察事业分不开。《成都通览·成都之警察五十二局所》记载:

> 成都警察已办六年,原始家为周孝怀观察。光绪丙年(按:光绪三十二年[1906],岁次丙午),周公复总办而进化之。故成都警察程度足称完善,创者困难,继者尤难,今年新设巡警道,原立之总局改为警务公所。向称五十二局者,今只五十一局矣。①

成都省城创办警察事业源自周孝怀,即周善培(1875—1958),祖籍浙江诸暨,生于成都。其父为营山知县,为其延请川南名士赵熙授学,1896年中顺庆府乡试副榜。先后在湖南长沙和北京结识宣扬变法的维新派人士,1898年"戊戌变法"失败后去日本避祸。1900年回国,1902年岑春煊署理总督,新办警政,周孝怀曾研习日本警政,因此受聘接手川省警察总办,故谓"原始家为周孝怀观察"。1903年锡良接任总督。锡良(1853—1917)字清弼,巴岳特氏,蒙古镶蓝旗人。同治十三年(1874)进士,用山西知县,历任州

---

① (清)傅崇矩编:《成都通览》,第25页。

县有惠政。光绪二十九年(1903),擢闽浙总督,调署四川。锡良于1903—1907年在川主政,正是四川大力推广社会改良、开办新学堂、开启推动妇女天足运动、解决停科举之后士阶层读书人的出路和角色转换等期间。锡良奏准周孝怀任四川巡警道道台(正四品),负责都市社会改良。1908年,继任四川总督赵尔巽奏准以周善培任劝业道道台,委以负责工商及矿业交通大任。周善培本人早年赞同维新主张,又曾去日本研习考察警政和日本社会,因此在四川十年"新政"实施中,在历任总督主政期间,有较多作为。①

有关成都诸种改良,根据时人记载撮要列举如下。

一、慈善事业诸种举措

法国里昂商会考察团在考察成都时,记载有成都公私民间为乞丐流民施粥和掩埋尸体的慈善举措。《成都通览·成都之慈善事业》中有关于新政慈善事业及对受益人的安置办法调查:"在前两年,于每年冬间,官开米粥厂、暖厂,近已裁。然年中之施药送医,年终之施米散钱者,尚有人也。"足见"新政"之前官府与民间存在如里昂商会考察笔记所载善举,虽然官府施粥已经裁停,但民间依然存在。"新政"期间,成都有如下官办与民办慈善机构:

> 官办者:掩骼局、废疾院、牛痘局、育婴堂、采访局、利民局、济良所、军人病院、戒烟总会、苦力医院、幼孩婢女迷失所、

---

① 岱峻:《改良派周孝怀》,Sina新闻中心转载自四川新闻网-成都晚报,http://news.sina.com.cn/o/2010-05-02/051717453295s.shtml,2010-05-02。

幼孩教工场、乞丐各路工厂。

民立者:孤老院、慈幼堂、捞尸会、盂兰会、施棺会、施义地、栖流所、育婴公社、中立公社(戒烟)、普益公社(戒烟)。①

以上公私慈善机构较"新政"以前更见完备,涉及婴儿、老幼男女、死者、病者、贫者、丐者、苦力、妓女、烟鬼等。如废疾院、育婴堂、慈幼堂、济良所、栖流所等,均是为无助之各色人等提供救助的慈善机构。

成都的乞丐和孤儿救助措施始于1903年,1906年全面施行救助措施,成效显著。成都市内设各路工厂大量安置乞丐,"凡街面乞丐一律收入",根据年龄与资质分别安排学粗浅手工或服官私劳役。"所得工资,由厂按名分储,俟在厂三月期满出厂,即以所积之款发给,俾为小贸资本,不致再为流落。"②

成都1906年设立能容纳千人的幼孩教大工场,收留"乞丐中之幼孩及幼年失父母或家贫无力自养之子",凡能言语步行者,由大工场随时收养。按年龄分哺育与学习两种,六岁以下者由保姆照料,6—14岁安排学习识字、算数及能谋生的简易技能,年满14岁后便令出厂自谋生计。③

设"济良所"匡正妓女及社会风气。成都商业发达,都市生活富裕,因此也存在娼妓。成都在"新政"改良中,为了避免对从事这

---

① (清)傅崇矩编:《成都通览》,第35页。
② 《奏开办习艺所及各项工厂情形折》,载中国科学院历史研究所第三所主编《锡良遗稿》第一册,第646页。
③ 《四川官报》丙午第28册,"公牍";王笛:《跨出封闭的世界——长江上游区域社会研究1644—1911》,第633、634页。

一职业的妇女产生歧视,还特意创造出新的称谓,名之曰"监视户"。《成都通览·成都之监视户》有载:

> 监视户即"土娼",……光绪三十二年(1906),周观察总办警察局时,始赐以美名,即"监视户"也。……成都有一污秽不堪之地,名柿子园者,下流社会所出入,亦经警察局改良,更名为兴化街。近又立有济良所。①

以上反映出"新政"期间对成都娼妓也进行了文明改造。一是赐予美名"监视户",取代"土娼",对其给予了一定尊重;二是将娼妓所在的一污秽下流之地改名为兴化街,以示革新风气;三是成立济良所,对愿意从良者,进行改造,帮助谋生业。成都监视户数目也有记载,"据最近之调查,监视户凡三百二十五家"。

成都对所有登记在册的监视户进行了有效管理,颁布了监视户规则:

> 一、各学堂学生应守礼法,不准入内;
> 二、各营兵丁应守营房,不准入内;
> 三、年轻子弟应爱身体,不准入内。②

以上规则戒绝学生、兵丁、年轻子弟游监视户。对监视户和地痞闹事者也有规定,"以上三等人,该户如敢私留,查出一并治罪。

---

① (清)傅崇矩编:《成都通览》,第92页。
② (清)傅崇矩编:《成都通览》,第92页。

如有地棍痞徒,借词滋扰,亦准该户密报本局拿办"①。足见改良措施非常到位,对学生、兵丁、年轻人的禁令起到爱护和正面引导作用,同时对监视户妇女既有抑制也有保护,对这一职业的妇女和社会风气都起到了治理和改良的效果。

二、省城公共卫生的改进

成都于1900年开办新式警察局负责公共管理,"自周孝怀观察办警察局后,民间方知卫生有益"。警察局实施了以下公共卫生善举:

> 街道无渣滓,街道无死鼠死猫,杀房尽移城外,戮人移于莲花池。
> 街边尿缸一律填平,各街茅房改良尽善,病猪肉不准入城,旅栈添通空气。认真大修阴沟,井边不准淘米洗衣,染坊臭水不准乱倾,街上不准喂猪。②

除了对公共街区做了切实有益的卫生清理,警察局对居家也做了多种规定,细致入微。其中有如"贴身衣服被褥枕帕宜三日一洗(能一日一洗更好)","阴沟及天井常用水洗,勿使秽塞,以防生疫","花木宜多栽,以吸痰气而生清气",等等。即使是成都之火政

---

① (清)傅崇矩编:《成都通览》,第92页。
② (清)傅崇矩编:《成都通览》,第250页。

(消防事业),救火石缸储水也讲究避免对空气产生影响,"……又令各街之一千一百太平缸,数日一换新水,防患卫生,无不周至。又将公私各水井调查清楚,凡有井之处,用木牌写一井字标明钉挂大门外,使人人知井所,便于应用"。①

成都客栈旅馆业改良。在法国里昂商务考察团笔记中,西南地区的客栈卫生一向被人诟病。四川在"新政"期间,风气所向,除了公共卫生,客栈业也进行了改良,建立了文明旅馆。成都客栈业改良状况见《成都通览·成都之客栈》:

> 客栈城内城外均有。城外者,恶劣无比。东门又有鸡毛店者,贫苦及乞丐游民所住者也。城内之客栈,以东大街、西大街为最多,然商号住者甚伙。若官店,则以打金街、青石桥、华兴街、棉花街、水花街、湖广馆为佳。昨周孝怀观察商令改良,通取空气,遂一变从前秽浊之习。近来商会同人集资,又建立文明旅馆,可称第一店矣。……
>
> 鼓楼街之店多住西商。省城店房其三百六十七处,外有寄宿人家三百六十七处。②

三、成都商业夜市的出现与繁荣

1900年以前西方人途经成都时,描述成都之美,称之为"东方的巴黎"(1871年英人库伯语),认为成都街市之美在中国十八府

---

① (清)傅崇矩编:《成都通览》,第250、29页。
② (清)傅崇矩编:《成都通览》,第131页。

无能企及者(1895年法国记者莫里埃所见)。他们所见是成都白天的街市景象,那时尚未出现夜市。1896年3月里昂商会考察团在重庆驻地考察时,正值当地因开始使用洋油每年引发火灾。官府因此禁止使用洋油,商店老板也不同意公众使用洋油,致使繁荣的开埠都市重庆城内街巷晚上没有灯火商业,一片寂静。在四川"新政"都市改良中,成都夜市开始出现。成都夜市大致始于1904—1905年间,夜市不但活跃了市民生活,更增添了成都"商城"的都市魅力。《成都通览·成都之夜市》记载周详:

> 夜市在东大街、西大街,上自城守衙门起,下至盐市口止,百物萃集,游人众多。大约可分为四段:城守署至臬台署走马街口,售饮食者为多;由臬署起至新街口,售寻常书画铜器者为多;新街口至鱼市口,售古董玩器铜器及鲜花者为多;鱼市口至盐市口,售鲜花、旧书、玩具、洋货杂器、冠帽、铜首饰者为多。黄昏时起,二更后散。近日且推出歧路,推及走马街、青石桥、东御街口矣。夜市均地摊,雨天稍冷淡。在前三四年,除市摊栈铺面,夜不闭门者甚少,只有香货铺、药铺而已。近来则洋广货铺,与上海同,均开夜市,又布绸缎铺、洋布铺等,至夜市时一变而为彩票铺矣。到白天仍售洋布、绸缎也。成都之售彩票者,亦以夜市上为最多。每至十二月除夕夜,买物尤觉便宜,正月初十后方再开市。然夜市物件,伪者甚多,奸商亦伙,小窃之剪扭者,如剪辫□,抓小帽毡帽等。虽警察甚

严,亦难防也。①

以上有关成都商业夜市生活的记载叙述,说明成都夜市处于蓬勃发展之中。夜市犹如白天之商业,不仅更方便市民购物,店铺夜晚改卖彩票,也是市民夜晚游逛的好去处。因此愈加反映了清末"新政"开启后数年间,距法国里昂商会考察团考察成都大约十年之后,成都作为商城更加繁荣的发达景象。

成都夜市没有关于使用灯光的记载,但进口洋油已经深入城乡市镇。《成都通览·成都之灯笼》记录有成都的各种灯笼,如"玻璃灯笼,在科甲巷买,价无定";"琉璃灯笼,在科甲巷买"。另有"宫灯""纱灯",并有一种"竹丝灯笼,省城只有二十四家,价亦不贵"。成都夜市使用灯笼装饰的洋油灯,亦不乏灯光璀璨夜景。

四、川省戒烟与成功禁绝罂粟种植措施

清廷推行"新政"禁烟始于1906年谕旨,四川从大力戒烟到禁绝罂粟种植在1907—1911年完成,主要是时任总督赵尔巽一大功绩。据《清朝历任四川总督》记载,赵尔巽(1844—1927),号次珊,又号无补。清朝汉军正蓝旗人,祖籍山东登州蓬莱。同治十三年(1874)进士,任翰林院编修,后外放为地方官。光绪三十三年(1907)调四川总督,旋补授湖广总督,由其弟赵尔丰代理。后复调四川总督(1908—1910),在推广禁烟一事上成效显著。在法国人

---

① (清)傅崇矩编:《成都通览》,第131页。

来华考察笔记里,均提到在西南地区的城乡都市,看到挑夫、轿夫等苦力普遍吸食鸦片,官员吸食鸦片也屡见不鲜。晚清西南地区四川鸦片产量最多,鸦片生产是四川的一大经济来源。

(一)四川省鸦片生产的出现及其盛况

因为鸦片早先作为洋药进口,西南地区早在第一次鸦片战争后的1846年,已有大量鸦片作为货物存在于云南及四川。据英国人胡克所述,这些鸦片从缅甸和印度陆路运来。① 四川、云南种植罂粟,与太平天国战事有关。1858—1861年四川东部各地受本省"变乱"所苦和太平军侵扰,建立"团练"以自保,因此赋税、厘金均有增加。继之以石达开率领大军侵入均需经费,"由此以后各年间,四川栽种罂粟的证据多而易见。1861年,(英国)船长布拉司基顿上溯扬子江时已见其为川省东部普遍农作物"②。在重庆海关报告《1876—1891年概述》中,对四川鸦片贸易和鸦片生产盛况描述如下:

> 鸦片和食盐是四川两大宗最重要出产。从公家收入看来,食盐迄今虽仍占本省大宗产品的第一位,但比之栽种罂粟则食盐产地较狭而赖以营生之人较少。鸦片在全省分布较匀

---

① 〔英〕胡克:《中华帝国》第1卷,转引自周勇、刘景修译编《近代重庆经济与社会发展1876—1949》,第46页。
② 〔英〕布拉司基顿:《扬子江上五个月》,转引自周勇、刘景修译编《近代重庆经济与社会发展1876—1949》,第47页。

而借以牟利的居民较多,并可再加扩展。……况现时食盐产量已觉过多。鸦片则不然,销场已大为增广,其扩展希望几乎无限。气候地势与栽种罂粟如此相宜的四川、云南和贵州,如果全行栽种——即仅以土质容许之处为限——其结果可使洋药进口停顿,而其产量似仍不足供全国消费。……此一商品的税收足以使本省向来所收一切捐税黯然无色。所以此事不仅是寻常一般的利害关系,对于新开商埠的重庆实属特别重要而应予以最大的注意。①

以上反映出四川大量鸦片生产供应外省需要及其无限扩展的潜力,以及销往外省的鸦片对四川的税收和重庆海关征税的重要性。四川鸦片产地广泛分布在川东、川中、川南、川东北诸县,甚至川西北地区松潘。②

鸦片生产能在四川很快发展并且遍及全省,据英国人实地考察,一是因为四川的丘陵地形和气候适宜种植旱地作物,"四川的气候和土壤都适宜于种植罂粟"。罂粟是冬种春收,收成之后,"腾出之地即种玉米或栽红苕"。"四川的稻米和鸦片两大宗农产品成为方便而有利的分布,正是由于丘陵地形所致。"二是罂粟种植收入胜过小麦。根据以上重庆海关报告的分析,种麦一担地除了耕种成本,获利润制钱6000文。种植一担罂粟地除去耕种成本制钱14 000文,鸦片获利润制钱11 000文。

---

① 周勇、刘景修译编:《近代重庆经济与社会发展1876—1949》,第45页。系重庆关税务司好博逊(H. E. Hobson),1892年9月26日于重庆海关撰写的报告。
② 周勇、刘景修译编《近代重庆经济与社会发展1876—1949》,第47页。

晚清四川鸦片是外销的第一大消费品。四川鸦片运出供应外省,一路是从涪州运出"经酉阳州入湖南,去江西、广东和广西",这是川湘水道。另一路即是长江水路,从川江航运至水陆两便的湖北沙市,"尽管湖南、湖北消费川土之量甚巨,而更大的数量则行销江西、广东和广西"。① 此即重庆海关报告在重庆开埠相关内容之前所描述的四川罂粟种植生产兴旺和行销数省、水路方便运销的繁荣景象。这无疑也是法国里昂商会考察笔记所描述的四川挑夫夜晚以吸食鸦片解乏的原因。四川大量的鸦片生产也方便了本省的消费。

(二)清末四川"新政"期间鸦片禁绝

1906年9月禁烟谕令称:"限十年以内,将洋土药之害,一律割除净尽。"十年限期,也反映出因罂粟种植和销售面太过广泛,于百姓和官府利益均关涉甚大,需要逐步推行才能禁绝。在诏令《禁烟章程十条》中对禁吸、禁种、禁卖也做了详细的规定。在第一条中,尤其提到川陕罂粟种植之普遍:"中国如四川、陕甘……等处,皆为产土最盛之区,……自当先限栽种。"②四川省当局也即时发布禁烟令,同时成立戒烟总局。

清廷又连续两年颁发谕旨,强硬采取戒烟禁烟措施。光绪三十三年(1907)谕旨,戒烟先从皇族和内外文武官员开始:

---

① 周勇、刘景修译编《近代重庆经济与社会发展1876—1949》,第53页。
② (清)朱寿朋编,张静庐等校点:《光绪朝东华录》五,中华书局,1958,第5593页。

第四章 四川十年"新政"(1901—1911)

> 九月辛卯,……是日,以烟习未除,敕责庄亲王载功、睿亲王魁斌、都御史陆宝忠、副都御史陈名侃解职,迅速戒断。并谕内外文武,限三月净尽,否即严惩。①

光绪三十四年(1908),清廷成立专门机构委任禁烟大臣对各省戒烟查验:

> 三月壬辰,命恭亲王溥伟、鹿传霖、景星、丁振铎充禁烟大臣,立戒烟所,专司查验。②

四川1907年对戒烟具体采用了以下措施:一是限栽种,即减少鸦片供应量;二是烟馆一律停业,关闭了吸烟和售烟之处,并推行戒烟药丸,改造烟民;三是将现行烟土一律上报官府收购,不准运出也拒绝运进烟土,对吸烟人进行登记并有限量。③ 据1907年重庆海关报告"瘾君子的登记"一条记载:"在重庆登记并获准吸食者略2.2万人,分属社会各个阶层。许可证书由警察机构颁发,上面写明持证人的姓名和年龄,规定了每天的吸食量。"④里昂商会考察团在重庆时,得出的重庆城区人口的确切数字是"30万人",此处记载的重庆"登记并获准吸食者略2.2万人",即可见出重庆吸食鸦片的人口比例。

---

① (清)赵尔巽等撰:《清史稿》卷二十四《德宗本纪》,第960页。
② (清)赵尔巽等撰:《清史稿》卷二十四《德宗本纪》,第962页。
③ 参见王笛《跨出封闭的世界——长江上游区域社会研究(1644—1911)》,第187—188页。
④ 周勇、刘景修译编:《近代重庆经济与社会发展1876—1949》,第301页。

1908年赵尔巽从湖广总督复调四川总督,采取了加快从戒烟到限种的措施,将十年限种罂粟改为两年,其措施是:

> 春播季节,凡过去种植罂粟的土地可有一半继续播种,凡是至今没有种过罂粟的土地和曾经种过但近来遭受洪水、干旱袭击或歉收的土地完全并且永远禁种罂粟。①

川督虽然颁布了命令,但除了地方官所在地附近,"总督的命令被人置之不理",1909年罂粟种植不减反增。于是总督下令完全禁种罂粟,并采取严厉措施,"如有违反,地主和农民一并治罪"。1910年初,总督派出四个道台和48个委员到州县乡下勘察是否并无栽种,"人们得知政府认真起来,很少有人企图继续种植,除了一、二处曾派去军队铲烟外,大都无需强迫就服从了"。②

四川罂粟种植禁绝的力度之大,从以下诸县的经济收益可见。鸦片俗称"土药",在罂粟种植最盛的川东诸县,鸦片收入占各项物产大宗。如开县,物产甚丰,其中外销各物价值为"煤炭岁值银五万两,土药一百四五十万,茶叶二三千两,毛铁四千余两,黄连六千两,余不成庄",反映出"土药"一项遥遥领先,为该县重要经济收入。又如梁山县,有各项传统手工艺品和土药出产,其收入"大表纸岁产约值银十五六万两,小表纸七八万两,草纸三千两,土药三

---

① 周勇、刘景修译编:《近代重庆经济与社会发展1876—1949》"年度报告1908",重庆关税务司阿其荪(G. Acheson)于重庆关,第309页。
② 周勇、刘景修译编:《近代重庆经济与社会发展1876—1949》,第151页;《四川官报》甲辰第1册,"新闻"。

十万两,蚕丝万两",其中土药收入也属主要进项。垫江县亦同,该县出产仅有"土药、灯草"两项,"土药岁产约值银六十余万两,灯草三千两",足见对鸦片收入的依赖之大。其他全省各县不尽如此,但鸦片的收入占比重大,却是相同的事实。因此可以想象戒烟、禁止罂粟种植生产的巨大困难,其对全省税收的巨大影响固然存在,但总督赵尔巽执行的禁烟措施严厉而合理,因此收效快速而显著。

四川在两年多之内,提前完成了禁绝种植罂粟计划,罂粟栽种迅速杜绝。1909 年的重庆海关报告称:"从 40 多个中心市场收来的可信报告说,罂粟的种植已经停止。1908 年年底时,许多公路的两旁是数千亩的罂粟地,现在连一颗罂粟也见不到了。""川省总督赵尔巽于 1909 年开始实行并由他的继任者继续推行的严禁种植罂粟的行动是个极大的成功。1911 年初,根本没有人种烟了。……现在再也看不到过去重庆比比皆是的烟窟和烟枪。""到 1911 年底已完全绝迹。原种罂粟之地已被小麦、玉米、大麦及其他谷物占据了,成都正在用外国输入的种籽作试验。"①

(三)禁烟与代替罂粟种植举措

四川的禁烟运动得到重庆海关的关注,因为鸦片是重庆海关出口的重头商品。禁种之后,鸦片出口的断绝对海关的出口税收有重大影响,"整个川省的贸易平衡和经济地位都出现了根本性的改变"。因此重庆海关税务司对四川高层完全禁绝罂粟种植后采

---

① 周勇、刘景修译编:《近代重庆经济与社会发展 1876—1949》,第 317、331、157 页。

取的措施非常关注:

> 显然,这样一项重要商品的消失对于该省将产生深远的影响。……为了填补因烟土消失而带来的空隙,官方和商人们已联合起来努力发展和提高现有的和新引进的工农业技术。由于官方预支资金,商业企业得到了鼓励和推进,迄今为止,鲜为人知的农产品试验正在进行。①

总督在组织解决农民禁种罂粟之后的土地收益出路问题方面,采取了以下两种措施:

一是积极推进农业试验改良和引进良种。"新政"期间农业改良引起重视,1905年锡良总督任上已经成立农政总局,分设农田、蚕桑、树艺、畜牧各部门,负责全省农事改良。在此基础上,1909—1910年禁种罂粟后,川督积极推进改良和引进良种,作为抵补民众损失的措施:"现当禁种罂粟之际,亟宜多取外国外省关于民生用多销广之各籽种,详加试验,择其宜者布之民间,庶能广植佳种,抵补损失。"1910年在省城设立有农业研究会,成立了"劝业道农事试验场"。全省共有74处农业试验场,主要是试验和改良种籽。成都农事试验场"选购美国、奉天各项籽种以时栽种,成效大著"。② 川督并咨请驻日大臣"派员选购嘉种",购得麻、烟、荞麦、

---

① 周勇、刘景修译编:《近代重庆经济与社会发展1876—1949》,第319页。
② 《四川官报》乙酉第21册,"公牍";《护督宪王人文奏川省办理农林工业情形折》,载《广益丛报》第9年第8期"章疏"(1911),转引自王笛《跨出封闭的世界——长江上游区域社会研究(1644—1911)》,第168、188页。

茶及芝麻、杂粮等各类良种运入四川。良种引进对提高粮食产量意义重大。参见宣统二年四川劝业会有关成都外来农业陈列出产品名录(见《成都通览·外来农业陈列出产品:据宣统二年三月劝业会之调查》)。

二是引导种植经济植物桑树。种桑在"新政"初期推广"蚕桑公社"时即已受到鼓励。禁绝种植罂粟后,四川更进一步提倡种桑。地方官员积极推进,"定种桑保护之条,养蚕特别之利"。全省大多数县都积极推广桑树种植。如重庆府巴县,种植桑树"165 000亩,桑树 823 000 株"。如川东开县,传统无桑蚕,却是禁种罂粟损失最大地区之一,全县发展种植桑树"8870 亩,526 800 株"。到1910 年,四川全省种桑 64 万余亩,5198 万余株。① 足以反映四川在"新政"期间进一步推广发展蚕桑与禁种罂粟的关联。

这场戒烟直至限种罂粟的运动涉及四川众多州县罂粟栽种范围,以及众多小手工业者、运销从业人员和商业经营者等等。四川仅用不到五年的时间,不是逐年减少种植,而是一举成功,提前完成了这场深入城镇商铺、乡村农家及社会诸多方面的戒烟与禁绝罂粟种植运动。其效率之高,一方面是因为总督赵尔巽制定了切实可行的戒烟、禁绝种植和禁种之后保护农民经济利益的措施,另一方面是民间的响应。反映出四川民众对四川官府正确决策的合作,也表明正确决策的重要性。

---

① 《四川第四次劝业统计表》第 20 表、第 21 表,见王笛《跨出封闭的世界——长江上游区域社会研究(1644—1911)》,第 177—178 页。

五、民众生活与财政岁入岁出

"新政"10年是晚清的最后一个阶段,随着社会改良发生的巨大变化,民众生活也相应有了提高。地方财政在国内外支出大量增加的状况下,岁入岁出尚能保持平衡。

(一)民众生活发生的变化

四川"新政"10年发生了诸多变化,一切朝向进步方面发展。工钱、物价上涨,民众生活水平也在提高。

据重庆海关报告记载,10年"新政"期间的物价上涨,首先是工价上涨。川江民船纤夫上行,1901年的工价为"制钱2500—3500文",到1911年则为"制钱3500文—6500文";"铺店经理(年薪),银两120—150两(1901年),1911年银两180—240两"。"铺店伙友(年薪),1901年银两40—60两,1911年银两80—240两。"除了工价上涨,"整整这10年间生活费是一贯上涨的"。较早期米价1斗(40市斤)约值制钱1000文,因大量外运宜昌救灾和接济宜昌铁路劳工,"米价渐升至每斗需制钱1500—1600文","房租已上涨将近一倍"。人民生活奢侈之风亦渐增,"鸡肉、牛肉和猪肉已成了他们的日常食品,丝料代替了布衣,现今只有最低阶层才穿布衣了"。① 反映出随着工钱上涨,物价和房租变贵,四川民众生活在食

---

① 周勇、刘景修译编:《近代重庆经济与社会发展1876—1949》,第161页。

物和衣着方面水平也在提高。

清末最后几年四川民众生活上的这种变化,在一些地方志里也有记载印证。有学者通过地方志记载比较研究清代道光年间到清末的各种食物价格,从光绪中期开始呈上涨趋势。生活奢侈之风也逐渐形成,清末乡村筵席中已经出现进口海参、鲍鱼一类高档海味。因此可得出结论,从道光年代直至1916年以前,四川农民的生活处于安定富裕状态。① 这个结论与重庆海关报告记载"新政"最后几年工资和生活水平提高、民众生活也形成奢侈之风的说法相符。因此该研究为认识晚清直至民初四川农民的生活状况,提供了切实可信、具有说服力的例证和论证。②

(二)四川省府财政经费"岁进岁出"状况

四川推行"新政"期间,组织新式警察、新军、新学堂、各种公共慈善等都需要筹办经费。晚清川省最大税收来源是鸦片输出外省,"此一商品的税收足以使本省向来所收一切捐税黯然无色"。③ 从1906年开启禁烟运动,1908年开始杜绝种植生产,到1911年栽种绝迹,这样一项重要税收财源,则完全失去,准确地说是主动放弃了。

在这种状况下,清末四川省的财务收支状况就出现了问题。一是清政府摊派的两笔赔款:一笔是1895年甲午战争赔偿日本2

---

① 吕实强:《近代四川的农民生活》,《"中研院"近代史研究所集刊》1978年第7期。
② 何一民:《晚清四川农民经济生活研究》,《中国经济史研究》1996年第1期。
③ 周勇、刘景修译编:《近代重庆经济与社会发展1876—1949》,第45页。

亿两白银的借款及利息,由各省分摊,四川每年分摊60余万两;第二笔是1900年《辛丑条约》的4.5亿两白银赔款外加39年利息,摊派各省逐年偿还,川省分摊220万两。款项来源与民生相关。在1901—1911年间,四川省如何支付这两笔巨款?二是推行"新政"期间支出大增,最后两年还因禁烟禁种停止本省鸦片吸食税收和大宗出口鸦片税收。四川是否收不抵支?幸有时人留下翔实资料数据可查。川省清末赔款以及推行"新政"增加费用筹集方法如下:

1.契税。在原有基础上先后两次"酌增"与"新增"税收共筹48万余两。

2.肉厘。前后两次每只猪增收200文,共筹足100万两。

3.盐税。先后共加厘5次,大宗食盐税款来自盐税和厘金,岁共筹银630万两。

4.新捐输。100万两,向州县摊派。

5.烟酒税。各加一倍。

上述新增税款涉及甲午赔款60余万两、辛丑赔款220万两,以及办新军140万两、抵补土税(鸦片税收因禁烟放弃)90万两,共计510万两银。① 其中"肉厘"加价是针对屠宰行业。四川猪鬃自1891年开埠直至清末乃至以后,一直是出口国际市场的重要产品。生猪饲养业繁荣,因此"肉厘"是一大税款来源。每只猪分两次共400文的肉厘加价,即是1896年里昂商会考察团从重庆麻乡约商行雇佣挑夫一天的工价。烟酒税加征属于部分人消费,不具备全

---

① 资料源出(清)周询《蜀海丛谈》卷一《契税》《肉厘》《盐税》《田赋》《关税及烟酒糖油税》。参见王笛《跨出封闭的世界——长江上游区域社会研究(1644—1911)》,第438—439页。后文岁入岁出表摘录自王笛书第442页。

民性。"盐税"加收是最大来源。食盐是全民消费品,但食盐并非主要消费品,每次加价不大,主要盐税来自盐商。"新捐输"100万两是因《辛丑条约》赔款,川省分摊给州县商人捐输银两。清末川省进出口商业繁荣,赔款约一半由全省各州县商人分摊,属合理筹措方式之一。

据1911年四川省"岁入岁出"统计,岁入1700余万两,岁出1600多万两,岁入略有盈余。下附四川省1911年"岁入岁出"表。

岁入岁出

岁入		岁出	
项目	数额(万两)	项目	数额(万两)
地丁	68	文武官员俸银、养廉银	13+
火耗	10	京饷银、东北饷银	50+
津贴	54	甲午赔款	60+
捐输	190	庚子赔款	220
新捐输	100	甘肃、新疆协饷	200
盐款	630	贵州、云南协饷、代解赔款	100+
契税	310+	各州县公费银	110
厘金	70+	将军督抚等府公费银	40+
肉厘	110+	制营、满营兵饷	100
酒税、烟税	100	防剿经费	140
糖捐、油捐	60+	新军第17镇饷项银	150+
关税、杂税	10	成渝两地警费	40
		弥补摊捐各用银	70+
		全省各局所经费	250

续表

岁入		岁出	
项目	数额(万两)	项目	数额(万两)
		学校经费	70
		其他杂用	10
计	1712+	计	1633+

资料来源:参考(清)周询《蜀海丛谈》卷1;王笛《跨出封闭的世界——长江上游区域社会研究(1644—1911)》,第442页"岁入岁出"。

注:有"+"者系有余数,如"60余万两"作60+,总计项余数未计在内。

清末"新政"在四川开展顺利,取得了诸多方面的成就。"新政"能够从上到下积极施行,四川开办新学堂迅速发展,政府成立官书局翻印"东南新图新书"翻译西洋书籍,在社会上除了时局的变化,也与从鸦片战争以后,随着五口通商的开启,出现的一些有忧国忧民意识的士大夫的促进有关。他们通过对"夷人之长技"及其国家史地和政治制度进行介绍,提供了对近代西洋文明的主动认识。相继有开风气之先的道光中期魏源(1794—1857)的《海国图志》(1843年首次刊行),道光末年徐继畬(1795—1873)的《瀛寰志略》(1848年刻印)。曾于同治五年(1866)担任海关总税务司赫德文案的退休县令斌椿跟随度假回英国的赫德,带领半官方性质的欧游使团赴英国及欧洲大陆观光旅游,亲历亲见亲闻西洋近代工业文明和都市文明现状及新气象,均在其考察记程日记《乘槎笔记》(1867年刊行)中记载翔实。斌椿游历途中并有诗稿《海国胜游草》《天外归帆草》两种,记述观光游历所感。《乘槎笔记》此后在北京和江南历年刊行,在京城和地方官员中起到传播作用。① 清廷开启洋务运动后,西洋工业文明书籍开始不断引进翻译。1874年英国上海使馆随员马嘉理穿越湘黔官道进入云南大理府,在经过从汉口到洞庭湖途中的螺山小岛时,拜访了一个"仅辖18人,类似警长"的下级武官,交谈中了解到这位武官正在阅读斌椿的《乘槎笔记》,并"不断盛赞英国定为美好国度"。在云南大理府,云南巡抚派出陪同马嘉理的一文一武两位较高级官员,主动与马嘉理谈起英国维多利亚女王的高尚和英国军事现代化,"欣赏溢于言表",以及沿途各省一些接待他的年轻县令,谈起在国内开埠都市所见西洋事物皆表好感。② 因此到了清末清廷开展"新政"时,沿海"五口通商"和长江内陆几个都市通商开埠,外国租界、外国蒸汽轮船、西洋建筑、现代机器工厂等均已出现并正在发展,外国租界也是中国地方官员认识西洋社会的窗口。清末的官员士大夫阶层从上到下,对域外西洋政治制度及近代工业文明,无疑已经有了一些认识和开放心态。

---

① 魏源《海国图志》先后有三个版本:道光二十二年五十卷初刻本;道光二十七年增补为六十卷刻本;咸丰二年辑录他人资料增补为一百卷本。徐继畬《瀛寰志略》相关研究见任复兴《徐继畬及其〈瀛环志略〉研究综述》,《近代史研究》1994年第3期;吴雁南《〈瀛寰志略〉浅议——纪念〈瀛寰志略〉刊行150周年》,《贵州社会科学》1999年第2期。斌椿《乘槎笔记》同治六年(1867)在京首次刊刻问世以后,在北京先后又有同治七年、同治八年文宝堂刻本,同治十年醉六堂刻本(上海)、同治十二年北京琉璃厂刻本、光绪八年北京琉璃厂琳琅阁刻本、光绪十一年扫叶山房刻本(苏州),光绪十七年敬文堂刻本(江右)等,该书持续在北京、上海、苏州、南京等地刊刻流行,足见其持续之传播。相关研究见张良俊《论斌椿的欧洲之行》,《历史档案》1996年第1期。
② 〔英〕马嘉理著,阿礼国编:《马嘉理行纪》,第84、134页;其他有关马嘉理在途中的一二护送官员谈及在上海商埠与欧洲人的交道,以及马嘉理沿途拜见的一些年轻县令对国内开埠都市所见表示的好感,散见于马嘉理穿越湘黔滇途中的日志。

第五章　西南交通近代化进程及其他

在晚清的交通近代化及维护利权活动中,西南地区在全国属于走在前列的区域。四川重庆长江上游川江成功地开启了客轮航运,广西省启动了边境铁路建筑前期筹备,云南也因时代原因实现了云南铁路建造。与之相应的广西南宁自开商埠、云南蒙自洋行、收回矿山利权、昆明自开商埠等均出现在这一时期。

第一节　川江客轮开启四川近代航运先声

从 1876 年长江中游宜昌开埠,直到 1891 年重庆辟为通商都市,英国才拥有了真正意义上的对长江流域的通商优势。因川江上行三峡有暗礁和激流,签订重庆开埠的中英《烟台条约续增专条》时,总理衙门李鸿章坚持用"华式木船",而不是英人的机轮,保护了中国的航运主权。1895 年签订中日《马关条约》,日本又争取到在重庆、沙市开埠的权利,愈加凸显出发展从长江中游到上游航运的重要性。

一、川江航运制约与英人试航机轮

重庆开埠以后,由英国人组建的运输商行组织挂旗民船,承载宜昌—重庆川江段的进出口货物运输。川江段中小木船运输发达,但也存在费时长、航行途中受急流险滩制约等问题。

对整个扬子江航程和航运,英国最有资格发言。第二次鸦片战争之后直至清末,长江沿江商埠都是英国的势力范围。中日《马关条约》签订之后,沙市和重庆方有日本势力进入。美国旅行家盖洛记录的在上海所见涉及扬子江航运状态的英国海军部中国指南中,用黑体字注有以下文字标记:

> 注意,水流变化;注意,水流的升降;注意,扬子江口的潮汐;注意,卡尔斯水道;注意,流行病;注意,江龙沉船灯塔;注意,水流速度;注意,危险暗礁;注意,漂砾浅滩;注意,宜昌峡谷;注意,第一湍滩;注意,从重庆到宜昌的每个险要之处都有保甲船。[1]

英国作为岛国,有先进的航海技术,有专门从事长江流域航道研究的工程技术人员。其中提到"注意,从重庆到宜昌的每个险要

---

[1] 〔美〕威廉·埃德加·盖洛:《扬子江上的美国人——从上海经华中到缅甸的旅行记录(1903)》,第17页。

之处都有保甲船",重庆—宜昌长江上游段(又称川江)是重庆海关进出口商品通道,保甲船即官方水保局在江上巡逻的救生船,因航程沿途的暗礁湍流较多、容易遇险而设。

重庆海关进出口存在的问题,在海关十年报告《1892—1901年概述》中有具体说明。主要是航运交通障碍,"承认只有改进运输工具才能在四川做出成绩",川江航路运输时间长,"从上海购货的商家要候三个月至六个月才在重庆收货,所有这一切都指明迫切需要:或者轮船航运,或者平治凶滩,或者修一条铁路联络重庆与宜昌"。说明存在航运的解决办法,但也有障碍,因为这是一种"冒险事业"。① 川江面临近代化问题,英商、法商都在跃跃欲试。

1876年,英国借"马嘉理事件"的解决签订中英《烟台条约》,英国的目的是在重庆开埠,只因受到中方谈判者李鸿章的抵制,未能实行,最后确定在宜昌开埠。但英国并未放弃重庆,争取到"英国派员驻寓重庆查看川省英商事宜","唯有派员常住重庆,任期四年"。② 其目的仍在稍晚争取重庆开埠,长江上游的四川是英国早已青睐的人口消费大省和土货资源大省。宜昌1876年开埠以后与重庆实行子口贸易,英人即已试航宜昌—重庆川江机轮航行。最早有英商立德(Archibald John Little)先后于1883、1884、1885年三次乘木船上溯宜昌—重庆之间的三峡,勘测航道。③ 立德1884年经营汉口—宜昌航运,并于1887年在宜昌组建川江轮船公司,英国

---

① 周勇、刘景修译编:《近代重庆经济与社会发展1876—1949》,第107页。
② 周勇:《重庆开埠与英国侵华势力的扩张》,载周勇、刘景修译编《近代重庆经济与社会发展1876—1949》,第6—7页。
③ 〔英〕阿奇博尔德·约翰·立德:《扁舟过三峡》,黄立思译,云南人民出版社,2001。

公使照会总理衙门,谓立德自置小轮船经宜昌航行重庆,"请照《烟台条约》给发准单",并要求官员沿途"弹压保护"。① 在1889年3月谈判中,中方与立德协商将其轮船及其在宜昌的码头等设施以12万两白银买下,导致1890年3月中英《烟台条约续增专条》签订,英国得以实现在重庆开埠的愿望,但中方赢得了在川江运输进出口货物使用华式木船而不用洋轮的专利。

重庆1891年开埠通商,1890年英商立德在重庆设立专营运输的"立德商行"。立德仍然志在开拓川江机轮航运,并前后三次试航机轮(1898年6月,1900年6月,1900年12月),唯最后一次触礁失败。② 1899年5月有英国"山鸡"号(Woodcock)、"山莺"号(Woodlarf)炮艇成功到达重庆,"两炮艇受到中国水师船队礼炮欢迎"。同年6月有英国轮船"先行"号(Pioneer)试航成功。1901年8月,"山鸡"号(Woodcock)访问长江上游川南叙府和岷江嘉定。1901年11月,一艘法国炮舰"奥立"号(Oly)试航成功抵达重庆。③

重庆1891年开埠后,沿宜昌—重庆川江航道从重庆海关进港出港的外国与中国的进出口商品,使用中国木船挂旗船承运进出口货物。如1908年进港的1004只民船中,"有549只是英国洋行雇佣的,日本洋行为149只,轮船招商局为306只",另有20只往汉口运煤的船只。④ 反映出川江进口航运组织有序,木船运输繁荣发达。长江航运是英国人的势力范围,长江三峡的激流险滩、木船逆

---

① 王彦威纂辑,王亮编,王敬立校:《清季外交史料》第82卷,国家图书馆出版社,2015,第7、8页。
② 隗瀛涛、周勇:《重庆开埠史稿》,第144—147页。
③ 周勇、刘景修译编:《近代重庆经济与社会发展1876—1949》,第100、101页。
④ 周勇、刘景修译编:《近代重庆经济与社会发展1876—1949》,第308页。

水行舟及航行速度缓慢等,是英国商业在长江上游川江流域面临的迫切需要解决的问题。庚子事变后,英商立德仍想利用光绪二十七年(1901)中外重订商约机会,在川江沿岸购买地基,意欲开拓川江机轮航运,被拒。《清史稿·邦交志·英国》载:"二十七年,既与各国议定和约大纲十二条,……八月,英商立德欲在川河行驶轮船,沿江购地七处,请地方官注册。英领事照会到鄂,以条约非通商口岸,无准洋商置买地基产业之条,拒之。"①英人因此未能在长江上游开办机轮。

二、四川高层利用英国技术推动本埠商办川江客轮

川江开办机轮,据《清史稿·赵尔丰列传》载:"时外人议轮运入川,尔丰令川商自办浅水轮以阻之,是为川江驶轮之始。"川江机轮因赵尔丰阻挠外国人创办,而由中国人成功自办。

赵尔丰(1845—1911),字季和,汉军正蓝旗人。"以山西知县累保道员。四川总督锡良疏荐其才,权永宁道,剿匪严诛捕。……充川滇边务大臣,护总督。"②赵尔丰 1907—1908 年任护理川督期间,已有外国人议论要在川江办理机轮业务,其中法国人意欲抢占先机。光绪三十三年(1907)法商通过法国公使照会,强求在宜昌—重庆开办拖轮业务。③ 其背景是法属印度支那正在云南修建从滇南河口上接昆明的云南铁路(见本章第三节)。法国意欲在川

---

① (清)赵尔巽等撰:《清史稿》卷一五四《邦交二·英吉利》,第 4557、4558 页。
② (清)赵尔巽等撰:《清史稿》卷四六九《赵尔丰列传》,第 12791 页。
③ 《四川官报》戊申第 2 册,"奏议"。

江开办拖轮公司,染指川江航运,也与其意欲在四川获取经济利益有关。晚清法国在重庆先后共建有四家洋行:异新洋行(1894)、柯芬立洋行(1901)、利源洋行(1904)、吉利洋行(1909)。① 法国在重庆驻有水师,其营房即是法属印度支那总督拨款修建。

法商开办川江机轮业务,获法国公使支持,涉及法国在远东的商业利益。因此法国以公使名义直接照会四川,对四川不仅涉及主权,还有利权问题。这一时期清廷实施"新政",国内出现了自开商埠、收回矿权等行动,因此保护川江利权,成为四川高层的首要目的。护理川督赵尔丰认为"外人既难终却,曷若鼓舞蜀中绅商自行创办。能行,则我占先着,主权自有;难行,则以此谢客,断其希望"。② 抢先行动,方可"主权自有",由蜀人自办机轮迫在眉睫。

自办川江机轮,最大的困难是川江航道存在的困难。里昂商会考察团3名成员曾经租了一艘官运客船航行重庆—万县航段,笔记中记载官运客船在航行途中,在涉及以下情况时大部分船夫需要承担纤夫的工作。在某些难走的河段,"还需要到附近河边村庄去请求外援"。③

时人傅崇矩记载了从重庆到宜昌航程的详细航段和航行河流状况。航程系作者本人"光绪二十九年(1903)傅樵村之游记也"。作者记载重庆—万县段虽然江面宽阔,但途中仍然有一些"险滩""乱石堆积"或"甚险"地带。夔州—宜昌一段,有多处"大水险"记

---

① 摘录自隗瀛涛、周勇《重庆开埠史稿》,第51—53页。
② 隗瀛涛、周勇:《重庆开埠史稿》,第99页。
③ 法国里昂商会编著,〔法〕里沃执笔:《晚清余晖下的西南一隅——法国里昂商会中国西南考察纪实(1895—1897)》,第214页。

录。在宜昌商埠,航运则是宽阔大江,有现代机轮。宜昌不及重庆之繁华,"而租界、洋关、邮局、电局迥非川省所及。来往商船千帆万樯一望无际,有西人乘筏子查货。……现在往来汉口之轮船凡八艘",从侧面反映出长江上游川江航段开启机轮航运已迫在眉睫。①

美国旅行家盖洛1903年记载了从汉口上溯三峡的航程。从汉口出发上行宜昌,"扬子江没有遭受过任何污染"。经过1895年日本开埠的沙市,沙市码头最引人注目的是它的一道石阶逐层增高的长堤,以及"聚集在江边石阶上等船的人们都穿着蓝色的长袍",沙市有八万人口。抵达商埠宜昌,"宜昌港口停泊着无数的当地船只。高高的江岸上,一栋栋洋房鳞次栉比"。宜昌常住人口有三万,流动人口约有两千。宜昌—重庆川江段的航行,盖洛乘坐的是宜昌到重庆的一艘中国木制"宜昌地区先遣中队第七号兵船"。随兵船航行还派出了一艘红色保甲船,保甲船属于"水保甲局","在每个激流险滩都配有这种船只,用以对付不断发生的航行事故"。从宜昌出发上行巴东三峡夔关,"沿途尽是美丽的画卷、壮观的景色和雄伟的山峰"。

1907年护理川督赵尔丰在法商跃跃欲试和法国公使照会四川的情况下,决定由川省自办机轮。赵尔丰委托劝业道周善培勘测川江航道,摸清航道水利状况。周善培由重庆搭乘英国兵轮"上下行驶,勘测水道"。其具体做法,可参见美国旅行家盖洛所记载的从沙市上行宜昌的航道中,有一种小汽艇在前面负责寻找暗礁的

---

① (清)傅崇矩编:《成都通览》,第449—450页。

导航方式。这是一艘小巧玲珑的汽艇,"一边来回穿梭,一边抛下些大头载着石块的长竹竿,用来标出安全航道。一旦发现深水,汽艇则会打出一面黑旗"。勘测的主要是暗礁和激流之处,以便航船绕行。周善培勘测水道之后,"条分缕析秉陈,极言大江行轮,有利无害"。① 川督赵尔丰因此决定成立川江轮船公司,在其奏折中谓:

> 川省民庶殷繁,物产饶富,行人估(贾)客,悉以大江为惯塗(途)……近日法公司拟办宜渝拖船,经该公司苏梅斯拟定办法,送交税关参酌,复于本年正月由法国公使照请外务部咨直到川,是其锐志力营,已可概见。奴才外瞻内顾,再四思维。惟有自行设立轮船公司,庶几通航便捷,杜绝觊觎。②

法国公使已出面"照请外务部咨直到川",显示了法国意欲在川江开启机轮业务的迫切性,因此"惟有自行设立轮船公司,……杜绝觊觎"。赵尔丰为了川江商道的利益不被外国人强占,即决定由商绅集股自办川江轮船公司,杜绝法国商人插手。周善培经过诸多努力劝说商绅,在重庆招商集股,于 1908 年 3 月 21 日成功创办"川江轮船公司"。③ 1909 年公司在英国购置拖轮一艘,命名"蜀通"号,旁带一平底载货船。该船为 37 吨双桨轮船,可载 70 余名旅客,货物驳船可运货 159 吨。1909 年 10 月 19 日由英人船长薄

---

① 〔美〕威廉·埃德加·盖洛:《扬子江上的美国人——从上海经华中到缅甸的旅行记录(1903)》,第 59—82 页。
② 《四川官报》戊申第 2 册,"奏议"。
③ 《四川官报》戊申第 2 册,《护督宪奏川省设立川江轮船公司折》。

蓝田率领驾航自宜昌起航,历时八天,"不借外力冲过道道激流险滩,于 27 日成功抵达重庆"。川江"蜀通"号雇佣的英人船长薄蓝田熟悉长江航道,"此人曾经花了 10 年时间研究宜昌上游川江航道上的激流和各种复杂情况"。川江机轮实现航运,"标志着通往重庆的轮船运输事业的重大发展","事实已经证明,川江轮船运输可以获得财政上的成功"。

"蜀通"号拖轮 1910 年开始运营,枯水季节需要停航,全年共航行 14 次,次年月均航行 2 次。"蜀通"号客轮通航当年,"去上游的中国旅客数从 1909 年的 717 人增加到本年的 2013 人"。从长江中下游沿江各省上行进入四川的人数大大增加,因为上行乘坐轮船可"提前 14 天左右"到达。上行时,座位有限,"经常是拥挤不堪"。重庆开始了机轮客运,方便了长江中下游诸省中外游客入川。1910 年重庆前一年开始筹设的华商企业烛川电灯公司营业,"主要是街道、大的商店和官方建筑亮起电灯"。[①] 重庆川江蒸汽客轮通航,电灯也在重庆都市的夜晚出现,1910 年的重庆因此而出现近代都市气氛。开埠都市重庆的客运机轮和电灯均系"新政"期间,为保护利权,由四川高层促进民间利用西方近代科技文明取得的成就,而非外洋在重庆开办。这是清末中国自强,在开埠都市开启近代机轮客运交通先声成功的一个特例。

三、川江商运机轮的缓慢发展与民生

1910 年川江"蜀通"号客轮航运的开启,并不代表商运机轮时

[①] 周勇、刘景修译编:《近代重庆经济与社会发展 1876—1949》,第 315—323 页。

代的到来和川江民船商业运输的萎缩。重庆海关以下船只数字即可反映出来：

  1910 年 轮船 进港 14 艘(2744 吨)；
            出港 15 艘(2940 吨)
  1910 年 民船 进港 1269 只(47 998 吨)；
            出港 787 只(24 751 吨)

  1911 年 轮船 进港 9 艘(次)(1764 吨)；
            出港 8 艘(次)(1568 吨)
  1911 年 民船 进港 1293 只(49 863 吨)；
            出港 886 只(25 863 吨)①

  以上各年所记录轮船"进港""出港"的数量，并非指船只数量，而是指"蜀通"号全年"进港""出港"次数。1911 年轮船还减少了进港、出港次数，与当年时局变化给航行带来的影响有关。② 以上货物进出口仍然是以民船承载为大宗，表明木船航运各种船只，航船人员包括纤夫基本没有变动，无疑保证了传统木船航运人员的谋生方式，以及与航运交通有关的各个行业的继续繁荣。

  1910 年川江"蜀通"号客轮通航，货运机轮并没有迅速发展。

---

① 周勇、刘景修译编：《近代重庆经济与社会发展 1876—1949》，第 511 页"重庆港贸易船只表(1891—1919)"。1911 年先是上半年的水位变化，再是夏季使轮船搁浅耽误一个多月，10 月又因四川发生的变乱而停止通航，当年航行比上年少了 6 趟，见第 329—330 页。
② 周勇、刘景修译编：《近代重庆经济与社会发展 1876—1949》，第 511 页。

究其原因,首先有机轮航运技术上的准备问题。客运机轮是在英国船厂为川江航行特别打造的,具有吃水浅、吨位小的特点,船长也是熟悉川江航段、有多年研究实践的英国人。川江机轮航行由于多险滩和暗礁,也存在危险和困难,"这些危险和困难加上船长们缺乏长江的必备知识将妨碍川江轮运的迅速发展"①。因此,1910年开通航行的"蜀通"号客运机轮,其意义仅是开启了川江近代机轮客运先声。

川江商运机轮发展缓慢。官方、商人与民间均没有大力推动机轮发展,而是仍以民用木船商业运输为主,其原因除了上述技术上的准备和长江上游河流存在的问题,还应该从近代木船运输传统及近代进出口商品运输形成的庞大船工队伍考察。

一是木船运输进出口货物的传统。川江航道历史悠久,小船运输方便灵活,技术容易掌握。川江河流宽阔,航道也有难易之分。专门从事航运的船工,已经熟练掌握了航道深流与浅滩,因此在运输进出口货物方面如果没有发生重大的数量改变,运输工具的改进并不能激起人们的愿望。因为这种木船交通运输是传统的祖祖辈辈一代又一代的承继方式,从运载数量来看,标准的小木船尺寸"长24米—25米,船中心位置宽3米左右,吃水0.50米,可载重200担(约12吨)"(蔓耗小木船),已经是体积较大的运输工具,可载重12吨。故作为交通运输工具的货运小木船已经发展到相当程度,远非一般的家用小船或小木筏可比。尤其是贵重物品,在激流险滩中以小木船航运更具有优势。川江适合中小船只运输,

---

① 周勇、刘景修译编:《近代重庆经济与社会发展1876—1949》,第322页。

中等船只载重40吨以上,西南地区中小木船制造业发达繁荣。二是船工及相关从业人员运输队伍的庞大。1860年湖北汉口开埠通商,1876年宜昌开埠,发展至1891年重庆开埠,再到1910年"蜀通"号开启客运机轮,川江进出口货物运输已先后经历半个世纪。在川江及其上游、干流均有众多木船,也是传统货运和交通工具。以1907年重庆海关统计的数目计,"海关估计,长年进出重庆港的贸易船只约有2万艘,载货5万吨",因此也存在数以百万计甚至更多的靠木船航运谋生的商人、船夫和纤夫。① 所以川江的激流险滩自然条件与芸芸众生的生计,均是延缓川江机轮发展的重要因素,同时也是航运需要多种类型船只共存的理由。

第二节 广西中法关系及龙州铁路筹建

广西龙州府是中越边境防卫重地,龙州府向法属越南开埠通商,设立法国龙州领事馆。从1895年6月《续议商务专条附章》签订以后,根据中越边境订立的"中法混合警察制"条款,在云南、广西陆上中越边境设立"中法混合岗哨"以保证越方边境和平。随后

---

① 川江航运直至1914年才增加了华商另外四个机轮,均在英国特别制造。1917年出现两艘洋商经常性运载洋油的机轮油船,直至1920—1921年才出现几只英商特别设计的现代轮船,木船运输吨位开始缓慢下降,"同期中,外商租用的民船吨量由74.861吨降为74.097吨"。见周勇、刘景修译编《近代重庆经济与社会发展1876—1949》,第336—337页;并见第510—511页"重庆港贸易船只表(1891—1919)",注释(1)。参见邓少琴编著《近代川江航运简史》,重庆地方史资料组,1982,第122页。

法国公使施阿兰于 1895 年 9 月与总理衙门开展了有关在广西修建连接越南境内铁路的谈判。谈判历时半年之久,于 1896 年 3 月签署了由清政府修建、法国铁路公司承建的《龙州至镇南关铁路合同》,准备从龙州府修建铁路至边境镇南关,与越南境内铁路在镇南关连接。①

一、《续议商务专条附章》中的"中法边防混合警察制"

苏元春是 1885 年中法战争结束后,以广西提督兼广西龙州府边疆防务督办的重要人物。1895 年 6 月《续议商务专条附章》签订以后,苏元春负责执行广西陆上中越边境"中法边防混合警察制"和龙州铁路修建筹备等诸种事务。因苏元春与法属越南边境需要打很多交道,故在越南河内苏元春被尊称为"苏元帅"。法国广西龙州府领事方苏雅的纪实笔记《苏元帅》中记载了有关史实。② 方苏雅领事根据自己在龙州领事任上与苏元春的接触与交往,在《苏元帅》笔记中记载了一些更为详细的史实和有关细节,苏元春亦在《清史稿》中有传。相关记载还有法国公使施阿兰及印度支那总督保罗·杜美各自回忆录中的片段。

---

① 〔法〕施阿兰:《使华记:1893—1897》,第 105—108 页。
② 〔法〕奥古斯特·弗朗索瓦(方苏雅):《晚清纪事——一个法国外交官的手记(1886—1904)》,《苏元帅》篇见第 142—163 页。

(一)苏元春与龙州府边境防务

广西西南龙州府在 1885 年中法战争后成为对外开放的边疆府。以龙州为中心的边境事务,由广西提督苏元春负责。苏元春(1844—1908)是行伍出身的边关武将。据《清史稿·苏元春列传》载,获任广西提督以前,苏元春已有三段重要的军旅生涯。①

1.苏元春的戎马生涯

一是"从湘军"报父仇。"苏元春,字子熙,广西永安人。父德保,以廪生治乡团,御寇被害,州人建祠祀之。"苏元春父亲之死与道光三十年(1850)广西太平军起事,在永安州"建制"有关。道光三十年正月"宣宗崩,己未,上即位,颁诏覃恩,以明年为咸丰元年"。六月,"广东花县人洪秀全在广西桂平县金田起事"。咸丰元年(1851),"闰八月甲申朔,新墟众首洪秀全陷永安州,踞之",号称"太平天国"。② 太平军攻打永安城时,苏元春父亲以廪生(秀才)身份在永安城负责地方团练,率乡团守城阵亡,七岁幼童苏元春成了孤儿。长成之后,"元春誓复仇,从湘军。同治初,随席宝田援赣、皖、粤,累功至参将"③。苏元春青年时期参加湘军将领席宝田奉命招募兵勇组建的"精毅营",见《清史稿·席宝田列传》:"十

---

① 见(清)赵尔巽等撰《清史稿》卷四五九《苏元春列传》,第 12694—12696 页。
② (清)赵尔巽等撰:《清史稿》卷二十《文宗本纪》,第 717 页。
③ (清)赵尔巽等撰:《清史稿》卷四五九《苏元春列传》,第 12694 页。

年,骆秉章令募千人号精毅营,防湖南边。广东贼犯郴州、桂阳,击走之。"①苏元春兄弟正逢其时,发动身边百余名青年"从湘军",苏元春被任命为百夫长,统领所带去的团队。此后他在赣、皖、粤等地多次与太平天国军作战,身先士卒,屡得战功,"累功至参将"。

二是平定贵州苗人起义。太平天国南京政权于同治三年(1864)被攻克后,同治八年(1869),苏元春所属湘军被征调参加镇压贵州东部张秀眉苗民起义。"九年,攻施洞,拔九股河,又改法什尚阿勇号。薄台拱,苗遁走,晋提督。明年,复丹江、凯里,军威益振,赏黄马褂。以次下黄飘、白堡,驿道始通。逾岁,循清水而南,所至辄靡,惟乌鸦坡犹负固。复自东南破张秀眉寨。"②苏元春在贵州参与了数次重要军事行动,"晋提督",是清廷镇压苗民起义的忠实将领。

三是参加中法战争。光绪"十年(1884),和议中变,法人大举攻桂军。既而法人犯谷松,师连战失利。敌毁镇南关"。"鼎新荐其才,诏署提督。遂率毅新军驻谷松,取陆岸,鏖战五昼夜。"③苏元春统领其"毅新军"(前身即湘军"精毅营")奉命开赴广西参战。镇南关外谷松,在"谅山南十余里"。据有关这一战役的描述,苏元春谷松之战,为一浴血奋战之役:

> 此役苏军系作最后之抵抗,法军伤亡甚多,而苏军血战六昼夜,粮药俱缺,精锐伤亡殆尽,各路援军亦未达,遂不得不放

---

① (清)赵尔巽等撰:《清史稿》卷四二〇《席宝田列传》,第12145页。
② (清)赵尔巽等撰:《清史稿》卷四五九《苏元春列传》,第12694页。
③ (清)赵尔巽等撰:《清史稿》卷四五九《苏元春列传》,第12694页。

弃谅山。二十九日(2月13日),法军至谅山,苏军焚城而退。①

苏元春虽终获败绩,但"上嘉其勇,命佐鼎新军,再予骑都尉"。苏元春率军在沿江一带设埋伏,诱法军深入,"于是夹击,大破虏"。谷松未保,"师连战失利。敌毁镇南关。当是时,自南宁至桂林,居民大震。鼎新罢免,遂命主广西军事"。其后在收复镇南关、复夺谅山的中法交战中,苏元春"助子材扼中路,大捷"。清军在谅山平原"进扼观音桥"之时,"而停战诏下,诸军分顿关内,元春驻凭祥,居中调度。和议成,授提督,晋三等轻车都尉,又改额尔德蒙额勇号"。苏元春是在中法战争之后,以军功而获留任广西提督,并获军功勋位及"才德相兼"荣誉称号。②

苏元春经历的三段戎马生涯,无论是参加镇压国内起义军还是打击法国侵略军,均出于晚清国家时局的需要。苏元春受到清廷赏识,"授提督"留任广西边疆省,时年41岁。

2.对越边境"筑炮台百三十所"防务工事

1885年中法战争结束、双方签约之后,中法两国分别在边界驻防,设立岗哨。广西龙州府与越南边境陆地相连,易于进犯,因此龙州府防务甚为重要。

龙州府与越南边境相接,城西有连绵山脉。越南成为法国的

---

① 邵循正:《中法越南关系始末》,第220页。
② (清)赵尔巽等撰:《清史稿》卷四五九《苏元春列传》,第12694—12695页。

保护国以后,中越边防不仅牵涉广西一省,而且也与两广和中国西南地区有关。时任两广总督张之洞视筹备广西边防为大事,"全桂大事,注意边防,必定有大将亲临控制调度。拟请将广西提督由柳州移往龙州"。① 苏元春因此身兼龙州府边防督办,提督府于1889年从柳州迁往龙州,边疆城龙州于同一年向法属东京开埠通商。

苏元春龙州边境防务建设,见《清史稿·苏元春列传》载:

> ……还龙州,其南曰连城,号天险,建行台其上,暇辄取健儿练校之,授以兵法。西四十里即关(镇南关),崇山相鉴,一道中达。元春相形胜,筑炮台百三十所,嘱统将马盛治镇之。②

苏元春在龙州以南天险之地"连城"建指挥部于其上,并将其作为练兵之地,在龙州以西20千米的镇南关两山夹势一带,根据地理形势,"筑炮台百三十所"布置防务。这源于清政府支持拨款购买洋炮加强广西边防,"据奏桂边炮台需炮,请购洋炮以资守御。价银十万,于洋款内拨用"。斯时正是李鸿章大力购买德国克虏伯火炮时期。苏元春在广西巡抚和两广总督对边防建设的指令下,着手修筑龙州边境炮台。龙州府炮台修筑根据边境沿线关、隘、卡之特点,先后于1888、1892年修筑,最终于光绪二十一年(1895)告竣,边境全线以龙州府边防指挥部小连城境内炮台最多。③ 据苏元

---

① (清)张之洞:《筹议广西边防折》,载《张文襄公全集》卷十五,文海出版社,1970影印本。
② (清)赵尔巽等撰:《清史稿》卷四五九《苏元春列传》,第12695页。
③ 黎日萃:《苏元春与近代龙州边防建设》,《南宁师范高等专科学校学报》2008年第1期。

春奏折记载,"龙州境内有大炮台8座,中炮台21座,其中配置克房伯12厘米大开花炮6尊,分截小开花炮18座,田鸡炮2尊,后膛开花炮7尊,神机炮1尊"①。整个广西边防"沿边千七百余里,隘口百七十余外,炮台百六十余座,与法方分设对汛八隘"②,令边境对面法国谅山边防军队不敢轻举妄动。

据苏元春所撰炮台碑文记载,在山岭中修筑炮台全赖工匠丁勇辛苦建成,建筑异常辛劳艰苦,"……我将军自经始奔临,指授规制。凡半砖滴水,皆工匠勇丁等如蚁载粒,出入于蛮烟瘴雨之中,往来于垒巘重冈之上,其胼胝情形,甚于他处,有难尽以形容者"。工程修筑异常艰巨,因此得当地官员奏请特别奖励。③ 在晚清广西的中越边境防务中,提督苏元春尽职尽力。龙州府修筑的炮台装备与坚固的防御工事的威慑力,远胜法国边境。

方苏雅领事在《苏元帅》笔记中,对苏元春在龙州边境防务与边疆建设方面的举措也有记载:

---

① 《督办广西边防广西提督苏元春奏修筑炮台工竣折》,原件存台北故宫博物院。参见黎日萃《苏元春与近代龙州边防建设》一文,《南宁师范高等专科学校学报》2008年第1期。德国克房伯大炮,见《烟台日报》2014年5月26日《克房伯大炮》介绍:"克房伯大炮,口径280毫米。炮管长11.2米、重44吨,仰角可达30度,有效射程19 760米,炮弹3000米内可穿透65.8毫米的钢板,每分钟可发射1—2发炮弹。全钢后装……"有关晚清北洋舰队购买德国克房伯炮数目详情,见〔德〕乔伟、李喜所、刘晓琴:《德国克房伯与晚清军事的近代化》一文介绍,《南开学报》1999年第3期。
② 《暂获广西督抚李秉衡电·会奏边防各员仍照异劳绩奖励折》,载中国史学会主编《中法战争》,上海人民出版社,1961。参见黎日萃《苏元春与近代龙州边防建设》一文,《南宁师范高等专科学校学报》2008年第1期。
③ 《小青山炮台碑记》,载广西壮族自治区通志馆编,广西壮族自治区博物馆修订《中法战争调查资料实录》,广西人民出版社,1982;《查明广西边防炮台工程并酌减饷数折》,载谭钟麟《谭文勤公奏稿》卷十八,文海出版社,1969。参见黎日萃《苏元春与近代龙州边防建设》一文,《南宁师范高等专科学校学报》2008年第1期。

他有意识地在边境地区修筑工事。他相当明智地修起了战略通道。龙州这令人惊讶的地区到处都是怪石嶙峋的山峰。他在这些山峰间凿石穿洞,将四处见石、到处见脊的天然要塞变成了走廊和山洞相连的通道。他竟然能靠手臂之力,只用了人力,就在危险的峰巅要地上架起一些大口径炮,这些火炮显然是从克虏伯公司那里购买到的。……

苏元春做事很有心计,他不会储存太多的弹药,……他的要塞得到了保护,但里面则是空架子。当然,银两问题则是相当普遍的问题。北京朝廷一点也没有意识到,它的拨款完全变成了武器。①

方苏雅在记载中具体描述了苏元春在边疆地带龙州府管理防务,对于边防工事的建造,其方法是利用自然的山洞与山峰,因地制宜,"将四处见石、到处见脊的天然要塞变成了走廊和山洞相连的通道",而且修筑了坚固的炮台,架起漂亮的德国克虏伯大炮。方苏雅对苏元春建筑众多炮台的描述,则不乏讥讽和揶揄,指出苏元春修筑炮台和购买装备都是用来摆样子的。

苏元春同时对龙州府也进行了相应的经济开发和建设:

> 凿险径,辟市场,民憧欢忭。复自关外达龙州,创建铁路

---

① [法]奥古斯特·弗朗索瓦(方苏雅):《晚清纪事——一个法国外交官的手记(1886—1904)》,第147—148页。

百余里,屹然为西南重镇。增兵勇;设制造局。①

龙州城是对法属东京的约开商埠,因此经济市场开放。从镇南关外修建铁路百余里,建设现代交通(按:这一"伟绩"指龙州铁路,实际仅是筹备,这正是后文中将要讨论的内容),军事上"增兵勇,设制造局",使龙州府边关"屹然为西南重镇",地方民众为此而欢欣鼓舞。《苏元帅》中记载得更确切:

> 苏元春有着四通八达的生财之道:借钱。由于他深得民心,该地区的许多钱庄老板与商人借钱给他从无难色。他原本无还钱的能力,但是他让这些人从其他方面获得回报。他在战争艺术方面的知识不如他的同僚,但是他能预感好些事情,他的思想能接受进步。他保护贸易,开通道路,创建入海口,开办切实有用的学校,开创农业试验田,特许某些地方产品的专卖权,等等。他的业绩虽然不连贯,但是这些业绩则是了不起的,他实实在在地改造着这片土地。②

方苏雅指出苏元春在边疆建设中,从贸易、道路、办学校、农业实验、产品特许权等方面着手,积极发展龙州经济,认为"他实实在在地改造着这片土地"。这些都是边境防务的重要经费来源。

---

① (清)赵尔巽等撰:《清史稿》卷四五九《苏元春列传》,第12695页。
② 〔法〕奥古斯特·弗朗索瓦(方苏雅):《晚清纪事——一个法国外交官的手记(1886—1904)》,第148页。

3.中越边境建立中法边防警察混合制由来

中越边境治安问题当追溯至1885年中法战争结束。清政府派出李鸿章与法国公使巴特纳在天津签订《中法会订越南条约十款》,第一款即是中法两国如何在中越边界对付盗匪及无业游民的骚扰问题:

> 第一款:越南诸省与中国边界毗连者,其境内,法国约明自行弭乱安抚。其扰害百姓之匪党及无业流氓,悉由法国妥为设法,或应解散,或当驱逐出境,并禁其复聚为乱。惟无论遇有何事,法兵永不得过北圻与中国边界,法国并约明必不自侵此界,且保他人必不犯之。其中国与北圻交界各省境内,凡遇匪党逃匿,即由中国设法,或应解散,或当驱逐出境。倘有匪党在中国境内会合,意图往扰法国所保护之民者,亦由中国设法解散。法国既担保边界无事,中国约明亦不派兵前赴北圻。至于中国与越南如何互交逃犯之事,中、法两国应另行议定专条。凡中国侨居人民乃散勇等在越南安分守业者,无论农夫、工匠、商贾,若无可责备之处,其身家产业均得安稳,与法国所保护之人无异。①

"越南诸省与中国边界毗连者",以及"其中国与北圻(东京,即河内)交界各省境内",指中国境内与越南陆地上漫长的边境线,这

---

① 许同莘、汪毅、张承棨编:《光绪条约》卷二十,第7—11页,载《近代中国史料丛刊续编第八辑》,文海出版社,1974。

正是"匪党及无业流氓"活动的地方。合约要求无论何方如有"匪党"会合,双方的职责均是将其解散或驱逐出境。所指"匪党及无业流氓",其时在中越边境越南一方存在"黄旗""白旗"及其他从广西或广东进入的中国民间武装。有的是同治三年(1864)清朝镇压太平天国以后,追剿两广的民间起义武装队伍,有残部进入越南境内;有的是地方盗匪武装,也在中越边境越方活动。中越边境的问题,并非中法军队的相互对峙,"法国既担保边界无事,中国约明亦不派兵前赴北圻(东京,即河内)"。事实上,双方各自将侵犯自己一方边境的"匪党"和盗匪解散或驱逐出境,并不能解决问题。

在广西边境创立"中法边防混合警察条例"是施阿兰1894年上任驻北京公使途中,专门在印度支那西贡停留,与德·拉纳桑总督见面商谈提出的解决办法。施阿兰对此有如下记载:"德·拉纳桑先生最先创导了一种办法,……同这个毗邻的帝国和它的边疆官吏们取得更密切关系的办法。德·拉纳桑先生早就和广西提督苏将军建立了使我们的政策多年来享受到许多好处的关系。"①说明法属印度支那总督建立双边密切关系的意图,是双边合作维护治安,使法方借此有利可图。因此施阿兰公使到北京上任与总理衙门谈判时表示:"在确定领土边界的同时,我们的愿望是要同中华帝国建立一个友好和信任的睦邻关系。"要求将印度支那总督提出的建立"中法边防混合警察制"这一建议在《续议商务专条附章》条约中列为正式条款。"根据《中法商务条约》第1款",规定了"中法边防混合警察条例",其具体做法,就是"设立混合哨所"。② 于

---

① 〔法〕施阿兰:《使华记:1893—1897》,第6页。
② 〔法〕施阿兰:《使华记:1893—1897》,第169页。

法属东京越南方面,这条边境治安条款至为重要。

(二)中越边境线安全问题与中法边防混合警察制合作方式

在中法边境上,一方面是中方在漫长边境线山岭上建立了坚固的炮台防务设施;另一方面,越南边境的防务力量虚弱,在边境线上存在的散勇和盗寇,对法属越南边境居民的安全构成威胁。

1.法属越南边境线防卫力量虚弱

广西全境与越南谅山、高平接壤,边境线长近 1000 千米,"山箐分歧,路路可通"。[①] 方苏雅《苏元帅》一文也记载沿线"森林密布",没有任何部落愿意定居,造成法属越南边境线防卫困难,因此越南法国边防部队需要与中方边防合作:

> 要守卫这条疆界最为困难。保卫这条边界的责任,交由沿边境延伸的各个哨所负责。哨所的几名成员均躲在掩蔽所里,况且热病又造成大量的死亡。他们不可能在相互之间建立紧密的联系,以便及时阻止中国流寇对这片土地的渗透。我们太虚弱了,当地百姓由于在遭受入侵时得不到很好的保护,只得任由敲诈勒索,甚至与流寇们妥协。此外,这种局面在中国一方也是如此。有时,我们临时组织队伍追杀流寇,他们也有办法舒服地躲起来,时而在边境这边,时而在边境那

---

① (清)张之洞:《筹议广西边防折》,载《张文襄公全集》卷十五,文海出版社,1970 影印本。

边。所不同的是,中国官员出于敌意,经常将流寇赶到我们这方。我们无能为力时,便睁只眼闭只眼。为了改善这种局面,最后在北京找到了解决办法——强迫双方采取共同的措施,镇压流寇,要求边境的军队协调行动。①

龙州府与越南谅山平原边境线一带的所谓流寇,是指1885年按照《中法会订越南条约十款》从越南境内被驱逐的小股民间武装。"边境时常有中国一方的流寇进入,对百姓进行敲诈勒索",流寇在中越双方边境活动,难以掌握,"时而在边境这边,时而在边境那边",给法国边境防务方面带来了极大困扰。越南边境防务的薄弱,可举里昂商会考察团在越南与云南边境所了解的情形为证。从河内红河航行抵达老街之前的寨忽,从寨忽到老街有十多个哨所,这些哨所设置在河流两岸,"分别相距十五到二十公里的距离(陆地距离)","其中最大的是左岸的富流哨所。那里的军官和驻扎人员住砖房,而不像其他几处哨所那样住茅屋"。最大的富流哨所"有一名上尉、两名中尉率领一连外籍军团士兵驻扎在那里。其他所有的哨所,除保河哨所之外,都只有一到两名欧洲士官和一些安南士兵把守"。基本反映了法属东京在边境线的防卫武装。②

1895年初,在云南边境当时反映的治安问题已经相当严重。据奥尔良王子探险队笔记记载云南河口与对岸越南老街情形,"甚

---

① 〔法〕奥古斯特·弗朗索瓦(方苏雅):《晚清纪事——一个法国外交官的手记(1886—1904)》,第142—143页。
② 法国里昂商会编著,〔法〕里沃执笔:《晚清余晖下的西南一隅——法国里昂商会中国西南考察纪实(1895—1897)》,第16页。

至五年前在老街旅行都比现在安全。该地区新的盗匪肆虐为患","右岸的匪帮大约不下三百人。河上战船往来,才能保证航行的安全"。①

法属东京鉴于中越边境线治安的困难,通过法国驻北京公使施阿兰与清政府1895年10年换约签订新条约的机会,就是方苏雅领事所谓"最后在北京找到了解决办法——强迫双方采取共同的措施,镇压流寇,要求边境的军队协调行动",在《续议商务专条附章》中约定条款"中法边防混合警察条例"。这个条例使中法双方在边境线采取合作,共同维护中越边境的和平治安。

2.中越边境中法边防混合警察制合作方式

施阿兰在回忆录中有关1897年春天的记载,谈到在广西和越南边境采取合作"建立混合哨所"的交往情况:

> 中越边境的海盗行为已经停止了。……双方边界的文武官吏时相过从,互相磋商,互相合作。塞维埃尔和佩纳坎两位上校创始了一种互相信赖、协调一致的传统,这个传统后来逐渐成为一种常规。广西提督苏将军,也采取了同样步骤,他于1896年去河内,同法国当局一道,参加七月十四日的法国国庆,并被授予荣誉团骑士勋章。另一方面,他也多次在他的府邸接待了我们边防站的司令和官员。像设立混合哨所一样,在镇压海盗、恢复秩序和在迅速满意地完成划界工作方面,他

---

① 〔法〕亨利·奥尔良:《云南游记——从东京湾到印度》,2001,第7页。

也同我们的官方保持着最恳挚和有效的合作。①

　　这种两国边境的协调行动,使得广西提督兼龙州边防督办苏元春将军,与越南法国军事长官有了直接的联系与接触。苏元春在制服盗匪解除对越南境内的威胁方面,显示了充分的才干。法国邀请苏元春到法属印度支那联邦河内参加了1896年的法国国庆庆典,授予苏元春"荣誉团骑士勋章",这是对苏元春在边境治理方面进行积极合作的感谢。

　　方苏雅领事在《苏元帅》中也记载了中越两国边境军事合作方式,"这么一来,防区内的法、中两国的军事长官开始面对面地开会部署,互通情报"。法国方面为确保边境安全,对苏元春表现得相当热情,《苏元帅》中也有记载:

> 他(苏元春)坦诚地同印度支那当局进行合作,印度支那当局据此立即做出推断:他是可以收买的。他们经常愚蠢地连累着他,毫无借口地拜访,请他到河内,隆重地招待他,盛宴不断,舞会不少。印度支那当局抓住中国这位大人物,称其"元帅",尽管他还不具备这个头衔。他们粘着他,搞得他尴尬不堪,甚至请他与河内上流社会的贵妇跳四步舞。②

　　这里所说与法国殖民地印度支那当局的关系,直接指的是越

---

① 〔法〕施阿兰:《使华记:1893—1897》,第163页。
② 〔法〕奥古斯特·弗朗索瓦(方苏雅):《晚清纪事——一个法国外交官的手记(1886—1904)》,第145页。

南河内的法属印度支那联邦总督。方苏雅领事在文中也提到河内总督授予苏元春勋章一事:"1896年,安南总督保罗·杜美授予他法国荣誉的第三级勋位。"法国公使施阿兰曾提到的德·拉纳桑总督,1896年初即由新总督A. Rousseau(A. 卢梭)替代。所以1896年7月14日法国国庆节,邀请苏元春提督去河内参加国庆并接受授勋的是A. 卢梭总督,而不是方苏雅提到的"安南总督保罗·杜美"。《清史稿·苏元春列传》中的"法感其义,赠宝星"即指此事。法国公使所记载的"他(苏元春)也多次在他的府邸接待了我们边防站的司令和官员",表明中法边境双方过从甚密,关系热络。

结合《清史稿·苏元春列传》所载,才能理解在中法边境建立混合警察制,合作维护治安时,苏元春用什么方法解决边境游勇和流寇问题,使得中法边境治安趋于和平安全:

> (苏元春)尝与法人接,独持大体。金龙峒者,安平土州地,为中、越要隘,法将据之,与争不决。而游勇万人恒出没为法患,法莫能制。其总督入关来求助,元春悉召至,资遣之,金龙七隘卒归隶。法商李约德为寇所掠,总署虑启衅,以属元春。元春简驺从诣山下,寇闻,送之出。时元春已积逋二十万,或劝其请诸朝,元春叹曰:"吾任边事,致外人蹈绝险,尚敢欺朝廷要重利乎?"卒不可。法感其义,赠宝星……①

此段涉及苏元春在实施中法边境合作治安中,如何解除了游

---

① (清)赵尔巽等撰:《清史稿》卷四五九《苏元春列传》,第12695—12696页。

勇及盗寇对法方边界的威胁。其采用的方法：1."资遣之"，即付资金将游勇遣散，将边关"游勇万人恒出没"给越南边境造成的侵扰问题解决，而使中法两国争论不下的"金龙七隘卒归隶"中国。2.利用在边关盗寇中的威望。法商李约德为寇所掠一事，"总署（按：法属印度支那联邦总督）虑启衅，以属元春"。苏元春并没动用武力，"元春简驺从诣山下，寇闻，送之出"，就使盗寇自动释放了掠为人质的法商，表明盗寇对苏元春的敬畏。3.苏元春花重金遣散了威胁法方的游勇，解救法商也并不向朝廷邀功，"法感其义，赠宝星"。"赠宝星"即前面法国公使记载的在河内所授予的法国勋章。此即《清史稿》所谓"尝与法人接，独持大体"之谓。苏元春在边境防务方面的作为，以及获得的法国勋章，是对1895年6月建立"中法边防混合警察制"进行边境合作负责的体现，苏元春为国家赢得了荣誉。

3.方苏雅提到法属印度支那支付苏元春兵营饷银的问题

方苏雅在《苏元帅》中提到了1894年中日战争之后，北京朝廷经费吃紧。苏元春发现"他很少能够从那儿领到每年的军饷"，他自己也无力支付，"他被迫解散一部分兵丁，准确地讲是将他们遣回原籍"。另一方面，苏元春修筑第二期、第三期边境防御炮台直到1896年结束，炮台经费和火炮购置费用大多由地方筹集勉力支撑。方苏雅提到的苏元春部队兵饷供应出现了一些问题，应该是1896年完成边境防御工程，也即是中日甲午战争结束之后的事。方苏雅在《苏元帅》中的这个说法，不在本书讨论之列。不管原因为何，苏元春兵营中自1896年开始出现兵饷不足的问题是有可能存在的。《苏元帅》中记载了苏元春向方苏雅提出向印度支那总督借款的要求：

> 苏元春明确地告诉我，我们的印度支那当局如果借款给他，那算是帮他的大忙了。我们的兴趣也在于此：用我们的钱，来支付中国兵，从而买得边境的安宁，这么做应该是划算的。因为只要这些兵有苏元春的统率，就能保证我们的安全。我就此事向杜美建议，杜美答应立即予以考虑。但是，他并没有让我负责与苏元春将军交涉此事，而是采取谨慎的措施，以确保这些款项能够秘密送达他的手中。①

印度支那联邦 A. 卢梭总督于1896年12月10日在河内任上去世，新总督保罗·杜美（Paul Doumer, 1857—1932）于1896年12月27日获得任命，次年3月从巴黎航行抵达河内。② 当方苏雅领事向印度支那总督提到中国边境一方苏元春提督需要借一笔贷款时，"杜美答应立即予以考虑"。表明苏元春借款的想法获得了杜美总督的积极响应，此与杜美总督将中越边境和平纳入他的施政措施有关。③ 方领事的作用只是汇报，等于牵线。杜美总督采取谨慎态度，"此事交给谅山的军事负责人"，方苏雅领事本人并没有经

---

① [法]奥古斯特·弗朗索瓦（方苏雅）：《晚清纪事——一个法国外交官的手记（1886—1904）》，第159页。
② Paul Doumer（保罗·杜美）L' Indo-Chine française, (Souvenirs)(《法属印度支那的回忆》), p.1.
③ Paul Doumer（保罗·杜美）, L'Indo-Chine française, (Souvenirs)(《法属印度支那的回忆》) p. 327.

手钱的事情,他离开龙州领事任是在1897年秋季,因此,这一计划的实施应是1897年秋季以后的事。在另外两处,方苏雅也提到了法属东京有过为中越边境剿匪支付兵饷的行动。一是在方苏雅另一篇笔记《法国夫妇在凭祥》中涉及此事,说苏元春部队的军饷不够,"苏元帅因此被迫解散少量的士卒"。在中越边境建立了中法混合哨所后,这些被解散的士卒"于是,便再度爆发了抢掠事件,以及攻打我们的边境地区。结果,我们最后只好出面,向苏宫保(按:苏被朝廷赐赠"太子少保")提供必要的经费,以让他有效地管住他的部属"。笔记还提到苏元春自己在龙州府边境队伍中的士卒,也与盗寇之间有些联系,"因为他在许多地区招募兵丁时,不少人都是从强盗队伍中招来的"。① 另一处是在有关中越边境维护和平一事上,仍然提到了相关的信息,"为了在东京北部边境地区取得和平,他(指杜美总督)代苏将军支付了债务。苏将军亦做出了恰如其分的表现,帮助法国人最终收拾了'土匪'"。② 这里的"债务"不确定究竟指的是什么。苏元春的龙州"小连城"与炮台建筑在1896年已经完成。如果真有借款支付债务一事,那么"债务"有可能包括两个方面:一是"以资遣"解散边境游勇,以保证治安;二是支付军营中士卒饷银,以防止士卒在边境偷盗。两者皆与解决中法边

---

① 〔法〕奥古斯特·弗朗索瓦(方苏雅):《晚清纪事——一个法国外交官的手记(1886—1904)》,见《法国夫妇在凭祥》篇,写于"1896年,龙州",第138页。
② 〔法〕皮埃皮·塞杜整理:《法国领事任期内东京与中国事务》,载〔法〕奥古斯特·弗朗索瓦(方苏雅)《晚清纪事——一个法国外交官的手记(1886—1904)》,第17页。作者塞杜是方苏雅领事的侄子,整理方苏雅遗稿,并出版该书的法文原版。塞杜根据方苏雅遗稿内容所涉及的一些历史背景和历史事件,整理撰写了上面这篇文章。文内也提到了苏元春和法属印度支那总督合作解决中越边境问题中的经费问题。

境治安问题有关。

鉴于1895年6月签署的中法《续议商务专条附章》第1款中有"中法边防混合警察制条例",杜美总督需要中方边境负责人苏元春为他收拾盗匪,以保证边境和平。即使苏元春提出向他借款,或者他支付了一笔兵饷给苏元春,与边境合作治安条例也并无冲突。这笔款项到底属于贷款,还是资助,史料并没提及,但反映了在中越边境治安事务上,法属东京与中国边境防务保持了合作关系及其对中方苏元春提督边境防务的依赖。在杜美总督1905年出版的《法属印度支那的回忆》一书中对苏元春并无相关记载,仅提及与龙州的边境治安合作以及苏将军(苏元春)的名字,并在书中附上一帧苏元春的照片,题词 Le Maréchal Sou, commandant de l'armée chinoise du Quang-Si(广西中国提督苏元帅)。苏元春有"太子少保"文官荣誉称号,因此身穿文官袍服而非提督戎装。照片上的苏元春相貌端庄稳重,正处于壮年期。①

二、广西龙州铁路筹备及其搁置原因考释

从1896年开始,广西省与法属印度支那除了边境治安合作之外,又有了修建龙州铁路的合作事项。"复自关外达龙州,创建铁路百余里"(《清史稿·苏元春列传》)的记载有误。龙州铁路经历了筹建阶段,但铁路最终并未修建。修建龙州铁路,广西方面系苏元春担任龙州铁路督办。在铁路筹建阶段,苏元春与进入广西龙

---

① Paul Doumer(保罗·杜美), *L'Indo-Chine française*, (Souvenirs)(《法属印度支那的回忆》), p. 327.

州府筹建的法国铁路费务林公司有了较多的交往,双方在有关将来龙州铁路线往西江流域的延伸计划、估价,以及铁路修筑前期费用等方面出现矛盾冲突,致使龙州铁路建筑最后搁置。虽然这条西南地区乃至全国最早谈判的计划由外国人承建的铁路,最终并没有建成,但是还原其筹备以及中法双方冲突过程,仍能为人们提供较多的认识。

(一)龙州铁路修建是法国公使争取到的一项让与承建特权

广西龙州铁路是中国政府首次同意在西南地区修建与境外连接,并由外国承建的铁路,因此具有特殊意义。

在1895年6月20日中法签订10年换约条款之后,法国即着手推进中法商务事宜。一是1895年9月派出了大型的法国里昂商会考察团;二是法国外交部长指令施阿兰向中国政府要求兴建一条"在印度支那边界谅山和同登地区和中国(广西)龙州城之间的铁路,同时发来了有关费务林(Fives-Lille)铁路公司的全部资料"。由法国提出要求在广西境内修建铁路,在1895年6月签订中法条约之前即已约定,原因是在印度支那与中国的商贸中,法国提出从安南进口食盐和鸦片出口免税,中国政府坚决不同意。作为让步,"中法两国约定,在取得双方同意后,可以将安南境内现有的或已订有建筑计划的铁路延伸至中国境内"。中国沿边三省的矿藏开采尽先向法国工程师开放,并且写进了条约第五条。这是有关中法商务的有着"重大价值"的条款。从1895年9月9日法国公使正式向中国政府提出修建龙州铁路,到1896年6月5日签订《龙州至镇南关铁路合同》,谈判过程费时达九个月之久。①

　　法国公使施阿兰在回忆录中记载了以下法国政府争取到修建龙州铁路谈判的艰难过程。修建这条铁路的谈判之所以艰难,是因为中国此时尚未开放铁路修建,那时中国政府只有一条从天津至山海关的铁路。龙州铁路虽短,但将打开一个将外国铁路修建在中国领土上的缺口。在1895年的中国,"同外国政府或是外国公司签订一项建筑和经营铁路的协定",中国政府不同意,表明在关于由法国方在中国广西境内修建铁路的谈判中,中国政府的态度坚决。施阿兰不得已又提出新的建议,"改由费务林公司承包该铁路的建筑及经营",合同最后确定的是"费务林公司所取得的权利,是一种建筑和经营方面的承揽特权,由中国承担损益,该公司在三十六年期间内可以延长或更新这个特权。……由该公司工程师格里耶先生和总理衙门特派代表朱文在六月五日签订。这个费时达九个月之久的谈判就这样结束了"。中国政府同意由法国承揽在广西龙州修建铁路至镇南关,与境外越南的一条铁路连接,意义重大:"同登至龙州铁路的建筑权,是中国政府所同意让与的第一个特权,而且是唯一以承包和国营方式而取得认可的特权。"由法国费务林铁路公司承揽建筑和经营的这个建议,"1896年3月就得到了认可,当时广西巡抚的代表们已完成对全线勘测工作"。②

　　法国公使要求在广西龙州修建一条铁路,以接通越南境内的铁路,即可以使法属印度支那铁路深入广西龙州,这与当时清政府的政策不相符合。中国政府不接受外国政府在自己的领土上修建

---

① 〔法〕施阿兰:《使华记:1893—1897》,第105—108页。
② 〔法〕施阿兰:《使华记:1893—1897》,第76—77、105—108页。

铁路,因为涉及领土主权问题。最后法国公使用了一个变通办法,即铁路由中国政府自己建筑,损益也自己承担,但由法国费务林铁路公司负责承建并经营36年。在1896年以前,在中国既没有铁路修建,也没有这种先例。因此对于法国政府来说,1896年6月正式签约的龙州铁路修建,也是法国自1895年6月20日10年换约签订中法《续议商务专条附章》之后在中国获得的一个特权的证明。

法国在1895年中日《马关条约》之后签订的修建广西龙州铁路的合同,虽然是那个时期的第一条边境铁路修建合同,但早在中日甲午战争之前,清廷就已经认识到在国内修建铁路的重要性。最早在1889年清廷即提出对建造铁路的意见,认为需要果断决策:

> 为自强要策,必应通筹天下全局,……冀有益于国,无损于民,定一至当不容易之策,即可毅然兴办,毋庸建筑道谋。①

1895年4月签订中日《马关条约》之后,自强呼声更起,清廷欲自强"除痼习,力行实政",注意到修筑铁路的重要性。张之洞、王文韶合奏《卢汉铁路商办难成另筹办法折》提出官修商办之法:"款由官借,路由官造,使铁路之利全归于官。"②

法国争取到承办龙州铁路权利,符合清廷1895年由张之洞、王文韶合奏提出的官修商办的铁路政策。广西龙州铁路是由清政府

---

① 宓汝成:《中国近代铁路史资料(1863—1911)》第一册,中华书局,1963,第171页。并见第200—201页,《张之洞主修铁路函》。
② 宓汝成:《中国近代铁路史资料(1863—1911)》第一册,第171页。并见第253页,张之洞、王文韶合奏《卢汉铁路商办难成另筹办法折》。

官修、法国铁路公司承办的第一条铁路。其特殊之处,在于它是中国最早的一条边境连接铁路,而且由法国铁路公司承办,因此法国公使施阿兰认为这是法国争取在华权利的一个很大的成功。

方苏雅领事在《苏元帅》中提到了1896年他到龙州赴任的任务和兴趣,即与龙州铁路建筑有直接关联:

> 我到达岗位后,兴趣在如何疏通一条通道,……这奇怪的通道在中国的疆域内仅有42公里,中止在山石累累的地区,再深入一点,便是通往广州以及香港的西江。西江在此不仅有龙州河支流,而且还有其他许多通航的支流。我们之所以要疏通道路,那是为了东京的贸易,而不是中国的贸易。[①]

方苏雅所谓"一条通道",指的就是龙州铁路的走向,从广西龙州府修建龙州—镇南关铁路,与关外越南同登—镇南关铁路相接,同登铁路将南连谅山、河内。在中国龙州一方"再深入一点,便是通往广州以及香港的西江"。重要的是"西江在此不仅有龙州河支流,而且还有其他许多通航的支流",指开拓从越南河内通过的龙州铁路,可以连接广西西江各支流的贸易集市。所以龙州铁路虽短,但商业价值重大。

这条从河内谅山—同登接通广西龙州的铁路,就是方领事与苏元春直接打交道的一件重要公务,也是清廷在广西龙州府设立"龙州铁路官局",由广西巡抚委任苏元春为"龙州铁路官局"督办,

---

[①] 〔法〕奥古斯特·弗朗索瓦(方苏雅):《晚清纪事——一个法国外交官的手记(1886—1904)》,第144—145页。

直接代表中方与法方修建龙州铁路的一件大事。方苏雅领事《苏元帅》笔记中有关于法国费务林铁路公司在龙州铁路筹备前期的记载,其中苏元春是主角,方领事本人也是法方重要当事人之一。

法国政府在1885年中法战争结束之后签署的《中法会订越南条约十款》中,即意欲从越南开通到中国西南地区的铁路交通条款,见第七款:

> 中法现立此约,其意系为邻邦益敦和睦、推广互市,现欲善体此意,由法国在北圻(按:东京,即河内)一带开辟道路,鼓励建设铁路。彼此言明,日后若中国酌拟创造铁路时,中国自向法国业此之人商办;其招募人工,法国无不尽力劝助。惟彼此言明,不得视此条系为法国一国独受之利益。①

条款中规定"彼此言明,日后若中国酌拟创造铁路时,中国自向法国业此之人商办"。1895年6月中法《续议商务专条附章》第五款亦明确:"至越南之铁路或已成者或日后拟添者,彼此议定,可由两国酌商妥订办法,接至中国界内。"②这就有了上述法国施阿兰公使1895年9月接受法国外交部长训令,专门就要求修建龙州铁路开展长达9个月的谈判。

---

① 《中法会订越南条约十款》(1885),载朱杰勤、黄邦和主编《中外关系史辞典》,湖北人民出版社,1992,第191页。
② 许同莘、汪毅、张承棨编:《光绪条约》卷20,第7—11页,载《近代中国史料丛刊续编第八辑》。

(二)龙州铁路修筑有关铁路估价的争执问题

龙州铁路并非中国拟建,而是在法国公使向总理衙门催促之下的回应。后来在龙州铁路筹建谈判过程中,中法双方在铁路估价上出现了意见分歧。

在修建龙州铁路谈判期间,总理衙门电请广西巡抚史念祖派员勘测,绘图3张(龙州到鸭水滩17千米,鸭水滩至凭祥24千米,凭祥至镇南关19千米)咨送总理衙门。龙州成立官办铁路局,苏元春任铁路督办负责铁路建造与交涉。后来在铁路建造估价问题上,因为中法双方对铁路轨道修筑有不同意见,中方坚持修建宽轨铁路,法国铁路公司前后三次估价,最后一次估价总数为库平银534.225万两。苏元春等认为铁路公司的三次估价过高。龙州铁路官局在讨论中提出了核减的11条理由,并核实了估算的各价总数。法方提出请中人公断,中方同意,并委托印度支那总督杜美代聘中人。中人公断龙州铁路造价为2080万法郎,约合库平银599万两。苏元春最终同意了法方最初提出的修建方案,改宽轨为窄轨,将造价核减为264万两。

总理衙门认为经中间人裁断后即应照办,龙州铁路官局总办康际清递禀苏元春,认为中间人公断造价时,"一味偏袒公司,蒙混官局,其中可指摘者甚多"。他逐条驳斥了中人公断的细目,为苏元春的对法交涉提供了有利的证据。①

(三)龙州铁路修建搁浅原因考释

法国费务林(Fives-Lille,按:另有译名为"法孚-里尔公司")铁路公司,是法国外交部在巴黎直接指定获得修建龙州铁路这项特许权的企业,因此《龙州至镇南关铁路合同》,直接由该公司工程师与北京总理衙门代表签订。据载,该公司是一个与政界联系密切的强大企业,"公司董事长家族的若干成员是政界的显要人物"。该公司随后与印度支那签署合同,"获得谅山—中国门(按:镇南关)印度支那境内铁路经营特许权"②,即同时承担连接龙州铁路的越南境内铁路段的修建。

1.铁路建造各方意见不一的矛盾

法国外交官方苏雅既是龙州领事,也是铁路建造方负责与中方谈判的代表。他在1896年10月抵达龙州法国领事任时,立即开

---

① 自1998年开始,已出现有关龙州铁路筹建过程的研究文章。在正式介绍方苏雅领事《苏元帅》中有关龙州铁路相关史实之前,笔者借鉴有关研究内容,简述龙州铁路筹建期间中法双方这段公案,以方便理解《苏元帅》笔记中的内容。主要根据以下两篇文章梳理:朱从兵《广西龙州铁路筹建始末》,《广西师范大学学报(哲学社会科学版)》1998年第4期;王晓军《近代龙州铁路筹建始末述略》,《广西社会科学》2005年第8期。
② 〔法〕德西雷·勒努瓦(希望):《领事方苏雅:滇越铁路与云南往事》,许涛、张蕊子译,译林出版社,2019,第50、68页。

始主持有关铁路谈判工作,"铁路问题在我的驻地讨论"①。苏元春、费务林公司代表和方苏雅三方就铁路走向、报价、前期进入准备工作进行讨论,三方均有不同意见。方苏雅在龙州铁路修建最初,向法国外交部长去电报时还提出过自己的看法:"我收集到的所有意见都是一致的,所有人都声称这条线路是无益的。"作为负责铁路谈判的外交领事代表,这样表达意见无疑有些直率。法国公使施阿兰受命于法国外交部长,争取在龙州修建一条铁路,以与印度支那境内铁路连接,自有其战略与政治意义上的考量。有关龙州铁路路线及估价的谈判,已经超过预定时间却迟迟没有结果。同时还涉及法国公使施阿兰仍在与总理衙门谈判,争取将来要将龙州铁路延伸至南宁或百色的问题。因此,在龙州府争论没有结果的情况下,费务林公司代表向总部写信,希望通过驻北京公使向法国外交部长告状,"苏将军只听方苏雅先生的话"。②

最后导致法国公使将方苏雅领事调走。离任之时,苏元春将军率领大小官员兵丁,在左江岸上为方苏雅领事举行了隆重的送行仪式,并提供了一叠有关龙州铁路修建的电报记录:

> 苏元春在结束礼节之后,将我拉到一边,将一叠上面写有数字的纸递给我,说:"你与我处境相似,你无疑需要保护自己,免受法国那家公司的攻击。带着这些抄件,或许你会用得

---

① 〔法〕奥古斯特·弗朗索瓦(方苏雅):《晚清纪事——一个法国外交官的手记(1886—1904)》,第150页。
② 〔法〕德西雷·勒努瓦(希望):《领事方苏雅:滇越铁路与云南往事》,第87—88页。

着。"这是七十一封数字电报的抄文,那是同中国当局打交道的文件。这些瞒着我的信息是在该公司的代表与法国驻北京的那位部长(按:指法国公使施阿兰)之间传递的。这位令人惊愕的部长竟是该公司的后台。①

这里所载内容有些含糊,但也看出法国费务林铁路公司与驻北京法国公使在龙州铁路建筑方面有密切联系,而没有让同时在龙州兼任铁路代表的方苏雅领事知情。换言之,即避开了这位法国龙州领事兼龙州铁路代表。

广西龙州铁路最终搁浅。法国公使施阿兰在其回忆录中提到了龙州铁路修建中的问题:

……他(苏元春)自1896年起被任命为龙州铁路的督办,便立刻和我们的工程师取得联系。而且我相信,倘使费务林公司的一些代表和我国的一位受坏思想影响的领事,不是遗憾地阻碍和反对这条重要铁路进入中国的话,他是会忠实地向我们提供帮助的。②

这段话较为含蓄。其含义是:最初苏元春作为龙州铁路督办就积极与费务林公司合作,但中途因为两个原因,他不再忠实地向法国提供帮助:一个原因是"费务林公司的一些代表",另一个原因

---

① 〔法〕奥古斯特·弗朗索瓦(方苏雅):《晚清纪事——一个法国外交官的手记(1886—1904)》,第160页。
② 〔法〕施阿兰:《使华记:1893—1897》,第163—164页。

是"我国的一位受坏思想影响的领事",显然指的就是龙州法国领事方苏雅。

方苏雅离开龙州领事任时,苏元春送别时提供给他费务林公司与中国当局多达七十一份的电报往来抄件,抄件上有费务林公司提出的所有前期一般工作的费用,数额巨大。在《苏元帅》笔记中,方领事从知情人角度,对承建龙州铁路修建的法国费务林铁路公司在先期研究费用上的作弊和敲诈进行了披露:

> ……该公司获得人人皆知的修筑铁路的特许权后并不是想真的去修建,而是为了从中发一笔大财。该公司的代表甚至恬不知耻地向我承认了此计划。他向苏元春递交了一份70万法郎的账单,以支付先期研究费用,这是两个人在几个星期内做出的成果。即使用一笔钱来承包此任务,总额也不会超过30万法郎。这笔账单开得的确有水平,其中罗列了工作人员的薪水,他们在苏元春提供的地区安顿下来的安置费,器械开支,一直到厨房用具,所有开支完全按公里计算。这种以公里计算厨房用具费用的做法确有些过分,哪怕是对中国人也是如此。苏元春予以拒绝。法国这家公司便让他的人闲着,而且相反地增加了索要额,以加重它的要求分量。末了,它最终逼人将这笔款拨给自己,而且这笔几百万的赔款是为了取消该项目。此款的来源是扣自中国为义和团事件的赔款总额。事实上,这两笔款项完全风马牛不相及。这笔钱,他们原本是用来赔偿我们被起义军捣毁的所有行李的,但却填满了法国这家公司的腰包,以赔偿该公司并没实施的工程费。此

外,该公司压根儿就没打算做这项工程。①

以上文字中反映出如下几层意思:一是该公司并不真心想修筑铁路,而是想从中发一笔大财;二是先期研究费用账单高得离谱,被苏元春拒绝接受;三是该公司在前期研究中因此怠工,诸如铁路线的最后走向的不能确定、公路里程报价问题等等,以便拖延时间,最后以计划不能按时完成要求赔偿。文中提到该铁路公司最后反倒索要了一笔几百万的赔款,"而且这笔几百万的赔款是为了取消该项目,此款的来源是扣自中国为义和团事件的赔款总额"。这笔几百万的赔款即是终止《龙州至镇南关铁路合同》的赔偿,显然指龙州铁路的停建。上述事实中的第一项和第二项是方领事亲历亲闻,第三项是他没有亲见的事。

方苏雅对法国铁路公司同胞的这种欺诈行为表示了愤慨。"苏元春予以拒绝",即在前期研究费用支付上双方就发生了矛盾,此即法国公使施阿兰在对广西龙州铁路停建的叙述中提到的"费务林公司的一些代表"的"阻扰",因他们采取拖拉态度及不切实际地索要高额前期研究费用,失去了苏元春的信任。"受坏思想影响的领事"持"反对"态度,指法国领事方苏雅不站在法国立场上促进铁路前期准备工作的进行,所以苏元春不再予以合作,"否则他是会忠实地向我们提供帮助的"。施阿兰的以上说法,一是印证了费务林公司在索取前期研究费用中的贪婪,二是印证了方苏雅所说费务林公司获得修筑铁路许可权,是"为了从中发一笔大财"。

---

① 〔法〕奥古斯特·弗朗索瓦(方苏雅):《晚清纪事——一个法国外交官的手记(1886—1904)》,第159—160页。

方苏雅被施阿兰公使说成是"受坏思想影响的领事",与参加龙州铁路建筑讨论的费务林铁路公司代表指责方苏雅领事有关。费务林公司在获知方苏雅领事被免职的消息后,重新给奥赛码头(法国外交部)写了一封信,攻击方苏雅是公司计划的"公开对头","他的行为应该备受指责,作为外交代表,他的首要责任是维护法国的利益",并表示不能原谅方苏雅领事正式公开那些"不适当的私下沟通,公司质疑他办事的公正性与合理性"。关于法国公使施阿兰口中的这位有"坏思想"的领事对铁路建筑的阻扰,在方苏雅领事被解职之前,法国外交部长阿诺托决定委托其属下商务处对1896年6月5日签订的《龙州至镇南关铁路合同》"做出一个明确的评价",并借机就"方苏雅履行谈判代表职责的方式咨询该部门的明确意见"。商务处负责人对该铁路合同的意见是:"这个合同肯定不是意味着授予特许权,不同之处在于许诺特许权,其中的所有条款都有待讨论……一切都有待落实。"对于方苏雅领事履行谈判代表职责的方式是否正确,商务处负责人如是说:"……诚然,他在信中表达的某些观点不同于外务省驻北京法国公使的看法,这是他的权力;在我看来,他的行为始终符合上级给他的指令,这是他的职责,他履行了职责。"[1]以上商务处对《龙州至镇南关铁路合同》的明确意见,对方苏雅履行谈判代表职责的方式的评价,无疑肯定了方苏雅的工作。方苏雅个性耿介,考虑问题对事不对人。他作为法国领事兼任法国铁路代表,没有维护法国企业和国家利益,因此受到法国铁路公司的指责,以及驻北京法国公使的批评。

---

[1] 〔法〕德西雷·勒努瓦(希望):《领事方苏雅:滇越铁路与云南往事》,系引证有关档案列举,见第79—87、87—88、91—92、84—85页。

方苏雅因此被调离龙州领事任,也就有了苏元春送行时的隆重告别场面。

方苏雅领事调离龙州后,苏元春对费务林铁路公司进行了反击。他通知法属印度支那河内总督府杜美总督说,他"不愿再受北京和龙州法国外交界,以及法孚-里尔铁路公司各种特使的矛盾的指令摆布。他要求总督终止这种局面",否则他将不再与法属印度支那在边界上合作。在方苏雅调走时,中方要求方苏雅督促费务林铁路公司提交龙州铁路修建计划,该计划已"逾期四个多月",费务林铁路公司代表也声称,因为他们是法国政府找来承担龙州铁路修建的,"如果中国人不接受我们的报价,补偿要求该由法国政府负责买单,我们将得到三四百万,而且不需要做工程"。法国方面在龙州铁路修建上也出现了外交部、法属印度支那和费务林铁路公司三者之间的不同意见,涉及各方权限和利益。苏元春也不愿再与费务林公司谈判,放言准备另找铁路公司。北京总理衙门李鸿章也对铁路公司"坚持每公里35万法郎的报价"向新任法国公使毕盛"表达了他的不满"。1898年11月22日,"一份共和国总统的简要公报正式终止了铁路计划:法孚-里尔铁路公司放弃修建中国门(按:镇南关)到龙州的铁路"。法属东京杜美总督此前在与法国外交部和费务林铁路公司的三方会谈中,"同意与该公司经理就结算的条件达成协议……由东京出钱买单"。① 此即方苏雅领事所揭露的费务林公司在终止《龙州至镇南关铁路合同》后索要了几百万法郎的终断合同赔款。

---

① 〔法〕德西雷·勒努瓦(希望):《领事方苏雅:滇越铁路与云南往事》,第104—105页。

2.1897年1月法国公使开启了建筑云南铁路谈判

广西龙州铁路是法国公使施阿兰任上,于1895年6月15日签订中法两个新条约后,即着手铁路修建谈判成功的第一个合同,当时在中国还没有先例。这是第一条由法国公司承建的铁路,也是法国公司进入中国西南拓展商务的一个胜利标志,但后来却搁浅停建。其主要原因是由法国拟建一条连接法属越南与云南的滇越铁路的计划已经提出。

施阿兰回忆录记载其在中国公使任上完成的使命,其中就有1897年1月继续与总理衙门谈判,于1897年6月12日照会正式确定,"其内容主要是关于广东、广西和云南矿藏的开采,龙州铁路的延伸和云南省府与安南间铁路的敷设"。在中法《续议商务专条附章》中,也载明了"确认我们在其他的特权中,还享有建筑一条从安南边界至云南昆明铁路的特权,但中国政府除供应建筑铁路及其附属建筑物所必要的土地外,别无其他负担"。[①] 法国享有在云南领土建造一条铁路的权利,这与广西龙州铁路的法国铁路建筑公司"只是一种建筑和经营方面的承揽特权"完全不同。施阿兰1897年7月离任,他的继任者法国公使代办吕班继续与总理衙门谈判。

龙州铁路的搁置,是因为法国政府已经谈妥在"云南省府与安南间铁路的敷设",即获得在云南修建一条与安南连接的铁路的特权。权衡经济利益关系,修建云南铁路的重要性大于龙州铁路。因此,在广西龙州中法双方还存在铁路估价和前期研究费用的矛

[①] 〔法〕施阿兰:《使华记:1893—1897》,第168、148页。

盾,以及各方权限和利益纷争不下的状况下,法国选择了放弃承建龙州铁路的特权。

广西对于法属印度支那在中国南部三省的利益具有重要意义。龙州铁路是法属印度支那对于中国南部战略考虑的一环,与法属印度支那在远东的整体利益有关。继1896年6月龙州铁路修建签约之后,法国公使于1897年1月继续开始与总理衙门谈判,除了要求修建云南铁路,还要求中国政府邀请法国的工程师和法国企业界参加中国南部三省广东、广西、云南的矿藏开发①,意欲通过获取铁路建设和矿藏开采的特权,将中国南部广西、广东、云南三省纳入法属印度支那势力范围。中国南部三省从陆上和海上均与法属东京连接,法国的目的即是要获取中国南部和西南地区的矿藏资源及商业贸易市场。

龙州铁路修建搁浅,但西江流域南宁府地处广西腹地,地理位置重要。宋代以来,南宁(古邕州)就是滇黔货物从广西南部出海的商贸孔道。光绪二十四年(1898)冬月,广西巡抚黄槐森抵南宁视察,"见其地势山环水抱,虽间有浅水滩,而统汇左右两江,河身深阔,上控龙州,下通浔梧,又为云贵两省必经之途,边防倚为转运后路,诚为上游重镇"。鉴于英国、法国均对南宁开埠觊觎,黄槐森巡抚遂上奏朝廷提议南宁自开商埠,"援照湖南岳州府等处成案,开作口岸,不准划作租界,以均利益,而保事权"。"经总理衙门照

---

① 〔法〕施阿兰:《使华记:1893—1897》,第148页。

会各国公使遵照,此南宁开辟商埠之始。"①"援照湖南岳州府等处成案"系指岳州府自开商埠一事。查《清史稿·地理志·湖南》载岳州府"西南距省治三百里。广三百八十里,袤三百四十里。……有岳州商埠,光绪二十四年奏开"②。1874年马嘉理经武昌进入洞庭湖记载岳州府:"从君山岛望去,群山环抱的岳州府景色美艳,令人心折,城市位于绝佳之地。……岳州府曾是湖南漕粮集散地,昌盛时期,商业繁华,码头帆樯如林,自改用货币上缴赋税后,商业活动逐渐消歇。"③岳州本是商业贸易繁荣之地,在19世纪50年代初广西太平军进入两湖期间,岳州经历激战,商业活动受到影响。在清末自强风气中,岳州成为早期具有示范作用的自开商埠成案。广西巡抚次年即仿岳州府奏请南宁自开商埠,广西传教会主教府也从贵县迁往南宁府,传教事业在南宁府得到了快速发展。南宁府正式开埠通关则是在1907年,"光绪三十二年,提督由龙州移驻","南宁关。商埠,光绪三十二年自开"。④ 南宁府是西南地区第一个奏请自开商埠的城市,开风气之先。⑤ 南宁自清末自开商埠发挥的功用,促进了本土商业经济发展与对外开放,替代了龙州铁

---

① 黄槐森(1829—1902),字作銮,号植庭,广东香山县黄梁镇荔枝山人,同治元年(1862)进士。先在朝廷任职历练,后外放多地任地方官,擢广西巡抚。上奏朝廷南宁自开商埠见西平桥《忆南宁邕江码头:"自开商埠"带动码头航运繁荣》,中国新闻网,https://www.chinanews.com.cn/cul/2011/11-11/3454338.shtml,2011-11-11;并参见黄汪然《清末南宁商埠的"自开"》,《广西地方志》1998年第1期。
② (清)赵尔巽撰:《清史稿》卷六八《地理十五·湖南》"岳州府",第2190页。
③ [英]马嘉理著,阿礼国编:《马嘉理行纪》,第85页。
④ (清)赵尔巽等撰:《清史稿》卷七三《地理二十·广西》"南宁府",第2312、2313页。
⑤ 张践:《晚清自开商埠的分布特点及作用》,《文史哲》1999年第5期;杨天宏:《近代中国自开商埠研究述论》,《四川师范大学学报(社会科学版)》2001年第6期。

路修筑。

虽然龙州铁路最后搁置,但在整个龙州铁路筹办过程中,体现了兼任龙州铁路督办的广西提督苏元春在原则上维护国家利益不妥协的意志。《苏元帅》中所载苏元春提供了法国公司与中国官方来往电报的抄件给方苏雅领事作为证据,也反映了方苏雅领事与苏元春之间的坦诚关系,并见出苏元春的细致周密,在龙州铁路官局督办任上的尽心竭力。

(四)苏元春受广西骚乱牵连的陨落

光绪二十八年(1902)二月,广西发生骚乱,"甲午,广西游匪戕法兵官,剿办之"。随后在广西西江流域右江百色地区和左江龙州地区,均出现由游勇、盗寇引起的大小不一的骚乱,其中还有与会党、兵勇之间的联络。据报纸报道,广西西北部右江(百色府)在"与滇、黔接壤各处,几于无地不匪,无人不匪"。① 左江是龙州府边境地区,位于广西西南部。《中外日报》1903年7月30日记左江一带的骚乱情形,"小匪一股二、三百人者,即以左江一隅而论,五百里内,已有十五股"。苏元春在桂林事件发生后,便对右江百色、左江龙州采取了有力措施,先是在左江龙州及其与云南交界地区"由滇边界上兜剿而出,会同滇军夹击",继后在右江百色地区分两路分别进行了严密的军事部署,"由邕抵色"在"各边界扼扎"。又

---

① 《两粤匪乱汇志》,《中外日报》1902年6月28日。

497

在右江百色以上分两路,一路"以防为剿",一路"以剿为防"。① 广西境内基本平定。

广西左江、右江出现盗寇,法国公使施阿兰在其1897年7月离任前的工作总结中,提到了去广西上任的法国新传教士马泽尔1896年11月在百色流域于航船上遭遇盗寇枪弹袭击死亡事件,说这些盗寇是一个海盗团伙,以前在边界活动。1895年6月中法签订商约,在边境设立"中法混合哨所"以后,这些盗寇不能再在边界活动,"便窜入广西、云南、贵州三省的交界处,过着抢劫掠夺的生涯"。马泽尔神父在百色府航行中遇害,与这伙盗寇有关。②

里昂商会考察团1897年初夏从广西返回法属东京,途经贵州兴义府时就听说百色附近有强盗出没,"先前他们一直在云南广南府恣意妄为,抢劫掳掠",说明是从云南边境被驱逐的盗寇。还有贵州黄草坝的大盗"又掉头跑到百色至坡脚这段路来了"。广西厘金关卡坡脚位于广西百色与贵州兴义府官道之间,"兴义府到坡脚距离有六十里",考察团做了记载:

> 坡脚只是一个拥有五十几户人家的小村庄,其唯一的重要性就体现在它的关卡控制着兴义府和黄草坝的通道,此地设有两名知县。除了棉纱,在此中转的有鸦片,坡脚地区,尤

---

① 邵雍:《论苏元春与会党的关系》,《南宁师范高等专科学校学报》2007年第4期,苏元春在广西骚乱中的军事行动分别见该文引述的两则电文,"广西提督苏元春致军机处电(光绪二十八年八月)""广西提督苏元春致军机处电(光绪二十九年三月十七日)"。
② 〔法〕施阿兰:《使华记:1893—1897》,第169页。

其是红水江边上还出产大量蔗糖,由关卡控制。①

坡脚作为广西厘金关卡,控制着桂滇黔三省货物流通商道。滇黔鸦片即是通过广西坡脚厘金关卡从百色通道运入广西广东的重要商品。考察团亲身走过了从云南蒙自—贵州兴义府下广西百色陆上商道的盗匪出没地区。② 以上也证实了法国公使的说法。左江盗寇多则是因为广西龙州是边疆开埠商城。

光绪二十九年(1903)"闰五月,丙申,广西巡抚王之春、提督苏元春并褫职"。苏元春因广西骚乱问责获罪及其结局见《清史稿·苏元春列传》:"前后镇边凡十九年,阅时久。师律渐弛,兵与盗合而为一,蔓滋广","御史周树模劾元春衍饷纵寇"。"敕春煊按覆。春煊谓不斩元春无以严戎备,诏夺职逮讯。"苏元春"兵与盗合而为一",系治军不严;"衍饷纵寇"谓克扣兵饷,而致士兵偷盗。实际上是其为修筑边境炮台设施而挪用军款,"不足,移十二万济之。元春请以应领公款十六万备抵偿。是部再疏其状,谓其父死难,例得减,诏戍新疆。……"③

方苏雅在《苏元帅》中记载此事,斯时他在云南任昆明名誉总领事兼云南铁路代表,获悉苏元春一案后曾致电法国总统援救,谓苏元春在中越边境设立"中法混合岗哨"中,为中越边境治安和平

---

① 法国里昂商会编著,〔法〕里沃执笔:《晚清余晖下的西南一隅——法国里昂商会中国西南考察纪实(1895—1897)》,第 234 页。
② 法国里昂商会编著,〔法〕里沃执笔:《晚清余晖下的西南一隅——法国里昂商会中国西南考察纪实(1895—1897)》,第 232—245 页。
③ (清)赵尔巽等撰:《清史稿》卷二四《德宗本纪》,第 945 页;《清史稿》卷四五九《苏元春列传》,第 12695 页。

效力甚多。法国总统确也通过中国驻巴黎公使声援。"法总统闻其状,急电公使端贵等谋缓颊。喜,具以告,元春曰:'法,吾仇也。死则死耳,借仇以乞生,是重辱也!君为我谢之。'"苏元春在新疆"居戍四年,御史李灼华疏其冤,事下张人骏,廉得实,请释归,而已卒于迪化……宣统改元,复官"。苏元春一案最后获得甄别,其人却于光绪三十四年(1908)11月启程返归广西前夕,感风寒而去世。清廷下旨"予故已革广西提督苏元春开复原官,生平战功付史馆立传"。①

三、苏元春的历史留影暨龙州府"小连城"行台

苏元春是晚清广西起于民间的著名中越边关最高武将。方苏雅领事在《苏元帅》笔记中有关于苏元春个人的一些记载,摘记如下以作史料。

(一)苏元春的历史影像

方领事于1896年10月上任龙州领事馆,他的重要使命,就是代表法国促成法国费务林铁路公司与广西龙州官方尽快落实龙州铁路建筑方案。他知道与苏元春建立关系的重要性,"我的使命是否成功,完全取决于我与封疆大吏苏元春的私交"。方苏雅领事上任几天后即去拜访苏元春,在《苏元帅》中留下了苏元春的以下形

---

① 《清实录》第60册《(附)宣统政纪》卷七"宣统元年正月二十七日"条,中华书局影印本,1987。

象描述：

> 我看见他五十来岁，身材高大，虎背熊腰，举止果断，与那些目光闪烁的官员们的狡猾气度形成鲜明的对照。直至现在，我都这样看待那些官僚。苏元春盯着他的对话者，如果他那微睁的眼睛稍睁一道缝的话，人们便能感受到他那犀利的目光正关注着自己。然而，在我们第一次的会见中，我觉得他整个人表现得僵硬，沉默寡言，古怪得捉摸不透。我很快结束了官方会见中盛行的寒暄，接着就迂回地切入到我的目的，即与印度支那一道着手处理悬而未决之事，以便根据协议予以执行，而不受非官方的影响。但是我四下放风说，我可不是易受愚弄的人。他沉默良久，没有多讲话。①

几天后苏元春前来领事馆方苏雅领事处，按官场那一套寒暄之后，苏元春挥手让双方的随从退出：

> 他拉住我的手，将我领进内室。然后，他用非常愉快的语气同我讲话，向我保证说，我们应该同一条心，我们之间应该是兄弟，我们应该为我们各自的国家共同努力，以及体恤对方的困难。……我拜访过的上百名中国官员，没有任何中国官

---

① 〔法〕奥古斯特·弗朗索瓦（方苏雅）：《晚清纪事——一个法国外交官的手记（1886—1904）》，第145—146页。

员能让我在苏元春这儿的感觉一样,关系如此坦诚,如此丰富。①

方苏雅领事与苏元春从此开始了长达一年多的公务接触与私人交谊。方苏雅解释他们俩建立友情的基础是坦诚,"由于坦诚,我与苏元春之间的关系相当亲密。亲密是相互信任的标志。对一名中国官员来说,他对我的信任很可能会连累他"。两人能够坦诚相见,还有经历与个性的原因。苏元春是军旅出身,方苏雅也服过重骑兵兵役。两人说话均直截了当,对事对人判断准确。同时如苏元春所说,两人各自都担负着自己国家的重要使命,为国效力,要"相互体谅"。这大概是两人之间的共同点。

方苏雅基于与苏元春的接触和了解,从苏元春的生活方式入手,揭示了他性格特征的两个方面,一个表现在公务中,另一个是个人习惯:

他个人的生活反差相当大:有正式奢侈的排场,也有朴素简单的生活。在有演出的场合,他的确具有大人物与众不同的气质。在其他场合中,他又变得十分粗俗。他举行过丰盛的宴会,然而回到家里时,他只吃大米饭与素菜。我们的谈判与正式会见始终都围坐在一张桌前,始终有宴会,或者演出。当然,出席这种场合作陪的,自然是龙州各衙门的官员。最经

---

① 〔法〕奥古斯特·弗朗索瓦(方苏雅):《晚清纪事——一个法国外交官的手记(1886—1904)》,第146页。

常的,便是这些会谈几乎全在公开的场合进行,在吃饭中进行。双方庄严地坐在一起,身着官服,头戴帽子。①

有一次苏元春专门宴请法国人,席中伴有当地戏剧演出,菜肴豪华丰盛:

> 戏班老板身着盛装,躬身为我们奉上大红的戏单有好几尺长,我们可从戏单上点我们的戏目。……整个夜晚,菜肴一盘接一盘,没完没了。这样的晚宴我参加了多次。有一天,我注意到不下六十多盘菜。我停下来没再数那几十道餐前小碟、甜食,以及满桌都是的精美食品,有些装在银碟中,有些在瓷器内(按:文中详细列出各类菜肴,此处从略)。……在中国烹制的这些佳肴中,苏元春还让厨师添加些我们法国产的罐头肉,如他让人从广州搞来的芦笋、雪鸡或稻鸟,其中还加有稀有动物的菜肴,如西藏牦牛,他从远方搞来牦牛,专门养肥以供盛宴。②

在宴会之中,苏元春并非总是正襟危坐。他随意的一面又充分表现了出来,令宴会场合轻松愉快。同时也让方领事见识了苏元春与下属之间的关系,一些习惯也能反映出他的个性:

---

① 〔法〕奥古斯特·弗朗索瓦(方苏雅):《晚清纪事——一个法国外交官的手记(1886—1904)》,第148—149页。
② 〔法〕奥古斯特·弗朗索瓦(方苏雅):《晚清纪事——一个法国外交官的手记(1886—1904)》,第151—152页。

> 当他听到恭维话时,他便开心地重拍桌子,或者拍屁股。他总是让人拿来骰子赌具以及一小把四季豆,这是我害怕的。那摇掷骰子的皮杯轮流传递下去,每人依序将筹码扔到桌上,苏元春揭开点数。他计算着,将之拨开,借助四季豆,他终于数清我根本不懂的数字。他指定一位同席人饮尽杯中酒,并将之翻转过来,为将军干杯!大家有权选用饮料,有用热水器烫热的中国白酒,也有香槟。必须选,苏元春从不容情。为了不违背意志,他自己也喝到无力再拼酒的地步。……我便选中国产品,即我认为最淡、最有益健康的那种,而不是香槟。……他对我解释说:这是家藏佳酿,苏夫人之所以能成功,就是将此酒酿造得相当醇香。我谨慎地询问酿造方法,从而得知我刚才灌进去的是陈米酒。酒内长期浸泡着蜥蜴尾!多么可怕啊!在这种家庭健胃酒与饮料之间,还放着一瓶带着这种标签的瓶子:"香槟,干邑,德国制造……"苏元春随后明白了我的恶心,他邀请我去他的酒窖看看。①

在方苏雅领事组织的工作宴会上,苏元春又展现了在工作中的另一面形象:

> 铁路问题在我的驻地讨论,而且也是围坐在一张桌前,我竭尽所能地将场面搞得铺张豪华。我曾有一次请齐了相关部

---

① 〔法〕奥古斯特·弗朗索瓦(方苏雅):《晚清纪事——一个法国外交官的手记(1886—1904)》,第 149—150 页。

门的所有官员,举行了一次名副其实的宴会。我无法阻止苏元春玩骰子的小赌,他对我说:他只想喝一小杯红葡萄酒,他以前尝过这种酒,令他有"暖心"的感觉。我拿出所有红色的饮料供他选择,他觉得能暖身的那种饮料是樱桃白兰地。他被这种氛围所感染,足足地喝了一罐。结果,他瘫倒在椅子上,巧克力奶制品也淋在天朝的官袍上,他多么像一个"十足的巧克力泥人",似菜谱上画的那样。他像一摊"奶制品",瘫软无力。此时,为他上菜的可怜的侍从,被狠狠地揍了一拳,苏元春同时也瘫软下去。他的侍从早已习以为常,将他放到室内的床上,为他准备好鸦片,将烟枪递给他。他则不停地吞云吐雾,陷入烟雾缭绕之中,并一连抽了二十九。随后,他让人送来官服,他站起身,酒也醒了,清醒得令人佩服,而且行事正确。我们再次拿起文件,那天晚上,我们认真地总结着有关条规。毒品在这人身上产生出神奇的效果,他再也不萎靡不振。他平时几乎不会起床,只有在晚上五点左右之后,他才一边抽着大烟,一边在毒素的作用下,与幕僚们工作到深夜。①

苏元春能与官员同僚"玩骰子的小赌",玩得十分随意。一罐"暖心"的红葡萄酒就能令他醉倒。他抽了鸦片就能清醒过来,抽鸦片的目的是在毒素的作用下保持旺盛的工作精力。苏元春的习惯很生活化,呈现在人们眼前的是一位不同于一般文人士大夫的高级武官形象。各种工作宴会情形,也反映出中法官员相互之间

---

① 〔法〕奥古斯特·弗朗索瓦(方苏雅):《晚清纪事——一个法国外交官的手记(1886—1904)》,第150页。

和谐相处的关系,透露出广西龙州府作为边疆开埠小商城的特点。

(二)龙州府边防工事"小连城"纪实

方苏雅1896年10月任龙州领事,同时兼任龙州铁路法方代表。苏元春提督兼龙州防务督办,又兼广西龙州铁路督办,两人在工作中因坦诚建立了特别的友情。因此方苏雅甚至有机会受邀请进入苏元春的军事指挥部驻地"小连城"。

苏元春龙州府边境防务军事指挥部"取连城险塞,屯兵积粮","建行台其上",构筑了一道边防要塞。"小连城"是龙州府防务边境炮台工事之最,苏元春的军事指挥部就设立在"小连城"的洞窟之中。"小连城"指挥部在方苏雅《苏元帅》中留下了记载。

苏元春龙州防务督办的办公地点在龙州城,但他最常驻的地方还是离边境更近的"小连城"大营,那里布置有众多炮台和戍守边防军。方苏雅领事曾被特许到苏元春的军事指挥中心"小连城"磋商工作,因此在《苏元帅》笔记中,记载了亲眼所见的"小连城"通道及其军事指挥中心的情形。作为史料兹录如下:

> 小连城是个非常不一般的地方。在广西重叠起伏的山峦中,连绵陡峭的山峰,一望无际,仅有的一些蜿蜒狭窄的小道能进入这迷宫般的山区。小连城坐落在一个长约5公里,宽约二三公里的山谷里。它两边的山崖高达三四百米,成了它又高又险的"围墙"。山崖的裂缝中长着浓密的灌木。进入里面,墙体斜坡下倾,不太陡,但是这些石灰质的地方有好些部

分都是空的,被凿成深深的山洞。在这自然掩体的洞窟深处,还有一道小渠流淌,消失在石缝间。找不到任何入口,从外看,这块巨石好似非常结实,只有通过侧面岩石上的石阶才能入内。这石阶的通道从高约 50 米的拱顶下通过。

在另外一个端口,有一条平坦的通道,非常隐蔽狭窄,它是战略通道的入口。苏元春创建此通道是为了与龙州相接。这条路自身穿行在一系列的陡峭山石墙缝之间,最终完全消失在山崖中。我只能靠收集信息来了解小连城。苏元春严禁任何欧罗巴人入内,中国人也不能随便进入。这是他个人的巢穴,也是他的军火库。然而在他的兵营附近,有一小村庄,有人在那儿种稻谷。我提出到那儿看看,他不同意,并说他抱歉不能为我取消禁令,哪怕是我们的关系特别友好。但是有一天,他做出巨大友好与信任的表示,向我敞开了他的这条战略小道,不仅路程短而且方便实用。这条路甚至可以过人力车。从此后,我便一直享受着这份特权,当然得有他的军官陪同。我因此绕遍这神秘的小连城的每个角落,并且将它的道路准确地标到我的地图上。①

苏元春因为个人友谊给予法国龙州领事进入龙州边防指挥部的特权,等于向对方暴露了中方的军事要地,也反映出两人之间的相互信任程度。

方领事记载了小连城的山峰中有许多山洞,苏元春将自己的

---

① 〔法〕奥古斯特·弗朗索瓦(方苏雅):《晚清纪事——一个法国外交官的手记(1886—1904)》,第 153—154 页。

住所修在一座石壁陡峭的山洞中,别的一些山洞用作商店,还有一座山洞被建为寺庙。有一座山洞有 11 千米进深,有许多这类山洞作为祈祷的简易神庙,"在干旱的夏天,当稻田里无水、干裂、收成无望时,苏元春便将自己关在一座神庙里祈神,直到雨神决心降雨为止。他就这样拘禁自己,并约我去那儿见他,以便同我进行事务性会谈"。干旱时当地官员向神灵祈雨,是中国社会的传统。

苏元春的指挥部就设立在"小连城"中的一个洞窟里,"入内后,是一个巨大的中殿,大概是圆形的,大约可以用最大的教堂来形容,有些地方的高度达到三十多米。一道间接的光线通过天然窗户透射进来。山顶上的采光,靠一块巨大的天然大理石屏作辅助。当太阳照射到洞口时,光线从明亮的大理石上反光进来,照得洞内有如仙境一般","一楼的洞室做成套间,其他一些山洞层层叠叠,形成许多小祭堂"。苏元春办公的指挥部洞窟具有官府衙门气象:

> 在半明半暗的过道里,苏元春的亲兵们脚踏毛毡鞋底,悄无声息地巡视着,或者出现在岩壁上的每个洞内。……入夜,灯笼高挂,红色的光影中,红纱罩着的大圆灯笼上写着的那几个大大的黑色汉字十分清晰。我从心里感到,这个地方令人着迷。此时,我躺在一张与主人相邻的床上,这是一间弥漫着鸦片烟味的房间,四周有他的亲兵护卫。兵卒们头戴斗笠状帽,上面有羽翎,或者豹尾。[①]

[①] 〔法〕奥古斯特·弗朗索瓦(方苏雅):《晚清纪事——一个法国外交官的手记(1886—1904)》,第 154—156 页。

小连城地理形胜,山洞中的指挥部也具有天然的防御功能,有着某种神秘气氛,这显然与广西典型的喀斯特岩溶地貌有关。苏元春的中越边境防务工事利用广西喀斯特岩溶地貌,将"连绵陡峭的山峰"通过加建小道连接起来,建筑成天然"小连城",并利用喀斯特岩溶形成的溶洞作为军事指挥中心。小连城的建造,因地制宜,不失为苏元春的一项具有创造性的边境军事防御工程。

小连城在历史上并没有机会发挥很大作用,但无疑是苏元春给龙州边防留下的一笔军事遗产。

第三节　云南铁路建造契机及云南近代化发展

在中国西南边疆省,法属印度支那与云南的商贸关系最为重要:一是由于云南连接越南红河东京湾和中国西南诸省及藏东的交通优势;二是由于云南的矿藏资源。1889年云南蒙自开埠,法属印度支那开通了上接云南、下连香港的进出口商路。法属东京的交通优势与云南的地理优势及矿藏资源相联系,但红河上游的激流险滩不能航行机轮。在近代交通中,铁路火车是最有优势的交通运输工具。修建连接云南与法属东京的出海口铁路,以方便进出口商品运输成为必要。

清廷在中日甲午战争之后,随着海港的对外开放,铁路建筑也出现新的趋势。1895年9月法国公使要求修建广西龙州—镇南关的短程铁路,清廷坚持铁路由中国自建法国承建。1896年4月李鸿章在访俄期间签订《中俄密约》，同意俄国借道满洲里修建连接西伯利亚的铁路。1897年清政府向比利时借款修建京汉铁路，法国也于1898年4月成功争取到《云南铁路合同》。①

云南铁路是法属印度支那铁路深入云南境内修筑的北段，越南境内修筑的铁路为"南段"，两端铁路连接而成"滇越铁路"。云南铁路修筑，是法国近代铁路建筑技术在中国西南地区的引进。

一、修建云南铁路计划的形成

云南铁路从1898年4月中法政府签订合同，1903年—1910年4月修筑铁路到竣工，跨越了清政府的几个重要时段：一是1898年6月至9月的"戊戌变法"；二是1900年的北京义和团运动与八国联军进京的"庚子事变"，以及清政府被迫与西方列强签订《辛丑条约》；三是1901年初清政府颁布"新政"，中国全面展开了工商业、政治制度及社会诸方面的自新改良运动。云南铁路的修筑，更与法属印度支那1897年新任总督保罗·杜美（Paul Doumer, 1857—1932）的施政计划有直接关联。

（一）杜美总督推进法属印度支那的改革计划

云南铁路是与云南为邻的法属印度支那的总督保罗·杜美计

---

① 法国公使施阿兰经过谈判于1897年6月12日在中法照会中正式确定修建安南铁路，"根据协议，……该铁路可以延伸到中国的土地上"。见〔法〕施阿兰：《使华记：1893—1897》，第168页。1898年4月10日法国公使馆临时代办吕班与总理衙门正式签订《云南铁路合同》。

划的"滇越铁路"中国段,因此与印度支那的发展建设相关联。法国记载云南铁路建造全过程的《滇越铁路纪要》,谓法属印度支那"修筑铁路,密谋久矣"。"因其幅员之广,又以东京地理而论,是与中国西南省为邻。其土地之膏腴,矿山之丰富,工厂之林立,故其价值有不可思议者。若在法国统治之下,则将其利源开辟,于法国经济上,必定发展而无疑。"所筑铁路,"不特东京受益,而中国西南省份之商务,亦借此发达,可为预料"。① 法国通过其远东殖民地越南,对云南的矿藏资源觊觎已久,始于19世纪60年代末,法国交趾支那湄公河探路队在云南境内沿途的矿场记载。后来进入云南的法国人及晚清法国考察团队,对云南矿藏资源也提供了有关调查或报告。因此修筑铁路,云南"将其利源开辟",于法国经济和中国西南地区,双方均有受益。保罗·杜美于1896年12月27日,在非常突然的情况下,被巴黎法国殖民部任命为法属印度支那联邦第四任总督,接替10天前去世的法属印度支那第三任总督 A. 卢梭

---

① 本文所使用《滇越铁路纪要》,为苏曾贻译,有黄赞熙序,1919,云南大学图书馆藏书。该书法文原版系云南铁路公司和印度支那铁路建筑公司编辑 *Le Chemin de fer du Yunnan*,1910,以下与云南铁路修建相关的内容及注释,均据其中文翻译版《滇越铁路纪要》。《滇越铁路纪要》"序"谈到云南"崇山往复,又益之以瘴疠。而法人不惜以巨万之金经营之,岂非以其地外接安南,欲借铁路以扩其势力耶"。法属印度支那修建滇越铁路固然有其政治利益考量,但其主要目的是通过连接中国云南以攫取最大的经济利益。

(Araud Rousseau)。① 保罗·杜美对法国远东殖民地开启的改革发展计划,推动了云南铁路的修建。

杜美于1897年初在法国马赛踏上赴任印度支那总督的远航之旅,在乘轮船进入印度支那地区西贡、柬埔寨、老挝、安南途中,杜美就对印度支那联邦殖民地沿途仔细观察,并通过对当地官员的调查了解,搜集了方方面面的诸多信息。杜美抵达河内后即与联邦驻地各机构接触,并调来有关档案阅读,"几个星期后就给巴黎殖民部部长写了一份报告",就了解到的印度支那形势提出几点看法:老百姓几乎都很顺从;盗匪还没有完全清理干净,需要继续保证地区和平;当地本土官员有几分傲气,应该尊重他们的爱国情绪和宗教情感;需要加强殖民统治,保证廉洁和公正。同时他在报告中提出7条施政建议:

(1)组建中央政府和地方行政机构;

(2)鉴于财务经费问题,为将来的经费需要应该创立一种与风俗习惯有关的新征税;

---

① 保罗·杜美(Paul Doumer,1857—1932),出身于法国一铁路铺路工家庭,从投身报业到从政任地方市长,进入众议院,是那一时期的激进党中一员。在被任命为印度支那总督以前,"1895年曾任内阁财政部部长,以善于理财著称,任内在全国征收所得税方面,取得好成绩"。保罗·杜美被任命为法属印度支那联邦第四任总督时,年方四十。杜美在总督任内(1897—1902)开启法属印度支那联邦改革,推行发展新计划,成果显著。滇越铁路是保罗·杜美推进发展计划中的重要一环。在云南铁路建筑经费与建筑方案均已落实引入正轨,滇越铁路越南境内"南段"已结束之后,于1902年卸任重返法国政坛。先后进入法国众议院、参议院。杜美有五子二女,在1914—1918年第一次世界大战中,有四子先后入伍为国捐躯。杜美1931年以74岁高龄赢得总统选举任法国第13任总统,1932年在出席一慈善捐助集会时,被一犹太裔俄国人暗杀身亡。

(3)开展推进印度支那发展经济工程:修建铁路、道路、桥梁、码头、水渠;

(4)通过法国殖民者与本地居民生产发展商品经济;

(5)通过组织更强大的军队和改善船舶条件、组建海上船队保卫法属印度支那;

(6)保证法属东京(河内)和平与边境安全;

(7)在远东争取法国的利益,也包括建立与邻国之间的友谊。①

以上7条建议,反映出新任总督杜美推进印度支那殖民政府统治的构想,也因此而成为杜美在1897—1902年总督任上推行和实施的五年计划。

杜美立即在各个领域实施自己的施政计划。除了更进一步重视中法边境已经确立的"中法边防混合警察制"条款,与广西提督苏元春加强合作,彻底解决中越边境广西盗寇骚扰问题,杜美最迫切需要解决的问题是新增税收,以解决法属印度支那的金融独立问题和发展公共建筑。杜美积极地采取了与他的前任不同的施政措施,并很快取得收效。

第一,开创"新增三税"的显著成效。杜美最有效的举措,就是开创新征三税:酒税(只在河内征收)、鸦片税、盐税。杜美1897年3月到任,1897年7月1日就开始新征三税。其中盐税收入最大,因出口邻国而征收面广。税收的大量增加使得1897年印度支那联邦预算获得独立,第一次有了经费结余。以1896年他的前任的年经费为参照数,在1897—1902年之间,每年财务经费收入的递增数

---

① Paul Doumer(保罗·杜美),*L'Indo-Chine française*, (Souvenirs)(《法属印度支那的回忆》),pp. 325 - 327. 引自该书的引文,均系笔者翻译。

目显示,印度支那联邦政府从杜美上任的 1897 年开始,财政收入逐年大幅度增加。①

第二,组建公共建筑工程部,发展公共建筑。1897 年杜美上任当年即新增三税,印度支那联邦政府经费随即宽裕。杜美立即组建了公共工程建筑部,准备在法属印度支那推进建设包括码头、道路、桥梁、铁路、水渠,以及河内的都市公共建筑与街区欧式住房②等在内的公共建筑,都市人口大量增加。鼓励推动法国移民和当地居民发展商品生产。

(二)法属印度支那发展铁路建设计划与云南铁路

杜美总督 1897 年 12 月在给法国国会的报告中,提出关于发展印度支那联邦 5 条铁路的修筑计划,铁路线总长 3200 千米。在此之前,越南仅在南部西贡有一条轻轨,北部在河内—谅山之间有另一条短程轻轨。最后法国国会经过审议,将其中的一些铁道线减少,并新增部分铁道线,批准了印度支那修建 6 条铁路。其中最重要的第一条是贯穿越南境内南北的西贡—河内铁路,第二条是滇越铁路,即越南海防—法属东京—老街,从老街经碧溪河连接云南

---

① Paul Doumer(保罗·杜美),*L'Indo-Chine française,* (Souvenirs)(《法属印度支那的回忆》)。杜美上任后即着手法属印度支那改革,见其中 Chapitre VII L'Essorde l'Indochine française(《印度支那的飞跃发展》),pp. 284 - 328,有关收税及财务见 pp. 288,301 - 302。

② Paul Doumer(保罗·杜美),*L'Indo-Chine française,* (Souvenirs)(《法属印度支那的回忆》),pp. 308 - 325。

省河口—蒙自—昆明。①

1.铁路修筑是杜美发展法属印度支那的庞大计划之一

1896年法国里昂商会考察团团长弥乐石率团进入四川重庆驻地考察,不久去了北京,随即因身体原因提前离开考察团回国。弥乐石1895年底带领考察团途经云南东川府、昭通府时,考察了当地的废弃铜矿矿井及其他矿藏。1897年弥乐石带领法国商人白兰(Belard)重返云南游历调查矿产。其报告书中提到了修建云南铁路对于获取云南矿藏的重要意义,"云南铜、铁、铅、银、锡、亚铅、石油等之矿产极饶",如果铺设老街到云南府的铁道,不但可以使通商竞争胜过英国,更可便利于"开发云南之矿山"。②

1898年4月10日中法双方签订了《云南铁路合同》,乃是因为1895年6月中法10年换约所签订《续议商务专条附章》第五款有约,因此于1897年6月12日作为该条约附件确定。③ 杜美总督1897年12月向法国国会提出的发展印度支那铁路建筑计划,其中的滇越铁路修筑,即与1897年弥乐石有关修建云南铁路重要性的考察报告、北京法国公使开启的云南铁路谈判相呼应。

---

① Paul Doumer(保罗·杜美),*L'Indo-Chine française,*(Souvenirs)(《法属印度支那的回忆》)。见其中"Les Chemins de Fer"(铁路),pp.324 - 348;杜美谓其1897—1902年任总督期间,法属印度支那是"铁路和桥梁时代",pp.313 - 314。

② 中国社会科学院近代史研究所《近代史资料》编译室主编:《云南杂志选辑》,第397页。

③ 在1895年6月20日中法签订的《续议商务专条附章》第五款有明确约定:"根据协议,有些铁路在安南已经建成,或者正在设计。然而,在达成共识后,在确定条件中,该铁路可以延伸到中国的土地上。"1897年中法正式确定在云南境内修建铁路照会,见〔法〕施阿兰:《使华记:1893—1897》,第168页。

杜美上任后致力于改革发展法属印度支那联邦的思路,从新增税收获得财务独立,不再依靠法国本土财务经费拨付,到发展印度支那的公共建筑、发展经济和商品生产,进一步发展铁路网,从而进入中国西南和南部地区谋取最大的商业利益,环环相扣:

> (杜美)招募了一些优秀人才进到省一级委员会中。5年间,在安南,他借征收所谓的"三牲税"(盐、鸦片与米酒)从而将税收提高了3倍。为了缓解这三种税带来的压力,他希望与中国南部做贸易。为了让这个计划变为可能,他希望建成一个真正的铁路网。①

法国远东殖民地印度支那真正地进入发展时期,始于保罗·杜美就任河内联邦政府总督。杜美改革殖民政府的行政管理、边境治安,独立财政预算,强化税收,并筹划了越南与云南的铁路连接建造计划,借以推进法属印度支那与云南乃至整个西南地区的商业贸易。

杜美在印度支那实行的是法国殖民地集权统治,所有大权都集中于总督一身。杜美在河内的总督统治,"不论在政治上或在经济上,都是中央集权和地方服从中央的思想"的总督集权制。② 在印度支那联邦,总督是联邦中央的行政首脑和武装部队的最高司

---

① [法]米歇尔·布吕吉埃:《云南铁路》,1963,巴黎,《外交史杂志》,转引自皮埃皮·塞杜整理:《法国领事任期内东京与中国事务》,载[法]奥古斯特·弗朗索瓦(方苏雅):《晚清纪事——一个法国外交官的手记(1886—1904)》,第17—18页。
② [美]C. E. 布莱克、E. C. 赫尔姆赖克合著,山东大学外文系英语翻译组译:《二十世纪欧洲史》(上册),人民出版社,1984,第362页。

令长官。① 据杜美后来在其《法属印度支那的回忆》中对各方面的详细记载和汇总,他的施政计划均取得了预期成果。② 即使在他离任以后,印度支那联邦政府继任总督仍然遵循他在任时所创立的7条施政措施,实施殖民地统治。法国在印度支那的经济推动计划与在安南和云南土地上修建滇越铁路,殖民政府是决策者,由杜美总督提出,总督拥有绝对权力。对于在印度支那殖民土地上的集权享受,当时即将离开河内,后来成为元帅的一位高级军官利奥泰,对杜美总督获得的权力稍稍表露了一点不满:"我喜欢极权,这是我一生中唯一的嗜好,而我流了20年的血也没有得到它……"③

2.中法签约《滇越铁路章程》内容

云南铁路属法属印度支那建造的滇越铁路北段,光绪二十九年(1903),总理衙门与法国公使签订了《滇越铁路章程》三十四款:

> 二十九年,总理外务部庆亲王奕劻与法使吕班订滇越铁路条约三十四条:一,铁路自河口抵蒙自,或由蒙自附近至云南省城,日后拟改,须彼此商准;二至四,勘路绘图及交地购地各事;五,各项厂栈同时开工;六,铁轨宽一迈当(按:此为法语

---

① 梁英明、梁志明等:《近现代东南亚(1511—1992)》,北京大学出版社,1994,第223—224页。
② 杜美任内所有计划均获实现,也包括税收财务,见 Paul Doumer(保罗·杜美),*L'Indo-Chine française*,(Souvenirs)(《法属印度支那的回忆》),pp.284-328。
③ 〔法〕皮埃皮·塞杜整理:《法国领事任期内东京与中国事务》,载〔法〕奥古斯特·弗朗索瓦(方苏雅):《晚清纪事——一个法国外交官的手记(1886—1904)》,第16页。

计量长度 mètre 的音译,"一迈当"即"一米");七,铁路经过地方,不得损坏城垣公署;八、九,购料及挖取沙石、采伐林木各事;十,运路及暂时兴工各地,用竣后即交还;十一,干路造成,商接支路;十二,各执事凡须专门学者,可用外国人;十三、四,工匠之招募管理及赏恤伤亡、惩办犯罪各办法;十五,巡丁可募土民,不得请派西兵;十六,洋员请给护照事;……十八,租赁房屋事;十九,不得损及民人产业,有则赔偿;二十,火药炸药之运制及防险;二十一、二,运货纳税、免税各例;二十三,收费、减费、免费各例;二十四,铁路不准载运交盐及西国兵械,如中国有战事,悉听调度;促进近代化;……二十八,设专门学堂;二十九,设电线、电话;……三十一,滇省派员襄助公司;三十二,定公司补偿中国查看费,各员来往照料费;……三十四,此路十八年期满,中国可与法国商议收回。①

在三十四条合同条款中,有关铁路起止以及筹备的内容见于第一至第四条,"一,铁路自河口抵蒙自,或由蒙自附近至云南省城,日后拟改,须彼此商准;二至四,勘路绘图及交地购地各事"。第三十四条是云南铁路由中国人收回的年限,定为"十八年"。

《云南铁路合同》和 1896 年《龙州至镇南关铁路合同》,属于两种不同性质的合同。后者属于中国出资自建,邀请法国铁路公司施工承建,法国公司拥有 36 年经营权。云南铁路是法国出资修建,铁路主权属于法国。法国公使施阿兰记载云南铁路的性质说,

---

① (清)赵尔巽等撰:《清史稿》卷一五五《邦交三·法兰西》,第 4574 页。

法国"享有建筑一条从安南边界至云南昆明铁路的特权。但中国政府除供应建筑铁路及其附属建筑物所必要的土地外,别无其他负担"。即是在中国领土上建筑一条连接安南边界的法国铁路,法国拥有主权。法国政府要求在云南境内由法国修筑铁路,与其他列强在中国海岸修筑海港码头的性质并无不同。西方列强希望中国交通近代化,以便在与中国进行的商业贸易中获取利益,这正是法属印度支那殖民政府意欲在中国西南地区谋求最大经济利益的体现。

与此同时,对于法国投资人而言,在中国修筑铁路是一项有利可图的金融投资。修筑铁路合同中并未将中国的权力完全撇开,规定"由越南延至云南的铁路,将来所定之路线,由两国政府定夺",铁路路线"从河口经蒙自而达云南(府)"。云南铁路规定了让与权,"若到八十年,中国政府可与法国磋商,收回铁路。惟建筑费及一切费用,中国政府应如数偿还,乃能将铁路交与中国政府管理"。铁路收回条件不可谓不苛刻。①

---

① 《滇越铁路纪要》,苏曾贻译,第2页。云南铁路1910年4月正式通车,运营不到两年就发生武昌起义,清帝逊位,其后经历民初共和时代直至民国政府初年的国内动荡。抗战期间滇越铁路为中国抗战做出了重要贡献。1940年日本占领越南,河口铁路大桥被炸毁。云南铁路在云南境内壁虱寨—昆明段运行。1945年抗战结束后中法两国签署《关于中越关系之协定》,法国铁路由法国政府无偿交予民国政府。有关抗战期间滇越铁路运输,参见李宝德:《抗日战争时期的中越国际交通运输简介》,《东南亚纵横》2006年第12期。关于中国政府收回云南铁路的期限,《云南铁路合同》第34条写明是"十八年",法国公使施阿兰说法与合同相同,因此疑《滇越铁路纪要》翻译有误。

(三) 云南铁路修筑前期的考察及其商业利益追求

1898年4月《云南铁路合同》在北京签订以后,法国及法属印度支那联邦立即组织了云南铁路修筑前的相关考察,从中反映出印度支那对建筑云南铁路相关的商业利益追求。

1. 滇黔桂三省铁路线矿藏资源考察

与修建云南铁路相配合,滇黔桂三省的矿藏资源与铁路修建关系密切。1896年初法国里昂商会考察团弥乐石团长实地查看东川府铜矿及其他矿井,真正由法国政府派出工程师进入云南正式考察各种矿藏,则是在1898年4月修建云南铁路从条约上被肯定下来以后,"关于南部边界三省即广东、广西、云南矿藏的开发,中国政府应先邀请法国工程师和法国企业界参加"①。因此,在云南铁路建筑之前考察铁路沿线的矿藏开发,就成为首要大事。

1898年年底,在云南省府昆明,由法国政府与法属印度支那各方人士,正式组建了一支滇黔桂三省铁路矿藏考察队。法国矿务局矿业总工程师勒格莱尔(Leclère)负责矿藏考察,领队是云南蒙自领事德拉巴迪(Marie Joseph Maurice Dejean de Labâtie),成员有印度支那公共工程建筑部总工程师葛洛莫托(M. Guillemoto);法国海军部陆战队军官德沃塞(Bruno de Vaulserre)以法国铁路局中国代表身份,配合勒格莱尔工程师负责矿藏考察工作。另有印度支

---

① 〔法〕施阿兰:《使华记:1893—1897》,第148页。

那地理服务局副主任莫罗德(Gustave Monod),系"奉总督命令从河内前来陪同勒格莱尔在贵州和云南进行矿业考察"。考察队的任务是"给出云南、贵州、广西连接安南边界的地理学与矿藏的统计学报告"。① 1898年重庆海关报告提及此事:"云南铁路考察团由8名法国官员组成,他们一直在云南西部进行有组织的勘测工作。"②

考察队矿业总工程师勒格莱尔1898年下半年即从陕西进入川南叙府考察矿藏,已先期结束在云南昭通府、东川府的矿藏调查,然后去了大理府。1898年10月德沃塞与勒格莱尔总工程师一同从大理府进入云南首府昆明,参加在昆明组建的铁路矿藏考察队。途中惊闻北京"戊戌政变"消息,发现地方"很安静","一场权力过渡甚至在老百姓都不知道的情形下就过去了"。③ 中法两国1898年4月份签订的法国修建云南铁路合同,并没有因此而受影响。

在昆明新组建的铁路矿藏考察队继续完成了在云南府、开远府铁路线的矿藏考察,从滇东穿越贵州、广西沿途考察,直至进入广西龙州府越南东京边境。这支铁路矿藏考察队在调查云南以铜矿为主的金属矿藏时,也很重视对煤矿的调查,"因为煤矿是将来云南铁路建筑以及从印度支那海上运出矿藏的必需燃料"。因此

---

① Bruno de Vaulserre(德沃塞), *A travers le Yun-Nan et du Yun-Nan au Tonkin, par le Kouei-Tchéou et le Kouang-Si*(《穿越云南——从云南、贵州、广西到东京》), pp. 1-72。载《环球旅游》新专题1901年1月—2月第七卷,第1—72页。并见〔法〕勒格莱尔(Andrien Leclère):《地理和矿产研究》,1902。

② 周勇、刘景修译编:《近代重庆经济与社会发展1876—1949》,第279页。

③ Bruno de Vaulserre (德沃塞), *A travers le Yun-Nan et du Yun-Nan au Tonkin, par le Kouei-Tchéou et le Kouang-Si*(《穿越云南——从云南、贵州、广西到东京》), p. 3.

其间在云南东部还考察了师宗县以倮倮妇女服饰著称的土渣村的露天煤矿。该考察队在1899年的巴黎博览会上提供了一个采自云南的煤块样品,当时被错误地纳入了《东南亚木材》样品目录中。①

这支铁路线矿藏资源考察队受法国政府和印度支那总督委托,具有官方性质,考察报告必然要提供给法国政府和印度支那总督。《滇越铁路纪要·云南矿区》提到以前有不少关于云南矿藏的记载,但唯有修建铁路之前的考察队的考察报告,反映的才是真实的云南矿藏情形。该篇记载说:

> 查云南矿产之富,甲于他省。大则崇山,小则丘陵。无不藏有矿质,尤以煤矿为多,几乎无地无之。考煤质之坚,以东京交界及蓝河之地为最。其次为铁矿,尤以磁铁为多,且易于开采。至于铜矿,更不可思议,几有取之不竭之量。不特此也,尚有宝石矿,如红宝石黄玉绿玉等类。②

以上有关考察团对云南矿藏提供的考察报告,应该指的就是这支铁路线矿藏考察队。文中还专门记载了沿途考察所见正在开采的矿井矿藏,其中提到煤炭,记载有一"宝桥坝(译音)离路线二百四十基罗米达(按:基罗米达为法文 kilomètre 音译,即'公里'),煤矿井深度已经开采至二十米达(按:米达为法文 mètre 音译,即'米'),现时每年约出煤二千吨,该煤宜于机车之用,况矿苗极旺。

---

① Bruno de Vaulserre(德沃塞),*A travers le Yun-Nan et du Yun-Nan au Tonkin, par le Kouei-Tchéou et le Kouang-Si*(《穿越云南——从云南、贵州、广西到东京》),pp. 4 – 5.
②《滇越铁路纪要》,苏曾贻译,第5页。

将来所出,必能敷火车之需"。反映出铁路线矿藏资源考察,具有为铁路建成之后机车需要煤炭燃料的问题考虑的性质。云南煤矿多,因而提供火车燃料不存在问题。又记载有铁矿,"禄南并禄丰县均是产铁之区,每观该处土人,以大镬炼铁,尤以西河所产之铁,最适用于铁路"。① 铁矿产品也是铁路建筑的必需品,云南也有最适合铁路修筑的铁矿产品。

另据其他资料显示,在离铁路较近的红河两岸和滇南地区都有建筑材料可就地取材生产。铁路线沿途需要的建筑构件和轨枕需要的木材,"这些东西必须用金属代替。令铁路公司高兴的是有可能在位于红河两岸(按:指越南红河境内)的铁矿区生产这些材料。对于法国的工业家来说,这也许是与同类机构竞争的机会。河内与南溪河谷还可以提供火车站的建筑构架所需要的木材"。② 以上资料都是官方与正式机构所载,显然与1898年底官方组建的云南铁路线及矿藏考察队的勘测和记载均有联系。云南铁路建筑能就地取材,省工省钱,对铁路建筑自然重要。

法属东京修筑云南铁路的最大目的,就是在西南地区开展商业贸易,在云南开采矿藏。这支官方组建的考察队有关铁路线矿藏资源的考察,一是要弄清楚修筑铁路、火车运行所需要的矿藏和木材原料消费由当地提供的资源状况,二是了解将来与云南进行商贸交易运出的矿产品商品种类。表明云南铁路建筑与将来的铁路运营,将进一步开发云南的矿藏以及其他资源。

---

① 《滇越铁路纪要》,苏曾贻译,第5—6页。
② 〔法〕德西雷·勒努瓦(希望):《领事方苏雅:滇越铁路与云南往事》,第265页。

2.杜美总督的蒙自昆明之行

继 1898 年 12 月组建的铁路矿藏队考察之后,1899 年 6 月,印度支那联邦总督保罗·杜美以旅行者身份,轻装简行到云南昆明、蒙自修建铁路线一带做了一次印象式考察。

杜美总督那次在云南境内的旅行只带了一个懂汉语的法国军官当翻译。二人在昆明、蒙自等地骑马游历,不需要坐官轿,也不需要云南官府的任何接待仪式。在当地需要问询道途等服务时,就临时付钱请当地人。这种考察方式有助于沿途观察各种事物,并趁机与民众接触。杜美认为这种方式方便"我们与将来要接触的民众有一种情感交流,以便当地人将来在云南铁路建成之后,能与法国人共处"。他特别留意当地的"马夫"运输状况,并描述了自己在一个峡口窄路上与一匹马帮的骡子抢道,差点发生一起重大事故的过程。

杜美总督轻装简行的主要目的,是要通过体验和观察云南的气候、自然环境和民众,了解将来云南铁路建成之后法国铁路员工对云南生活条件的适应性。旅行之后杜美对此表示非常乐观,认为云南虽然属于热带,但一年四季气候宜人。法国的各种植物都可以生长,也可以牧养牲畜。法国人可以在这里生活,并且已经有不少法国人(指法国传教士)生活在这里,当地居民也易于相处。

法国政府在云南修建一条铁路,沿线建造的大小火车站,将会有为数较多的法国员工及其家属,以及相应的各种铁道设施和服务机构在铁路沿线安置驻扎。杜美作为修建印度支那滇越铁路的计划者和实行者,对云南铁路建筑充满信心,因此有如下预言:"印度支那殖民地的文明和法国在远东这块土地上修建的铁路,将是不可毁灭的。"①

3.云南铁路及"与云南发展商业的可行性"调查

云南铁路是法国修建的滇越铁路的中国境内路段,法国修建其目的是要将商业触角伸入中国西南地区。云南铁路从滇南河口往南连接越南河内、海防出海口,往北上行云南府,昆明是其终点。对于修建云南铁路,云南境内的商业市场及其产品种类、价值、交通等,以及商业有无发展前景,均须做出评估。法国著名摄影家于勒·热尔韦-库尔泰勒蒙(Jules Gervais-Courtellemont) 1901年接受法国殖民部的一项任务,进入云南考察研究法属印度支那"与云南发展商业可行性",提供有关云南商业经济及资源报告。任务由法属印度支那委托,法属印度支那隶属法国殖民部,考察费用由杜美总督支付。②

热尔韦考察的商业及本土资源状况,主要是在昆明、大理和滇西北丽江府一带,这表明云南铁路修筑不仅与云南矿产品运出有关,商品消费市场及当地其他资源也是重要考虑因素。

(1) 商业环境:省会昆明呈现繁荣的商业市场

法国里昂商会考察团 1895 年冬季进入云南府时,仅对昆明城南门的农贸集市和一位"省城首富"金融巨商记载较详。值得注意

---

① Paul Doumer(保罗·杜美), *L'Indo-Chine française*, (Souvenirs)(《法属印度支那的回忆》), pp.340 - 343。
② Jules Gervais-Courtellemont, *Voyage au Yunnan*, Plon, Paris, 1904, 内容转引自 Ninette Boothroyd, Muriel Detrie, *Le Voyage en Chine*, pp.1378("乡村");1379 - 1383("昆明考察");1387 - 1390("丽江府"),本书所引内容系笔者翻译。

的是,热尔韦进行商业考察时,已是清政府1901年初宣布实行"新政"之后,各省都有一种发展工商业的新气象。热尔韦夫妇1902年6月从红河—蔓耗航行进入云南蒙自海关小城,6月14日的笔记记载了进入昆明坝子沿途所见乡村情景,与1895年里昂商会考察团笔记所记载的村庄密集、种植业繁荣景象相似。这种现象反映了云南铁路建筑沿线滇中农业经济的繁荣稳定及富庶状况。

热尔韦记载了6月18日在云南省城的商业考察。为了不引起人们注意,热尔韦穿着中国汉式服装穿行在人群之中,对省城各个城门主要街道的商业做了详细观察。云南省城昆明在咸同年间云南政府军与杜文秀回民起义政权的争战中,曾经受到长期围城以及战争的创伤。1874年马嘉理从汉口穿越湘黔滇通道进入昆明时,亲见商业尚待恢复,"商人重新开张需额外开支"。① 昆明正处于战后振兴商业的前夜。1895年12月初里昂商会考察团进入云南府昆明时,对省城的商业贸易记载阙如。根据热尔韦1902年的考察报告记载,云南省城商业已经相当繁荣,反映在以下方面:

一是农贸市场繁荣。南门城郊农贸市场依旧出售日用生活品。除了粮食、蔬菜,家禽肉类产品更丰富。有猪肉、来自湖泊的鱼类、穆斯林出售的牛羊肉,腊味产品也到处可见,还有各种各样清洗干净的水果及品种繁多的花卉。

二是服装在商品中占据重要比例。有一条服装街,出售各种色彩的裙子、女装、新旧毛皮服装、官员戏装、男子长衬衫,以及印染布的棉织品,等等。南门有一个街区布满染坊和棉布商店,尤其

---

① 〔英〕马嘉理著,阿礼国编:《马嘉理行纪》,第132页。

以倮倮的各种衣料为多,用于制作妇女或孩子的衣服或裤子。白底蓝花的蜡染布图案很具有中国特色,有蝴蝶、花枝、花瓶或龙的艺术图案。

三是繁荣的商业大街。南门旁边是最活跃的商业街道,长500—600米的大道两边有最漂亮的商店。人群熙攘,十分热闹。左边直通藩台衙门街道,街上有象牙制品、铜制品、铁制品和马鞍一类产品,还有皮制品及各种色彩的布料。

昆明城墙宽阔环绕全城,从城墙垛口瞭望昆明城的主要大街,"两边布满小商店,店内码有欧洲产品、中国丝绸和棉布、瓷器。有钱庄、绣花店、制造首饰的店铺、药店、糕饼店等等。店铺悬挂着写有大字的红底黑字油漆的金字招牌"。在领事馆旁边的街道也有打磨玉石的玉器工,西门有制造各种马鞍一类用品的工匠,还有一条街道聚集了售卖马帮用的很多装饰品的商贩,北门附近是各种日用杂货商品汇聚的街区。①

1903年美国旅行家盖洛途经昆明,也亲眼见证了昆明街市的商贸繁荣景象。在光福街的店铺里,"各色人等都可以穿的鲜亮的绸缎衣衫也摆了出来","女士的衣裙宛如雨后的彩虹,……令人眼花缭乱。最富丽堂皇的衣服是戏装,值100两,甚至200两银子"。"女士的绸缎衣裙可以卖到16两银子,或者10美元。"在丝云街的古董街,人们"喜欢买西方国家废弃的旧式来复枪,也喜欢搜罗西方的各式古董。……以及各个国家各个时代的大烟枪都摆摊销

---

① Jules Gervais-Courtellemont, , *Voyage au Yunnan*, pp. 1379-1383.

售"。① 盖洛的记载反映出云南府"新政"期间商业的开放程度,云南都市的进口产品已经不限于日用商品,甚至西方国家的各式古董、不同国家的大烟枪都涌进了云南。以上两人见证的昆明商业的富庶繁荣景象,发生于1895年法国里昂商会考察团途经昆明以后8年。反映了云南1874年结束内战以后重振商业,经过近30年的恢复发展,本土各种货物和手工艺产品及外国产品已丰富多样。昆明已经成为一个商业繁荣的省会都市,同时也提供了云南省城商业市场的消费状况及社会消费水平,反映了那一时期云南城乡经济的发达。

(2) 滇西北丽江府集市产品与山地资源②

从滇西大理府上行,分别有滇西北丽江府、阿墩子。两地均是滇西北以么些人、藏人为主的商品集散地。丽江府距云南省府路途遥远:

> (丽江府)元、明均为土府,雍正元年设流官。丽江府隶迤西道。……东南距省治一千二百四十里。广六百七十里,袤九百五十九里。……领厅二,州二,县一。③

热尔韦夫妇经大理府上行进入丽江府,热尔韦对丽江府商品交易市场和当地的山地资源做了详细考察。

---

① 〔美〕威廉·埃德加·盖洛:《扬子江上的美国人——从上海经华中到缅甸的旅行记录(1903)》,第210—211页。
② Jules Gervais-Courtellemont, , *Voyage au Yunnan*, pp. 1387 - 1390.
③ (清)赵尔巽等撰:《清史稿》卷七四《地理二十一·云南》"丽江府",第932页。

一是在丽江市场所见交易产品。此地商品丰富,有当地需要的来自外地的盐巴、五金制品、纺织物等等。相邻的藏人带来各种高山药材,如大黄、虫草等。这些只有汉人欣赏、形状奇特而稀少的药材价格昂贵,是来自大理府、云南府甚至广东的很多商人到丽江府交易的主要产品。

二是山地资源。从丽江北上的金沙江岸属于高山地带,森林中有很多树木,包括松树、雪松、橡树和白桦。来自丽江的伐木工人在森林中寻找木材,那些最美的树木是雪松,直径一米多,可用来制作棺材,因其直径大而价格昂贵。听当地人说以前人们把制作棺材的木材从金沙江漂流运至四川叙府和重庆,但现在这种开发已经停止。

这个地区有各种各样的丰富矿藏,有原生铜、铅矿和金矿。丽江以北的铜矿已经开采,再往上更远的地区,方铅矿已由当地的几个么些人部落开采。砂金矿床在这个地区非常丰富,淘金人经常可以找到一个金块。这个地区所有的居民都因为这项经济来源而生活自在宽裕。

三是当地居民生活状况。这儿人烟稀少但并不缺乏资源,只是远离外界。当地土地肥沃,种植有小麦、玉米、荞麦、麻、菜豆、萝卜、白菜等等。因此本地居民的物质生活有充分保障,只需要出口一点砂金和麝香,或者一些野生动物毛皮,用于买进不可缺少的盐巴、铁器和衣服。

热尔韦夫妇在丽江府的考察,既反映了在丽江府这一商品集散地中,当地的么些人、藏人与汉商交易产品的状况;也说明滇西北资源丰富,拥有稳定的林木资源和多种当地人开采的矿产资源。

(四)租借广州湾:将法属印度支那触角伸入中国南部

杜美总督在 1900 年以前着手进行云南铁路修建的前期准备工作的同时,也完成了在中国广东沿海陆地租借广州湾的谈判。租借中国广州湾不是印度支那总督杜美的计划,而是法国政府在中国境内顺应中日《马关条约》签订之后,西方列强在中国境内相继租借海港码头的趋势,将印度支那触角伸进了中国南部沿海广东境内。见《清史稿》卷二四《德宗本纪》载:

> (光绪)二十四年(1898)戊戌,是春,以胶州湾租借于德意志,旅顺口、大连湾、辽东半岛租借于俄罗斯。……是夏,广东九龙半岛、山东威海卫俱租借于英吉利。
> ……二十五年(1899)秋七月庚戌,以法人租借广州湾,命苏元春往会勘。……是岁,广州湾租借于法郎西。
> ……二十六年(1900)庚子春正月,……癸亥,总署与法人议广州湾租约,订期九十九年。①

广西提督苏元春接受清政府使命赴广州湾划界,据方苏雅在《苏元帅》笔记中的说法,是法国向清廷提出,希望苏元春去主持广州湾的会勘签约。

广州湾与法属印度支那连接,位置对其具有战略地理价值。

---

① (清)赵尔巽等撰:《清史稿》卷二四《德宗本纪》,第 922、924、931、932 页。

方苏雅领事在《苏元帅》中提到了杜美总督对广州湾的战略安排：

> （广州湾）那是位于香港与海南之间的一个陌生地。……这河湾既没军事价值，也没商贸价值，只能通往荒凉的地方，毫无前途可言。这就是为什么杜美总督要立即着手，将之建成一个能与香港匹敌的港口。虽然我们在其中投入了数百万的财力，也没有吸引来任何商船。随后，杜美的野心便是将此建为殖民区。这就要求广阔的土地，为了随意地扩充土地，有人想到要求苏元春划出界线。北京赶忙同意派出这位谈判对手。①

方苏雅认为广州湾属"不毛之地"，需花费金钱去建筑码头。因为有香港的存在，广州湾确实没有商贸发展的有利条件，但对法属印度支那而言，则自有其独特的价值。杜美执掌印度支那联邦，"野心便是将此建为殖民区"。法属印度支那在越南南部海上，从西贡往东据有越南海防，连接中国广西北海、香港、上海。广州湾位于香港与海南之间。

苏元春受命以"大清国钦差广州湾勘界大臣太子少保广西提督"的身份赴广州湾，与"大法国钦差广州湾勘界全权大臣水师提督"于光绪二十五年十月十四日（1899年11月16日）签署了《法国租赁广州湾条约》。条约共七款，中国方面于1900年二月十九日

---

① 〔法〕奥古斯特·弗朗索瓦（方苏雅）：《晚清纪事——一个法国外交官的手记（1886—1904）》，第161页。

批准本条约①。条约中约定将广州湾包括遂溪、吴川两县属部分陆地、岛屿,以及两县间的麻斜海湾(今湛江港湾)划为法国租界,统称"广州湾"。"广州湾"法国租界划入法属印度支那联邦范围,设广州湾行政总公使署,受法属印度支那总督管辖。②

广州湾的租借使得法属印度支那殖民地的触角伸进了中国南部。广州湾陆地面积即有518平方千米,面积不可谓小。更重要的是,广州湾名曰"法国租界"而受法属印度支那总督管辖。它在广州湾所包括的中国南部的陆地、岛屿与海湾,扩大了法国远东殖民地在中国南部海上和陆地的势力范围。同时,将广州湾建设成法国租界,因此拥有了在中国南部陆地的租界殖民城市。

广州湾租界使法属印度支那将中国南部、西南及长江流域连接起来。对法属印度支那总督杜美而言,广州湾具有地理和政治上的意义。广州湾在清末十年间规划建筑,作为法属印度支那联邦的租界实行管理。在其后四十余年间中国政局的几度变迁之中,广州湾在华南、西南及东南地区之间成为畸形繁荣发展的法

---

① 《光绪条约》卷六十,民国五年外交部印刷所铅印本(三版),北京大学图书馆藏,第10—12页。
② 参见邵循正《中法越南关系始末》。苏元春代表清政府于光绪二十五年十月(1899年11月),与法国签订了《中法互订广州湾租界条约》。

租界商业圈。①

二、云南铁路建造工程及红河商道的改变

与云南铁路建筑有关联的法国人考察笔记,是昆明荣誉总领事兼铁路代表方苏雅的有关记载。方苏雅在笔记中介绍他的住所"法国小领地"的人员组成:有一支"由 25 名步兵组成"的私人卫队,清一色的红制服,胸前背后用漂亮的汉字写着"法国总领事馆亲兵",这是学的中国官府规矩;方苏雅雇用了一名当地人做炮手,负责在有显赫贵人来访或者方领事本人"正式出巡或归来时"放一串礼炮;有一个守夜打更匠,两名安南厨师,各有助手和苦力,一名洗衣男仆和一个负责收拾他的衬衣的年轻法国女人,两个收拾花园的苦力,固定的八个轿夫,四个负责与东京联系的信使,一名马夫,四个当差的,一个中国文秘。方领事调侃地写道:"总之,我这个小镇中全部居民有 5 个法国人,69 个中国人、安南人。"②除了排场,也反映出这一时期方苏雅领事兼任铁路代表任务的重要性。

---

① 清末法属印度支那用 10 年时间经营广州湾法国租界,使其成为商业租界城市。在经济发展方面,以其特殊的地理位置,繁荣于民国期间。抗战时期,作为广东、西南及上海、香港的商业中心,以经营鸦片、中药业及商业运输为主。广州湾有鸦片烟馆 70 余家,成为中国南部走私鸦片的中心,赌博和娼妓业均畸形繁荣,有着"供养法国本土而畸形发展的鸦片经济"。法国广州湾租界抗战结束后于 1945 年交付国民政府。参见〔法〕伯特兰·马托(Bertrand Matot):《白雅特城:法兰西帝国鸦片销售时代的记忆》,李嘉懿、惠娟译,暨南大学出版社,2016。
② 〔法〕奥古斯特·弗朗索瓦(方苏雅):《晚清纪事——一个法国外交官的手记(1886—1904)》,第 284、288—290 页。

(一)滇南南溪河两岸:滇越铁路接轨地

修建云南铁路的起点是滇南河口镇,与河口镇隔南溪河相望的是越南边疆小城老街。南溪河是红河的一条支流。老街又名保胜,是1885年中法战争结束以前,刘永福"黑旗军"在越南境内获得越南政府委派的军营驻地。1885年中法战争结束,刘永福"黑旗军"撤回中国,从老街过南溪河直接进入河口小镇。①

河口与老街,一个是中国边境小镇,一个是越南边疆省小城。滇南边境以东的河口小镇在1895年6月中法签署两个条约后,成为蒙自海关分关。1895年11月法国里昂商会考察团航行至越南边境城老街,有关于越南边疆小城老街与云南河口小镇的记载:

> 老街位于红河左岸,在与南溪河交汇处,河宽约250米左右。南溪河水碧绿可人,与"巧克力色"的红河水形成了鲜明的对照,在南溪河的另一端,就是中国的河口镇。自1896年起,根据1895年6月20日签署的条约,我国就在那里设立了副领事馆,清朝政府也不得不在那里设立了海关。河口大约拥有三四千人口,多为汉人和混血儿。而在我们经过时,老街

---

① 刘永福黑旗军驻守保胜(越南老街)。中法战争后其撤出保胜进入云南境内,见(清)赵尔巽等撰《清史稿》卷四六三《刘永福列传》、卷二三《德宗本纪》。刘永福部队驻守、屯兵保胜发展经济,建设老街小城状况,参见廖霞《论刘永福黑旗军驻越南保胜》,载广西博物馆协会、广西壮族自治区博物馆编《博物馆藏品架起沟通的桥梁——广西博物馆协会首届学术研讨会暨广西壮族自治区博物馆第七届学术研讨会论文集》,广西科学技术出版社,2016。

的人口不会超过五六千人,其中还有十三四个出售欧洲商品的广东零售商。除航运局之外,只有一名法国商人,布勒东先生,当时,他拥有替法国烟草专卖局购买云南鸦片的垄断权。①

云南河口与越南老街均是小城规模。1903年河口成为修筑云南铁路的起点时,老街已经成为越南境内滇越铁路"南段"海防—河内—老街的终点站。因此在南溪河上架设一座铁路桥连接老街与河口,即是连接了滇越铁路的南段终点与北段起点。1903年云南铁路开始建筑期间,南溪河两岸的中国和法属印度支那的两个小城镇,都因此而成为热闹的街市。从越南河内运进的云南铁路建筑需要的各种材料和物资,从中国诸省招募的筑路工人,前者直接沿河内—老街铁路段运进,后者从海上进入海防—河内—老街越南铁路全线,均通过南溪河进入云南铁路建筑工地。因此越南境内滇越铁路"南段"先行修建竣工,为云南境内"北段"的修建提供了交通运输的极大方便。

1902年"滇越铁路"南段越南铁路完工,1903年即开始签订《滇越铁路章程》。印度支那法国铁路公司负责金融运作,印度支那公共建筑工程部承建铁路建筑。云南铁路线经过论证、讨论三次后方确定下来:先是1901年确定路线。因考虑路段太复杂,故在1902年修改路线。铁道线路总体不变,但其间避开了地理环境险恶地段,以便于修建。后来杜美总督坚持采用1901年确定的原铁道线路,虽然有复杂路段,"但行径之区域,均繁盛,将来运输货物

---

① 法国里昂商会编著,〔法〕里沃执笔《晚清余晖下的西南一隅——法国里昂商会中国西南考察纪实(1895—1897)》,第16页。

必多,养路费用必廉"。因此又回到1901年设计的线路,本来打算回避的一大段环境险恶地段,也成了云南铁路建设中任务最艰巨的施工路段。①

云南铁路修建始于1903年,即中国经历了1900年北京的"庚子事变",于1901年初颁布了"新政"改良计划之后,中国各方面正在进行重大社会改良,处于发生变化的上升时期。

(二)云南铁路建筑暨铁路桥与西南古桥石拱桥的关联

滇越铁路的"南段"越南铁路于1901年开工,1902年建成。铁路"南段"的通车,实际上为1903年动工的"北段"云南铁路的修建,在施工组织和建筑材料运输上都提供了方便。与之同时,建筑云南铁路时,法国国内铁路网早已建成,印度支那的铁路建筑计划已先行实施。法国工业革命虽然稍落后于英德,但在铁路、桥梁建筑方面均是强项。以上方面无疑都给云南铁路建筑提供了经验。

《滇越铁路纪要》一书记载了云南铁路修筑相关事宜及整个过程,提供了详细具体的资料。根据该书所辑录的修筑云南铁路资料,即可管窥云南铁路建筑过程中几个重要方面及其特点。

1.铁路建筑工程及规模

(1)建筑材料及工程施工

a.建筑材料

1903年《云南铁路合同》上有"建筑材料全部用法国制造"条

---

① 《滇越铁路纪要》,苏曾贻译,第3页。

款,包括法国本土与其殖民地越南(法属东京),建筑铁路所用西门土(按:混凝土)与石灰,"东京有生产西门土的工厂,货佳价廉,但转运不便,非用不可者,计全工程百分之十三,用该厂所制之西门土百分之十三。其余用石灰"。①

b.桥梁和隧道

滇南从河口到蒙自壁虱寨(按:今碧色寨)一段,建造任务最为艰巨。铁道路线多经河溪地,"路线所经南溪,多沿河岸而走"。在蜜腊地一带,沿途多山林与险峻峰峦,"蜜腊地境内,地方荒芜,沿途开辟,俾筑路基,……(蜜腊)一带皆山岩林立,甚少平原,故工程浩大"。②

法国里昂商会考察团 1895 年 11 月进入西南地区考察时,从滇南蔓耗北上直到东川府,对沿线交通路段做了详细观察记载,其目的就是为将来在云南建筑铁路提供地形地貌资料。考察笔记记载了从蔓耗北上蒙自—昆明的马帮道路,凸显了从蒙自以上的通道,系以高原—坝子—高原—坝子组相连,甚少山岩和峰峦,途中就有阿迷州(按:今开化)坝子。云南铁道线不走滇南蒙自—蔓耗红河

---

① 《滇越铁路纪要》,苏曾贻译,第 1 页。西方人考察笔记中涉及云南铁路建筑的有以下笔记:法国上尉军官伊博斯著 *Le Chemin de fer du Fleuve Rouge et la Pénétration Française au Yunnan*(《红河铁路和法国对云南的渗透》),书中有关于红河沿岸包括越南海防—老街和云南蒙自滇越铁路的修筑状况;英商阿奇博尔德·约翰·立德(Archibald John Little)著 *Across Yunnan: A journey of surprises*(《穿越云南——一次神奇之旅》),1910,书中有关于云南铁路建筑的考察和介绍;英国记者丁格尔(Edwin John Dingle)著 *Across China on foot*(《丁格尔步行中国游记》),1911,其中有关于云南铁路的考察。
② 《滇越铁路纪要》,苏曾贻译,见第十三篇《云南路线所经各地方情形》中的"上南溪""下南溪""南溪之间""蜜腊地",第 16、23、27 页。

道路线,路线从蒙自西折进入广南府河口镇,以便通过红河支流碧溪河,与对岸滇越铁路"南段"越南境内老街小城的铁路终点连接。从蒙自到河口镇以山峦、山峰及河流为主,系山地类型。沿线"小山甚多",因此需要架设桥梁,大多是在两山之间的山岩间架设小桥。有的路段"有小山数座,不相连接,故毋用开山内隧道,只将山剖开两断,便可通行"。有"地势稍洼,每至大雨之时,常患水浸淫",所以路基需要"特别加高二三米达"。有的"崇山峻岭,甚费工程,或将山剖断,或开山内隧道,俾得通行",因此修筑了众多的桥梁和隧道。①

铁路线筑路需要架桥、将山剖开、开山内隧道,主要是在河口南溪河谷沿岸经蜜腊地到阿迷州坝子一带铁路线,"由南溪而至蜜腊地之工程,最难建筑。缘是处几无人到,向在僻静之中"。云南铁路线桥梁隧道"全路小桥,共三百二二道,全路大桥及涵洞,共三三四二道,全路山内隧洞,共一五五道"。② 其山地、高原地形变化之多样,工程之浩繁,通过这些数字凸显了出来。

昆明荣誉总领事方苏雅兼任铁路代表,曾亲自去铁路修建地沿线视察。其笔记中有一段描写南溪河谷工地的施工情景:

> 在一个巨大的穹隆下,……可以看到50人为一队的工人群体,他们留着长辫子,开裂的赤脚踩在不稳固的路堤下的片岩上。另一些可怜的人正在加固路堤。……他们当中有挖土工、泥水匠、铁匠、木匠。挖土工劳作时发出的哎嚘声与工头

---

① 《滇越铁路纪要》,苏曾贻译,第 22—27 页。
② 《滇越铁路纪要》,苏曾贻译,第 17、27 页。

的命令声交相呼应。意大利承包商俯身在图纸上,他们的指令被翻译过来,再由监工呼喊传递,一会儿是安南话,一会儿是中文。只有监工与西方人一样穿着鞋子。……马在岩石遍布的河中饮水。在下游,一些工人在费力地用竹篮收集砾石。有的人在寻找珍贵的沙子,找到后在原地筛滤。①

笔记中所提到的"50人为一队的工人群体",以及"意大利承包商俯身在图纸上,他们的指令被翻译过来,再由监工呼喊传递,一会儿是安南话,一会儿是中文",反映了云南铁路修建施工的组织形式。据《滇越铁路纪要》记载,云南铁路建筑以承包及包工形式分段建造。云南铁路虽然是法属印度支那政府修建,但主要承包商是意大利企业。法属印度支那公共建筑工程部承建铁路修筑,用承包方式分给12个由铁路公司遴选出来的企业,"承包商都是意大利人",只有一个法国人承包商"负责云南府的区域"。② 法国人承包的这一段铁路,在1895年11月里昂商会考察团对从蒙自上行经过临安坝子、通海坝子,进入昆明坝子这段路途的描述中,属于"大路",是比较容易建筑的区段。反映出云南铁路修筑是由意大利企业承包河口—南溪河谷—蒙自建筑段,这是整个铁路线中建筑难度最大的路段。

法国国内主要是提供机车、钢轨、生产枕木等建筑所需构件,一些产品在印度支那和中国边境就地取材生产。但钢轨和机车在

---

① 〔法〕德西雷·勒努瓦(希望):《领事方苏雅:滇越铁路与云南往事》,第305—306页。
② 〔法〕德西雷·勒努瓦(希望):《领事方苏雅:滇越铁路与云南往事》,第271页。

法国生产,"云南铁路所用之铁轨,……纯以钢铁铸成","轨枕亦以钢铁为之"。据《滇越铁路纪要·云南所有车辆数目》记载,云南铁路与越南铁路"惟机车则有轻重之分",越南平原用"轻型机车",云南铁路虽为米轨,但使用重型机车较轻型机车多,"因云南路线,多经山路,道路之倾斜,非最重机车不能牵引"。所用机车包括重机车、煤水车、不同等级客车、货车、棚车、平车、起重车等。"关于铁路所用之机车及煤水车之式样,由越南总督定夺。由法比股份公司工厂承办。"法国在远东修筑滇越铁路,尤其是其"北段"云南铁路,为法国和比利时的相关工厂提供了大量的机车生产订单。

(2)铁路车站设置

据《滇越铁路纪要·云南铁路车站等级》记载,云南铁路共设三十四站,等级分四种。车站等级视地域重要与否,"一等站一处,设在云南府(昆明)。二等站一处,设在阿迷州(开远)。三等站六处,四等站二十四处"。与海关有关系的车站两处,因进出口货物往来之故,一河口,"设在南溪两河之冲";一蒙自,"设壁虱寨"。一等站设昆明,"居民约十万。全省以省城为最富,人民为最多,商务为最盛"。云南铁路终点站昆明作为省城,建造了较各站更为宏伟的一等火车站。各种车站设施包括叉道、避车道、机车房、仓房、修理车厂、其余办公室等,"比各站较为宏伟"。①

2.铁路桥梁建筑与西南地区古石桥的关联

(1)法国人考察笔记中的西南地区特色古桥:石拱桥

云南铁路桥梁是铁路建造中的亮点,极具特色。在谈及云南

---

① 《滇越铁路纪要》,苏曾贻译,第12—15、8—9页。

铁路桥梁的特点以前,有必要对法国人考察笔记所记载的西南地区古石桥进行简略介绍。

云南、贵州及广西的石桥建筑使用的是明代由卫所驻军引进的汉人桥梁技术,以石拱为特点。路桥建筑是法国考虑在云南建筑铁路的重要组成部分,因此里昂商会考察团专门配备了桥梁技术员杜克洛随团考察。杜克洛特别注意考察各地桥梁建筑,撰写有《中国的桥梁》报告,其中提到"云南省以拱桥居多,而四川这里主要是石墩桥"。途经滇中一线,里昂商会考察团记载了临安坝子"小河上拱桥壮美,桥亭矗立"。① 通海县有一著名的古桥善济桥,始建于明,重建于清乾隆九年(1744)。乾隆九年《重修善济桥记碑》记载,善济桥距县城30千米,"拱形,青石质",全长12.4米,高15.6米,宽3.2米,"属临安要道也"。通海坝子是里昂商会考察团从蒙自进入昆明的途经之地。

云南以道路中桥梁多著名的有楚雄州。楚雄位于金沙江南岸,东接昆明,西连大理,南临思茅、玉溪。历史上是中国西南地区川滇黔西行印度官道的一段"楚雄段"通道,全长300余千米,途经禄丰、楚雄、南华、永仁、大姚、姚安诸州县,沿途"计名桥十余座"。以楚雄州桥梁为例,即可见出云南商道石桥之盛:

永定河桥、江底河桥、连厂桥、老鸦桥、衍庆桥、启明桥、星

---

① 法国里昂商会编著,〔法〕里沃执笔:《晚清余晖下的西南一隅——法国里昂商会中国西南考察纪实(1895—1897)》,第119—120页注释(5)、第36页。

宿桥、响水桥、安乐桥、蒙七桥、清风桥、濯缨桥、蜻蛉桥、栋川桥等。①

有关四川的桥梁，里昂商会考察团记载"四川这里主要是石墩桥——桥墩之间铺放着5—6米长的大石板"。四川石拱桥也同样著名，考察团记载了四川一座极有特色的石拱桥：在从重庆到打箭炉途中的雅河支流上，看到的一座单孔石桥，"它的跨度大约有8米，呈半圆拱腹，拱穹的石头开凿精细，安置堆砌十分到位。……桥面宽4到5米，两侧有石栏杆，每隔一段距离就装饰有寓意深刻的雕像，桥面是两边有坡度，中间隆起的驴背形。……这种半圆拱腹形状较少见，我们所见多为哥特式，因而这种扁圆形的拱弯实在是太特别了"。法国医生谢阁兰于宣统元年（1909）进入四川考察，就记载了在进入成都的前夜，在成都平原所见的令其深感惊异的一座十六孔桥。② 因此四川的石桥，特点是多为石墩桥和石拱桥。

贵州、广西的古石桥同样以多为石拱桥为特点。马嘉理于1874年从汉口穿越贵州官道进入云南，留下关于贵州镇远府石拱桥的记载："10月27日，下午5点至镇远府。城门口有一五六孔之拱桥，跨越河流，相当精良，即使与英国之铁路桥相比亦不逊色。"并记载了昆明城"门拱"给予他的印象：城市"无奇异之处，唯整齐

---

① 肖林：《南方丝绸之路楚雄段论述》，载段渝主编《南方丝绸之路研究论集》，巴蜀书社，2008，第184页。
② 法国里昂商会编著，〔法〕里沃执笔：《晚清余晖下的西南一隅——法国里昂商会中国西南考察纪实（1895—1897）》，第119—120页注释第（5）；Victor Segalen（谢阁兰，1878—1919），*Lettres de Chine*（《中国通信》），"Dans les Gorges du Yangtseu"，*Patong-hien-Yangtseu*，14 *janvier*，1910（《在扬子江中》，1910年1月14日扬子江巴东县）。

新颖之门拱结构显示着中国建筑之精华"。① 1892—1910年这一时期进入西南考察的各种法国考察团队,拍摄的西南三省石拱桥图片较多,其中贵州和广西均有造型精美的石拱桥,反映出西南地区明清的古石桥建筑特色。

(2)云南铁路的桥梁建筑亮点

云南铁路建筑最大的亮点就是桥梁建筑。不计"全路小桥,共三百二二道",仅"全路大桥及涵洞,共三三四二道"。以下选介几例在不同地形建造的有代表性的著名桥梁。

a.连接两山深谷的五家寨钢架人字拱桥。该桥有四孔拱形钢架。人字拱跨55米,无桥墩,全长67.15米,宽4米,横跨南溪河深谷,下距洞底百余米。桥梁1908年3月正式施工,7月16日晨完成人字拱架衔接,桥面铺设于11月29日完成。②

b.中越通道白寨河大桥。1907年9月15日开工建设,次年3月10日竣工。总建设工期计约4个月,系南溪河大峡谷桥梁建筑。

c.开远小龙潭铁路桥。该桥为南北石拱引桥连接的金属栅架单孔桥。1909年4月15日建成。主桥体金属栅架单孔桥,两端为南北石拱形引桥,南引桥长42米,为三孔石拱桥;北引桥长17米,为单孔石拱桥,全桥总长111.40米。系滇段之咽喉要道,为跨河桥梁建筑代表。

---

① 〔英〕马嘉理著,阿礼国编:《马嘉理行纪》第102—103、128页。
② Cie Française des chemins de fer de l'Indo-chine et du Yunnan société de construction de chemins de fer Indo-chinois, *Le Chemin de fer du Yunnan,* Imprimeur.G.Goury, Paris, 1910. 2006年"五家寨人字铁路桥"被公布为全国第二批重点文物保护单位。

d. 开远玉林山七孔桥。玉林山七孔桥（昆河线 K249+715）1908 年建造，全长 95.8 米，宽 4.4 米，拱跨 10 米，最高桥墩 21 米，最低 14 米。桥面在 21% 的大坡度上，是滇段线路最雄伟的一座，系连接小山头的石拱铁路桥。

e. 开远仁者三孔桥。仁者三孔桥（昆河线 K248+418）1909 年建造。全长 48 米，宽 3.65 米，高 5.44 米，每孔拱跨 9.95 米，高 4 米。系连接小河滩两岸的低位石拱桥代表。

以上所举铁路桥梁，均反映出一个共同特点：以拱桥形式建造，或建有拱形桥孔。建筑方式有单用钢架（五家寨人字拱桥），有主桥钢架拱引桥为桥拱（开远小龙潭铁路桥），有全为拱桥（开远七孔桥、三孔桥等）。

石拱是西南地区古桥的特点，引起了法国考察团队的重视与欣赏。法国各种考察团所拍摄的西南地区石拱桥图片显示：有的桥梁在两山之间架设，也有横跨两江的桥梁，亦有独拱桥。显然云南铁路桥的石拱桥样式符合当地居民的审美习惯，也与吸取了云南乃至整个西南地区石拱桥建筑样式特点有关。石拱桥并非中国独有，法国至今遗留的罗马帝国时代修建的长长的通水道桥孔均是拱形，法国也有石拱桥。但是在滇南地势复杂的地区建筑拱桥，中国西南的传统石拱桥无疑具有重要的参考价值。云南铁路桥梁在建筑材料上引进了钢铁铸件，系传统石料建筑桥梁与近代材料和新技术的结合。

云南铁路主要桥梁均于 1907 年、1908 年、1909 年这三年建筑（见《滇越铁路纪要》），表明前期建筑铁路轨道和一般性桥梁和隧道,技术性强的桥梁建筑在后期完成。云南铁路桥也是法国桥梁建筑技术与建筑艺术在远东的一次充分展示。

(三)筑路工程人员、路段医院及商业村落

云南铁路建筑是清末西南地区最大的公共建筑工程,涉及欧洲人、招募的中越筑路劳工及其相关生活服务和设施。

1.筑路工程人员

(1)欧洲工程人员

云南铁路建筑由法属印度支那公共工程建筑部承建。滇越铁路合同"十二,各执事凡须专门学者,可用外国人"。云南铁路建筑工程需要各种工程技术人员、办事员、会计员及施工经理,因此雇用了为数不少的欧洲人。据《滇越铁路纪要·雇佣欧洲技术等员》记载,雇佣欧洲人包括"技术员二百六十二人,办事会计员,共一百三十三人,稽查绘图员,共五百三四十人,总计九百二十九人"。同时工场场长及工程施工队长"均用欧洲人,其自西徂东,各项旅费,由公司供给"。工程人员随着工程进展"陆续添雇",最终"计约一千二百人,其中以意大利人为最多"。同时为欧洲人设置有病院,"一九〇四年,在劳开(按:老街)设立军医院一所"。"一九〇五年,建筑特别房屋并病院一所,专供欧洲人养病之用。"病院设在印度支那境内越南铁路终点站老街,老街与云南铁路起点站河口隔南溪河相望。

(2)筑路民工招募来源及问题

云南铁路民工的招募过程,反映了清末中国农民开始参加欧洲人铁路建筑工程的状况。招募农夫施工出现的问题,据《滇越铁路纪要·工场内所用之华工》一节所载,一是在本地招募农工,每年有三个季节缺席,"每多招募农夫,当其闲暇之时,则远远应募而来,惟在耕种之时,伊又回去种地,因此路工中断"。农人做工,"阳历二月春节,人数顿减,三月底播种期回去播种,工人顿减,九月收获季节,又顿减"。充分反映了农民工的特点。因而后来"往邻省招募工人"。"至于招募泥水匠凿石匠,尚不困难,惟人数仍不足分配。"开始招募的工人并不符合要求,如刚开始1903年在广西招募的工人,"工价甚昂,工作亦劣,不得已而遣散之"。1904年再到广西,"招得工人三千,在半途逃路者一千"。并曾将修筑京汉铁路、京奉铁路的天津工人招来五千五百人试用,"行至海防登岸,饮食起居,格外优待。及作工地点,观其工作,甚为平常,惟斯时路工,正在急需工人,故稍为迁就,后来陆续逃走,所存无几,于是设法往各处招募"。以上所载反映出招募农民工的困难:受季节影响大,施工不能保证;同时人数不稳定,逃逸人数较多。

云南铁路历年招工人数表

年份	地点	招募人数
1903年	广西	二千人
	安南	五百人
1904年	广西	二千五百人

续表

年份	地点	招募人数
1905年	东方各省	一千八百人
	天津	五千五百人
	广东	二千五百人
	东方各省	四千人
	福州	一千人
	宁波	一千人
	广东	八百人
	天津	一千五百人
	安南	三千八百人
1906年	广西	一万五千人
	安南	七千人
1907年后	广西	五千人
	安南	五千人
	东方各省	二千人
总计		六万〇九百人

资料来源：苏曾贻译《滇越铁路纪要》"历年招募工人数目表"。

上表所反映历年招工人数，也说明了铁路招工中的困难：一，1903年是筑路第一年，就近在广西、安南招募工人（2500人）。结果因一年之中季节性缺工较多，"不得已解散"。1904年就将招工扩展到其他省份，其中天津来的修路工人最多，结果也"所存无几"（总数12 300人）。二，1905年以后，民工来源省份更多，但其中安南数目最大（3800人）。1906年仅在广西、安南两地招工，人数最多(22 000人)。1907年的招工仍然以广西、安南为主,需要人数减少(12 000人)。表明云南铁路修建仍然以在就近的广西、安南招工最多。

法国有关档案资料对云南铁路招募的华工有以下记载:

> 这些劳动者将来大多数是挖土工、搬运工和派作各种用场的苦力。……这群人里有逃离动乱地区的士兵、加入过可怕的"三点会"(按:指天地会)的印度支那与中国边境地区的"土匪"、逃兵、流动商贩、惯犯,还有乞丐。此外还有手工业者(泥瓦匠、铁匠、木匠、石匠);
> …………
> 第一批劳力大军在边界附近集结。所有应聘者都被录用来修建这条环境险恶岩石密布的铁路。……一些贫苦的农民来参加第一次试用。但是风传在12600个候选人中大部分是不法之徒。……大约有200个"土匪"混入来自广西的劳力中。①

以上记载的劳工显然来自广西方面。1903—1905年是广西右江、左江骚乱时期。说明在广西骚乱平息之后,一些参加骚乱被镇压驱散的人员进入了云南铁路建筑劳工队伍。换言之,云南铁路修筑吸收有广西骚乱镇压后溃散的游勇、盗寇,或者会党成员,使他们有机会开始了"自新"劳工生涯。

---

① 〔法〕德西雷·勒努瓦(希望):《领事方苏雅:滇越铁路与云南往事》,第263—264、271页。

以上各省所招募民工,从地理分布上看,进入云南均很方便,同时与法国有着联系:广西是近邻,与法属印度支那有边境关系。龙州开埠,与东京有进出口商品贸易。广东湛江(广州湾)是法国1899年租用的港口水路,海上与法属印度支那连接;福州造船厂与南洋海军招聘有法国专业人士;天津招募京汉京奉铁路民工;东部省指浙江、安徽诸省。两广与滇东南地理位置较近,天津、福建、浙江、宁波、安徽均可乘船经东南海上从越南海防登陆,乘火车直达越南边境城老街,从老街进入对岸的云南河口,因此路途便捷。安南更是近邻。以上诸省及法属印度支那安南又均是法国天主教传播地区。鉴于以上因素,法国在上述诸省以及安南招募农民工在宣传和组织上更为方便。

2.民工筑路工价、进度及生活

(1)华工工价

招募的工人开初不甚令人满意,据《滇越铁路纪要·工人成绩》记载:"大抵工人每日作工,不甚敏捷。以欧洲工人比较,华工每日作工仅及欧洲工人三分之一,如掘地易,开山难。如工人每日能掘地四分,若使其开山,只能一分而已。"各省工人比较,"以广西工人每日作工成绩最高"。这也说明了为什么从1906年开始连续两年基本以广西招工为主。

工人工资以南溪路工为例。"土工华币五角(按:1901年清政府实行"新政",此后使用银元),合法币一佛朗二十五生丁;泥水工华币七角,合法币一佛朗七十五生丁。他处:土工华币三角五分,合法币八十七生丁;泥水工华币五角,合法币一佛朗二十五生丁。"

按此工价,以土工与泥水工比较,泥水工高出百分之四十。以南溪地铁路线工价与铁路线他处比较,共计高出约百分之三十,系因南溪沿线施工最困难。

另有法国档案资料记载:工资一开始定为"每日 80 至 100 个铜钱","手艺人将拿到 200 个铜钱"。"夏季,每日工作 10 小时,冬季 8 小时。不实行年均 8 小时工作日。"①参照里昂商会考察团 1896 年考察记载,当年西南各省工人平均工资为每天 100 到 150 个铜板,并包吃包住,说明云南铁路建筑掘土工的工价较低。同时据重庆海关报告,四川各地自 1900 年以后,工价及生活费均在上涨(见本书第四章),更反映出云南铁路建筑中国劳工的工价低廉。

(2)劳工安置、生活及医疗状况

欧洲建筑工程人员建设有房屋,安置妥帖。筑路民工人员众多,在安置方面有如下记载:

> (作工者)统计约六万五千人,惟各工厂只能容工人约四万八千众,其余尚有万余人,无栖身之所,故搭盖棚厂,使其住宿,幸而该工人能吃苦耐劳,不求舒展,但求能避风雨,不致露宿足矣,故工人之住所,甚易办理。沿路常新添工人,于其未入厂之前三日,在路线之旁,另外搭盖棚厂居住。大都工人多不择食,又不择居,其欲望易于满足。惟南溪之工人则不然,不能以此简单办法相待,有手艺之工人,每每自命不凡,自高

---

① 〔法〕德西雷·勒努瓦(希望):《领事方苏雅:滇越铁路与云南往事》,第 271—272 页。

身价,于一切饮食起居,难得其满足。……①

云南铁路工程浩大,施工修筑人员众多。又分段建造,铺设路线距离长,就涉及工程建筑所需的各种配套服务。

粮食供应是劳工供给的首要问题。据有关云南铁路的档案记载:"合同规定供给工人米和蔬菜。另外,每月两到四次供给中国制式半市斤肉(300克)。"②在1895年1月进入红河谷与澜沧江流域的奥尔良王子探险队,1895年12月的里昂商会考察团,以及1902年受印度支那总督委托进入云南考察商业可行性的热尔韦的笔记中,均观察到滇南红河谷、滇西澜沧江流域、滇中一线的水稻种植和各种庄稼繁荣富庶,品种多样,村落密集。蒙自集市、昆明南门集市农产品丰富,牛羊肉也不缺乏,为供应铁路建筑劳工生活需要提供了保证。《滇越铁路纪要·粮食问题》记载铁路劳工生活,"按其本地习惯,以食米为重,本处所产谷类,能敷工人食粮"。唯1906年逢凶年饥岁,"往沿线赈饥"。该年云南铁路建筑劳工招募为历年最多,新招广西、安南两地劳工达二万二千人,加上此前招募的劳工,"以南溪一处而论,有二万五千工人,每日所需食米三十吨"。"食米一项,求过于供,故设法由东京(河内)运米,前来接济,俾平米价。"③

越南东京稻米之丰裕见于法国考察团队有关记载。1895年11

---

① 《滇越铁路纪要》,苏曾贻译,第45页。
② 〔法〕德西雷·勒努瓦(希望):《领事方苏雅:滇越铁路与云南往事》,第271—272页。
③ 《滇越铁路纪要》,苏曾贻译,第50页。

月里昂商会考察团在从河内红河航行驶向云南蔓耗途中,观察到河内红河平原两岸稻谷丰收,感叹这是法属东京殖民政府成功实行"法国—安南土地收益分成制"产生的效果,是"欧洲侨民和安南人共同分享丰收喜悦的季节"。① 表明安南(越南)法国侨民在农业方面进行投资收获利润分成。1897年初保罗·杜美总督上任,在推进印度支那公共建筑与交通工程发展的同时,也鼓励提高稻谷、棉花、蚕桑、茶树及甘蔗等农产品种植产量,稻米因此多有输出。在1902年南方的凶年饥岁中,杜美总督也曾赈济福建省稻米,受到闽粤总督感谢。② 云南铁路是法国人修建,自然就近从印度支那东京采购稻米调剂,此为法属东京稻米进入云南省的第一年。

虽能就近购买东京大米,但大米需要运输进入云南河口镇分发。一地日需30吨大米,即使从法属东京运来,火车只能运至老街,还需要从老街过界河碧溪河运至云南省河口镇,再分发至南溪河谷铁路段沿线。蒙自1889年开埠通商以来,其进出口商品均靠马帮牛队运输,途中络绎不绝。云南铁路建筑各种材料和原料运输也大量使用牛、马、骡等牲畜。③ 因此从法属东京购来的大米及其他物资,也只能靠马帮运输。《滇越铁路纪要·粮食问题》记载了从法属东京调剂购买的大米运进南溪河谷建筑工场的运输规模:

---

① 法国里昂商会编著,〔法〕里沃执笔:《晚清余晖下的西南一隅——法国里昂商会中国西南考察纪实(1895—1897)》,第10页。
② Paul Doumer(保罗·杜美), *L'Indo-Chine française*, (Souvenirs) (《法属印度支那的回忆》), pp. 380 - 381.
③ 〔法〕德西雷·勒努瓦(希望):《领事方苏雅:滇越铁路与云南往事》,第272页。

以运米而论,每日需马八百七十五匹,其余搬运别种粮食材料等,又需马三千匹,为数甚巨,该省无此多数马匹,以供需要。是以派人前往边境搜罗,始足敷用。①

此处提供的具体运输的马匹数量共计为3875匹,即主要用于供应南溪一地沿线的筑路工人每日食米及"搬运别种粮食材料等"。马匹途中运输情景可想而知。所需马匹要"派人前往边境搜罗,始足敷用"。此处边境指滇东南和广西西南部与越南谅山平原陆地相接地带。1897年初里昂商会考察团两名队员维亚尔和拉博接受指令沿广西西江考察,维亚尔从左江流域经广西西南龙州平原—归双—土府州—广南府—开化—蒙自一路考察,与考察团在蒙自会合。维亚尔记载了在龙州往归双途中有众多城镇和村庄,边境"居民血统混杂,有土著、汉人和东京人(河内)",该边境地有畜牧养殖业,"以耕牛为主,其中有一部分通过漕磅出口到东京(三天的路程)",还有兴旺的卖马市场,"在到达归双之前的最后一站法侗正巧遇上赶集日",该考察者记载了亲眼见到的当地马市:

……第一次见到如此众多的马匹。马的个头不大,1.2米到1.3米,……这些马都很便宜——在法国买几匹赛马的价钱在这里可以装备出好几个军团。从7.8美元(相当于如今的2.5法郎)到50美元不等。它们的价钱,除了健壮,还与个头成

---

① 《滇越铁路纪要》,苏曾贻译,第50页。

正比。有一部分马要外销到东京。①

这种体高 1.2 到 1.3 米的矮马,就是著名的西南山地小马,在云南、四川、贵州、广西等省均有。西南小马体格小,长于山地驮运,长途驮运载重量为 60—70 千克,日行 35—40 千米,为高原山地的重要交通与运输工具。在广西边境,它们也是外销东京的特色畜牧产品。"是以派人前往边境搜罗,始足敷用",应该指的是在与滇南广南府河口镇陆路连接的中法边境归双一带购买的小马,解决了 1906 年云南铁路工地上的从法属东京购入大米的运输问题。

(3) 欧洲铁路病院

云南铁路自 1903 年开始修建至 1910 年竣工,施工时间持续数年,铁路沿线劳工总计最多时有"六万多工人"。建筑企业分工段承包施工,工伤、生病难免时有发生,因此施工各段都设立了病院。《滇越铁路纪要·医院》载:

> 在每段内设立病院一所,并置医疗器具,无所不备。以医生为院长,并用欧洲人为看护人。沿途地方之病者及受伤者,多往求诊。……每星期医学博士往各段病院巡行一次,察看病者,悉心诊治。办理经年,成绩甚佳,人咸称赞。在下南溪一带,地势卑湿,有碍卫生。天气热则易感猩红热及痢疾等症,地湿则易染胃病及肠病等症。各处设立医院,土人到来求

---

① 法国里昂商会编著,〔法〕里沃执笔:《晚清余晖下的西南一隅——法国里昂商会中国西南考察纪实(1895—1897)》,第 226 页。

医者,人多如鲫,医生忙甚。①

铁路修筑沿线各路段病院医生和看护均为欧洲人,沿线筑路员工感染疾病,如"天气热则易感猩红热及痢疾等症,地湿则易染胃病及肠病等症",均能得到妥善治疗。甚至当地人也来求医,"人多如鲫,医生忙甚",也反映出铁路修筑与当地居民的关系。

(4) 铁路修建时间进度

云南铁路1903年10月开工,开始建房,敷设运道。1903年至1905年为一个阶段;1906年至1908年为一个阶段。自1907年开始,工人逐渐减少。据《滇越铁路纪要·一九〇六年至一九〇八年进行情形》记载,1908年,"沿路工程次第建成,故大加裁减"。根据以上工人统计表格:1906年工人人数达到66 500人,1907年23 000人,1908年为14 500人。工程完工时间是"一九〇九年二三月间"。"于一九一〇年一月三十日正式开车开往云南府。从此可由海防(音译)转运货物至云南府。"②

以上反映出云南铁路修建主要分为两个阶段,一是1903—1905年,包括铁路修筑的前期工作,如修建工程师及技术人员的住房、工人厂房、敷设运输道路等。二是1906—1908年,招聘工人增多,总量增多,以架桥、劈山、开挖隧道为主。1907年开始以建筑架设大型桥梁为主,1908年到1909年初完成铁路桥梁及铺路工程。修建云南铁路合同签订于1898年4月,法国铁路公司与印度支那

---

① 《滇越铁路纪要》,苏曾贻译,第41页。
② 《滇越铁路纪要》,苏曾贻译,第54—55页。

联邦总督确定铁路修建路线的合同签订于1903年,从1903年开始修建到1909年初基本建成,截长补短,实际修筑时间是五年左右。其间又因1908年革命党人河口起义事件,铁路完工比计划中延迟半年之久。①

3.铁路段商业村落及小店铺

(1)广西劳工商业村落的形成

云南铁路建筑期间出现了各种配套,如运输、商品、娱乐,以及病院,逐渐汇聚成商业村落。

云南铁路建筑招募的工人,历年以在邻近的广西省招募为多,如1903年记载为2000人,1904年2500人,1906年15 000人,1906年后5000人,反映出1906年招募最多,随之有广西商人进驻。据《云南铁路纪要·一九〇六年至一九〇八年进行情形》记叙:

> 在一九〇六年二三月间,广西工人源源而来。并有若干商人,因营业起见,亦同前来贸易。公司因利便工人购物,故对于商人货物,流通沿路,暂将其运费免收。每早由河口车专载工人商人及一切货物等类,有此特别优待,故沿路有商人开设商店,渐渐亦有人移居于此,遂成一村落焉。不转瞬间,沙漠之地,变为繁盛之区。照工人习惯性成,每多嗜赌及吸烟,故赌馆及烟馆亦有设立。投其所好,该工人忘其故乡,大有久

---

① 陈元惠:《1908年河口起义与中法交涉》,《云南民族大学学报(哲学社会科学版)》2011年第4期。

居之势。所有工人所操之工,由欧人指挥,幸其服从。①

广西商业村聚落的形成,一是因为广西民工多,总计 24 500 人,广西商人自然随之进入南溪铁路建设工场;二是因为铁路工场考虑劳工便利需要,在交通上给予商人便利,因此逐渐形成了广西人聚居村落。除了售卖必要的生活用品的店铺,赌馆烟馆也是单身劳工消遣的最好去处,一个繁盛的广西商业村落因此而形成。这样不需法国铁路建筑方组织商业营运,广西商人进入此地就自然解决了广西农民工的各种生活需要。

(2)安南劳工暨铁路沿线越南小店铺现象

中国方面对于云南铁路劳工中的安南人较为敏感,因为安南人系法属印度支那属民。云南铁路建设中的安南人也以经营店铺和筑路劳工共生共存。云南铁路招募工人数量,以广西人为第一,其次就是安南人。据资料所载,安南劳工 1903 年有 500 人,1905 年为 3800 人。1906 年及以后,铁路劳工基本上就是广西、安南两地民工。据时人记载,安南人"不惜远离本境,视我滇为乐土,亦势所必至,理有固然者,非必法人为之奖励移殖,而越人自知迁地为良。然法人移殖之目的,是特欲利用越人先为之开辟经营,异日即坐享其成,而越人亦因其利用而利用之,用意各自有在"。② 即来自法属印度支那的安南筑路劳工,最先成为法属印度支那在云南省的劳工。

---

① 《滇越铁路纪要》,苏曾贻译,第 53 页。
② 《云南杂志》特派员志复:《滇越边务及铁道之实况》,载中国社会科学院近代史研究所《近代史资料》编译室主编《云南杂志选辑》,第 475 页。

据中方调查,安南商人也多在铁路修筑沿线一带安置:

> 据余此行之调查,我河口方面已有越人寄住百余家,自河口进南溪亦所在已成村落;更上而那地街、而老范寨、而三盆河、而梨花田、而尖山、而倮姑、而抵足坎、而东山坡、而蒙自,并各车栈区域,多有越人寄居五家十家二三十家不等,均起屋开铺,从事于卖杂货、酒饼、面包、缝衣等职业,统计已不下千余家,而越路工尚不与焉。至蒙自至省垣一带,已有百余家。①

越南人除了劳工,进入云南开设各种小店铺寄居河口—南溪地势最险要一带铁路沿线,以及蒙自坝子—昆明坝子沿线各地人口较多。反映出印度支那政府在云南修筑铁路,招募安南劳工,另有安南人随之进入铁路沿线,自由从事为铁路建筑服务的各种小商业、小手工艺及小馆舍之类,也有的"已成村落"。其服务对象不仅有安南工人,铁路上的欧洲工程师、技术人员、监工、医生、护理人员等,也是安南人小商店的服务对象。见《滇越铁路纪要·粮食问题》记载:"欧洲人员,在路上服役者,约一千五百人","于其饮食之品,如面粉各类酒类罐头牛奶罐头食品等类,均从欧洲运来","后来在铁路沿线繁盛之区,均有商人设店","裨欧人与其直接交易,可省自用食品之烦"。②

云南本土居民对修建云南铁路的反应冷淡。河口一带曾经招

---

① 《云南杂志》特派员志复:《滇越边务及铁道之实况》,载中国社会科学院近代史研究所《近代史资料》编译室主编《云南杂志选辑》,第474页。
② 《滇越铁路纪要》,苏曾贻译,第50页。

募工匠,但"欲望难于满足,常生吵架"。招募民工也不易,故劳工统计表上没有云南民工的记载:

> 爰滇人多知此路之危害,故多不愿代法人作工。惟今岁(按:1907年)米贵,通海、宁州(按:今华宁县)、蒙自一带有作路工者约三千人;然今米价已低,半多回家务农经商,不复来矣。①

"爰滇人多知此路之危害,故多不愿代法人作工",可推测云南本地人不愿去修筑铁路,与云南以本土居民居多,不愿远离家园有关。但云南铁路档案记载了在南溪一带招募的工匠。另据史料记载,云南铁路局也曾于光绪三十一年(1905)十一月初七,为招募三千工役之事报云贵总督呈。云南铁路档案还附录了《招募滇工章程》,其中说明招募工人计三千人,并具体规定要在云南府属各县招募。② 另外一个现象是云南近邻贵州、四川均无筑路劳工记载。

以上种种表明,由法属印度支那公共工程建筑部承建的云南铁路建筑,是按照欧洲近代铁路建设工场的方式组织的,对于筑路员工的食宿、工伤生病住院均有妥善安排。广西商人和安南人自动进入铁路沿线组织的小商业、小店铺、小手工业、小馆舍等商业和服务业,村落自然形成,得力于中国和安南本土,以及铁路建设组织方给予商人运输的便利,一切组织有序。云南省在西南地区清末"新政"时期,在欧洲近代铁路建筑的组织运营方式上,较早得

---

① 《云南杂志》特派员志复:《滇越边务及铁道之实况》,载中国社会科学院近代史研究所《近代史资料》编译室主编《云南杂志选辑》,第472页。
② 参见云南省档案馆《云南档案》,2010年第4期。

欧洲文明风气之先。云南铁路也成为法国人乃至外国人在中国西南地区土地上修建的第一条铁路。

《滇越铁路纪要》记载云南铁路"一九一〇年一月三十日正式通车。开往云南府。从此可由海防(音译)转运货物至云南府。路程计八五〇基罗米达（850公里）"。此即法属印度支那修建的滇越铁路里程总和,其中越南境内"南段"长432千米,终点海防即是出海口。中国云南境内"北段"长468千米,终点为云南省会昆明。

云南铁路建筑工程巨大,动用人力物力众多,根据各种统计资料,有如下数字描述整个工程状况:

> 在一条全长464.47公里的铁路线上(注释:来自铁路公司完成的正式计算数据),数百万吨的岩石被挖掘,106 000根铁轨和630 000根轨枕(注释:共计52 000吨,比埃菲尔铁塔重6倍)由8000多匹牛、马、骡进行运输,然后由约40 000个中国人铺设(其中12 000人身亡。注释:还有80个欧洲人身亡)。人们在这条线路上修建了3577座桥、隧道,及其加固工程(注释:每130米铁路修建一个)。甚至妇女也被动员起来为大量的加固墙焙烧黏土砖。
>
> 10 000—15 000名辅助人员参加了建筑器材、食物的运送,并参与了辅助工程的建筑。①

---

① 〔法〕德西雷·勒努瓦(希望):《领事方苏雅:滇越铁路与云南往事》,第272页、扉页题词第2页注释(1)。据负责修建云南铁路的法国云南铁路建筑公司与印度支那修建云南铁路公司资料记载,修建云南铁路有"欧洲工程方面死亡人数共计51人,'兵工人'死亡12 000人(其中南溪10 000人)"。见苏曾贻译《滇越铁路纪要》,第43页"一九〇三年至一九一〇年死亡人数表"。

(四)云南迤东运输及进出口通道的改变

根据《滇越铁路纪要·本地出产运往内地各物》记载:"现在铁路筑妥,此与彼物,瞬息即可运到。"1907年云南铁路即开始了区段通车,"一九○七年七月至十二月普雄煤运往蒙自阿迷州已达九十吨,一九一○年上季,增至一五五吨"。又有从宜良运米至蒙自:"宜良站是一九一○年一月十日开车,是年上季由该站运米至蒙自,为数二○○吨,蒙自需如此之多,皆由供给附近矿丁食粮之用","还有省内食盐运输……"①1895年、1896年法国人相关考察笔记记载的蒙自马帮运输情形,以运输速度与运载量而言,显然与云南省内的铁路长途运输不可同日而语。

云南铁路交通运输通道,使得法属东京与云南蒙自通商小城进出口交通与运载工具彻底改变。1892—1910年4月,在云南铁路全程通车以前,法国各种考察团队从法属东京红河登陆云南海关蒙自,无论是进入西南地区和长江流域考察,还是进入西北地区进行地理探险,均走河内红河—云南蔓耗蒙自"与中国新商路"这条航道,从河内先乘机轮到老街,在老街换乘蔓耗小木船通过红河上游的激流险滩,登陆云南蔓耗小镇。据船夫告知,"根据顺风逆风的情况,航程大约需要三天到半个月不等的时间"②。这条红河商道无论是效率还是载重量,均不能与新建滇越铁路的火车交通运输相提并论。这条1889—1910年间承载"与中国新商路"使命

---

① 《滇越铁路纪要》,苏曾贻译,第65—66页。
② [法]亨利·奥尔良:《云南游记——从东京湾到印度》,第8页。

的水陆交通进出口货物运输通道,运行20年,到此终结。云南铁路带来的云南境内境外交通运输近代化,是促进清末云南快速发展的重要条件。

三、洋行、维护矿藏利权及昆明自开商埠

云南铁路修筑期间,是云南进一步发展的重要时期。主要反映在蒙自外国洋行集中出现、英法企业意图联合开采云南矿藏,以及昆明奏请自开商埠等方面。

(一)蒙自法国洋行规模与进口产品特点

与云南铁路建筑相关联的是云南蒙自洋行的出现。据云南地方史料记载,1899年蒙自出现了云南第一家法国洋行。此后从1904、1905年开始,相继出现了各国洋行。蒙自洋行出现的时间,与云南铁路线勘测筹备工作阶段(1899年)及铁路建筑时间(1903—1910年)相对应,因此,蒙自洋行的纷纷出现与云南铁路修筑有直接关联。

1.蒙自洋行名录(1899—1909)

清末蒙自陆续开设有12家外国洋行。[①] 以下对1899—1909

[①] 张诚:《近代云南洋行研究》,云南大学硕士学位论文,2008,第8—10页。该论文研究资料来源:昆明市志编纂委员会编《昆明市志长编》卷十一,昆明市志编纂委员内部发行,1984;昆明市地方志编纂委员会编《昆明市志》,人民出版社,2003;李珪主编《云南近代经济史》,云南民族出版社,1995;等等。

年在蒙自因云南铁路修建开设的洋行予以梳理简介,以见其大概。

(1)安兴洋行。法国商人合资开设,1899年设立于蒙自城外东隅,有铺面10间。洋行资本额为2500万法郎,主要采购大烟运销云南,兼营大锡出口及棉布、杂货进口。

(2)普利洋行。法国商人合资开设,1904年设代理局于蒙自。资本额为1000万法郎,聘中国广东人郑康培为经理。洋行专销东京出产的孔雀、金鱼牌10支粗纱,故称其为普利纱行。

(3)博劳当洋行。德国商人开设,1905年设立于蒙自,资本额不详。主要业务是进口五金、机器、洋酒、食品、日用百货等。1909年易主,改名为波士顿洋行。

(4)礼和洋行代理。德国商人开设,1905年设立于蒙自,主要业务是代云南府昆明总店兜售五金、机械产品。

(5)亚细亚水火油代理局。荷兰人开办,1904年设立于蒙自,后转售给法商接办,资本额不详。洋行专营煤油和蜡烛生意,以"十字""宝盖""僧帽""红鱼"等名牌商标盛极一时。滇越铁路通车后迁入昆明,改代理局为公司,继续经营水火油(煤油)。火油从苏门答腊运至海防,再由铁路运至昆明。该洋行几乎垄断了云南水火油市场。

(6)戛波比盎哥洋行。意大利商人在滇越铁路修筑期间开设,为铁路上的意大利籍包工和职员提供食物、日用品、工具等,通车后专销五金与日用百货。1911年后歇业。

(7)滇越铁路公司酒吧间。1905年滇越铁路公司新铁路局建成后修建,规模较小,有平房10余间,出售酒、菜等,专供修筑铁路的法籍与意大利籍职工休憩所用。

(8)福鼎酒店。法国商人福鼎开办,1906年设立于蒙自东门外老铁路局对面,有房屋10间,资本额不详。供法国人行旅留宿,兼售西餐及日用商品。

(9)歌胪士洋行。希腊商人开设,1906年设立于蒙自东门,资本额为50万元。《蒙自县志》(中华书局1995年版,第594页)记载为5万元。出售五金、百货等欧洲产品,以五金为主。

(10)沙厘耶洋行。法国商人开设,1907年设立于蒙自县城东门外海关西侧,资本额为1000万法郎。主要业务是进出口贸易,进口五金、机械、水泥、棉布及法国产各种杂货、食品,并偷运军火售给滇南的烟帮和土匪。

(11)和田洋行。日本商人开设。1909年设立于蒙自东门,资本额不详,出售日本仁丹、中将汤等成药和日用杂货、小工艺品等,以收购铜钱为主,运回日本作为铸造原料。辛亥革命后,并归昆明保田洋行。

(12)保田洋行。日本商人伊藤开设,1909年设立于蒙自广聚街。经理沟延总平。资本额为5万元,主要业务为经销各种杂货。滇越铁路通车后迁入昆明,改代理局为公司。

2.蒙自洋行特点

蒙自洋行的开设与多寡,反映出外国人直接进入云南从事商贸的状况及云南进口外国货物的发展趋势。上述12家洋行均设在蒙自,一是与蒙自作为开埠通商小城,"是通往全省的商品分发中心"有关;二是蒙自位于红河航路的陆路通道,又处于新建云南铁路线北上昆明的枢纽位置,南北上下连接方便。蒙自洋行集中

出现,有以下几个特点:

(1)洋行国别的广泛性

蒙自洋行包括法国5家(分别设立于1899、1904、1905、1906、1907年),德国2家(均设立于1905年),荷兰1家(1904年),意大利1家(不详),希腊1家(1906年),日本2家(均设立于1909年)。计欧洲10家,亚洲2家。除了法国建于1899年的一家,其他均设立于云南铁路修建期间的1904年、1905年及1905年以后,乃至铁路修建完工前一年的1909年。反映出蒙自洋行的出现与国别广泛性,均与云南铁路修建有关。

如其中设立于1905年的法国滇越铁路公司酒吧间、1906年设立的法国福鼎酒店、意大利商人开设的戛波比盎哥洋行,均以为本国铁路职工供应商品和服务为特点,表明与欧洲人铁路建筑员工有关。据《蒙自县志》记载,意大利领事馆的设立,即与云南铁路修筑多由意大利公司承包,聘用意大利职员较多有关:"光绪三十一年(1905),中法合筑滇越铁路,公司多聘用意国人,时有交涉,法领事不能代表,屡起冲突,由政府电达外务部商之,意国公使派领事到蒙,附设滇越铁路局。至宣统二年,路工完竣,领事回国,嗣后有交涉事件由驻省英总领事代表。"①其目的是为参加云南铁路修筑的意大利工程师及各类技术人员服务。云南铁路筑路工程分别承包给12家意大利企业和1家法国企业,因此欧洲人中意大利员工居多。此前开设的意大利洋行也当是因为同样的理由而开设。法国开设此类洋行,也是直接为参加云南铁路修筑的法国员工服务。

---

① 王锡昌:《宣统续修蒙自县志》卷十《外交志》,载蒙自县志编纂委员会编《蒙自县志》,中华书局,1995,第594页。

希腊商人的歌胪士洋行和德国洋行出售五金机械工具等,显然是应铁路建筑工地的需要。另一方面,以法国为主的几家大的洋行从事的是云南与外国的进出口商业贸易,进出口棉布、棉纱与大锡等传统产品,也有新增加的进口产品,如法国产各种杂货,甚至偷运军火,均与本地商业及生活相关联。

(2)法国洋行资金规模大

蒙自资本规模最大的三家法国洋行,分别为 2500 万法郎(1899 年)、1000 万法郎(1904 年)、1000 万法郎(1907 年)。最小的为日本两家洋行(1909 年),均为 5 万法郎。其他有明确记载的是希腊洋行,50 万法郎。里昂考察团记载他们"路过成都(1896 年 9 月)"时法郎与银的汇率计算,"1350 个铜板为一两银子,相等同为 4 法郎多一点"。① 如按这个汇率计算蒙自洋行资本,法国 2500 万法郎的洋行资本约等于 600 多万两银;另外两家分别为 1000 万法郎的资本,约等于 250 万两银;希腊洋行的 50 万法郎约为 12.5 万两银;日本的 5 万法郎约等于 1.25 万两银。与中国本地清末重庆山西票号资本相比较,在重庆 16 家山西票号中,资本多者为 13—16 万两,少者为 3—5 万两,16 家票号"总资本达 197.1 万两"。② 蒙自这三家法国洋行的资本分别为"600 余万两银""250 余万两",显然属于大资本。这是法国洋行采用合股投资方式建立的大型洋行,是法国国内金融集资投放市场的一种方式,反映了法

---

① 法国里昂商会编著,〔法〕里沃执笔:《晚清余晖下的西南一隅——法国里昂商会中国西南考察纪实(1895—1897)》,第 145 页注释(10)。
② 田茂德:《票号在四川的一些活动》,载中国人民政治协商会议四川省委员会文史资料研究委员会编《四川文史资料选辑》第 32 辑,四川人民出版社,1984,第 56—72 页。

国的资本投资特点。

3.东南亚殖民地产品与云南进口市场

云南铁路是印度支那滇越铁路北段,法国修建铁路的目的就是与云南进行贸易。因此,云南铁路通车,以法国为主的蒙自洋行将东南亚、南亚欧洲殖民地日用品引入了云南进口市场。

(1)越南名牌棉纱与印尼煤油专销产品输入

据《滇越铁路纪要·扩张法国输入品》记载,1909年滇越铁路贯通以后,由铁路转运(从越南段)货物输入,"则有洋纱烟草药料食物,共六二六二吨,除此而外,毫无别种货物可言","惟需用日增,而输入日巨,其中以洋纱煤油需用,其量无穷"。表明洋货日用品在云南铁路建成之后,通过滇越铁路运输,在云南民众的日常生活之中迅速普及,以洋纱、煤油最为普遍。

法国洋行出现了覆盖面最大的专卖产品:越南洋纱和苏门答腊运进的火油(洋油)。洋纱由法国普利纱行专销东京产名牌棉纱,是法属印度支那产品对云南市场的占有。火油是荷兰人开办的"亚细亚水火油代理局"经营,"后转售给法商接办",经营品牌火油从苏门答腊运至海防,沿滇越铁路直接进入云南,表明从法属印度支那进入云南的洋纱、洋油均产自东南亚国家,云南成了东南亚殖民国家产品的销售市场。东京品牌洋纱的运进,改变了云南从缅甸和东京进口洋布,以及四川、广东用英国曼彻斯特的洋纱织洋布的历史。云南进口棉纺织品,最终是法属印度支那产品占了上风。火油一项,在法国人1900年以前的各种考察笔记中,没有关于从红河—云南商路进口的记载。

以上对1899—1910年间的云南蒙自洋行的分析,反映出云南铁路修建,促成了云南洋行的产生,同时也促进了外国商品进一步推销至云南省。法属东京的品牌洋纱以及由法商洋行接手的苏门答腊火油(洋油),均因地理位置与交通之便而输入云南,成为普及面最广的消费商品。

(2)越南法国工厂生产日用商品输入替代日本日用产品

云南铁路的修建,同样对于扩张法国输入品市场有很大的作用。保罗·杜美自1897年入主法属印度支那联邦以后,便在1897—1902年五年计划中大力推进发展印度支那公共交通建筑及商品生产。法国人在东京开办各种工厂企业组织生产的商品,在云南的进口数量激增:

> 该省人民,渐渐习惯使用法国物件及食品。食品如酒饼等,用品则如胰子(肥皂)及机器等。如洋纱一项,一九〇一年东京洋纱厂,只输入洋纱一六吨,连年陆续递增,至一九〇九年输入,增至八九四吨。又海防造胰厂,于一九〇九年十二月一个月内,输入胰子一二一三七基罗(按:系法文"kilo"音译,即"公斤"),自有海防胰子输入之后,该土人用此胰子,以代替东洋胰子。①

因为滇越铁路的修建,法国殖民地产品快速占领云南日用新型产品市场。法属东京洋纱逐渐替代印度洋纱,海防胰子(肥皂)

---

① 《滇越铁路纪要》,苏曾贻译,第66页。

将东洋日本胰子逐出云南市场,火柴也是近代新型日用产品,亦从越南东京火柴厂直接售卖至云南市场,"观此输入法国货物,大有进步"。法国在法属东京和海防就近建立工厂生产商品,又有铁路运输之便,因此日用产品占据了云南市场。日本在蒙自开设的两家洋行,规模较小。日本1895年在重庆开埠,日本小商品早前也从法属印度支那经海路进入云南。在云南铁路竣工以前,日本小商品雨伞及洋纱分别通过蒙自海关和滇西腾越海关进入云南,拥有市场。① 日本输入的日用品火柴、胰子(肥皂),在1909年云南铁路开始试行通车时,即被法属印度支那生产的产品替代,蒙自两家日本小商行随后也进入昆明。

云南是晚清法国人及法国考察团队从越南河内登陆中国的第一站。从1892年开始,法国人考察团队从法属东京进入中国西南地区考察的主要目的,就是为法国扩大在云南及西南其他地区的商务服务。法国首要的任务是修建一条铁路,改变云南交通运输方式,法国才能从铁路营运和商业运输中获利,最终将云南变成第一个运出本地矿产品和运进法属越南轻工业产品,以及东南亚殖民地商品的中国西南边疆省。

(二)铁路修建与云南"新政"维护利权运动

光绪二十九年(1903)中法签订的《滇越铁路章程》三十四条合同中,有如下条款:"十二,各执事凡须专门学者,可用外国人","二

---

① 周钟岳等纂修:《新纂云南通志》卷一四四《商业考·进出口贸易》。

十八,设专门学堂;二十九,设电线、电话"。① 参加云南铁路修建的各种有关施工的欧洲工程技术人员及医护人员有"1500 人",在1903—1910 数年期间活跃在铁路修筑沿线。在铁路建筑中也开设了一些专门学堂,培训与铁路建设有关的各种人员,同时需要建设电线、电话、铁路站,"一等站设昆明",其各种有关设施"比各站较为宏伟",等等。随着云南铁路修筑的进行,以上欧洲近代文明就这样直接而较早地进入云南省滇南及滇中省城,对云南清末近代社会发展产生重要影响。

1.云南《英法七府开矿合同》废止及收回利权

里昂商会考察团团长弥乐石早年经商,1871 年在汉口听闻安邺探路队提到云南的矿藏,即进入昆明参与了当地锡矿开采(见弥乐石一书)。1895 年底弥乐石作为里昂商会考察团团长率团进入云南,在从云南府上行北进四川途中,考察了东川府、昭通府自1860 年代,因云南杜文秀回民起义爆发战争而废弃的各种矿井,也获悉云南矿务局正在招商重启矿藏开采。考察团进入四川考察期间弥乐石因病中途离开返回法国后,一方面促使驻北京公使与中国政府谈判修建连接越南的云南铁路,同时在云南铁路合同签订之后,致力于游说法国及英国组织成立在云南开矿的英法联合矿业机构。1901 年成立了"云南集团有限公司",弥乐石获任为总办。② 1900 年昆明教案发生后,在 1901 年处理教案的谈判中,弥乐

---

① (清)赵尔巽等撰:《清史稿》卷一五五《邦交三·法兰西》,第 4574 页。
② 〔法〕德西雷·勒努瓦(希望):《领事方苏雅:滇越铁路与云南往事》,第 190、194 页。

石趁机与云南地方谈判合作开矿。1902年在清政府与各国签订新的通商条约期间,弥乐石以法国隆兴公司名义与清政府外务部签订了《云南隆兴公司承办七属矿务章程》二十四款①,获得在昆明七府的采矿权:

> 二十八年(1902),外务部与法隆兴公司总办弥乐石订云南矿务章程。先是弥乐石到滇,与矿务大臣唐炯议欲设中西矿务公司,唐炯入告,奉旨交云贵总督魏光焘等与弥乐石议,历七阅月始竣。……适弥乐石由滇入京,向外务部催订合同,外务部告以矿地未定,未便先议章程,并不准揽办全省。弥乐石允指澂江、临安、开化、云南、楚雄等府及元江州、永北厅凡七处,载入章程第一款内,将原议"嗣后别国公司概不准来滇办矿",改为"嗣后别国公司概不准在公司所指之地勘采",以清界限。②

弥乐石与云贵总督议定的《云南隆兴公司承办七属矿务章程》二十四款获得在澂江、临安、开化、云南(府)、楚雄等府及元江州、永北厅凡七处开矿的权利,地域包括了滇中(澂江、临安、开化、云南府)新建云南铁路沿线,滇南(元江州),滇西(永北厅),期限60年,有权承包以上七府所有已办、未办的各种类矿藏。"倘期限满后矿务兴旺,中国可允限展二十五年。"开矿的收益,除开支,"中国

---

① 参见云南省档案馆编《云南档案史料》第13期,内部发行,1986。
② (清)赵尔巽等撰:《清史稿》卷一五五《邦交三·法兰西》,第4573页。

国家得百之二十五,云南省得百之十,公司各股东得百之六十五"。① 该合同签订正值中国"新政"期间,民智大开。《云南隆兴公司承办七属矿务章程》二十四款对云南矿藏的掠夺,因此而受到云南士绅和民众激烈反对。从1903年开始,为保护矿区,最先有个旧锡矿矿工周云祥领导矿工暴动,向蒙自和云南府进发,引起了官府的高度紧张,后被镇压失败。继后从1905年开始,有云南留日学生坚持抗议,民众和省政府施压,经过数年谈判,最后云南政府以付150万两银巨款赔偿单方面取消合同的代价,终结了《云南隆兴公司承办七属矿务章程》二十四款合同。②

这种宁愿赔款也要收回矿权的运动,是20世纪初清末"新政"期间在中国地方上兴起的"收回利权"思潮的反映。全国一些省份相继在铁路修建、采矿等方面要求维护利权,各地出现废约风潮,较多的是废除与英国之间的合同:

> (光绪)三十三年(1907),……时因津镇铁路借款,直隶、山东、江苏三省商民欲废约,英不允,允改章。德与英同。……
> 是年,山西商务局与英福公司议定赎回开矿制铁转运合同。……至是商务局员绅并全省代表各员在京开议,订定赎回自办合同十二条,赎款行平化宝银二百七十五万两。……
> 三十四年(1908)二月,与英订沪杭甬铁路借款合

---

① 何玉菲:《七府矿权失而复得》,载云南省档案馆编《清末民初的云南社会》,云南人民出版社,2005,第13—16页。
② 黄燕玲:《中国精品档案解析之二十九:昆明教案与云南七府矿权之争》,《山西档案》2011年第3期。

同。……至是浙江绅士筹办全省铁路,欲废前约,收回自办。①

云南省反对英法垄断七府矿藏开采、收回矿权,在全国属行动较早省份。云南省的矿藏仍然掌握在云南人手中,矿产在云南铁路建成之后,成为云南出口法国的重要商品。

2. 昆明自开商埠促进云南本土出口货物的繁荣

清末云南先后有法国在滇南蒙自(1889)、河口(1895)、思茅(1895),以及英国在腾越(1902)设立通商口岸。蒙自1899年开始设立一家法国大洋行,随着1903年云南铁路开始修建,十余家各国洋行在蒙自相继开办,进口商品市场进一步扩大。云南省城作为云南铁路总站,计划设立较为壮观的一等火车站。光绪三十一年(1905),云南在京以及在广东、四川做官的士大夫数人,联名上书云贵总督兼云南巡抚丁振铎,谓"省城南门外得胜桥地方,为官商往来孔道,货物骈集,市廛栉比,且与车站附近",提出请援照山东、湖南等省成案,将昆明自辟为商埠。丁振铎遂奏报清廷:

> 云南地处极边,外来商贾,本属无多。比年以来,蒙自、思茅、腾越先后开关,中外通商,贸易渐臻繁盛。……滇越铁路,转瞬畅行,省会要区商贾尤为辐辏,自不得不开设商埠,以保

---

① (清)赵尔巽等撰:《清史稿》卷一五四《邦交二·英吉利》,第4557、4558页。

主权。……以便通商,而扩利源。①

奏折很快得到朝廷允准。光绪三十二年(1906)四月,云南铁路修建进入招工最多的一年,也是铁路修筑的高峰阶段。丁振铎作为筹备云南省城昆明自开商埠第一人,成立了云南商埠工程局,在城南另开商埠,以规划修建的昆明火车站为中心,勘测购置地段,修筑马路,建造公所行栈并为华洋各商租地起建房屋,进行各种规划。宣统元年(1909),李经羲继任云贵总督,主持成立商埠总局,制定了《云南省城南关外商埠购租房地专章》《云南商埠规条》《云南省城南关外商埠章程》等条例,"并照会各国驻京公使及驻滇领事存查"。在李经羲颁布的云南商埠八条总纲中,第一条即声明"本埠自开与约开不同。埠内一切事权,均由中国保证,并由商埠局专理其事"。② 以上所制定的有关规章,反映出近代国内自开商埠的大致规划模式。云南省城自开商埠,云南政府将成为掌握通商都市利权的主人。在云南铁路1910年4月全线通车之前,云南府自开通商都市建设已于1909年完成。

---

① 参见《云南省城——昆明开埠之一》,载云南省档案馆编《云南档案史料》第11期,内部发行,1986,第55—60页。丁振铎(1842—1914),字声伯,号巡卿,河南罗山县周党镇黄湖人。同治十年进士,先后任云南巡抚、广西巡抚、云贵总督(《清史稿·丁振铎列传》)。

② 昆明自开商埠规划见何玉菲《云南对外开放的最初轨迹——昆明开埠》,载云南省档案馆编《清末民初的云南社会》,第31—36页;陈思洁《开埠通商与近代昆明城市转型(1840—1911)》,《玉溪师范学院学报》2018年第5期。李经羲(1859—1925),安徽人,李鸿章三弟李鹤章之子,优贡出身,以朝考第一授知县,曾任广西巡抚、云南巡抚。1909年任云贵总督,直至1911年10月昆明新军起义,被蔡锷礼送出境。

中国自开商埠始于秦皇岛,"二十五年(1899)秋七月,丁巳,开秦皇岛商埠"。随后福建三都澳(1898)、湖南岳州(1899)、广西南宁(1899)相继奏请自开商埠(参见《清史稿·德宗本纪》),均属利用江海水路航运之便开埠通商。利用陆路铁路之便开埠通商,始于山东济南潍县及周村奏请开埠,见光绪三十年(1904)三月十六日《直隶总督袁世凯等为添开济南潍县及周村商埠事奏折》:

> 北洋大臣直隶总督臣袁世凯、头品顶戴山东巡抚臣周馥跪奏:为查明山东内地现在铁路畅行,拟请添开商埠,以扩利源,恭折仰祈圣鉴。
>
> ……济南本为黄河、小清河码头,现在又为两路枢纽,地势扼要,商货转输,较为便利。亟应在于济南城外自开通商口岸,以期中外咸受利益。至省城迤东之潍县及长山县所属之周村,皆为商贾荟萃之区,该两处又为胶济铁路必经之道,胶关进口洋货,济南出口土货,必皆经由于此。拟将潍县、周村一并开作商埠,作为济南分关。①

山东胶济铁路接通省城,又将开办津镇铁路相接,地方督抚奏请利用铁路之便自开省内商埠,朝廷很快批准。云南昆明紧随山东济南之后,奏议利用法国修建云南铁路的机会,以近代铁路为交通优势发展自开通商都会。

云南昆明自开商埠纳入了蒙自海关分关,自有其地理和经济

---

① 叶志如:《清末济南潍县及周村开辟商埠史料》,《历史档案》1988年第3期。

优势:一是铁路与越南境内铁路相接,直达法属海防出海口,国际交通运输路线便捷;二是与法属印度支那直接为邻,洋货进口与云南土货就近出口,具有理想的通商都市条件;三是省城昆明是连接全省及周边省的传统枢纽。交通路线西连物资集散中心大理府,北达连接川黔滇的物资转运中心昭通府,有传统的省垣商业贸易。昆明奏请自开商埠,规划成新兴通商都市。继蒙自顺应云南铁路修筑,集中开办12家洋行以后,省城昆明也成为云南又一个外国洋行云集的都市,法国、美国、英国、日本等国的20多家洋行纷纷进驻。蒙自商埠早先主要由广东、四川的商帮经营出口云南大锡和麝香。昆明自开商埠以后,促进了云南本土商帮的发展,扩大了大宗本土货物出口种类,如滇中的曲靖、宣威地区发展生猪饲养,由两家法国洋行包揽出口猪鬃。云南本地商帮借地接以桑蚕著名的上川南嘉定府的地理优势,贩运嘉定蚕茧解丝,以及中药材、皮张、茶叶等出口土货。① 进口洋货与出口土货同时经昆明火车站从滇越铁路南、北段运进输出,云南进出口市场繁荣发展。

洋纱大量进口也繁荣了云南本土的手工洋纱织布业,滇中手工织洋布普及。云南铁路修建期间蒙自洋行已开始进口东京品牌洋纱,廉价的印度棉纱也大量进口,滇中家庭手工洋纱织布业因此而兴盛,"云南近以洋纱织布,澄江之兴新,临安之河西,几有衣被全省之势"②。

云南铁路修筑和昆明自开商埠先后催生蒙自和昆明众多洋行,同时促进云南铁路沿线兴起了一批工商业小城镇。在云南铁

---

① 周钟岳等纂修:《新纂云南通志》卷144《商业考·进出口贸易》。
② 昆明市志编纂委员会:《昆明市志长编》卷七,第38页。

路近六年的修建期间,铁路沿线劳工与商人往来形成商业村聚落,各种小手工业作坊、小商铺、小客栈等等,以数百计。开埠通商小城蒙自和铁路修建起始点河口,在其辖下的个旧与壁虱寨之间修筑有铁路支线,均在滇南。如法国人考察笔记记载的河口小镇"大约拥有三四千人口,多为汉人和混血儿";蒙自海关小城"最多有一万多人";与蒙自连接的支线个旧,是著名的锡矿小城;从蒙自上行就是弥勒、大麦地和路南州等村镇,里昂商会考察团记载"弥勒和路南都各自拥有五六千居民,大麦地则只有几百人"。① 云南铁路线修筑上行至终点站省城昆明。在种种优势条件下,滇南、滇东、滇中的一些小城镇和村镇较集中地区,发展出一批工商业小城镇,"形成了一个联系比较紧密的铁路沿线小城镇网络"②,反映出修筑云南铁路对沿线地区产生的重要影响。

  1910年是西南地区近代化交通史上具有重大意义的一年:四川重庆商埠海关川江上的木船航道,出现了"川江轮船公司"客轮"蜀通"号载客航运,川江机轮的发展曙光初现;云南蒙自海关和省城昆明的马帮商道有了轰鸣的火车呼啸行驶,实现了陆路铁路交通近代化。

  1910年是中国西南地区应该记住的一年!

---

① 法国里昂商会编著,〔法〕里沃执笔:《晚清余晖下的西南一隅——法国里昂商会中国西南考察纪实(1895—1897)》,第16、25、30页。
② 李培林:《云南近代小城镇发展述略》,《云南民族学院学报》1985年第2期。

结　语

　　本书以对1892—1910年间法国人考察团队考察笔记内容的梳理研究，呈现出晚清自中国1870年代以来，咸同年间战后的和平发展时期，西南地区在这一时期成为对外开埠通商地区。云南蒙自1860年代以后，随着法国人发现越南红河"与中国的新商路"，逐渐成为从南部海上进入中国西南，连接长江深入内陆省的通道。滇南蒙自、广西西南龙州府分别于1889年向法属印度支那设关开埠。英国于1891年在长江上游四川重庆开埠通商，以此上接成都藏汉商路，下连长江中游湖北宜昌商埠，1895年日本进入重庆开埠。对于晚清1892—1910年间西南对外开放的传统社会与近代化情况，以及西南边疆省与法属印度支那的关联等诸方面状况，本书各章进行了详细梳理考察。

　　从1892、1895年先后进入西南地区的法国人考察团队沿途考察记载所见，西南地区云南、贵州、四川、广西，旁及川湘路，水陆两路商品运输流转繁荣。本书对水陆交通工具和商业运输状况做了

结 语

全景式梳理叙述,借以复原晚清西南地区各省交通路线,同时展现各省省内和跨省商业贸易,以及长途人力背运群体性商业贩运的活跃情形。除了陆路交通和运输,里昂商会考察团记载的西南地区主要的交通和运输方式是木船航运。适合西南地区江河与激流险滩的航运工具是中小木船。小木船即是云南红河上游蔓耗那种"长24米—25米,船中心位置宽3米左右,吃水0.50米,可载重200担(约12吨)"的小木船。在四川开埠都市重庆到湖北开埠都市宜昌之间的长江上游川江,航行的客运官船和商船,也是类似尺寸。川江以小木船运输鸦片、黄丝、麝香等贵重物品最为相宜。小木船在西南地区具有代表性。中等木船载重30吨以上,嘉陵江河流宽阔,商船载重量甚至有90吨以上。法国人考察团队的交通路线考察,反映出西南地区传统交通道路和商业运输水陆通畅。

1889年云南蒙自开埠以后,外国棉纺织品和小商品已进入蒙自集市和商店,集市农产品丰富。大锡、鸦片、麝香等出口产品经马帮和红河小船运输,乡村种植业富庶繁荣,村庄人口密集。1874年马嘉理所见的云南战后毁损和荒芜景象已经完全改变。光绪元年(1875)四川新任总督丁宝桢应商民要求,整治激流河滩,重启"川盐入黔",采取商运官销措施,为川南自流井重振和盐井小作坊小灶户的繁荣起到促进作用,缓解了黔北地区食盐的紧缺,也促进了黔北运盐商路小手工业和个体背夫运输业的产生。贵州鸦片、木材、桐油通过沅江经洞庭湖运往汉口商埠,供应国内市场。四川重庆商埠进出口经济活跃,成都平原都市及乡村经济繁荣。全省家庭桑蚕小手工业和盐井业发达,后者尤以川南自流井手工业盐井大工场的大小井灶发展最为繁荣。

在对外开埠通商、进出口经济繁荣发展的推动下，交通运输与商业贩运、农业经济、家庭小手工业、大型动力手工业盐井所具有的传统优势得到进一步发挥。本书研究时段1892—1910年的后10年是清廷"新政"改良时期，"新政"从上到下由清廷主持推动，地方政府执行，全国同步。四川是晚清法国里昂商会考察团重点考察的西南大省。因此，四川"新政"10年在各方面的改良及其取得的成就，在西南地区具有代表性。川省在工商改良，开办新学堂，停科举，开展妇女天足运动，兴女学，组织新式警察，改善都市城镇卫生，开展从禁烟到禁种罂粟运动等方面均取得成就。在英法商人皆觊觎开启川江机轮的情况下，川督为保护本土利权，主持推动开启了商业性客运机轮。广西省在龙州府开埠通商的基础上，应法国要求签订《龙州至镇南关铁路合同》，开展筹建工程，是中国地方省府最早开启铁路修建流程的先例。随着英国在梧州开埠，广西地方政府为保护利权，在西南地区率先申请西江流域南宁府自开商埠。工程巨大的云南铁路修筑，引进了法国近代铁路建筑工程和组织方式及西方工业文明。铁路修筑有序展开，各国洋行进入蒙自。云南府昆明在铁路交通修建的有利形势下，乘机自开商埠，清末云南在交通近代化及对外经济进出口方面进一步开放。西南地区城乡均分布有天主教巴黎外方传教会的法国传教士，欧美其他国家的新教传教士在都市传教。

以上构成了鲜活的、充满地域特点和时代特征的，既是传统的，又是对外开放的西南区域社会生活场景，复原和重现了晚清西南地区的历史面貌。以下诸方面反映了晚清西南地区传统社会面貌及其变迁特点。

一、晚清西南区域社会各省的经济特点

根据法国人考察笔记记载,晚清西南地区乡村经济繁荣活跃,从多方面反映出乡村社会的经济活力。传统中国是小农经济社会,传统社会的自由经济制度,以个体家庭小农经济为主,兼有家庭小手工业或小商业。从 1860 年长江流域开放到 1891 年重庆开埠设关通商,1889 年的云南蒙自、广西龙州府开埠,小农家庭逐步卷入进出口商品市场。因此小农经济与小手工业结合的同时,进一步与商品经济发生联系,促成了经济繁荣局面。西南地区乡村经济的富庶活跃,表现在以下方面。

(一) 乡村种植业特点:精耕细作与水利灌溉

在 1895 年奥尔良王子地理探险队、里昂商会考察团考察笔记,以及 1902 年热尔韦有关云南铁路的商业可持续发展的可行性考察笔记中,均记载了在西南地区亲见的农业种植业的两个现象:一是精耕细作,二是水利灌溉。奥尔良王子探险队在途经的红河谷及澜沧江流域所见的水稻种植,里昂商会考察团于滇南滇中所见冬季旱地农作物种植,考察团团长弥乐石小分队所见川南眉州及成都平原农业繁荣景象,多隆军官地理探险队考察当地水车浇灌,里昂商会考察团成员在西江流域所见两岸农业种植,还有马嘉理 1874 年在贵州所见良田沃土与水利灌溉等,均反映出在西南地区的江河两岸河谷、坝子平原地区以及峡谷,乡村种植业的精耕细作

和水利灌溉是一种较普遍的现象。四川"全省各地花样百出的灌溉设备,充分证实了这里的人们心灵手巧,极富创造性"(弥乐石语)。各省农业经济富庶繁荣。四川在清末"新政"的最后两三年间,因禁烟禁种罂粟,总督与劝业道积极组织商人和公司进一步进行粮食新品种试验,引进良种,以促进用优良品种替代罂粟种植,增加农家收入。因此,清末四川的农业种植在精耕细作、水利灌溉基础上,又重视发展优良品种,四川乡村种植业经济得到进一步完善发展。

应该特别指出的是,在以上对西南地区农业种植业的繁荣富庶现象的整体概述中,除了四川,云南、广西还有贵州的种植业与本土居民关系密切。云南集市农产品的丰富多样,是云南本地非汉族居民种植业繁荣的体现。广西西江流域沿江也是本地非汉居民居多,贵州乡村同样以本地非汉族居民为主。反映了西南地区的本地非汉族居民聚居区,从明代的卫所制度开始,直至清代雍正初年的大规模"改土归流",在汉农业文明影响下,农业种植业的发达状况。

(二)小手工业与传统科技特点

小手工业是法国里昂商会考察团在四川的考察重点,本书根据考察笔记集中进行了梳理和分析研究。手工织棉布,桑蚕业、井盐生产是四川传统小手工业的重头,出产的棉布、生丝、丝绸、井盐是出口国内外市场的重要产品。

(1) 手工织棉布

重庆1891年开埠以后,进口市场出现洋布进口停滞不前、洋纱大量进口现象。在重庆海关报告中多次提到洋布进口10年没有进展,四川农民和劳动大众认为机器产洋布不结实不保暖。洋布只有城镇商人和部分居民使用,劳动大众需要结实保暖的手工织土布。晚清四川手工织棉布是四川农家妇女在洋纱大量进口、农民和劳动大众抵制洋布的状况下,发展出的主要以洋纱和土纱混合织成的混纱布,以及纯洋纱的手工织洋布;手工织土布也在增加,以满足市场的各种需求。手工织布价格以土布最贵,混纱布居中,洋布稍廉。家庭妇女小手工业手工织布的繁荣,也促进了川中地区发展商业性棉花种植,以供应土纱需要。反映出晚清四川的家庭棉纺织小手工业经受住了洋布进口的冲击,并利用机纺洋纱,采取了积极的应对办法,凸显出传统家庭小手工业的积极灵活优势。

(2) 桑蚕业

西南地区的桑蚕业,主要是四川的家庭养蚕缫丝供应丝绸原料,以及贵州遵义府地区放养山蚕缫丝,促进了丝绸生产。晚清四川家庭种桑养蚕缫丝,在里昂商会考察团的考察报告中,是一项普及性的家庭小手工业,四川也出现了少数桑蚕中心。四川农家的种桑养蚕缫丝,是桑蚕产区专门供应重庆海关出口生丝,同时供应本省丝绸生产原料的传统家庭小手工业。"废茧""废丝"是1900年之前四川出口的重要商品。四川生丝生产的普遍性促进了丝绸小作坊生产的繁荣。在里昂商会考察团的四川丝绸业报告中,留下了关于成都丝绸小作坊的生产组织和运作形式,以及小作坊的繁荣状况。四川桑蚕生产在清末10年"新政"期间,得到了进一步的改良和发展,出现了机器缫丝工场。地方政府进一步大力推动桑树种植,在全省普及桑蚕公社,提高种桑和养蚕质量,改进家庭缫丝技术。缫丝分拣促进了成都平原丝业新品种栏杆辫子的生产和繁荣,栏杆辫子在国内有广阔销路,并影响了四川其他属县。1896年进入成都考察的法国里昂商会考察团,在技术人员和资金方面均做好充分准备,向四川高层提出了在四川建立机器丝绸厂的计划,结果遭到拒绝。四川高层的拒绝,表明四川在清末并不是大力发展近代机器生产丝绸的工业产品,而是将传统技艺生产的优势产品推上高峰,发展丝绸小作坊产品,满足了市场对丝绸产品多样化的需求。四川家庭小手工业生丝新产品栏杆辫子,是清末传统大众化家庭小手工业的新产品。证明了在近代机器缫丝生产冲击下,传统生丝业并没有出现如一般所谓普遍衰落的情形。传统的家庭小手工业的优势产品,自有其旺盛的生命力。

(3) 盐井业小井灶

盐井业是四川全省的一大手工业,也是传统时代的最大手工业,集合了多种工匠技艺。法国里昂商会考察团,法国记者莫里埃及美国旅行家盖洛,均记载了对川南自流井盐井的规模及其繁荣状况,以及私井小作坊的考察。他们的观察无疑代表了欧美近代工业化的视角和观念。清中叶乾隆后期,四川为恢复发展盐井生产,采取了"听民穿井"政策,因而推动了私井自由开采与契约制的出现。在道光年间自流井"四大盐业家族"发展出深井开凿技术;在咸同年间自由售卖繁荣之后,除了正式登记的盐井,清末出现了众多的小井小灶。这是四川官府让利于民、鼓励发展个体盐井生产的政策所致。其获取资金的早期方式为契约制,清末出现了钱庄借贷,通过借贷资本组成小作坊或家族经营式井灶业,自流井盐业世家也成立笕管商业公司供应盐卤售卖,钱庄和笕管公司的出现,促使四川产生了众多的小井主小灶户。这种由众多小井主小灶户参与、用传统手工技艺开凿盐井组成的自流井手工业大工场,及其巨大的盐井城规模,令法国人考察团队对中国传统技艺和盐井大工场采盐场面感到震撼,并将其与西方近代出现的大工业机器开采油田媲美。这是中国传统科学技艺在晚清以至清末的盐井业中取得的成就。

在晚清西南对外开放时期,西南各省的农业种植业,包括鸦片种植。四川广种鸦片输出国内数省,以此阻遏了英国的洋药(鸦片)进口;里昂商会考察团重点考察的成都丝绸小作坊,四川家庭小手工业,包括妇女手工织布、家庭种桑养蚕缫丝提供的生丝市场;家庭生猪饲养提供的猪鬃外销广受工业发达国家欢迎,以及市场规模巨大的自流井盐井大工场普遍的小井灶现象,均是自由经济和家庭个体或小作坊经济、大工场组织达到的成就。这是传统中国小农社会的特点,反映出自由经济制度下的个体经济所具有的灵活性与创造性,证明了小农社会经济生产的活力与无限空间。

(三)西南各省各具特点的出口产品

晚清西南地区的出口市场,包括农业、牧业、林业、矿藏产品的出口,各自呈现出不同特点:云南有最好的大锡、鸦片和麝香出口,进口以棉纺织品和小商品为主。东川府、昭通府因战乱废弃的铜矿矿井正待恢复生产,取消的英法联合开采滇中、滇西七府矿藏合同,表明云南各种矿藏丰富。贵州同样有最好的鸦片出口,黔东南木材作为省垣贸易商品,经湘黔水道运输至汉口,成为与长江中游各省进行交易的重要贸易商品,桐油亦然。里昂商会考察团及其他考察团队考察贵州的矿藏,获悉贵州矿产开放欢迎外国人开采。

四川重庆开埠,因使用华式木船交通困难,以及处于长江上游地理位置闭塞,外国人没有在重庆都市发展出西洋租界和租界文化。四川农家的生丝、鸦片、猪鬃、牛皮、大麻、白蜡等农林产品从长江上游运出,出口贸易包括出口海外国际市场,也包括与国内华中数省和广东沿海省份的互相交易。川边及甘青藏人的山货,包括麝香、羊毛皮张、高寒山地药材等产品,从藏汉商路进入重庆,成为重庆海关 1902—1911 年的主要出口产品。因此四川农业牧业产品出口销路繁荣,土货出口逐年增加,川边及甘青等藏人聚居地出口产品畅销,经济富庶。

西南各省经济各有优势,共同构成了西南地区活跃的商品经济与社会生活。

关于富翁个案的认识。本书中摘取的几例晚清云南和四川的富人个案,如昆明经营金融商号和矿产业的省城首富王炽,重庆经营棉线(洋纱)进口兼营旅舍的富商杨先生,成都平原拥有数百上千亩土地的大土地经营富翁,川东遂宁从事生丝生意兼营土地的遂宁基督徒富翁,以及川南自流井盐业四大家族等等。以上富翁个案分别涉及金融、矿藏、棉纱进口、生丝业、土地经营、盐井业,均得力于晚清 1860 年代长江流域开放、1876 年湖北宜昌开埠,以及 1891 年重庆开埠开通了长江流域的商品进出口贸易,还有 1889 年云南蒙自开埠。他们受益于晚清进出口生意及小手工业、商贸的繁荣带来的经济发达,靠个人努力和时代机遇创造了财富,成为富翁。这些新富翁同时还有一个特点,即热衷于通过捐纳买一个顶戴或培养子弟成为士阶层秀才,并在地方从事善举,促进了晚清商绅阶层的形成。

二、来自外国的影响

1860年第二次鸦片战争以后,清政府与西方列强签订的条约,令外国人获得了自由进入中国内地经商、旅游、传教的权利,因此外国人进入西南地区,最早获得官府保护的是传教士。随着清政府陆续签订一系列条约,西南地区相继分别与法国、英国、日本约开商埠通商,对外开放力度不断加大。外国机器工业产品进入西南地区市场,以及清末10年推行"新政",翻印东南地区翻译的新图新书,废除科举后大量学生赴日留学,修建铁路,近代西方机器产品、铁路修建工程等西方文明随之进入,这些都对西南地区产生了不同影响。同时又有国内"自强"与"自新"社会思潮的推动。在本书涉及的1892—1910年间,外国对中国西南地区的影响,根据本书的考察研究,主要反映在以下方面。

(一)对外国进口商品的接受有社会阶层的区别

重庆海关进口以洋布、洋纱、杂货为主。据重庆海关报告,纺织品中的英国、俄国、意大利呢绒,法兰绒等产品,因为价格昂贵,多由富裕阶层消费,钟表亦然。城镇的中产阶级则是进口棉布的消费主体,以江河流域航路城镇较多。因农民抱怨洋布不耐穿不保暖,农家妇女创造性地先是用进口洋纱手工织成洋布,更厚实保暖;继而用洋纱与土纱混合织成手工布匹销售,以满足大众市场需要。在进口"洋杂货"中有诸多小商品,则被广大民众接受和欢迎。1896年重庆海关年度报告"洋杂货中"有"五色染料""扇子""针"和"黄铜扣"等。1897年年度报告称"外国纽扣和针的进口增长可观,这些易于运输的物品由行商小贩在农村各地销售,其销售量会进一步增加"。纽扣、针等西洋小商品受到民众的欢迎,这是四川进口商品的大致消费状况。早在1892年,法国医生皮雄从河内红河航行进入云南省开埠小城蒙自,专门考察进出口商品市场状况时,就提到了商店里有来自英国、德国、法国等国的各种受到欢迎的实用小商品出售,以及云南本地居民悚悚用土产品交换西洋小商品的现象。表明从长江重庆海关进口的纽扣和针、五色染料等各种实用小商品,从法属印度支那红河进口的黄铜扣、针、小镜子等形形色色的小物件,在西南地区大众中均普遍受到欢迎。换言之,这类实用的西方工业产品作为小商品进口,不但进入了城镇家庭,更深入了乡村农家。小商品具有实用特点,来自西洋,又价廉物美,所以很受乡村大众欢迎。因此,进口呢绒、洋布纺织品到小商品在城镇乡村不同社会阶层的消费状况,反映出西洋商品在西南地区的普及面和深入程度。进出口市场的出现,使得西洋诸国的各种近代机器产品进入中国市场,因而中国人能够与同时代的西洋人享用到同样的工业文明提供的诸种大众化产品。

西南地区进口商品还有另外一个特点。1900年以前云南进口商品市场上的棉、毛纺织品以英国货为主,小商品也来自德法等国。从1903—1910年云南铁路修建开始,较多洋行进入蒙自。云南市场上的进口商品,则主要是法国人在法属印度支那海防、河内等地开设工厂生产的商品,以及东南亚和印度殖民地国家的产品。重庆海关从川江、长江中游进口的外国纺织品,从1860年代以来,以英国和欧洲国家的棉毛纺织品为主,也包括印度洋纱和后起的日本洋纱,以及美国斜纹布和美国、俄国的煤油。

(二)四川官方翻印东南翻译"新图新书"在社会上的发行传播影响

西方的影响应该注意的还有清末10年"新政"期间,1902年川督岑春煊引进东南翻译的"新图新书",在省城成立四川官印书局大量翻印发行。有的作为新式学校的教学与阅读用书,更多的是在市面发售传播新知识所用。不断发行的翻印新书,典型的如关于欧洲各国的历史、当代史与自然学科知识、语言等的书籍,后来还有东洋书籍。有关西方文明包括西方人的历史观,法国近代以自由、平等、博爱为立国之本的大革命历史,以及德国的富国强兵,美国的独立战争,还有西方立宪政治和地方自治等方面的书籍,等等,均有翻印出售。中国本土历史久远、历代发行的四书五经、官修正史、个人文集及各种风行的传统小说依然出版售卖。各省创办的数十种官报、商报、民报也引进四川。说明在清末"新政"10年期间,中国新式学校的学生及社会上的识字阶层,已经较广泛地接触到西洋还有东洋的翻译书籍及各地官报、商报、民报所反映的近代思想。清末四川新兴的书籍报刊引进及舆论传播方式，对四川近代社会思潮的产生及传播，无疑起到了一定的作用。

(三) 日本在重庆开埠对四川的影响

1895年4月中日甲午战争后签订《马关条约》，重庆为四个约开商埠之一。日本领事馆于1896年3月进入重庆，并在王家沱拥有建立"租界"的土地，四川进入了受日本影响的时代，反映在以下方面。

一是日本商品的影响。前面文中已述及日本1895年进入重庆开埠，从1896年开始，日本棉纱通过重庆海关进入四川，1897年起进口量就直线上升，日本的棉织品也随之进入四川。其次是日本小商品，包括仿制的欧洲小商品进口，以价廉物美的优势与货真价实的西洋国家小商品角逐。1896年法国记者莫里埃在成都店铺里即看到类似欧美产品的日本小商品，1898年重庆年度报告显示，日本小商品进口已占优势。1903年美国旅行家盖洛在途经万县时，看到商铺里不多的外国产品中，日本商品独占鳌头。

二是日本学校教育的影响。四川1901年开始官费公派赴日留学生，成为全国与湖南并举的最早派出留日学生的二三省份。清廷1903年开禁，允许自费赴日留学，并颁布相关条例，次年四川就成为全国自费留学生最多的省份。这种状况与日本进入重庆开埠所带来的影响应该也不无关联。四川开办新学堂也仿照日本，开办较多实业学校和师范学校。一些四川籍留日学生回国后积极参加反清革命活动等，与在日本留学时受到的影响也有关系。

结　语

有关西南诸省与晚清全国历史背景的联系,如滇黔两省境内的战乱,英法殖民地与西南地区相邻而形成的西南地区特殊的地缘政治特点,对外开埠和自开商埠,以及交通运输的传统与近代化问题等,各相关章节均运用法国人考察笔记和相关资料,进行了详细梳理研究。

中国帝制时代自汉代以来实行郡县制。从唐代开始国家采取科举取士的措施,由朝廷委任派出地方郡县大员,成为历朝国家制度。晚清西南地区地方大员的作为,本书亦有所涉及。举四川 10 年"新政"为例,"新政"的实际运作由地方高层主持,自上而下,按照清廷的改良设计,在省城和州县有序开展了一系列改良活动,取得较多成效。四川高层在经济大政上提出解决问题的积极有力措施,在具体经济活动中引导民众。如禁种罂粟之后采取积极措施在各县大力推广种桑,组织农业良种试验及引进优良品种;四川高层为了维护川江利权,采取积极措施,利用英国人的造船技术和英人对航道多年的考察经验,成立商运轮船公司,开启西南地区川江航道客运机轮近代化进程。清末史料记载的地方政府财政和 1911 年岁入岁出,也提供了认识价值。清末 1909—1911 最后两年,川省地方财政面临新的困境。四川从 1906 年实行朝廷的戒烟令过渡到 1910 年开始完全禁种罂粟,失去了财政的一大税收来源。同时实行"新政"的诸种改良需要大笔经费。面对财政上的双重压力,四川省采取了酌量增加商业性税收,同时另外对州县设立一笔"新捐输"的方式来解决问题。因此,除了食盐酌量加价涉及家家户户,基本上没有触及老百姓的生活,也并没有引起财政恐慌。说明官员虽然由朝廷派出,对朝廷负责,但在地方管理中,仍然有自己的

591

施政空间。只要实心问政,均可以发挥各自的才干,因此有能吏和庸官之分。在与民众的互动中,当地百姓认可与否,也是评价一个官员的重要尺度。

清末是中国帝制时代的最后一个阶段,这一阶段本书研究的中国西南地区小农社会出现了两个显著的变化。一是对外开埠通商。在进出口市场上,小农社会的自由经济和个体经济适应这种变化,产生了更大的经济活力。二是最后10年的"新政"带来的变化,仅举"停科举"和妇女天足运动两项。科举取士是中国帝制一千三百多年的统治基石,妇女缠足也是中国千余年的社会风习,足以反映清末西南地区在经济生活与政治制度及社会生活等诸方面,由传统文明迅速向近代文明过渡的巨大变迁。西南地区在1892—1910年间,因为对外的开埠通商和国内的"新政"改良,达到了它在传统时代发展的巅峰,并开启近代经济与社会生活及政治诸方面的改革历程。西南四省在20世纪的抗日战争中,得以成为抗战大后方的经济实力和社会基础,可以说应追溯至清末对外开放和10年"新政"改良所带来的经济持续发展和繁荣,以及社会各阶层接受近代文明洗礼所产生的进步。

对晚清西南地区进行具体而深入的历史考察,认识晚清西南地区的社会原貌,无疑具有现实意义。晚清乡村经济的发展,传统小手工业的作坊制和家庭小手工业生产的优势,传统产品出口的历史经验,以及地方政府的为政举措,等等,对于今天西南地区的经济发展和社会治理,对外开放中的中外关系,以及今天国家的乡村振兴和乡村建设,无论是经验还是教训,皆可提供认识价值,我们也可从中找到一些值得研究和借鉴之处。

参考文献

一、法文研究使用及征引书目(其他外文书目一同列出)

Louis Pichon(皮雄), *Un Voyage Au Yunnan*(《云南之旅》), Librairie Plon, Paris, France, 1893.

Chambre de commerce de Lyon, Alexandre Roy, *La Mission Lyonnaise d' exploration Commerciale en Chine (1895 – 1897)*, Tome I, *les rapports économiques et commerciaux sur les provinces chinoises visitées*, Tome II, Lyon, France, 1898.

Marcel Monnier, *L'empire du Milieu*, Plon, Paris, 1899.

Bruno de Vaulserre(德沃塞), *A travers le Yun-Nan et du Yun-Nan au Tonkin, par le Kouei-Tchéou et le Kouang-Si*(《穿越云南——从云南、贵州、广西到东京》). Revue *Le Tour du Monde*, nouvelle série, tome VII (janvierfévrier 1901), pp. 1-72.

Jules Gervais-Courtellemont, *Voyage au Yunnan*, Plon, Paris, 1904.

Paul Doumer(保罗·杜美), *L'Indo-Chine française*, (Souvenirs)(《法属印度支那的回忆》), Vuibert et Nony, Editeurs, Paris, France, 1905.

Victor Segalen(谢阁兰), *Lettres de Chine*(《中国通信》), Plon, Paris, 1967.

Gabriel Bonvalot(邦瓦洛特), *De Paris au Tonkin—A Travers le Tibet Inconnu 1889-1890*(《从巴黎到东京——穿越未知的西藏》), ed. Hachette, Paris, 1891.

Évariste Huc(古伯察), *L'empire Chinois—Suite aux souvenirs d'un voyage dans la Tartarie et le Thibet*(《中华帝国——鞑靼西藏旅行续集》), Gaume Frères, Paris, 1854.

Ninette Boothroyd, Muriel Détrie, *Le Voyage en Chine*, Ed. Robert Laffont, S.A., Paris, 1992.

Gabriel Devéria(德维利亚), *La Frontière Sino-Annamite, Première partie: notes géographiques*(《中国—安南边境·第一卷:地理解说》), Ernest Leroux, Paris, 1886.

Emile Rocher(弥乐石), *La Province Chinoise du Yun-nan*, Vol. II.(《中国云南省》,第2卷), Ed. Leroux, Paris, 1879.

Marie Joseph Francis Garnier(安邺), "Des Nouvelles routes de commerce avec la Chine"(《与中国的新商路》), *Bulletin de la Société de Géographie(Paris)*, 1868. Marie Joseph Francis Garnier, "Voyage d'exploration en Indo-Chine 1866-1867-1868" (《印度支那探路记 1866—1867—1868》), Ed. La Découverte, Paris, 1874.

Francis Garnier, *De Paris au Tibet, notes de voyage* ..., Hachette,

Paris, 1882.

Thomas Thornville Cooper(库伯), *Travel of a Pioneer of Commerce in Pigtail and Petticoats, or an Overland Journey from China towards India* (《商业先驱者游记：从中国去印度的陆路旅行》), John Murray, London, 1871.

Alicia Helen Bebicke (Mrs. Archibald Little), *The Land of the Blue Gown*(《穿蓝袍的土地》), Unwin, London, 1902.

B. de Vaulx, *Histoire des missions catholiques françaises*, Collection les grandes Etudes histouriques, Fayard, Paris, 1951.

Paul Vial(保禄·维亚尔), *LES GNI ou GNI-PA tribu lolote du Yun-nan* (《尼或尼坝部落——云南的倮倮部落》), 1893、1894 年分期在里昂天主教使团《年鉴》刊载。

〔法〕法国里昂商会编著,里沃执笔:《晚清余晖下的西南一隅——法国里昂商会中国西南考察纪实(1895—1897)》,徐枫、张伟译注,云南美术出版社,2008(法文版1898年)。

〔法〕多隆:《彝藏禁区行》,辛玉、周梦子、叶红译,新疆人民出版社,1999(法文版1911年)。

〔法〕奥古斯特·弗朗索瓦(方苏雅):《晚清纪事——一个法国外交官的手记(1886—1904)》,罗顺江、胡宗荣译,云南美术出版社,2001。

〔法〕邦瓦洛特:《勇闯无人区》,简明译,新疆人民出版社,2001。

〔法〕古伯察:《鞑靼西藏旅行记》,耿昇译,中国藏学出版社,2006,第二版。古伯察考察笔记中文版系根据北京西什库遣使会书局1924年包世杰注释本翻译。

〔法〕亨利·奥尔良:《云南游记——从东京湾到印度》,龙云译,云南人民出版社,2001(法文版1898年)。

〔法〕施阿兰:《使华记:1893—1897》,袁传璋、郑永慧译,商务印书馆,1989(法文版1918年)。

〔法〕德西雷·勒努瓦(希望):《领事方苏雅——滇越铁路与云南往事》,许涛、张蕊子译,译林出版社,2019。

〔法〕荣振华等著:《16—20世纪入华天主教传教士列传》,耿昇译,广西师范大学出版社,2010。

〔法〕伏尔泰:《风俗论》上册,梁守锵译,商务印书馆,1995。

〔法〕伏尔泰:《风俗论》下册,谢戊申等译,郑福熙、梁守锵校,商务印书馆,1997。

〔法〕费赖之:《在华耶稣会士列传及书目》下册,冯承钧译,中华书局,1995。

〔葡〕曾德昭:《大中国志》,何高济译,李申校,上海古籍出版社,1998。

〔英〕马嘉理著,阿礼国编:《马嘉理行纪》,曾嵘译,中国地图出版社,2013。

〔意〕利玛窦、金尼阁:《利玛窦中国札记》,何高济、王遵仲、李申译,何兆武校,中华书局,1983,1997年重印。

〔美〕威廉·埃德加·盖洛:《扬子江上的美国人——从上海经华中到缅甸的旅行记录(1903)》,晏奎、孟凡君、孙继成译,沈弘、李宪堂审校,山东画报出版社,2008。

〔日〕中野孤山:《横跨中国大陆——游蜀杂俎》,郭举昆译,中华书局,2007。

张西平:《跟随利玛窦到中国》,五洲传播出版社,2006。

《耶稣会士中国书简集——中国回忆录》第二卷,郑德弟等译,大象出版社,2005。

《滇越铁路纪要》,苏曾贻译,云南大学图书馆藏书(出版者不详),1919。

二、引用及参考中文史料

（汉）司马迁：《史记》，中华书局，1959。

（晋）常璩：《华阳国志》，嘉靖四十二年刻本。

（唐）樊绰：《蛮书》，咸丰三年琳琅秘室丛书本。

（宋）王象之：《舆地纪胜》，上海图书馆藏二百卷旧抄本，并参北京图书馆藏清景宋抄本。

（宋）陆游著，蒋方校注：《入蜀记校注》，湖北人民出版社，2004。

（明）宋应星：《天工开物》，崇祯十年明刊初刻本（涂本）。

（明）杨慎编辑，（清）胡蔚增订：《南诏野史》，云南书局光绪六年刻本。

（明）周季凤纂修：《云南志》四十四卷，嘉靖三十二年刻本。

（明）谢肇淛：《滇略》十卷，薛承教序，明刻本。

（清）蔡毓荣等纂修：《四川总志》，康熙十二年刻本。

（清）魏源：《雍正西南夷改流记》，载《圣武记》，中华书局，1984。

（清）傅恒等编纂：《皇清职贡图》，乾隆五十四年殿版白描本。

（清）常明等纂修：嘉庆《四川通志》，嘉庆二十一年刻本。

（清）严如熤：《三省边防备览》，来鹿堂藏版，道光十年刻本。

（清）李鸿章：《李文忠公全集·译署函稿》，光绪三十一年至三十四年刊。

（清）余慎总纂：《新繁县乡土志》，光绪三十三年排印本。

（清）赵霦等纂修：《大邑县志》，同治六年刻本。

（清）张骥等纂修：《温江县志》，民国十年刻本。

（清）张鹏翮纂修：《遂宁县志》，康熙二十九年刻本。

(清)董淳等纂修:《华阳县志》,嘉庆二十一年刻本。

(清)高培谷等纂修:《西充县志》,光绪元年刻本。

(清)黄位斗等纂修:《新宁县志》,道光十五年刻本。

(清)傅崇矩编:《成都通览》,成都时代出版社,2006。

(清)丁宝桢总纂,罗文彬编纂:《四川盐法志》,光绪八年刻本。

(清)王守基:《四川盐务议略》,载《盐法议略》下册,同治十二年刊本。

(清)李榕:《自流井记》,《十三峰书屋文稿》卷1,收录于《十三峰书屋全集》,光绪庚寅(1890)龙安书院初刻本。

(清)彭文治等纂修:民国《富顺县志》,民国二十一年刊本。

(清)韩三异纂修:康熙《蒙自县志》4卷,北京图书馆藏,康熙五十一年刻本。

(清)朱寿朋编,张静庐等校点:《光绪朝东华录》,中华书局,1958。

(清)赵尔巽等撰:《清史稿》,中华书局,1977。

(清)周询:《蜀海丛谈》,重庆《大公报》印行,1948。

(清)曾纪泽:《曾纪泽集》,喻岳衡点校,岳麓书社,2005。

中国科学院历史研究所第三所主编:《锡良遗稿》,中华书局,1959。

朱世镛等纂修:《云阳县志》,民国二十四年排印本。

吴丰培编:《赵尔丰川边奏牍》,四川民族出版社,1984。

自贡市档案馆、北京经济学院、四川大学合编:《自贡盐业契约档案选辑(1732—1949)》(上、下),中国社会科学出版社,1985。

张肖梅编著:《四川经济参考资料》,中国国民经济研究所,1939。

彭泽益编:《中国近代手工业史资料(1840—1949)》第2卷,中华书局,1962。

王铁崖编:《中外旧约章汇编》,生活·读书·新知三联书店,1957。

牛鸿斌等点校:《新纂云南通志》(七),云南人民出版社,2007。

周钟岳等纂修:《新纂云南通志》卷144《商业考二》,1948,铅印本。

方国瑜:《云南史料目录概说》(第二册),中华书局,1984。

王锡昌:《宣统续修蒙自县志》卷十《外交志》,载蒙自县志编纂委员会编《蒙自县志》,中华书局,1995。

中国社会科学院近代史研究所《近代史资料》编译室主编:《云南杂志选辑》,知识产权出版社,2013。

中国民主建国会重庆市委员会、重庆市工商业联合会文史资料工作委员会编:《重庆工商史料》第1辑,重庆出版社,1982。

《东京问题》,载张振鹍主编《中法战争》(4),中华书局,2002。

《巴黎商会致外交部长》,载张振鹍主编《中法战争》(4),中华书局,2002。

中国第一历史档案馆、福建师范大学历史系合编:《清末教案》第2册,中华书局,1998。

三、论著

(按:此处仅列专著与编著,单篇文章征引已在各章注释中详列)

Christian de Montlibert, *La domination politique*, Presses Universitaires de Strasbourg, Strasbourg, 1997.

尹良莹:《四川蚕业改进史》,商务印书馆,1947。

〔英〕D. G. E. 霍尔:《东南亚史》(下),中山大学东南亚历史研究所译,商务印书馆,1982。

〔美〕费正清主编:《剑桥中国晚清史》(上),中国社会科学出版社,1985。

尤中:《中国西南民族史》,云南人民出版社,1985。

何星亮:《世界文明通论:中华文明·中国少数民族文明》上下册,福建教育出版社,2010。

王川:《西康地区近代社会研究》,人民出版社,2009。

周勇、刘景修译编:《近代重庆经济与社会发展1876—1949》,四川大学出版社,1987。

邵循正:《中法越南关系始末》,河北教育出版社,2000。

王笛:《跨出封闭的世界——长江上游区域社会研究(1644—1911)》,中华书局,2001。

朱新予主编:《中国丝绸史(通论)》,纺织工业出版社,1992。

丁文江:《游记二种》,辽宁教育出版社,1998。

韦庆远、柏桦:《中国政治制度史(通论)》,中国人民大学出版社,2005,第2版。

瞿同祖:《清代地方政府》,范忠信、晏锋译,何鹏校,法律出版社,2003。

王德昭:《清代科举制度研究》,中华书局,1984。

屈超立:《宋代地方政府民事审判职能研究》,巴蜀书社,2003。

姜涛:《人口与历史:中国传统人口结构研究》,人民出版社,1998。

黄尚军、杨小锋等:《巴蜀牌坊铭文研究》,四川民族出版社,2013。

自贡市政协文史资料委员会编:《自流井盐业世家》,四川人民出版社,1995。

邓少琴编著:《近代川江航运简史》,重庆地方史资料组,1982。

隗瀛涛、周勇:《重庆开埠史稿》,重庆地方史资料组,1982。

王建朗:《中国废除不平等条约的历程》,江西人民出版社,2000。

《苏元春与壮族边疆开发建设学术研讨会论文汇编》,苏元春与壮族边疆开发建设学术研讨会,2007。

后　记

　　本书系国家社会科学基金项目结项课题成果。从准备申报课题到获准立项，中经搜集资料、研究撰写，最终结项，又经补充资料、修改充实到今日成书，历经几个春夏秋冬，终于了结。因此而对撰写学术研究著述之艰辛，有了更深一层的体会。拙作自然还会有不足之处，唯用力之勤，尚可无愧。

　　30年前的今天，我的明清小说研究博士论文答辩在中国社会科学院文学所会议室举行。导师陈毓罴先生邀请了该领域的几位大师，记有北大袁行霈教授、沈玉成教授，北师大聂石樵教授，中国社会科学院文学所古代室邓绍基研究员、刘世德研究员等诸位先生。答辩情景，犹历历在目。虽然参加答辩会的先生们多已作古，包括我的导师，但仍想借此机会表达我的敬意。还有著名文史研究专家王利器先生，四川师范大学古代文学研究所研究生导师屈守元教授的教诲，至今难忘。同时，也要感谢在中国艺术研究院工作期间，所里和院里同仁的关注。

感谢巴黎七大东亚系 Ian McMoran 教授促使我对历史学发生兴趣,因此决定进入法国社会学领域继续深入学习。感谢法国斯特拉斯堡大学社会学暨应用社会学学院当年的院长 Juan Matas 教授乐于促成。感谢该院老院长、法国著名社会学家 Christian de Montlibert 教授给我的学业指点迷津,并使我在 2001 年就读到法国古伯察神父的法文版《鞑靼西藏旅行记》,因而对近代法国人与中国的接触开始有了兴趣。及至我进入巴黎十大(Nanterre)跟随法国 CNRS 研究员 Brigitte Baptandier 教授从事人类学研究,感谢她慨然同意我中期转学至斯特拉斯堡大学,以便深化我在东亚人类学领域的知识架构。感谢斯特拉斯堡大学 Denis Monnerie 教授毫无保留地指导我最后完成人类学博士论文的答辩。感谢斯特拉斯堡大学自然科学图书馆负责人 Georges Gressot 博士多年的帮助。

感谢中国社会科学院民族学与人类学研究所研究员何星亮学兄对我归国的支持和关心。感谢四川师范大学时任科研处处长王川教授对拙作出版的支持和关注。

对本作研究使用的统称为法国人考察笔记的中文版译者,英美日旅行记译者,近代重庆海关史料译者,以及相关重要研究著述作者,均在此表示感谢。感谢法国专家 Alain Rousseau 先生对笔者在翻译书中所用的法文原著过程中遇到的疑难问题的解答,以及对注释中法文内容的书写校订。

感谢夫君对本书研究的大量付出,包括代寻资料、辑录图片等。感谢屈毅女士代为购买研究用书及查询和提供研究资料。感谢我的亲友多年来给予的爱护和关注。

谨以此书纪念我的父亲屈德纯和母亲肖尚坤,是父母的爱和包容给予了我精神支持。

本书承蒙中国社会科学院近代史研究所所长王建朗学兄在2020年4月疫情之后，从纷扰而忙碌的工作中挤出时间作序，特此表达我诚挚的感谢。

感谢广西师范大学出版社社科分社社长刘隆进先生推动本书出版，感谢责编原野菁、助理编辑陈焯玥为本书出版付出的艰辛。

本书根据法国人考察笔记实录资料，梳理研究晚清西南地区1892—1910年间，对外开放时期的传统城镇乡村经济和社会生活，以及在"新政"改良中走向近代化的变迁，还有西南地区的中法关系等诸多方面。本书涉及的学科知识较广泛，议题较多，难免有不足之处。期望拙作问世后能够得到学界的关注和批评指正，也期望对晚清西南有兴趣的读者，能够从书中获得一些认识。希望本书能对国家在新时期的乡村经济振兴和地方文化建设有所贡献。

屈小玲

2019年12月31日记

2020年10月仲秋再记

于北京什刹海柳荫街书屋